重庆文理学院校本教材项目（项目编号：XBJC201403）

应用统计学

杨树成　编　著

西南交通大学出版社
·成都·

内容简介

本书是普通高等学校统计学专业和其他非统计学专业的教材. 全书共 16 章, 包括绪论、统计调查、数据处理、统计表与统计图、数据的描述性统计、随机变量及其分布、参数估计与样本量确定、参数检验、方差分析、非参数检验、相关分析与回归分析、时间序列分析、回归分析的扩展、多元统计分析、结构方程模型、调查报告写作. 各章精选了大量反映社会实际的例题和 SPSS 或 Excel 操作, 精心设计了相应的习题. 本书力求"内容翔实, 语言简练; 思路清晰, 图文并茂; 深入浅出, 理实一体", 强化统计思维的训练和统计应用能力的培养.

本书可作为普通高等学校统计、工科、农医、经济、管理等专业的统计学教材, 也可作为统计学实训和市场调查实训教材或实际工作者的自学参考书.

图书在版编目（CIP）数据

应用统计学 / 杨树成编著. —成都: 西南交通大学出版社, 2017.5（2018.8 重印）
ISBN 978-7-5643-5218-9

Ⅰ. ①应… Ⅱ. ①杨… Ⅲ. ①应用统计学 – 教材
Ⅳ. ①C8

中国版本图书馆 CIP 数据核字（2017）第 007436 号

应用统计学

杨树成 / 编　著　　　　责任编辑 / 姜锡伟
　　　　　　　　　　　　封面设计 / 何东琳设计工作室

西南交通大学出版社出版发行
（四川省成都市二环路北一段 111 号西南交通大学创新大厦 21 楼　610031）
发行部电话：028-87600564
网址　http://www.xnjdcbs.com
印刷　四川森林印务有限责任公司

成品尺寸　185 mm × 260 mm
印张　21.25　　字数　503 千
版次　2017 年 5 月第 1 版　　印次　2018 年 8 月第 2 次
书号　ISBN 978-7-5643-5218-9
定价　45.00 元

课件咨询电话：028-87600533
图书如有印装质量问题　本社负责退换
版权所有　盗版必究　举报电话：028-87600562

前言
Preface

应用统计学是研究如何科学有效地搜集数据，整理汇总数据，描述和分析数据，用数据合理地解释社会经济现象，为科学决策提供依据的方法论科学．应用统计学应用非常广泛，是应用型本科院校许多专业设置的一门重要专业基础课程甚至是核心课程．

本书在传统统计学的基础上，增加了数据处理（缺失值分析与插补、信度分析等）、非参数检验、回归分析的扩展（分类回归分析、多项 Logistic 回归分析、Probit 回归分析、序数回归分析）、多元统计分析（系统聚类分析、二步聚类分析、判别分析、因子分析、对应分析）、结构方程模型、调查报告写作等内容，使得本书更具有实用性．本书有以下两个特点．

• 本书的内容安排沿着这样一条主线进行：从统计调查（获取数据）到数据处理（问卷审核、数据编码、数据录入、数据插补），再到统计表与统计图，再到数据的描述性统计，再到统计推断（参数估计、假设检验、方差分析、非参数检验），再到数据分析（相关分析与回归分析、时间序列分析、回归分析的开展、多元统计分析、结构方程模型），最后到调查报告写作．知识体系完整，统计实践贯穿全书．

• 内容翔实，语言简练；思路清晰，图文并茂；深入浅出，理实一体．本书补充了许多新的内容，语言简练，注重应用，对许多内容不做详细的展开论述；对问题的解决思路清晰，配有必要的统计软件（SPSS、Excel、Amos）操作图表，读者一看就会；注重理论与实践相结合，通过统计软件的操作，增强学生的实践能力和解决问题的能力．相信通过学习，学生能够真正获得统计学的应用能力．

本书内容翔实，使用时教学时数难免不够．使用本书时，教师可将相关章节内容分为两种教学模式来处理，教师只讲授重要的思想方法或原理，而将实践操作留给学生自主学习．例如，参数估计与样本量确定一章，教师可只讲授点估计和区间估计的概念以及样本量的确定方法，而将具体的参数估计方法留给学生自主学习．再如，参数检验一章，教师可只讲授第一节假设检验的原理与步骤，而将具体的参数检验方法留给学生自主学习．本书更适合采用案例教学方式或教师指导下的项目教学方式进行教学．

本书是重庆文理学院校本教材资助项目（项目编号：XBJC201403），在编写过程中融入了编者在长期教学中对统计应用的深刻理解和体会，这使得本书不仅内容全面、论证严谨，而且深入浅出、易学好教．

本书编写过程中参考的文献均列在了书末，我们从中获益匪浅，在此一并致谢，读者在学习本书时也可以参考．

由于编者水平有限，书中的不足之处，敬请各位专家、同行及读者不吝赐教．

如您需要例题和思考与练习的数据以及课件，请随时与我们联系：
电子信箱：yshch_35@163.com

编者
2016 年 10 月

目 录
———— Contents ————

第一章 绪 论 ··· 1
  第一节 应用统计学的基本内容与统计软件介绍 ··· 1
  第二节 统计学的基本概念 ·· 3
  思考与练习 ··· 7

第二章 统计调查 ·· 8
  第一节 统计调查程序与调查方案设计 ··· 8
  第二节 量表设计 ··· 10
  第三节 调查问卷设计 ·· 15
  第四节 抽样设计 ··· 17
  第五节 数据收集方法 ·· 29
  思考与练习 ··· 30

第三章 数据处理 ·· 31
  第一节 问卷审核与数据编码 ·· 31
  第二节 缺失值插补 ··· 37
  第三节 信度分析 ··· 45
  思考与练习 ··· 49

第四章 统计表与统计图 ··· 50
  第一节 统计表 ·· 50
  第二节 统计图 ·· 52
  思考与练习 ··· 58

第五章 数据的描述性统计 ·· 60
  第一节 品质数据的描述性统计 ··· 60
  第二节 定量数据的描述性统计 ··· 63
  第三节 多变量的描述性统计 ·· 77
  思考与练习 ··· 86

第六章* 随机变量及其分布 ··········88
第一节 随机变量及其分布 ··········88
第二节 随机变量的数字特征 ··········91
第三节 常用分布 ··········93
第四节 抽样分布 ··········96
思考与练习 ··········99

第七章 参数估计与样本量确定 ··········102
第一节 点估计 ··········102
第二节 区间估计 ··········104
第三节 样本量的确定 ··········112
思考与练习 ··········116

第八章 参数检验 ··········118
第一节 假设检验的原理和步骤 ··········118
第二节 单总体参数的检验 ··········122
第三节 双总体参数的检验 ··········124
思考与练习 ··········129

第九章 方差分析 ··········131
第一节 单因素方差分析 ··········131
第二节 双因素方差分析 ··········139
思考与练习 ··········155

第十章 非参数检验 ··········158
第一节 指定分布的非参数检验 ··········158
第二节 未知分布的非参数检验 ··········165
第三节 列联表独立性检验 ··········174
思考与练习 ··········177

第十一章 相关分析与回归分析 ··········179
第一节 相关分析 ··········179
第二节 一元线性回归分析 ··········186
第三节 多元回归分析 ··········192
思考与练习 ··········207

第十二章 时间序列分析 ··········210
第一节 时间序列的因素分解与趋势分析 ··········210
第二节 时间序列的季节调整 ··········221
思考与练习 ··········226

第十三章 回归分析的扩展 228
第一节 分类回归分析 228
第二节 多项 Logistic 回归分析 232
第三节 Probit 回归分析 238
第四节 序数回归分析 243
思考与练习 249

第十四章 多元统计分析 252
第一节 系统聚类分析 252
第二节 两步聚类分析 256
第三节 判别分析 264
第四节 因子分析 270
第五节 对应分析 276
思考与练习 280

第十五章 结构方程模型 286
第一节 结构方程模型基本原理 286
第二节 AMOS 操作与案例分析 293
思考与练习 303

第十六章 调查报告写作 305
第一节 调查报告概述 305
第二节 调查报告写作方法 307

附录 1 第三次国家卫生服务调查设计方案 312

附录 2 第三次国家卫生服务调查表 318

参考文献 330

第一章 绪 论

我们正处于大数据时代，用数据说话的时代．数据已渗透到我们生活、工作、学习的每个角落之中．我们不可回避，只能拥抱数据，从中发现价值．数据是世界上最新的自然资源，如何利用好数据是制胜的关键．那些能够从数据中快速获得有用信息，并将分析融入方方面面的组织，往往能够获得竞争优势．本章主要介绍：
- 应用统计学的基本内容与统计软件介绍．
- 统计学的基本概念．

第一节 应用统计学的基本内容与统计软件介绍

一、应用统计学的基本内容

随着统计学和其他学科的发展，统计分析方法一方面向着分门别类的精细化方向发展；另一方面向其他学科渗透，或与其他学科融合，形成了各具特色的统计分析方法．例如，抽样技术、经济计量分析、多元统计分析、试验设计、农业统计、商务统计、工业统计、大数据分析等等．

本教材涵盖的基本内容有统计调查、数据处理（包括问卷的审核、编码和录入、缺失值插补、信度分析等）、统计表与统计图、常用的统计分析方法、调查报告撰写等．常用的统计分析方法有：
- 数据的描述性统计．包括品质数据的描述性统计、定量数据的描述性统计和多变量的描述性统计．
- 统计推断．包括参数估计、假设检验、方差分析、非参数检验等．
- 相关分析和回归分析．包括相关性分析、一元线性回归分析、多元回归分析．
- 时间序列分析．包括时间序列的因素分解与趋势分析和时间序列的季节调整．
- 回归分析的扩展．包括分类回归、多项 Logistic 回归分析、Probit 回归分析、序数回归分析等．
- 多元统计分析．如聚类分析、两步聚类分析、判别分析、因子分析、对应分析等．
- 结构方程模型．应用线性方程表示观测变量与潜在变量之间，以及各潜在变量之间关系的一种多元统计方法．

二、统计软件

"应用统计学"涉及的抽样设计、数据的整理与展示、参数估计、假设检验、方差分析、回归分析、时间序列分析、多元统计分析、结构方程模型等内容,计算量都非常大,必须借助统计软件才能解决。SAS、SPSS、Stata、R 软件、Excel 等都是非常优秀的统计软件。本书主要应用 SPSS 进行统计分析,较简单的问题也会用 Excel 进行计算或分析,第十五章简单介绍 AMOS 软件的操作。

(一) SPSS

SPSS(Statistical Product and Service Solutions)是"统计产品与服务解决方案"的缩写,由于其操作简单,已经在经济学、数学、统计学、物流管理、生物学、心理学、地理学、医疗卫生、体育、农业、林业、商业等领域得到了广泛的应用。它和 SAS、BMDP 并称为国际上最有影响的三大统计软件。在国际学术界有条不成文的规定,即在国际学术交流中,凡是用 SPSS 软件完成的计算和统计分析,可以不必说明算法,由此可见其影响之大和信誉之高。

SPSS 是组合式软件包,它集数据录入、整理、分析功能于一身,它最突出的特点就是操作界面极为友好,输出结果美观漂亮。它将几乎所有的功能都以统一、规范的界面展现出来,使用 Windows 的窗口方式展示各种管理和分析数据方法的功能,对话框展示出各种功能选择项。

SPSS 的基本功能包括数据管理、统计分析、图表分析、输出管理等等。SPSS 统计分析过程包括描述性统计、均值比较、一般线性模型、相关分析、回归分析、对数线性模型、聚类分析、数据简化、生存分析、时间序列分析、多重响应等几大类,每类中又分好几个统计过程,比如回归分析中又分线性回归分析、曲线估计、Logistic 回归、Probit 回归、加权估计、两阶段最小二乘法、非线性回归等多个统计过程,而且每个过程中又允许用户选择不同的方法及参数。

SPSS 的绘图功能非常强大,可以绘制出任意您想要的统计图形。SPSS 的绘图有三种具体的工具:图形(G)>旧对话框(L)提供的工具、图形(G)>图表构建程序(C)工具和图形画板模板选择程序。另外,在一些统计分析中,SPSS 也会附带绘制统计图形。

SPSS 的各种操作都配有帮助文件、算法介绍和案例分析。您在使用 SPSS 时,如遇到困难,可以通过相应的帮助、算法介绍和案例分析得到解决的方法。

本教材使用的 SPSS 版本为 IBM SPSS Statistics 21。

(二) Excel

Excel 是 Microsoft 公司开发的集文字、数据、图形、图表于一身,对数据进行计算、统计分析的一款优秀办公软件。Excel 内置有许多常用函数和统计工具,利用这些函数或统计工具可以很方便地对一些问题进行统计分析。

Excel 还提供了许多常见统计分析方法的宏分析工具,其中有"相关系数""协方差""描述统计""指数平滑""F-检验""直方图""移动平均""回归""抽样""t-检验:平均值的成对样本分析""方差分析：单因素方差分析"等．利用这些分析工具可以很方便地进行基本的统计分析．

Excel 有丰富的作图功能．用户可以根据需要，选择图表类型，一步一步地作出自己满意的统计图形．

Excel 的各种操作都配有帮助文件、公式和操作示例．您在使用 Excel 时，如遇到困难，可以通过相应的帮助、公式介绍和操作示例得到解决的方法．

第二节　统计学的基本概念

一、统计的含义

如果您是学校环保协会的成员，准备竞选协会的干事，您想了解同学们对环保协会的态度，该从哪儿入手呢？可以进行统计调查．这样您会遇到三个问题：一是如何才能得到理想的结果呢？二是如何调查呢？三是如何看待调查的结果呢？

一般认为，统计一词的含义有三种：统计工作、统计数据和统计学．

- **统计工作**就是通过试验或调查搜集有关数据，并加以整理、归纳和分析，而后对现象的数量表现作出解释的过程．
- **统计数据**是人们通过统计工作所得到的统计资料，简称**数据**．
- **统计学**（Statistics）是研究如何有效地搜集数据，如何科学地整理、归纳和分析数据，如何合理地用数据解释客观现象的方法论科学．

统计学研究的对象是统计总体的数量特征和数量关系，因而统计研究的对象具有数量性、总体性和变异性等特点．统计研究虽然是从个别单位入手，但其目的是认识总体的数量特征，包括数量多少、数量关系、数量界限、数量变化，等等．统计研究的是同质总体的数量特征，其前提是总体各单位的特征表现存在差异．如果总体各单位之间不存在差异，也就没有统计分析的必要了．

二、总体和样本

具有某些共同属性的许多个体单位组成的全体称为**总体**．构成总体的个体单位称为**总体单位**，总体单位的总数称为**总体单位总量**．

【例 1-2-1】　统计 2013 级财务管理 3 班会计学原理的期末考试成绩，总体是 2013 级财务管理 3 班，2013 级财务管理 3 班的每一个学生是总体单位．

实践中，有时若要对所有总体单位进行调查，需要大量的人力物力和时间，有时甚至是不可能做到的．例如，在自由市场购买瓜子时，为了知道瓜子是否好吃，不可能将所有的瓜子都尝一遍，只能选几颗尝一尝（图 1-2-1），用所选的瓜子去推断所有的瓜子．再如，挑选散装大米时，可随便抓一把，看一下大米的颗粒是否均匀、色泽是否晶莹剔透、是否有沙粒或稻壳，等等（图 1-2-2），用所选取的大米的情况去推断这批大米的好坏．所以，在统计调查时，一种可能或经济的做法是只抽取部分个体进行调查，用这部分个体呈现出的特征去推断总体的特征.

图 1-2-1　挑选瓜子　　　图 1-2-2　挑选大米

从总体中抽取一部分总体单位的过程叫作**抽样**. 抽到的这部分总体单位全体称为一个**样本**. 样本包含的总体单位个数称为**样本容量**或**样本量**. 一般地，样本量不小于 30 的样本称为**大样本**，而样本量小于 30 的样本称为**小样本**.

总体单位具有的某种属性或特征称为**总体单位的标志**，简称标志. 标志表现只能用文字、语言来描述的标志称为**品质标志**，标志表现为表示数量特征的数值的标志称为**数量标志**.

【例 1-2-2】表 1-2-1 是 2013 级财务管理 3 班会计学原理的期末考试成绩，学生的性别、成绩等级都是品质标志，而会计学原理成绩是数量标志.

表 1-2-1　2013 级财务管理 3 班会计学原理的期末成绩

学号	姓名	性别	会计学原理成绩	成绩等级
01	张三	男	82	良好
02	李四	女	24	不及格
03	王五	女	65	及格
04	赵六	男	94	优秀
05	冯八	女	76	中等
⋮	⋮	⋮	⋮	⋮

三、数据的类型

（一）定性数据和定量数据

统计数据可分为定性数据和定量数据. **定性数据**又称**品质数据**，其计量结果表现为类别. 定性数据又可以分为定类数据和定序数据. **定类数据**又称**列名数据**，是对标志平行分类计量的结果，各类之间没有优劣、大小或顺序之分，若用数字表示，该数字仅作为各类的代码，并不表示各类的大小. 例如，表 1-2-1 中的性别是定类数据. **定序数据**又称**顺序数据**，其计量结果也表现为类别，但各类之间有优劣、大小或顺序之分. 例如，表 1-2-1 中的成绩等级为定序数据. **定量数据**又称**数量数据**，其计量结果表现为数值. 例如，表 1-2-1 中的会计学原理成绩为定量数据.

（二）横截面数据和时间序列数据

统计数据可分为横截面数据和时间序列数据. **横截面数据**是同一时间不同单位的同一现象的数量表现排列而成的数据. **时间序列数据**是同一单位不同时间的同一现象的数量表现按时间先后顺序排列而成的数据. 例如，表 1-2-2 中每一行都是时间序列数据，而每一列都是横截面数据. 由时间序列数据和横截面数据构成的二维数表称为**面板数据**.

表 1-2-2　部分地区生产总值（亿元）

地 区	2008 年	2009 年	2010 年	2011 年	2012 年
北 京	11 115.00	12 153.03	14 113.58	16 251.93	17 879.40
天 津	6 719.01	7 521.85	9 224.46	11 307.28	12 893.88
河 北	16 011.97	17 235.48	20 394.26	24 515.76	26 575.01
山 西	7 315.40	7 358.31	9 200.86	11 237.55	12 112.83
内蒙古	8 496.20	9 740.25	11 672.00	14 359.88	15 880.58

（三）一手数据和二手数据

统计数据可分为一手数据和二手数据. **二手数据**或**二手资料**是别人通过调查或实验获得的数据，使用者只是找到它并加以利用. **一手数据**或**一手资料**是使用者亲自调查或实验获得的数据. 通过调查方法获得的数据称为**调查数据**，而通过实验方法获得的数据称为**实验数据**. 关于调查数据的收集，将在第二章进行详细介绍，这里只对实验数据进行简单介绍.

实验不仅是搜集数据的方法，也是一种研究方法. 实验方法是：有意识地改变某个变量的情况（不妨设为 A 项），然后看另一个变量变化的情况（不妨设为 B 项）. 如果 B 项随着 A 项的变化而变化，就说明 A 项对 B 项有影响. 例如，在新药品的临床实验时，将志愿者按照年龄、性别、病情等变量匹配后随机地分到实验组和对照组. 实验组的患者服用新药，对照组的患者服用原来的药物，几个疗程之后即可验证新药的疗效和安全性.

四、变　量

在统计学中，说明现象的某一数量特征的概念也称为**变量**. 变量的具体取值是**变量值**. 取值表示类别的变量是**分类变量**，取值表示类别顺序的变量是**顺序变量**，取值表示数量特征的变量是**数值型变量**.

离散型变量是取值只能用计数的方法取得的变量，其取值为整数，可以一一列举. **连续型变量**是在一个区间上取值的变量，其取值无法一一列举.

五、统计指标

统计指标是综合反映统计总体数量特征的概念和数值. 完整的统计指标包括四项内容：指标名称、统计的时间界限或空间范围、指标的计量尺度与计量单位、指标的计算方法. 例如, 中国 2015 年 GDP 为 67.67 万亿元, 就是一个完整的统计指标.

按作用和表现形式不同, 统计指标可以分为总量指标、相对指标、平均指标和变异指标.

总量指标也称绝对指标, 反映社会经济现象总规模或总水平, 用绝对数表示. 例如, 人口总数、工业总产值、工资总额都是总量指标.

总量指标的作用:

- 总量指标是对社会经济现象总体认识的起点.
- 总量指标是编制计划, 实行经营管理的主要依据.
- 总量指标是计算相对指标和平均指标的基础.

相对指标是用两个有联系的指标进行对比来反映社会经济现象数量特征和数量关系的综合指标. 常用的相对指标和计算方法见表 1-2-3.

表 1-2-3　常用的相对指标和计算方法

相对指标	计算方法
计划完成程度指标	实际值比计划值
结构相对指标	总体中部分数值比总体的全部数值
比例相对指标	总体中 A 部分的数值比总体中 B 部分的数值
比较相对指标	A 总体的某指标值比 B 总体的同类指标值
强度相对指标	A 总体的某指标值比 B 总体的另一指标值
动态相对指标	报告期水平比基期水平
利用相对指标	实际利用数比可能利用数

相对指标的作用:

- 相对指标通过数量之间的对比, 可以表明事物相关程度、发展程度等. 它可以弥补总量指标的不足, 使人们清楚了解现象的相对水平和普遍程度.
- 把现象的绝对差异抽象化, 使原来无法直接对比的指标变为可比的指标.
- 说明总体内部的结构特征, 为深入分析事物的性质提供依据.

平均指标反映同类社会经济现象在一定条件下所达到的一般水平, 用平均数表示. 例如, 平均身高、平均工资等是平均指标.

平均指标的作用:

- 反映总体各单位变量分布的一般水平和集中趋势.
- 比较同类现象在不同单位的发展水平.
- 比较同类现象在不同时期的发展变化趋势或规律.

变异指标反映总体各个单位标志值的差异程度或离散程度. 例如, 全距、平均差、标准差和变异系数都是变异指标. 以平均指标为基础, 结合运用变异指标是统计分析的一个重要方法.

变异指标的作用:

- 反映现象总体单位分布的离中趋势.
- 说明平均指标的代表性程度.

- 测定现象变动的均匀性或稳定性程度.

统计指标体系是能够满足统计任务需要的，全面反映统计对象数量特征和数量关系的，互相联系的一套指标.

思考与练习

1. 试分析以下几种统计数据属于哪种类型.
人口数　民族　净出口额　经济增长率　受教育程度
2. 某企业 2013 年计划生产 1000 件产品，实际生产了 1120 件产品，试计算计划完成程度.
3. 恩格尔系数是食品支出占生活费用支出的比例，用来反映一个国家或地区的贫富程度. 某省城镇居民生活消费支出为 5574.72 元，其中食品支出为 1985.88 元，试计算该省城镇居民 2011 年的恩格尔系数.
4. 某学校教学人员为 900 人，非教学人员为 100 人，试计算教学人员与非教学人员的比例.
5. 两个类型相同的工业企业，甲企业全员劳动生产率为 18 542 元/（人·年），乙企业全员劳动生产率为 21 560 元/（人·年），试计算两个企业全员劳动生产率之比.
6. 印度的国土面积为 328.7 万平方千米，中国的国土面积为 960.0 万平方千米. 印度 2011 年的年中人口数为 124 149 万人，中国 2011 年的年中人口数为 134 735 万人，试比较两国的人口密度.

第二章 统计调查

统计的首要任务是通过统计工作获取统计数据. 获取统计数据的途径是统计调查和实验. **统计调查**是按照目的、任务和要求，运用适当的方法，有组织有计划地搜集数据，处理数据并形成数据库，分析数据，公布其结果的系统过程. 本章主要介绍：
- 统计调查程序与调查方案设计.
- 量表设计.
- 调查问卷设计.
- 抽样设计.
- 数据收集方法.

数据的处理与分析放在后面的章节进行介绍.

第一节 统计调查程序与调查方案设计

一、统计调查程序

统计调查必须有组织、有计划、有步骤地开展. 统计调查的一般程序是：
- 确定调查问题.
- 设计调查方案.
- 数据的采集.
- 数据的处理与分析.
- 撰写调查报告.

这里只简单介绍一下确定调查问题的方法，其他程序在后面的章节再进行详细介绍.

调查问题的来源主要有两个：一是来源于自己研究需要，二是来源于委托者. 无论哪种途径，都需要明确调查的具体问题是什么.

为了准确地确定调查问题，先期的调查或交流工作是必要的. 首先应和决策者进行交流，了解决策者面临什么问题，需要得到什么信息，分析各种制约因素；也可向有关专家进行咨询，寻求建议或帮助；也可收集二手资料，从中获得思路和线索；也可用座谈会法、深层访谈法、德尔菲法进行定性调查. 通过以上活动就可以明确调查的问题.

二、调查方案设计

调查方案是实施调查的蓝图和行动计划.调查方案必须经过充分论证和试调查,其目的是检验调查方案设计的科学性及可行性.

调查方案的内容没有统一的格式,大致包括调查背景和调查问题、调查目标、调查对象和调查时间、抽样设计、调查内容、数据收集方法和技术路线、调查实施和质量控制、数据处理与分析方法、调查费用、组织领导等.

(一)调查背景和调查问题

统计调查首先要明确问题产生的背景是什么,为什么要调查,基本问题是什么,数据使用者是谁,用数据解决哪些问题.

(二)调查目标

调查目标是调查所要达到的具体目的,即通过调查要具体解决什么问题,解决到什么程度.调查目标决定调查内容和调查方法.设计调查目标既要考虑调查的必要性,也要考虑调查的可行性和可操作性.

(三)调查对象和调查时间

调查对象是需要调查的统计总体.**调查单位**是需要调查的总体单位,是要调查登记的各个调查项目的承担者.**报告单位**是负责向上报告调查内容、提交统计资料的单位.调查单位和报告单位有时是一致的.

调查时间是调查资料所属的时间.**调查期限**是进行调查登记工作开始到结束的时间.例如,第六次全国人口普查的标准时点是 2010 年 11 月 1 日零时,整个普查工作将持续到 2011 年 6 月结束.

(四)抽样设计

如果统计调查是抽样调查,则需要进行抽样设计,详见本章第四节内容.线下调查时,概率抽样设计事先要定义总体,其次是制定抽样框,再次是选择抽样方法,再次是样本量确定与分配,最后是执行抽样过程.线上调查也要有总体的界定和样本量的确定方法.非概率抽样不需要抽样框,样本量也是凭经验来确定.

(五)调查内容

调查内容是依据调查目标设计的具体调查项目,即所要登记的调查单位的特征,也就是调查单位的基本标志.调查内容框架是设计调查问卷和量表的依据.在确定调查内容时,要注意以下几个方面的问题:
- 调查内容必须具体明确,不能含糊不清,否则无法设计调查问卷.
- 调查内容既要考虑调查目标的需要,又要考虑统计资料的可获得性.
- 调查内容要满足数据分析或统计模型的需要.

(六) 数据收集方法和技术路线

调查方案要设计数据采集的具体方法,详见本章第五节内容.

技术路线包括对调查员和调查指导员的数量配置、资格、具体任务等做出具体的规定,对资料收集工具做出具体说明等.资料收集工具包括调查表(调查问卷)、访谈提纲、专题小组讨论提纲等.

(七) 调查实施和质量控制

为了保证调查的顺利实施和统计数据的质量,要按照调查期限的要求,具体安排调查的进度表,安排调查人员的选择与培训,明确调查人员工作职责,建立质量控制手册,建立调查质量核查制度,对统计质量做出具体的要求.

(八) 数据处理与分析方法

依据调查目标、调查内容和调查问卷中的问题,对数据处理与分析的方法做出具体要求.为了理清调查目标、调查内容、调查问卷中的问题和数据处理与分析方法的对应关系,可事先设计一个简表:

调查目标	调查内容	调查问卷中的问题编号	数据处理与分析的方法	结论
目标 1				
目标 2				
目标 3				
…				

(九) 经费预算

统计调查会发生以下费用:调查方案设计费、抽样费、问卷设计费、问卷印刷、装订费、调查实施费、数据审核编码录入费、数据统计分析费、调查报告撰写费、耗材费、项目办公费.充足的经费是调查保质保量完成的必要条件和保障.

(十) 组织领导

组织领导主要是对调查的领导机构、人员安排和职责做出安排,以保证调查的按时完成.

第二节 量表设计

调查问卷的正文一般由单项选择题、多项选择题、量表和开放式题构成.单项选择题和多项选择题主要是对被调查者的基本情况或行为进行确认.**量表**是通过一套事先拟定的用语、记号和数目,来测定人们心理活动的度量工具.量表常用于对被调查者的态度、意见或心理感觉等心理活动进行判别或测定.

一、常用量表

量表的种类非常多，限于篇幅，本节只简要介绍配对比较量表、等级排序量表、固定总数量表、列举评价量表、李克特量表和语义差别量表，其他形式的量表您可以自己从其他文献中学习．

1．配对比较量表

在配对比较量表中，被调查者被要求对一系列对象进行两两比较，并做出选择．

配对比较量表的主要优点是，对被调查者来说，从一对对象中选出一个肯定比从一大组对象中选出一个更容易．配对比较量表的缺点是比较次数可能太多．

【例 2-2-1】 下面是一个配对比较量表问题．

Q12. 下面是十对牙膏的品牌，对于每一对品牌，请指出您更喜欢其中的哪一个．在选中的品牌旁边□处打钩（√）．

① 华　夏 □	白珊瑚 □
② 华　夏 □	双面针 □
③ 华　夏 □	洁齿灵 □
④ 华　夏 □	靓　妹 □
⑤ 白珊瑚 □	双面针 □
⑥ 白珊瑚 □	洁齿灵 □
⑦ 白珊瑚 □	靓　妹 □
⑧ 双面针 □	洁齿灵 □
⑨ 双面针 □	靓　妹 □
⑩ 洁齿灵 □	靓　妹 □

2．等级排序量表

等级排序量表是一种顺序量表，它是将许多研究对象同时展示给被调查者，并要求他们根据某个标准对这些对象排序或将其分成不同等级．

等级排序量表的主要优点：
- 题目容易设计，被调查者也比较容易掌握回答的方法．
- 可以得到对象间相对性或相互关系的测量数据．
- 比较节省时间．

等级排序量表的主要缺点：
- 只能得到顺序数据，因此不能对各等级间的差距进行测量．
- 卡片上列举对象的顺序有可能带来所谓顺序误差．
- 用于排序的对象个数不能太多，一般要少于 10 个，否则很容易出现错误、遗漏．

【例 2-2-2】 下面是一个等级排序量表问题．

Q14. 下面是 5 种冰箱品牌，请您根据对各品牌的喜爱程度进行排序，分别给予 1～5 个等级，等级 1 表示您最喜爱的品牌，依次类推，等级 5 表示您最不喜欢的品牌．（请注意：一个等级号码只能用于一个品牌.)

品牌名称	品牌等级
美　菱	————
容　声	————
海　尔	————
西门子	————
新　飞	————

3．固定总数量表

固定总数量表又称**常量和量表**，它要求被调查者根据各个特性的重要程度将一个给定分数（通常是100分或10分）在所有备选项中间进行分配．评价商品、企业印象以及影响因素的作用大小，均可以采用固定总数量表．

固定总数量表的主要优点：

- 可以避免次数繁多的比较．
- 当两种特性被认为具有相同价值时，可以如实地表示出来．

固定总数量表的主要缺点是，当特性或项目的数量增多时，可能使被调查者感到混乱．

【例 2-2-3】　下面是一个固定总数量表问题．

Q20．下面是浴皂的 6 种属性，请将 100 分分配到这些属性中，以便准确反映您对每种属性的相对重要性．如果某种属性不重要，您可以给它分配 0 分．如果一项属性的重要性是另一个属性重要性的两倍，那么它的分数也是另一个的两倍．所有的分数总和是 100．

属　性	分　值
泡　沫	————
价　格	————
香　味	————
包　装	————
保　湿	————
清洁能力	————

4．列举评价量表

列举评价量表是由调查人员事先将各种被评价对象显示在一个评价量表上，然后要求被调查者在量表上指出他对每个被评价对象的态度或意见．列举评价量表获得的数据通常作为等距数据使用和处理．

列举评价量表的主要优点是省时、有趣、用途广、可以用来处理大量变量等．但列举评价量表也可能会产生三种误差．

- 仁慈误差：有些被调查者倾向于给予所有被评价客体较高的评价，或给予较低的评价，从而引起误差．
- 中间倾向误差：有些被调查者不愿意给予被评价客体很高或很低的评价，特别是当

不了解或难于用适当的方式表示出来时,往往倾向于给予中间性的评价,从而引起误差.避免中间倾向误差的方法有:

(1) 调整叙述性形容词的强度.
(2) 增加中间的评价性语句在整个量表中的空间.
(3) 使靠近量表两端的各级在语意上的差别加大,使其大于中间各级间的语意差别.
(4) 增加测量量表的层次.

• 晕轮效应:如果被调查者对被评价客体有一种整体印象,可能会导致系统偏差.避免晕轮效应的方法有:

(1) 对所有被评价客体,每次只评价一个变量或特性.
(2) 问卷每一页只列一种特性,而不是将所有被评的变量或特性全部列出.

【例 2-2-4】 下面是一个列举评价量表问题.

Q11. 下面我将向您列举一些电视机品牌,当我提到每一种品牌时,请您告诉我您认为该品牌的知名度是非常低的、低的、一般的、高的还是非常高的.您认为下列电视机品牌的知名度是(从起点位置◆开始循环读出)

起点◆	非常低	低	一般	高	非常高
◇ 康佳	□ 5	□ 4	□ 3	□ 2	□ 1
◇ 长虹	□ 5	□ 4	□ 3	□ 2	□ 1
◆ 海尔	□ 5	□ 4	□ 3	□ 2	□ 1
◇ sony	□ 5	□ 4	□ 3	□ 2	□ 1
◇ 联想	□ 5	□ 4	□ 3	□ 2	□ 1

5. 李克特量表

李克特量表要求被调查者表明态度,但不是简单的同意或不同意两类,而是一个连续体,范围从非常赞成到非常不赞成,中间为中性类.李克特量表可以包括关于态度的一系列陈述,所有选项的答案执行一套统一的标准,以形成一个指数.每一个陈述都可以假设为代表常见态度范围的某个方面.

李克特量表的构造比较简单而且易于操作,因此在市场营销实务中应用非常广泛.

【例 2-2-5】 下面是一个李克特量表问题.

Q35. 下面是对×××航空公司办理乘机手续的一些叙述,请用数字 1~5 表明您对每种观点同意或反对的强烈程度.1 = 强烈反对;2 = 反对;3 = 既不同意也不反对;4 = 同意;5 = 十分赞成.

叙 述	强烈反对	反对	既不赞成也不反对	赞成	十分赞成
服务态度很好	□ 1	□ 2	□ 3	□ 4	□ 5
办理速度不快	□ 1	□ 2	□ 3	□ 4	□ 5
排队时间太长	□ 1	□ 2	□ 3	□ 4	□ 5
行李交运较快	□ 1	□ 2	□ 3	□ 4	□ 5
舱位选择比较自由	□ 1	□ 2	□ 3	□ 4	□ 5

6．语义差别量表

语义差别量表用成对反义形容词测试被调查者对某一对象的态度，通常是一个奇数级评分量表，两端由极端的词语构成．这种方法是测定商品、品牌、公司形象等印象的常用方法．

语意差别量表的主要优点是可以清楚有效地描绘对象的形象．如果同时测量几个对象的形象，还可以将整个形象轮廓进行比较．

【例 2-2-6】 下面是一个语义差别量表问题．

Q20. 您对 A 商场的看法怎样？下面是一系列评价标准，每个标准两端是两个描述它的形容词，这两个形容词的意义是相反的．用这些标准来评价 A 商场，在您认为合适的地方打勾．请注意不要漏掉任何一项标准．

您认为 A 商场是：

质量好；＿＿＿；＿＿＿；＿＿＿；＿＿＿；＿＿＿；＿＿＿；质量差．
时　髦；＿＿＿；＿＿＿；＿＿＿；＿＿＿；＿＿＿；＿＿＿；过　时．
方　便；＿＿＿；＿＿＿；＿＿＿；＿＿＿；＿＿＿；＿＿＿；不方便．
态度好；＿＿＿；＿＿＿；＿＿＿；＿＿＿；＿＿＿；＿＿＿；不友好．
昂　贵；＿＿＿；＿＿＿；＿＿＿；＿＿＿；＿＿＿；＿＿＿；便　宜．
选择多；＿＿＿；＿＿＿；＿＿＿；＿＿＿；＿＿＿；＿＿＿；选择少．

二、量表的评估

量表设计是一个系统而复杂的过程，通常要经过多次的评估、修改才能完成．量表评估主要是评估：测量是否能准确反映所要研究现象的属性；若使用多份性质相同的量表，被访者回答是否一致；若重做一次调查，被访者的回答是否还会相同等．

1．量表的有效性评估

有效性（Validity）是指量表正确测量调查者所要测量属性的程度．有效性有两个基本要求：一是量表确实是在测量所要测量对象的属性，而非其他属性；二是量表能准确测量该属性．当某一量表符合上述要求，它就是有效的．评估量表有效性的方法见表 2-2-1．

表 2-2-1　评估测量有效性的方法

有效性指标	简要解释
表面有效性	调查人员判断测量工具看上去像是测量了所要测量内容的程度
内容有效性	测量工具的项目能够覆盖所研究内容的程度
相关准则有效性	测量工具预测已确定的准则变量的能力
架构有效性	测量能够证实以所研究的概念为基础的理论的假设的程度

2．量表的可靠性评估

可靠性（Reliability）又称信度，是指量表提供前后一致数据的程度．评估量表可靠性的方法见表 2-2-2.

表 2-2-2 评估量表可靠性的方法

可靠性指标	简要解释
测试-再测试可靠性	在尽可能相同或近似的条件下，使用同一测量工具两次
等价形式可靠性	在同一时间内，使用尽可能类似的两种工具对同一目标测量
内在一致可靠性	在同一时间内，对测量同一现象的不同测试样本进行比较

3．量表的信度检验

还可以用数理统计的方法对量表的信度进行检验，详见下一章．

第三节　调查问卷设计

调查问卷又称**调查表**，由一系列问题、备选答案及说明等组成，是调查者根据调查目标和调查内容设计的一种向被调查者收集资料的工具．

一、调查问卷的结构

调查问卷一般由开头、正文和结尾三大部分组成．

（一）问卷的开头

问卷的开头一般由问候语、填表说明和问卷编号构成．
问候语和填表说明相当于致被调查者的一封信，其内容一般包括下列几个方面．
- 问候语．
- 调查的主办单位和调查者的身份．
- 对调查目的和填写方法的简要说明．
- 对被调查者无负面作用，并替他保守秘密的承诺．
- 表示真诚的感谢，或说明将赠送的小礼品．

问卷编号用于识别问卷、访问员、访问时间、被调查者地址等，可用于检查访问员的工作，防止舞弊行为，便于校对检查、更正错误等．

问卷开头的语气要亲切、诚恳、礼貌，叙述要简明扼要，目的是使潜在的调查对象在听取介绍调查来意后愿意参与和配合调查，除非在非常特殊的情况下才会中止．

（二）问卷的正文

正文（主体部分）一般由开放式问题、封闭式问题和编码构成．开放式问题是没有备选答案，被调查者可以自由发表自己见解的问题．封闭式问题是需要被调查者从一系列备选项中做出选择的问题，形式有单项选择题、多项选择题和量表．这里的编码是指问卷中包含的前编码设计,以及为后编码设计预留的位置.

【例 2-3-1】 某问卷调查的第 1 个问题为:

Q1. 您的性别是:

□男;   □女

【例 2-3-2】 某问卷调查的第 3 个问题为:

Q3. 您的年龄是:

□35 岁以下(不含 35 岁)   □35 岁至 60 岁(不含 60 岁)   □60 岁以上

【例 2-3-3】 某问卷调查的第 5 个问题为:

Q15. 您早晨是否晨练:

□晨练   □不晨练   □有时会晨练

【例 2-3-4】 某问卷调查的第 15 个问题为:

Q4. 您的业余爱好是:

□运动   □旅游   □阅读
□烹调   □音乐   □舞蹈

例 2-3-1、例 2-3-2 和例 2-3-3 是单项选择题,例 2-3-4 是多项选择题.

【例 2-3-5】 某问卷调查的第 25 个问题为:

Q25. 您认为某公司的服务在哪些方面还需改进?请畅所欲言.

例 2-3-5 为开放式问题.

1. 问题安排的一般性准则

问题安排顺序和结构的不同可能会引起回答上的差异. 问题安排方法为:

- 运用过滤性问题以识别合格调查单位.
- 初始问题应能引起调查单位的兴趣.
- 遵循"漏斗"法则,一般性问题在先,特殊性问题在后.
- 需要思考的问题放在问卷中间.
- 提示在关键点插入.
- 把敏感性问题、开放式问题、被调查者的背景资料(背景资料满足调查需要即可,不要追求多而全)放在最后.

2. 问题和措辞需要注意的事项

问题不是越多越详细越好,问题只要和调查内容相适应,能够为解决调查目标获取足够数据即可. 要设计好哪些问题来解决哪个调查目标. 问题设计要尽量为被调查者考虑,不要设计被调查者明显不愿回答或根本不会真实回答的问题. 问题的措辞不当往往会使被调查者误解题意或拒绝回答,引起调查误差,从而影响调查质量. 措辞应注意下述问题:

- 避免复杂语句陈述,应尽量使用简单对话式的语言.

- 避免诱导性问题. 诱导性问题建议或者暗示了特定的答案, 是造成问题措辞偏差的一个主要来源.
- 避免出现语义含糊、模棱两可的语句; 避免出现无明确定义词汇、过于专业或生僻的词汇.
- 避免一个问句中涉及两个或两个以上的问题.
- 避免要求被调查者回忆、估计、推理的问题.

（三）问卷的结尾

问卷结尾要对被调查者的合作表示感谢. 问卷结尾也可附上一个"调查情况记录", 记录被调查者的姓名、地址、电话号码等.

二、问卷的评估与测试

问卷设计是一个系统而复杂的过程, 通常要经过多次的评估与测试, 并进行修改才能完成. 问卷的评估是通过问卷测试来进行的. 问卷测试旨在确定所拟定的问卷在调查执行中可能存在的困难和错误, 包括问题的顺序、问句措辞、问卷编排是否恰当, 问卷总体能否获得真正需要的数据和信息, 等等. 问卷测试的方法有焦点座谈、非正式测试、行为编码、分裂样本测试、试点调查等.

- 焦点座谈. 焦点座谈是数据用户、访员和被访者的非正式讨论, 目的是评估被访者对问题中所用语言和措辞的理解程度, 或评估可供选择的问题的措辞和形式.
- 非正式测试. 非正式测试（也称试答）通常是抽取一个小样本来测试全部问题或部分问题的顺序、措辞、问题的选项存在的问题.
- 行为编码. 行为编码是由第三方对访员和被访者进行测试, 重点在于测试访员如何问问题, 以及被访者如何做出反应, 问题的表述与回答的困难程度.
- 分裂样本测试. 在确定两个或多个版本的问卷或问题哪个更好时, 可以进行分裂样本测试. 最简单的分裂样本测试是将一半样本用于测试问卷的一个版本, 而另一半样本用于测试其他问卷版本.
- 试点调查. 试点调查是对正式调查的一次"预演", 即从头到尾, 进行一次小规模的调查演习, 包括数据处理和分析. 试点调查使统计调查机构能够了解到问卷在调查的其他阶段（数据收集、处理、审核、插补、估计以及数据分析）实际运作的情况.

第四节 抽样设计

一、抽样设计的程序

抽样调查是从总体中抽取部分单位作为样本进行调查. 抽样调查具有经济性、时效性、方法灵活等优点. 但抽样调查不支持小区域估计, 也不支持稀少个体的特征估计. 当不可能或没必要进行全面调查, 或对全面调查资料进行必要的核对和修正时, 则需要进行抽样调查.

抽样设计的程序是：
- 定义总体.
- 制定抽样框.
- 选择抽样方法.
- 确定样本量.
- 执行抽样过程.

（一）定义总体

总体是调查者希望从中获取信息的所有被调查者的集合．定义总体的四个因素为：
- 总体中个体的类型，如个体是个人、家庭、企事业单位等．
- 个体的特征，包括人口统计特征、行为特征、心理特征等．
- 个体的地理位置，即区域范围．
- 调查的标准时点或时期．

此外，定义总体还须区分目标总体与调查总体．目标总体通常只是概念性的；但调查总体则是实际调查所覆盖的总体，在抽样调查中也称为抽样总体．

（二）制定抽样框

抽样框又称**抽样结构**，是指所有总体单位的花名册或排序编号册，用以确定总体的范围和结构．一个抽样框应该包括以下部分或全部内容：
- 识别资料：如姓名、家庭住址、身份证号码等．
- 联系资料：确定个体所在位置的项目、地址、电话．
- 分类资料：提供区分调查对象的有用信息．
- 维护资料：像日期以及资料的变更信息等．

识别和联系资料是不可少的，而分类和维护资料有助于提高抽样的效率．

抽样框可分为名录框、区域框和多重抽样框三种类型．

名录框可分为概念名录框和实际名录框两种．概念名录框的一个例子是：某天早上9时至11时进入某超市的顾客．一份概念名录框常常是基于正在进行时才存在的总体．线上调查可以设置一份概念名录框．

实际名录框的来源有商业注册（由工商行管部门收集）、地址和邮编册（由邮政局收集）、电话号码簿（由电信公司收集）、户籍册（由公安机关收集）、学生花名册、职工花名册、住宅小区居民户册（物业公司收集）等．

区域框是由地理区域构造的一种特殊的个体名录框，调查总体则由这些地理区域组成．区域框适用于以下两种情况：
- 当调查本质就是地理性质的．
- 调查机构不能获得一个适当的名录框．

多重抽样框是两个或两个以上的抽样框的组合，如名录框和区域框的组合，或者两个或两个以上名录框的组合．当没有一个抽样框（名录/区域）能够全部覆盖总体时，就需要使用多重抽样框架．

用计算机进行抽样时，通常需要事先将抽样框中的每个个体单位的信息进行编码．

（三）选择抽样方法

抽样方法可分为概率抽样和非概率抽样．概率抽样又可分为简单随机抽样、系统抽样、整群抽样、分层抽样、多阶段抽样等．非概率抽样又可细分为志愿者抽样、判断抽样、配额抽样、滚雪球抽样等．

抽样方法选择的原则是：样本要尽可能地代表总体；抽样要兼顾对总体估计的难度、精度和调查费用，力图在达到节省人力、物力、财力的条件下，对总体估计的费用最低，精度最高．

（四）确定样本量

确定样本量需要考虑一系列的定性和定量因素．定性因素包括决策的重要性、研究性质、变量数目、发生率、完成率以及资源约束．定量因素包括总体单位数、总体方差、总体成数、最大允许抽样误差等．概率抽样样本量的确定方法详见第七章参数估计与样本量确定．非概率抽样不需要抽样框，样本量也是凭经验来确定．

（五）执行抽样过程

执行抽样过程可以用统计软件进行，如用 Excel 或 SPSS 软件进行操作．

二、抽样方法

（一）概率抽样

概率抽样是根据一个已知的概率随机抽取样本．概率抽样可以保证样本对总体的代表性，进而根据样本信息对总体做出推断，而且概率抽样能够将抽样误差限制在一定范围之内．

概率抽样可分为放回抽样和无放回抽样．放回抽样是指从总体 N 个单位中随机抽取一个容量为 n 的样本，每次抽中的单位经登录其有关标志表现后又放回总体中重新参加下一次的抽样．无放回抽样是指从总体 N 个单位中随机抽取一个容量为 n 的样本，每次抽中的单位登录其有关标志表现后不再放回总体中参加下一次的抽样．

1．简单随机抽样（SRS）

简单随机抽样（SRS）是从总体 N 个个体中随机抽取 n 个个体作为样本．例如，从某班级的 60 个同学中随机抽取 5 名同学，去参加会议，可用简单随机抽样方法．

简单随机抽样的主要优点：
- 简单，易于理解．
- 抽样框不需要其他（辅助）信息．
- 样本统计量具有良好的性质，可以对总体进行统计推断．

简单随机抽样的主要缺点是：

- 如果样本框为区域框，可能会增加数据收集的时间和成本。
- 样本量小时，样本不一定有很好的代表性。

2．系统抽样（SYS）

系统抽样（SYS）是指将总体单位按照某一标志进行顺序排列，然后根据总体单位数和样本单位数计算出抽样间距 k，再从 $1\sim k$ 之间随机抽取一个数字 r 作为初始单位，以后依次抽取第 $r+k$，$r+2k$，…个数字对应的个体组成样本。

抽样间距 k = 总体单位数 N/样本单位数 n

例如，总体中有 50 000 个单位，想要抽取一个样本量为 500 的样本，此时抽样间距为 100。在 1～100 之间选出一个随机数，如是 36，该样本就由第 36 个、136 个、236 个、336 个、436 个、…、49 936 个总体单位组成。

系统抽样的主要优点：
- 简单、成本低、容易实现。
- 样本的分布较好，特别是排序与要研究的特征有关时，SYS 能增加样本的代表性。
- 有较好的理论支持，估计值容易计算。

系统抽样的主要缺点：

若排序呈现循环形式，抽样间距又与循环周期相同，系统抽样会降低样本的代表性，形成系统性偏差。

3．整群抽样

整群抽样是先将总体按某一标志分为若干部分（群），以群为抽样单位进行简单随机抽样，被抽中的群作为样本。例如，先从某年级的不同专业中随机地抽取一个专业，然后对抽到的专业进行全面调查，就是整群抽样。

整群抽样的主要优点：
- 样本相对集中，能大大降低数据收集的费用。
- 当总体单位自然聚合成群时，创建抽样框较容易。
- 当群内个体差异大且群间差异小时，整群抽样策略比 SRS 的抽样效率要高。

整群抽样的主要缺点：
- 方差估计比简单随机抽样复杂。
- 当群内个体差异小而群间差异大时，抽样误差比较大。

4．分层抽样

分层抽样又称类型抽样，是先将总体按某一标志分成若干"层/类"，然后在每一层内进行随机抽样，然后将从各层中抽得的样本合并构成一个样本。例如，先将一个班级的学生分为男生和女生两个组，再分别按一定的名额从两个组中随机抽取部分学生组成一个样本。

分层抽样的主要优点：
- 可以提高对总体的估计精度。
- 能保证样本对于各层子总体的代表性。
- 可以在不同的层采用不同的样本框和抽样方法。

分层抽样的主要缺点：
- 抽样框创建比较复杂．
- 估计值的计算比简单随机抽样和系统抽样要复杂．

5．与个体大小成比例的概率抽样（PPS）

PPS 是一种使用辅助信息从而使入样概率不相等的抽样技术．如果总体单位的某一特征大小变化很大且已知，这些信息就可用在抽样中，以提高抽样效率．

PPS 抽样的主要优点是它使用了辅助信息，提高了抽样策略的统计效率，与 SRS 方法甚至与分层抽样相比，都能显著地减少抽样误差．

6．多阶段抽样

多阶段抽样是用两个或更多个连续的阶段抽取样本的过程．第一阶段抽取的样本称为初级抽样单位．第二阶段在初级抽样单位中再抽取一个样本，称为次级抽样单位．第三阶段在次级抽样单位中再抽取一个样本，称为第三级抽样单位．依次类推．

（二）非概率抽样

非概率抽样是指不完全按随机原则选取样本的抽样方法．非概率抽样方法有随意抽样、志愿者抽样、判断抽样、配额抽样、滚雪球抽样等．

1．随意抽样

随意抽样（便利抽样）是无目的、随意地进行，几乎没有或完全没有计划的抽样．在随意抽样中，抽样单位的选择主要由调查人员完成，通常被访者由于碰巧在适当的时间地点出现而被选中．"街头拦人法"和"空间抽样"是随意抽样的两种最常用方法．

2．志愿者抽样

志愿者抽样是指被调查者是志愿者，如为研究某种疫苗的安全性和有效性，征召志愿者进行临床试验．

3．判断抽样

判断抽样是按照抽样设计者的主观判断选取总体单位组成样本的一种抽样方法．应用前提是，抽样设计者必须对调查总体相当了解，或者可以依靠专家判断来决定样本．判断抽样常用的两种形式为：
- 选择最能代表普遍情况的调查对象，即选取"多数型"或"平均型"的样本作为调查对象．
- 选择那些异乎寻常的个案，目的是调查造成异常的原因．

4．配额抽样

配额抽样是指首先将总体单位按照一定的属性或者特征分成若干类，然后在每类中按照方便抽样或者判断抽样的方法选取样本单位．例如，配额抽样是总体有 100 名男人和 100 名女人，从中抽取 20 名作为样本，男女各 10 名．

5．滚雪球抽样

滚雪球抽样是先找到一些个体，然后根据最初找到的个体提供的信息再找到其他个体，像“滚雪球”一样，得到所需样本的一种抽样方法．滚雪球抽样通常用于寻找那种罕见的总体单位．

【例 2-4-1】 从一个完整的抽样框获得样品．

财产税是根据财产的评估价值征收的．为了确保财产税从县到县是公平的，税务机构希望调查县资产情况，以确保每个县的财产记录同样是最新的．该机构决定使用复杂抽样方法来选择资产的样本．数据见 SPSS 数据文件 property_assess_cs.sav.

复杂抽样的过程是，第 1 阶段设计分层变量是编码为 1、2、3、4、5 的 5 个 county（县）；每个 county 抽取 4 个 Township（镇区）；第 2 阶段为在第 1 阶段抽取的 20 个 Township 的相同编码下的 Neighborhood 中各抽取 20% 的 Property ID（财产标识）.

解 步骤 1 打开 SPSS 数据文件 property_assess_cs.sav. 单击打开‘C:\Program Files\IBM\SPSS\Statistics\21\Samples\Simplified inese\property_assess_cs.sav’. 数据视图和变量视图分别如图 2-4-1 和图 2-4-2 所示.

	propid	nbrhood	town	county	time	lastval
11125	49025	613	88	5	6	146.60
11126	49026	613	88	5	5	130.20
11127	49027	613	88	5	6	125.90
11128	49028	613	88	5	4	66.90

图 2-4-1 数据视图

	名称	标签	类型	值	度量标准
1	propid	Property ID	数值(N)	无	名义(N)
2	nbrhood	Neighborhood	数值(N)	无	名义(N)
3	town	Township	数值(N)	无	名义(N)
4	county	County	数值(N)	{1, Eastern}...	名义(N)
5	time	Years since last appraisal	数值(N)	无	度量(S)
6	lastval	Value at last appraisal	数值(N)	无	度量(S)

图 2-4-2 变量视图

步骤 2 点击‘分析（A）>复杂抽样（L）>选择样本（S）...’．‘抽样向导’对话框如图 2-4-3 所示.

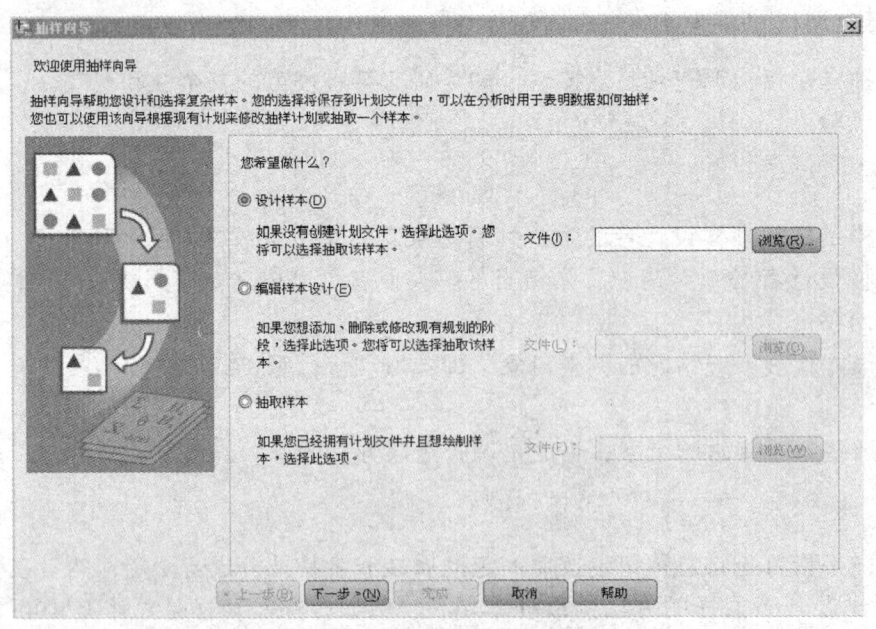

图 2-4-3 ‘抽样向导’开始界面

步骤3 点击'浏览（R）','指定抽样计划文件'对话框如图2-4-4所示.

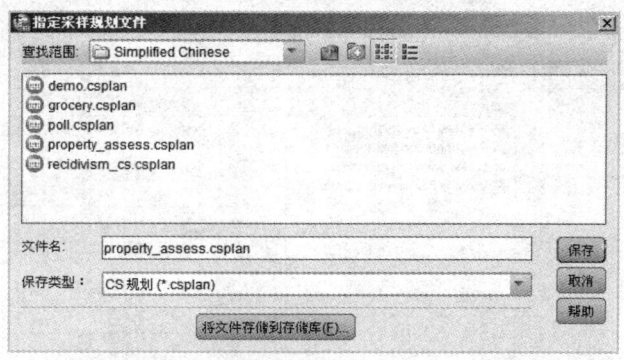

图 2-4-4 '指定抽样计划文件'对话框

步骤4 文件名处键入 property_assess.csplan，单击'保存'.'欢迎使用抽样向导'对话框如图2-4-5所示.

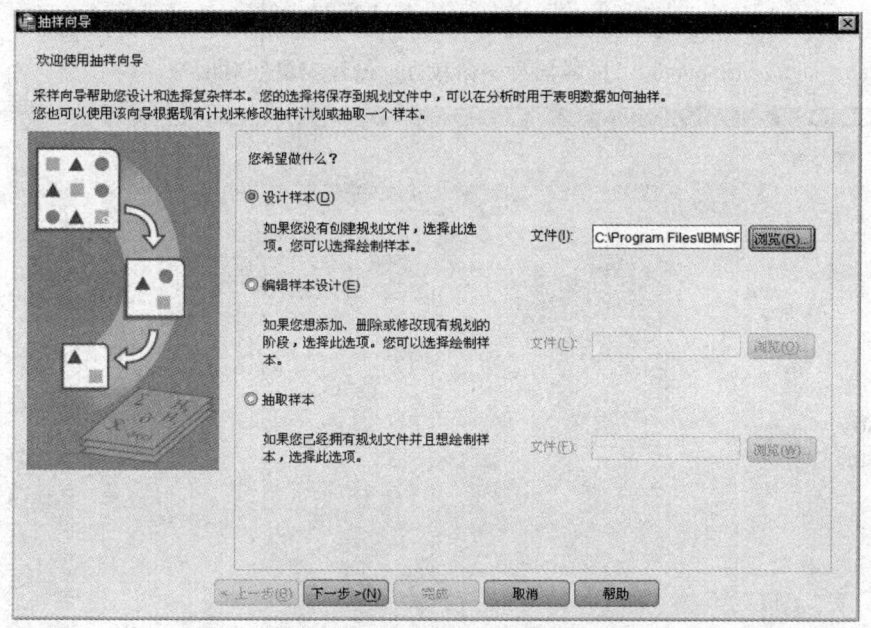

图 2-4-5 '欢迎使用抽样向导'对话框

步骤5 点击'下一步'.'抽样向导>阶段1：设计变量'对话框如图2-4-6所示.
步骤6 如要进行简单随机抽样或系统抽样，只需将抽样变量选入'分群（C）:'框即可，'分层依据（S）:'框不需要任何变量；若要进行分层抽样，只需将抽样变量选入'分层依据（S）:'框即可，'分群（C）:'框不需要任何变量；若要进行多阶段抽样，需选择'分层依据（S）:'变量和'分群（C）:'变量.

本例是多阶段抽样，将'County'选入'分层依据（S）:'框，将'Township'选入'分群（C）:'框. 单击'下一步'，随后再次单击'下一步'.'抽样向导>阶段1：抽样方法'对话框如图2-4-7所示.

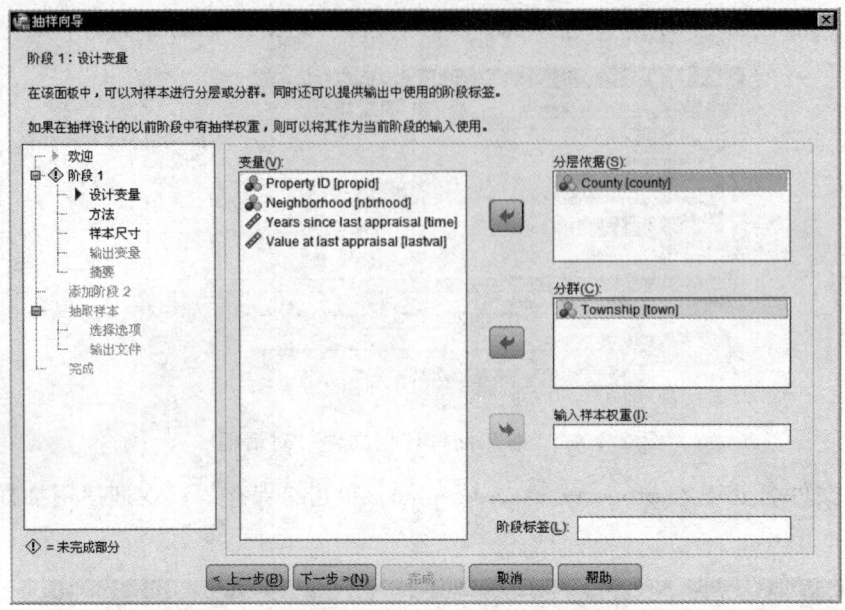

图 2-4-6 '抽样向导 > 阶段 1：设计变量'对话框

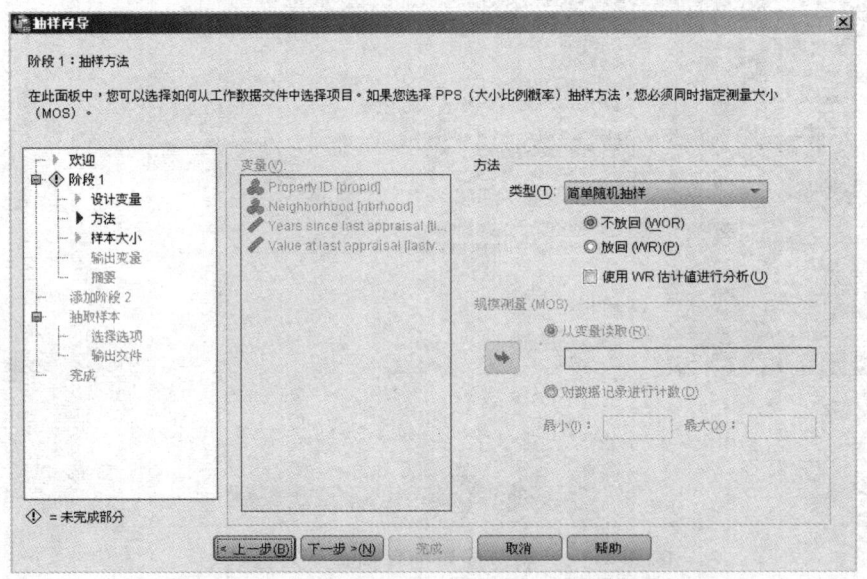

图 2-4-7 '抽样向导 > 阶段 1：抽样方法'对话框如

步骤 7 '方法/类型（T）:'选择'简单随机抽样'，'不放回（WOR）'保持默认，点击'下一步'.'抽样向导 > 阶段 1：样本大小'对话框如图 2-4-8 所示.

步骤 8 从'单位（U）:'下拉列表中选择'计数'. 在'值（A）:'字段中键入'4'，这是在这个阶段中进行选择的单元数目（如果各层抽样数不相等，需选择'各层不相等的值（S）:'，并点击'定义（D）'，然后定义各层的抽样单位数或比例）. 单击'下一步'，再点击'下一步'，'抽样向导 > 阶段 1：规划摘要'对话框如图 2-4-9 所示.

步骤 9 在'要添加阶段 2 吗'选择'是，现在添加阶段 2（Y）'. 单击'下一步'.'抽样向导 > 阶段 2：设计变量'对话框如图 2-4-10 所示.

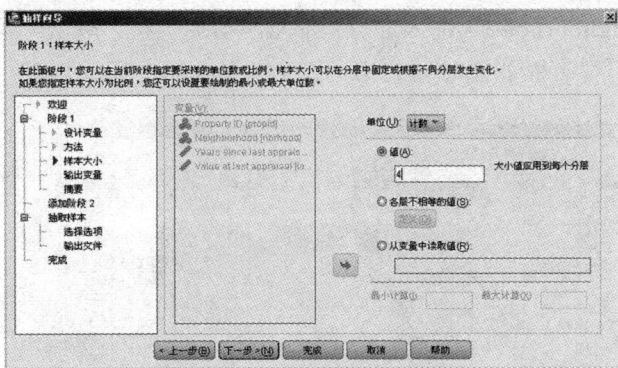

图 2-4-8 '抽样向导＞阶段 1：样本大小'对话框

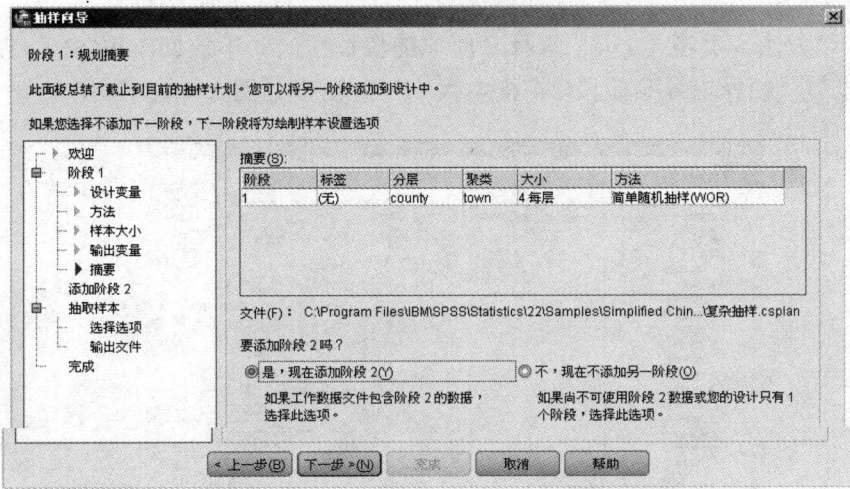

图 2-4-9 抽样向导＞阶段 1：规划摘要对话框

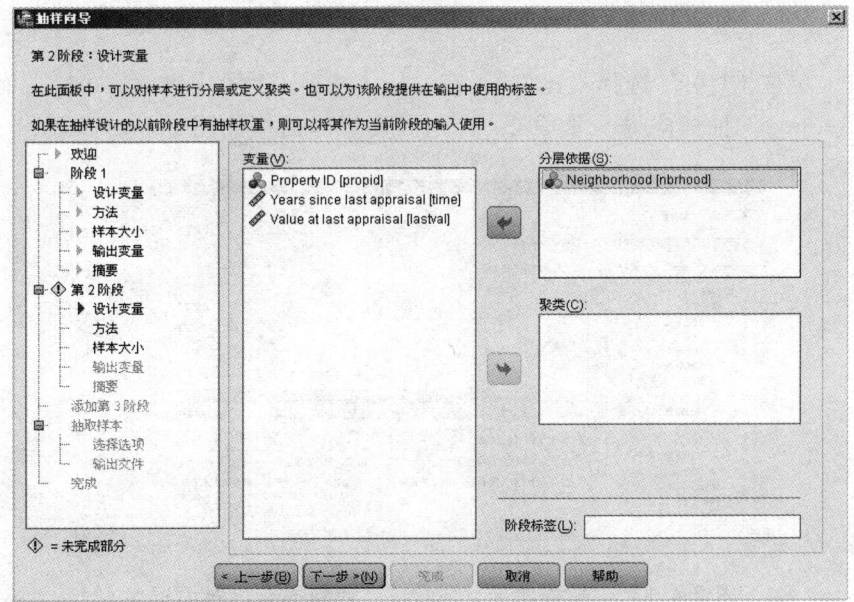

图 2-4-10 '抽样向导＞阶段 2：设计变量'对话框

步骤 10 将'Neighborhood'选入'分层依据（S）：'框. 单击'下一步'，'抽样向导 > 阶段 2：抽样方法'对话框如图 2-4-11 所示.

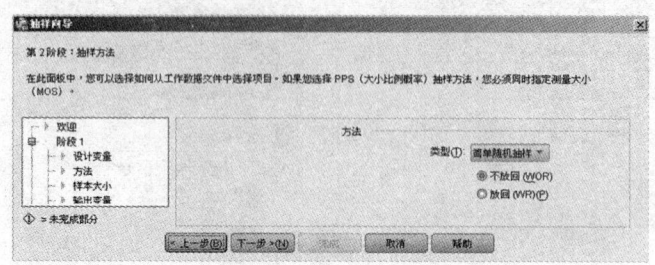

图 2-4-11 '抽样向导 > 阶段 2：抽样方法'对话框

步骤 11 '方法 > 类型（T）：'选择'简单随机抽样'，'不放回（WOR）'保持默认，点击'下一步'. '抽样向导 > 阶段 2：样本大小'对话框如图 2-4-12 所示.

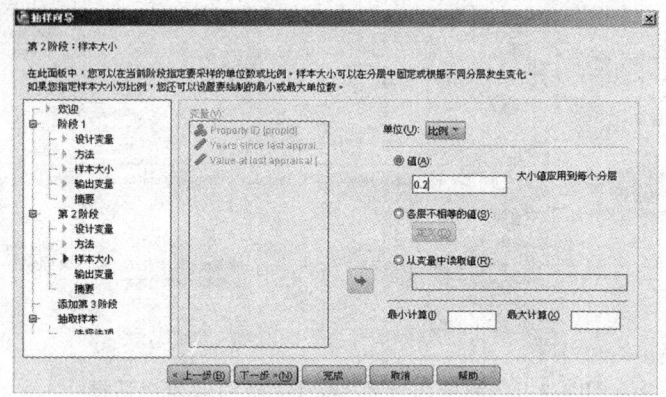

图 2-4-12 '抽样向导 > 阶段 2：样本大小'对话框

步骤 12 '单位（U）：'选择'比例'. 在'值（A）：'字段中键入'0.2'，单击'下一步'，再'下一步'，'抽样向导 > 阶段 2：计划摘要'对话框如图 2-4-13 所示.

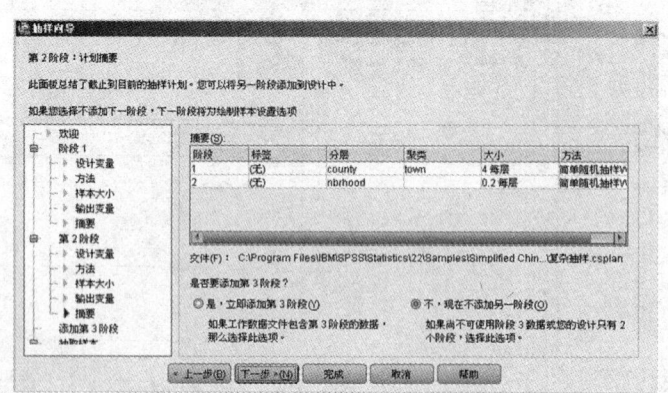

图 2-4-13 '抽样向导 > 阶段 2：计划摘要'对话框

步骤13 '是否要添加第3阶段？'选择'不，现在不添加另一阶段（O）'. 单击'下一步'，'抽样向导 > 阶段2：选择选项'对话框如图2-4-14所示.

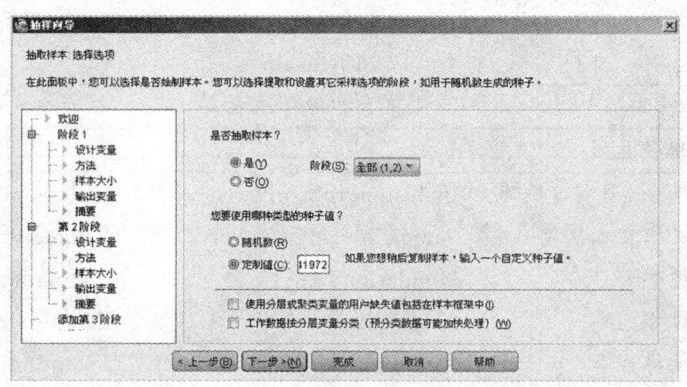

图 2-4-14 '抽样向导 > 阶段2：选择选项'对话框

步骤14 '是否抽取样本？'选择'是（Y）'. '您要使用那种类型的种子值？'选择'定制值（C）：'，并键入'241972'作为值. 单击'下一步'，'抽样向导 > 抽取样本：输出文件'对话框如图2-4-15所示.

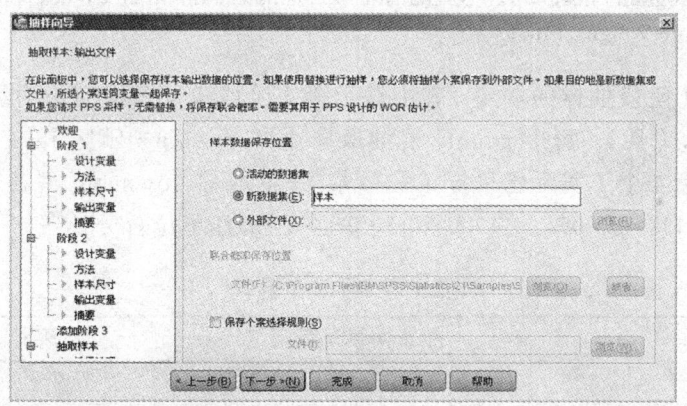

图 2-4-15 '抽样向导 > 抽取样本：输出文件'对话框

步骤15 '样本数据保存位置'选择'新数据集（E）：'并键入'样本'字样，点击'下一步'，再单击'完成'.

抽样完成后会生成抽样计划文件'property_assess.csplan'并根据该计划绘制一个样本. 同时会生成一个文件名为'未标题2[样本]-IBM SPSS Statistics 数据编辑器'的数据集，此数据集就是抽出的样本.

表2-4-1是多阶段复杂抽样的摘要，体现了您的抽样计划. 该摘要包括各阶段的分层依据变量和集群变量，各阶段抽样权重、种群大小、样本大小、抽样概率以及抽样产生的变量.

表 2-4-1 摘要

			阶段 1	阶段 2
设计变量	分层	1	County	Neighborhood
	群集	1	Township	
	选择方法		简单无替换随机抽样	简单无替换随机抽样
	已采样单位数量		4	
样本信息	创建或修改的变量	分阶段包含（选择）概率	InclusionProbability_1_	InclusionProbability_2_
		分阶段累积样本权重	SampleWeightCumulative_1_	SampleWeightCumulative_2_
		分阶段种群大小	PopulationSize_1_	PopulationSize_2_
		分阶段样本大小	SampleSize_1_	SampleSize_2_
		分阶段抽样概率	SamplingRate_1_	SamplingRate_2_
		分阶段样本权重	SampleWeight_1_	SampleWeight_2_
	已采样单位百分比			0.2
分析信息	估计量假设		无替换等概率抽样	无替换等概率抽样
	包含概率		从变量 InclusionProbability_1_获得	从变量 InclusionProbability_2_获得

规划文件：C:\Program Files\IBM\SPSS\Statistics\21\Samples\Simplified Chinese\property_assess.csplan
权重变量：SampleWeight_Final_

表 2-4-2 是第 1 阶段抽样的摘要. 表中显示第 1 阶段设计分层变量为编码为 1、2、3、4、5 的 5 个 county（县）；每个 county 要抽取 4 个 Township（镇区）（必需已采样单位数量），实际抽到也是 4 个（实际已采样单位数量）；抽取的 Township 占各个 county 的比例分别为 44.4%、57.1%、25.0%、44.4% 和 50.0%（已采样单位百分比）.

表 2-4-2 阶段 1 摘要

		已采样单位数量		已采样单位百分比	
		必需	实际	必需	实际
county =	1	4	4	44.4%	44.4%
	2	4	4	57.1%	57.1%
	3	4	4	25.0%	25.0%
	4	4	4	44.4%	44.4%
	5	4	4	50.0%	50.0%

规划文件：C:\Program Files\IBM\SPSS\Statistics\21\Samples\Simplified Chinese\property_assess.csplan

本例第 2 阶段抽样的摘要表格比较大，在这里略去.

步骤 16 您可以查看和使用文件名为'未标题 2[样本]-IBM SPSS Statistics 数据编辑器'数据集，此数据集就是抽出的样本.

第五节 数据收集方法

一、二手数据的收集

（一）二手数据的来源与优点

二手数据的收集也称文案调查，是收集已有数据资料，并加以整理和分析的一种调研活动．二手数据的主要优点：
- 收集方便，成本低，收集时间短．
- 可以提供必要的背景信息和调查思路．
- 有可能提供原始信息数据收集的方法．
- 可以警示调查人员注意潜在的问题和困难．

二手资料的搜集渠道有：
- 企业内部数据．这些数据可从企业事业单位原始记录、统计台账、内部报表、内部数据库等获得．
- 统计部门和政府部门公布的有关资料．如各类统计年鉴，各类经济信息中心、信息咨询机构、专业调查机构等提供的数据．
- 各类专业期刊、报纸、书籍所提供的资料．
- 各种会议，如博览会、展销会、交易会及专业性、学术性研讨会上交流的有关资料．
- 互联网或图书馆拥有的相关资料．

（二）二手数据的评估

尽管二手数据有许多优点，但在使用二手数据时要进行两项评估：有效性评估和可靠性评估．有效性评估主要是评估二手数据的时效性、口径与本次调查问题的一致性．可靠性评估主要是评估二手数据来源的可靠性．

二、一手数据的收集

一手数据的收集，即原始数据的收集，方法有座谈会法、个别深度访谈法、观测调查法、访问调查法、通信调查法、电话调查法、网上调查法，等等．

座谈会法也称为集体访谈法，它是将一组受访者集中在调查现场，让他们对调查的主题（如一种产品、一项服务或其他话题等）发表意见，从而获取调查资料的一种方法．这种方法适用于搜集与研究课题有密切关系的少数人员的倾向和意见．

个别深度访谈法是一次只有一名受访者参加的特殊访谈法．深度访谈常用于动机研究，如消费者购买某种产品的动机等，以发掘受访者非表面化的深层意见．这一方法最宜于研究较隐秘的问题，如个人隐私问题、敏感问题、政治问题等．对于一些不同人之间观点差异极大的问题，采用深度访问法比较合适．

观测调查法是由调查人员到现场对调查对象亲自进行观察、计量、记录以取得资料的一种方法. 例如神秘购物法、实际痕迹测量、电视收视监控、网站访问量监控等.

访问调查法又称派员调查法, 它是调查者与被调查者通过面对面地交谈从而得到所需资料的调查方法. 如入户面访调查、街头/商场拦截式面访调查、电脑辅助的个人面访调查等.

通信调查法是通过邮寄或其他方式将调查问卷送至被调查者, 由被调查者填写, 然后将问卷寄回或投放到指定收集点的一种调查方法. 如传真问卷调查、电子邮件问卷调查等.

电话调查法是调查人员利用电话同受访者进行语言交流, 从而获得信息的一种调查方式. 如普通电话调查、CATI（计算机辅助电话调查）等.

网上调查法是一种发布在网上的自我管理式电子问卷调查, 应答者通过点击图标或键入答案, 回答计算机屏幕上显示的问题. 很多调查研究领域的人士认为, 因特网调查是未来的大势所趋. 互联网线上调查的主要优点是:

- 成本较低, 传播迅速快.
- 有的网上调查平台可以自动形成调查报告和数据库.

网上调查法的主要缺点是调查对象和回答质量难以控制.

以上各种方法各有各的优点和缺点, 要根据调查的组织形式进行适当地选择, 以便收到满意的调查效果.

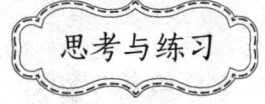

思考与练习

1. 某单位 50 名职工信息如下：

序号	性别	序号	性别	序号	性别	序号	性别	序号	性别
1	女	11	男	21	女	31	男	41	女
2	男	12	男	22	男	32	男	42	男
3	男	13	男	23	男	33	男	43	男
4	男	14	男	24	女	34	男	44	女
5	女	15	男	25	男	35	男	45	女
6	女	16	女	26	男	36	女	46	男
7	男	17	女	27	男	37	女	47	男
8	男	18	男	28	男	38	男	48	女
9	女	19	女	29	男	39	女	49	男
10	男	20	男	30	男	40	男	50	男

（1）试随机抽出 6 名职工. （2）试每隔 4 人抽出职工. （3）试按男女同等比例抽出 10 名职工.

2. 重复练习例 2-4-1.

第三章 数据处理

收回的调查问卷可能存在非抽样误差，如无回答误差、调查员误差、测量误差等．也可能存在系统误差，如样本的代表性不足．在对数据进行分析之前，需要对问卷进行审核，对有效问卷中的问题进行编码，将数据录入数据文件．数据录入后还要对数据进行详细审核，看是否存在缺失值，数据是否可靠．广义的数据处理是指在对数据资料进行统计分析之前要做的所有准备工作．在资料量化和分析计算机化的背景下，狭义的数据处理是指把调查中收集到的数据转换为适合汇总制表和数据分析形式的过程．本章主要介绍：
- 问卷审核与数据编码．
- 缺失值插补．
- 信度分析．

第一节 问卷审核与数据编码

一、问卷审核

问卷审核工作贯穿于整个调查过程，即从访员在调查现场的简单初步审核到问卷收回后的进一步审核．问卷审核就是应用各种审核规则来辨别问卷是否存在无效、缺失或填写不一致问题．在问卷审核前，要首先规定若干规则：什么样的问卷是可以接受的，什么样的问卷是明显要作废的，什么样的问卷取舍需要斟酌．

（一）初步审核

初步审核主要审核问卷中的问题回答是否完整、一致或有明显错误．下述情况的问卷一般不能接受：
- 问卷明显不完整，如缺页或多页．
- 问卷从整体上是回答不完全的．
- 问卷的几个部分是回答不完全的．
- 回答表明被调查者没弄清问题含义，存在大量胡乱回答的现象．
- 回答表现出某种系统偏差，如总选择中性答案．
- 问卷是由不合要求的被调查者回答的．

如果问卷有配额规定，或对某些子样本有具体规定，那么问卷的取舍就应该谨慎，要保证问卷的规定数量. 对数据存在缺失而不完整的问卷, 可以通过数据插补来补救这些问卷. 有效问卷严重不足的, 可能需要重新进行调查.

（二）详细审核

详细审核的内容包括：
- 有效性审核. 主要检查被调查者是否按要求回答了问题, 如是否在规定填数字的地方填上非数字的字符, 以及问卷中的回答是否有缺失等.
- 一致性审核. 主要检查不同问题之间的结构关系、逻辑关系是否合理, 是否出现前后不一致, 或自相矛盾, 或不符合实际的答案.
- 分布审核. 通过数据的分布, 来辨识记录是否远远脱离分布的正常范围, 即是否存在离群值.

二、数据编码与录入

编码是将问卷信息转化为统一设计的、计算机可识别的数值代码, 以便数据录入和进一步处理与分析的过程. 采用纸质问卷收集数据时, 数据录入是问卷审核后, 由录入人员将有效问卷上的数据（编码）输入计算机的过程. 采用计算机辅助数据收集数据时, 数据录入是在数据收集的同时自动完成的. 下面几种方法可以提高数据录入效率：
- 采用计算机辅助数据收集.
- 对纸质问卷进行光电扫描.
- 对纸质问卷进行预先编码.

（一）编码设计的内容

编码设计就是确定各问卷、问卷中的各问题以及问题的各答案对应的代码名称、形式、范围以及与原数据的对应关系. 编码设计主要包括拟定问卷代码和定义变量.
- 问卷代码. 问卷代码主要由访员代码、问卷代码以及与抽样或调查对象有关的子总体的代码等构成. 例如, 某问卷代码为"1031102", 从左到右的数字"1""03""11"和"02", 分别代表上海航空公司、652次航班、11号访员、第2份问卷.
- 定义变量. 定义变量是对变量名称、含义、类型、取值范围、小数位数、对应问题等进行定义.

（二）前编码设计

根据时间的先后不同, 编码设计可分为前编码设计和后编码设计. 前编码设计要求事先知道问题的答案类别及其个数, 主要适用于封闭式问题或量表, 以及数字型开放题.

1. 封闭式问题的编码

（1）单项选择问题的编码

单项选择问题或量表要求被调查者从几项备选答案中选出一项作为答案. 这时只涉及一个变量, 变量值即为选项号.

【例 3-1-1】 试对某调查问卷的第 4 个问题进行编码.

Q4. 请问您乘坐的舱位是：

① 头等舱　　　② 公务舱　　　③ 经济舱

解　这是问卷的第 4 个问题，是单项选择问题，故定义 1 个变量，变量名为 V4，类型是数值变量，取值范围为 1 = 头等舱，2 = 公务舱，3 = 经济舱，9 = 无回答.

打开 SPSS 数据编辑器，设置变量'问卷代码'：名称为'问卷代码'，标签为'问卷代码'，值为'无'，类型为'数值（N）'，度量标准为'序号（O）'；设置变量'V4'：名称为'V4'，标签为'Q4：乘坐的舱位'，类型为'数值（N）'，度量标准为'名义（N）'. 变量'V4'值标签的添加方法为：点击值对应的单元格，出现'值标签（V）'对话框，如图 3-1-1 所示.'值（U）'键入'1'，'标签（L）'键入'头等舱'，点击'添加（A）'，然后依次添加'2 = 公务舱'，'3 = 经济舱'，'9 = 无回答'.

编码结果的变量视图和数据视图分别如图 3-1-2 和图 3-1-3 所示.

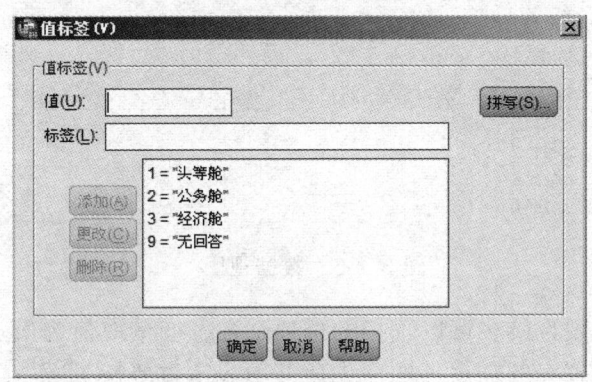

图 3-1-1　值标签对话框

	名称	标签	值	类型	度量标准	宽度	小数	缺失
1	问卷代码	问卷代码	无	数值(N)	序号(O)	12	0	无
2	V4	Q4：乘坐的舱位	{1, 头等舱}...	数值(N)	名义(N)	8	0	无

图 3-1-2　变量视图

（2）多项选择封闭式问题的编码

多项选择封闭式问题或量表允许被调查者从几项备选答案中选出多个选项作为答案，这时需要定义多个变量，通常有两种编码方法.

- 方法一：变量个数与问卷提供的选项个数相同，即每个选项就是一个变量，每个变量取值都是 1 或 0，如果被调查者选择该选项，变量值取 1，否则取 0.

图 3-1-3　数据视图

【例 3-1-2】 试对某调查问卷的第 6 个问题进行编码.

Q6. 您选择本次航班的原因？（可以选择多项）.

□ ① 安全有保障	□ ② 航班时刻适当	□ ③ 机型好	□ ④ 服务好口
□ ⑤ 持常旅客卡	□ ⑥ 航班正点	□ ⑦ 折扣票	□ ⑧ 旅行社安排
□ ⑨ 无其他航班	□ ⑩ 其他		

解 这是问卷的第 6 个问题,共有 10 个选项,故定义 10 个变量,变量名分别为 V6_1、V6_2、V6_3、V6_4、V6_5、V6_6、V6_7、V6_8、V6_9、V6_10,类型都是数值变量,取值范围都为 1 = 原因,0 = 非原因,9 = 无回答. SPSS 操作与例 3-1-1 类似,该问题的编码在 SPSS 中的变量视图和数据视图分别如图 3-1-4 和图 3-1-5 所示.

	名称	标签	值	类型	度量标准	小数	缺失
1	问卷代码	问卷代码	无	字符串	名义(N)	0	无
2	V6_1	Q6: 安全有保障	{1, 原因}...	数值(N)	名义(N)	0	无
3	V6_2	Q6: 航班时刻适当	{1, 原因}...	数值(N)	名义(N)	0	无
4	V6_3	Q6: 机型好	{1, 原因}...	数值(N)	名义(N)	0	无
5	V6_4	Q6: 服务好口	{1, 原因}...	数值(N)	名义(N)	0	无
6	V6_5	Q6: 持常旅客卡	{1, 原因}...	数值(N)	名义(N)	0	无
7	V6_6	Q6: 航班正点	{1, 原因}...	数值(N)	名义(N)	0	无
8	V6_7	Q6: 折扣票	{1, 原因}...	数值(N)	名义(N)	0	无
9	V6_8	Q6: 旅行社安排	{1, 原因}...	数值(N)	名义(N)	0	无
10	V6_9	Q6: 无其他航班	{1, 原因}...	数值(N)	名义(N)	0	无
11	V6_10	Q6: 其他	{1, 原因}...	数值(N)	名义(N)	0	无

图 3-1-4 变量视图

	问卷代码	V6_1	V6_2	V6_3	V6_4	V6_5	V6_6	V6_7	V6_8	V6_9	V6_10
1	1031101	.	.	.	.	.	.	.	.	.	.
2	1031102	.	.	.	.	.	.	.	.	.	.
3	1031103	.	.	.	.	.	.	.	.	.	.
4	1031104	.	.	.	.	.	.	.	.	.	.

图 3-1-5 数据视图

- 方法二:变量个数为最多可以选择的选项个数,变量取值为所选择答案的选项号,变量排列顺序即为选择答案的顺序(顺序先后并不表示重要性).

【例 3-1-3】 试对某调查问卷的第 6 个问题进行编码.

Q6. 您选择本次航班的原因?(最多可以选择 3 项).

□ ① 安全有保障   □ ② 航班时刻适当   □ ③ 机型好   □ ④ 服务好
□ ⑤ 持常旅客卡   □ ⑥ 航班正点   □ ⑦ 折扣票   □ ⑧ 旅行社安排
□ ⑨ 无其他航班   □ ⑩ 其他

解 这是问卷的第 6 个问题,共有 10 个选项,但最多可以选择 3 项,故定义 3 个变量,变量名分别为 V6_1、V6_2、V6_3,类型都是数值变量,取值范围都为 1 = 安全有保障,2 = 航班时刻适当,3 = 机型好,4 = 服务好,5 = 持常旅客卡,6 = 航班正点,7 = 折扣票,8 = 旅行社安排,9 = 无其他航班,10 = 其他,99 = 无回答. 变量排列顺序即为选择答案的顺序(顺序先后并不表示重要性). SPSS 操作与例 3-1-1 类似,该问题的编码在 SPSS 中的变量视图和数据视图分别如图 3-1-6 和图 3-1-7 所示.

方法二的数据绘制条形图,需要将该题的各个变量合并为一个变量. 在 SPSS 中,合并两个取值范围相同的变量可用过程'数据(**D**)>重组(**R**)...>将选定变量重组为个案(**C**)...'实现.

	名称	标签	值	类型	度量标准	宽度	小数	缺失
1	问卷代码	问卷代码	无	数值(N)	名义(N)	8	0	无
2	V6_1	Q6：第1原因	{1, 安全有保障}...	数值(N)	名义(N)	8	0	无
3	V6_2	Q6：第2原因	{1, 安全有保障}...	数值(N)	名义(N)	8	0	无
4	V6_3	Q6：第3原因	{1, 安全有保障}...	数值(N)	名义(N)	8	0	无

图 3-1-6　变量视图

	问卷代码	V6_1	V6_2	V6_3
1	1031101	.	.	.
2	1031102	.	.	.
3	1031103	.	.	.
4	1031104	.	.	.

图 3-1-7　数据视图

（3）等级排序量表的编码

等级排序量表的编码同样需要设立多个变量，也有两种方法.

● 方法一：变量个数与问卷提供的选项个数相同，即每个选项就是一个变量，变量取值为该选项的等级排序号.

【例 3-1-4】　试对某调查问卷的第 15 个问题进行编码.

Q15. 请将下列影响您选择航班的因素按照重要性排序，1 代表最重要因素，2 代表次要因素，依次类推. 请在各因素后面的选项前打√.

① 航班时刻	□1	□2	□3	□4	□5	□6	□7
② 票价	□1	□2	□3	□4	□5	□6	□7
③ 航空公司印象	□1	□2	□3	□4	□5	□6	□7
④ 安全	□1	□2	□3	□4	□5	□6	□7
⑤ 常旅客计划	□1	□2	□3	□4	□5	□6	□7
⑥ 机型	□1	□2	□3	□4	□5	□6	□7
⑦ 服务	□1	□2	□3	□4	□5	□6	□7

解　这是问卷的第 15 个问题，共有 7 个选项，故定义 7 个变量，变量名分别为 V15_1、V15_2、V15_3、V15_4、V15_5、V15_6、V15_7，类型都是数值变量，取值范围都为 1 = 次序 1，2 = 次序 2，3 = 次序 3，4 = 次序 4，5 = 次序 5，6 = 次序 6，7 = 次序 7，99 = 无回答. SPSS 操作与例 3-1-1 类似，该问题的编码在 SPSS 中的变量视图和数据视图分别如图 3-1-8 和图 3-1-9 所示.

	名称	标签	值	类型	度量标准	宽度	小数	缺失
1	问卷代码	问卷代码	无	数值(N)	序号(O)	8	0	无
2	V15_1	Q15：航班时刻	{1, 次序1}...	数值(N)	序号(O)	8	0	无
3	V15_2	Q15：票价	{1, 次序1}...	数值(N)	序号(O)	8	0	无
4	V15_3	Q15：航空公司印象	{1, 次序1}...	数值(N)	序号(O)	8	0	无
5	V15_4	Q15：安全	{1, 次序1}...	数值(N)	序号(O)	8	0	无
6	V15_5	Q15：常旅客计划	{1, 次序1}...	数值(N)	序号(O)	8	0	无
7	V15_6	Q15：机型	{1, 次序1}...	数值(N)	序号(O)	8	0	无
8	V15_7	Q15：服务	{1, 次序1}...	数值(N)	序号(O)	8	0	无

图 3-1-8　变量视图

	问卷代码	V15_1	V15_2	V15_3	V15_4	V15_5	V15_6	V15_7
1	1031101	.	.	.	.	.	.	.
2	1031102	.	.	.	.	.	.	.
3	1031103	.	.	.	.	.	.	.
4	1031104	.	.	.	.	.	.	.

图 3-1-9　数据视图

- **方法二**：变量个数为最多可以选择的选项个数，变量取值为所选择答案的选项号，变量排列顺序即为选择答案的等级排序顺序，顺序先后表示重要性的程度．

等级排序量表的数据绘图一般是有几个变量，绘制几个图．

【例 3-1-5】 试对某调查问卷的第 15 个问题进行编码．

Q15. 请问下列因素在您选择航班时，影响最大的是_____；其次是_____；再次是_____．请将您所选择答案的序号填在横线上．

| ① 航班时刻 | ② 票价 | ③ 航空公司印象 | ④ 安全 |
| ⑤ 常旅客计划 | ⑥ 机型 | ⑦ 服务 | |

解 编码方法与例 3-1-3 类似，请读者自己试着编码．

（4）配对比较量表的编码

配对比较量表的编码方法是：有几对选项就定义几个变量，变量取值为 1 和 0，1 代表每对选项中的前一个选项，0 代表后一个选项，99 表示无回答．

（5）固定总数量表的编码

固定总数量表的编码方法是：变量个数为属性个数，变量值为对应属性的得分．

（6）列举评价量表的编码

列举评价量表的编码方法是：变量个数是被评价对象的个数，变量值是应答者对该评价对象的评价得分，99 表示无回答．

（7）李克特量表的编码

李克特量表的编码方法是：变量个数是关于态度的一系列陈述的个数，变量值是应答者对该陈述的态度得分，99 表示无回答．

（8）语义差别量表的编码

语义差别量表的编码方法是：变量个数是测量对象的个数，变量值是应答者对该对象的评级或得分，99 表示无回答．

2．数字型开放题编码

对直接回答数字的问题，变量取值即为该数字．例如，直接询问被调查者的年龄，编码设计时只需定义一个变量，变量值即为年龄，999 表示无回答．

（三）后编码设计

后编码设计主要适用于事先无法确定答案类别的问题，如文字型开放题．对开放题进行定量分析，必须将问题转化为一个或几个变量．编码方法如下：

- 详细审核所有问卷中该问题的回答，甄别出被调查者主要从哪几个方面进行阐述．
- 变量个数为被调查者阐述的方面个数，变量类型为数值型变量，变量取值为 1 = 阐述了该方面，0 = 没有阐述该方面，度量标准为名义，99 表示无回答．

第二节　缺失值插补

一、缺失值概述

由于问题无回答，或录入数据丢失，或异常值剔除，或统计分析方法等，统计数据经常会发生缺失现象.

插补是指采取一定的方式为缺失数据寻找一个合理的替补值插补到原缺失数据的位置上. 插补一方面填补了缺失数据的空白，使得原来有缺失数据的数据集成为一个完整数据集，弥补了统计分析的不便；另一方面减少了由于数据缺失造成的估计偏差.

有时可以根据问卷中问题的回答或其他问题的回答推断出缺失值的值. 例如，已知某问题四项数值之和为 100，其中两项分别是 60 和 40，其余两项空着，那么可以推断空着的两项一定是 0.

二、缺失值分析

缺失值分析旨在了解哪些变量存在缺失值，缺失值所在位置，缺失值的范围，缺失值具有哪些模式. 分析缺失值的模式可以帮助确定哪些变量需要插补.

【例 3-2-1】　某电信供应商想更好地理解客户数据库中的服务用途模式. 但是公司收集的客户统计信息有大量缺失值，数据见 SPSS 数据文件 telco_missing.sav. 请对该数据进行缺失值分析.

解　步骤 1　打开 SPSS 数据文件 telco_missing.sav. 单击 'C:\Program Files\IBM\SPSS\Statistics\21\Samples\Simplified inese\ telco_missing.sav'.

步骤 2　点击 '分析（A）> 多重归因（T）> 分析模式（A）'，'分析模式' 对话框如图 3-2-1 所示. 将所有变量都选入 '分析各个变量：' 框. '待显示变量的最大缺失百分比（N）：' 为 '1'.

步骤 3　点击 '确定'.

图 3-2-2 是缺失值的总体摘要，包括三个饼图. 第一个饼图显示：30 个变量中有 10 个变量存在缺失值，占总变量数的 33.33%. 第二个饼图显示：1000 个个案中有 525 个个案存在缺失值，占总个案数的 52.5%. 第三个饼图显示：3000 个数值中有 792 个数值是缺失值.

表 3-2-1 列出了 10 个存在缺失值的变量及其缺失情况，主要显示了每个变量的缺失值个数和百分比. 它还显示了有效值和基于有效值计算的均值和标准偏差. '家庭收入（千）''在现在住址居住年数' 和 '婚姻状况' 的缺失值最严重，缺失值各占 17.9%、15.0% 和 11.5%.

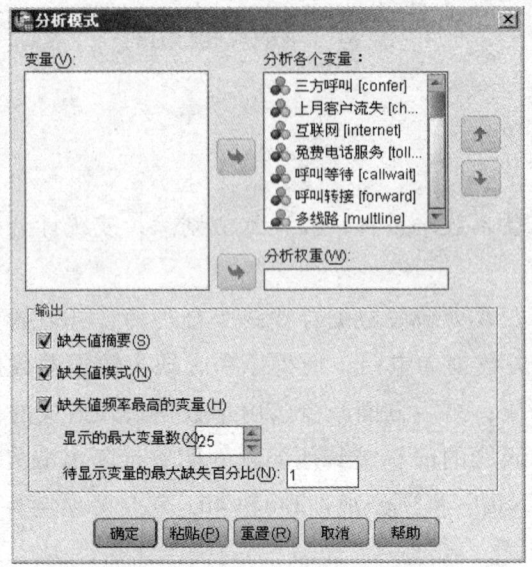

图 3-2-1 '分析模式'对话框

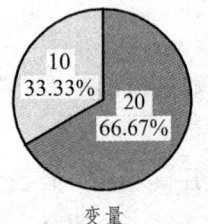 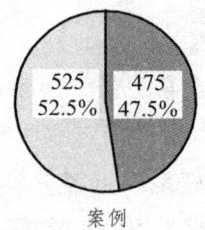 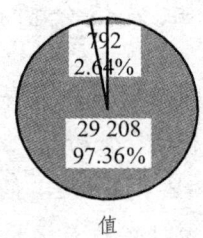

变量　　　　　　　　　案例　　　　　　　　　值

■ 完整数据　　　　　　□ 不完整数据

图 3-2-2 缺失值的总体摘要

表 3-2-1 变量摘要 a,b

	缺失		有效的 N	均值	标准偏差
	N	百分比			
家庭收入（千元）	179	17.9%	821	71.1462	83.14424
在现住址居住年数	150	15.0%	850	11.47	9.965
婚姻状况	115	11.5%	885		
现职位工作年数	96	9.6%	904	11.00	10.113
退休	84	8.4%	916		
性别	42	4.2%	958		
受教育水平	35	3.5%	965		
家庭人数	34	3.4%	966	2.32	1.431
服务月数	32	3.2%	968	35.56	21.268
年龄	25	2.5%	975	41.75	12.573

a. 显示的最大变量数：25.
b. 待包含变量的最小缺失值百分比：1.0%.

图 3-2-3 显示了缺失值的制表模式. 每个模式对应于分析变量上都具有缺失值的一组个案. 例如：模式 1 代表没有缺失值；模式 33 代表有一组个案在 'reside（家庭人数）' 和 'address（在现住址居住年数）' 两个变量都存在缺失值；模式 66 代表有一组个案在 'gender（性别）' 'marital（婚姻状况）' 'address（在现住址居住年数）' 和 'income（家庭收入（千））' 四个变量上都存在缺失值.

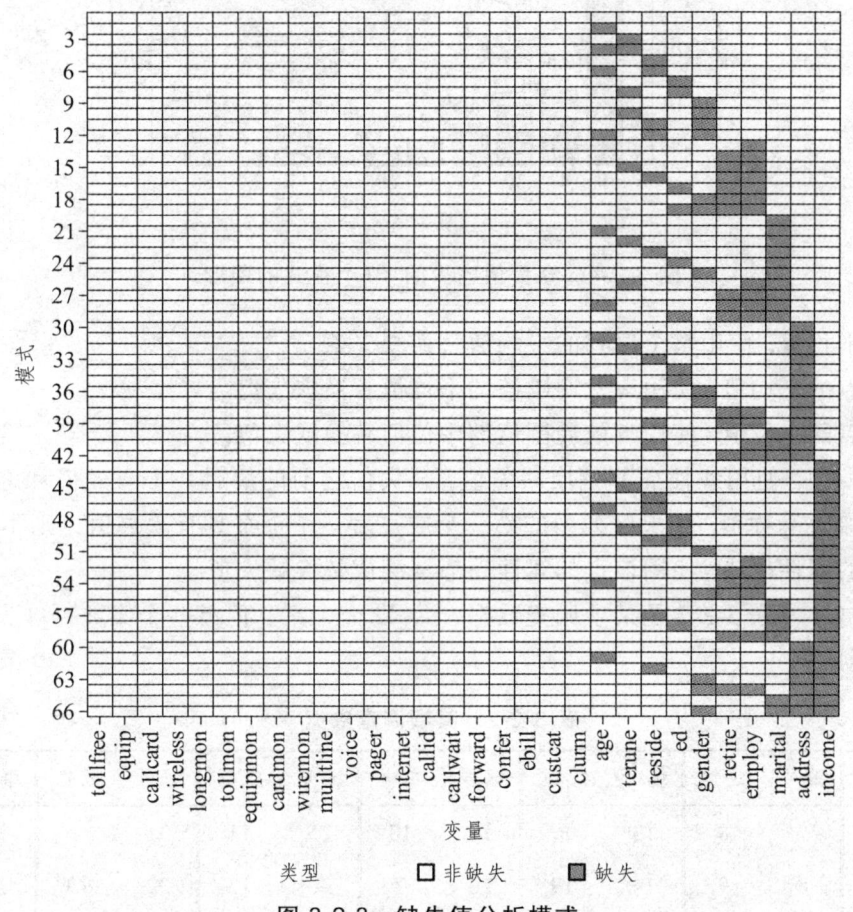

图 3-2-3　缺失值分析模式

图 3-2-4 的条形图显示模式包含个案数占总个案数比例最大的 10 个模式. 例如：模式 1 是不存在缺失值的个案模式，包含个案数占总个案数比例为 55.82%；模式 43 代表只有 'income（家庭收入（千元））' 存在缺失值的模式（如图 3-2-3 所示），包含个案数占总个案数比例为 12.81%. 其他模式类似.

三、简单插补

如果个案数比较多，含缺失值的个案占的比例较小，可以将含缺失值的个案直接删除. 如果个案数比较少，或个案数虽然比较多，但含缺失值的个案所占的比例较大，则需要对缺失值进行插补. 简单插补是从其预测分布中抽取一个值填充缺失值的插补方法，也称简单替换法. 下面介绍一些简单插补方法：

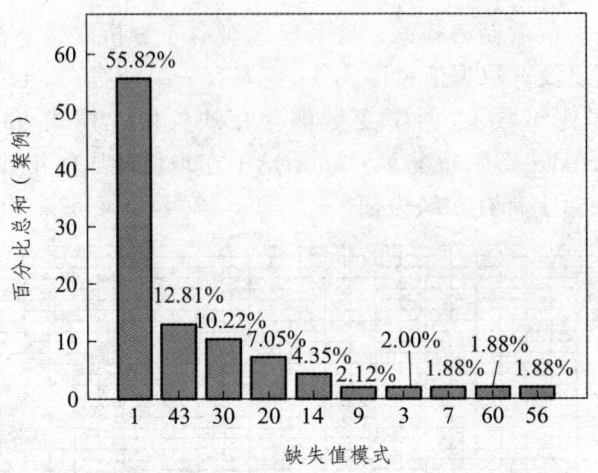

图 3-2-4　缺失值较少的 10 个模式的图形

- 序列平均值. 使用整个序列的平均值替换缺失值.
- 邻近点的平均值. 使用有效周围值的平均值替换缺失值.
- 邻近点的中位值. 使用有效周围值的中位值替换缺失值.
- 线性插值. 使用线性插值替换缺失值. 缺失值之前的最后一个有效值和之后的第一个有效值用来计算插值. 如果序列中的第一个或最后一个个案具有缺失值, 则不必替换.
- 该点的线性趋势. 使用该点的线性趋势预测值替换缺失值.

【例 3-2-2】　表 3-2-2 是某项调查数据, 共 42 个个案, 但有些个案数据缺失, 试对该数据进行插补.

表 3-2-2　某项调查数据

编号	数据	编号	数据	编号	数据	编号	数据	编号	数据	编号	数据	编号	数据
1	9	7	8	13	—	19	13	25	11	31	—	37	—
2	4	8	9	14	19	20	7	26	13	32	13	38	5
3	13	9	11	15	14	21	—	27	3	33	9	39	7
4	—	10	10	16	15	22	17	28	12	34	—	40	11
5	5	11	4	17	21	23	15	29	10	35	2	41	18
6	—	12	21	18	—	24	7	30	14	36	15	42	9

解　用 SPSS 进行简单插补的步骤如下:

步骤 1　将数据输入数据编辑器, 变量名为'数据'.

步骤 2　点击'转换(T)>替换缺失值(V)…'. '替换缺失值'对话框如图 3-2-5 所示. 将变量'数据'选入'新变量(N):'框, '方法(M):'选择'线性插值', 点击'更改(H)'.

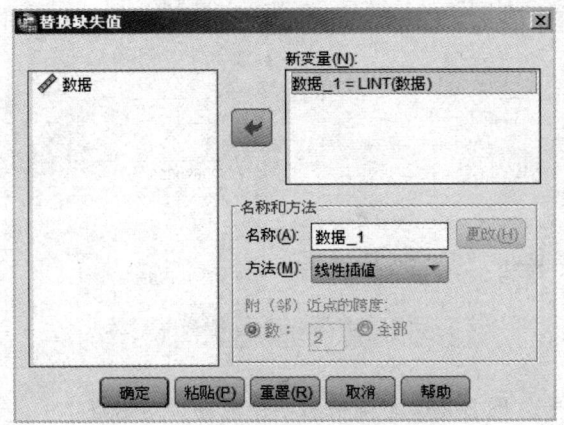

图 3-2-5　替换缺失值对话框

步骤 3　点击'确定'.

表 3-2-3 给出了数据缺失值的情况及其插补的方法. 从表中可以看出, 共有 42 个个案, 其中有 8 个个案存在缺失值, 缺失值插补的方法是线性插值 [LINT（数据）].

表 3-2-3　结果变量

序号	结果变量	被替换的缺失值数	非缺失值的个案数		有效个案数	创建函数
			第一个	最后一个		
1	数据_1	8	1	42	42	LINT（数据）

步骤 4　查看数据编辑器, 其中变量'数据_1'是缺失值插补后的变量.

四、多重插补

简单插补无法反映无回答模型的不确定性, 并且参数估计结果将是有偏的. 美国哈佛大学统计学系的 Rubin 教授 20 世纪 70 年代末首先提出多重插补的思想. 它是给每个缺失值都构造 m 个插补值（$m>1$）, 这样就产生出 m 个完全数据集, 对每个完全数据集分别使用相同的方法进行处理, 得到 m 个处理结果, 再综合这 m 个处理结果, 最终得到对目标变量的估计.

多重插补法使用模型中其他所有变量作为预测变量, 拟合一个单变量（单个因变量）, 然后为拟合的变量插补缺失值. 当为连续变量时, 用线性回归作单变量模型；当为分类变量时, 用 Logistic 回归作单变量模型.

【例 3-2-3】　对例 3-2-1 中存在缺失值的变量进行缺失值插补.

解　步骤 1　设置随机种子, 点击'转换（T）> 随机数字生成器（G）…'. '随机数字生成器'对话框如图 3-2-6 所示. '设置活动生成器（G）'选择'Mersenne 扭曲器（M）'. '设置起点（E）'选择'固定值（F）', '值（V）：'键入'20070525'. 点击'确定'.

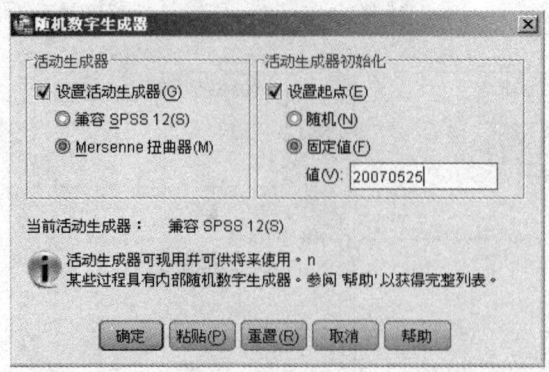

图 3-2-6 '随机数字生成器'对话框

步骤 2   点击'分析（A）> 多重归因（T）> 归因缺失数据值（I）…'. '归因缺失数据值'对话框如图 3-2-7 所示. 将 10 个存在缺失值的变量选入'模型中的变量（A）:'框，'归因数据位置'选择'创建新数据集（C）'，'数据集名称'为'telcoimputed'. 默认'归因数（M）'（每个缺失值给出的插补值个数）是'5'.

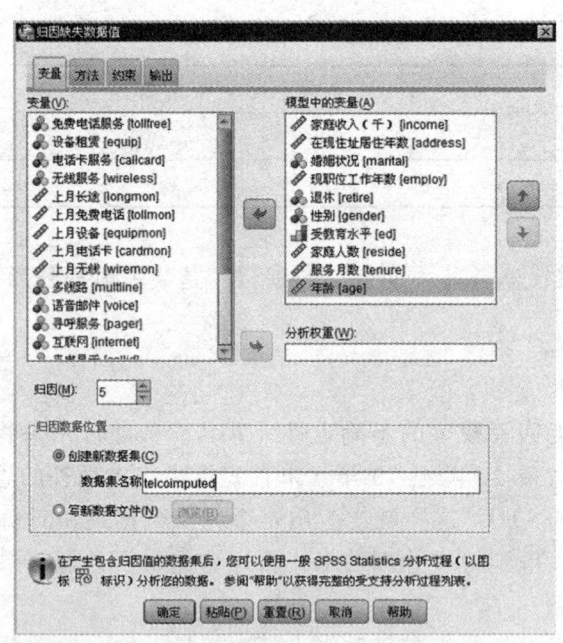

图 3-2-7   '归因缺失数据值'对话框

步骤 3   点击'确定'.

结果为归因指定、归因结果和归因模型三张表和一个名为'未标题[telcoimputed]'的数据文件.

表 3-2-4 归因模型表给出了如何估算每个变量的细节. 第 1 列是插补的变量，第 2 列是插补用到的模型（线性回归或逻辑回归），第 3 列的效果是指每一个缺失值变量都将其余所有变量作为自变量进行归因，第 4 列是每个变量的缺失值的数量，第 5 列是变量插补值总数（缺失值数 × 归因数）.

表 3-2-4 归因模型

项目	模型		缺失值	归因值
	类型	效果		
年龄	线性回归	ed,gender,retire,marital,tenure,reside,employ,address,income	25	125
服务月数	线性回归	ed,gender,retire,marital,age,reside,employ,address,income	32	160
家庭人数	线性回归	ed,gender,retire,marital,age,tenure,employ,address,income	34	170
受教育水平	Logistic 回归	gender,retire,marital,age,tenure,reside,employ,address,income	35	175
性别	Logistic 回归	ed,retire,marital,age,tenure,reside,employ,address,income	42	210
退休	Logistic 回归	ed,gender,marital,age,tenure,reside,employ,address,income	84	420
现职位工作年数	线性回归	ed,gender,retire,marital,tenure,reside,address,income	96	480
婚姻状况	Logistic 回归	ed,gender,retire,age,tenure,reside,employ,address,income	115	575
在现住址居住年数	线性回归	ed,gender,retire,marital,age,tenure,reside,employ,income	150	750
家庭收入（千）	线性回归	ed,gender,retire,marital,age,tenure,reside,employ,address	179	895

步骤 4 查看插补值. 激活'未标题[telcoimputed]'多重插补数据集，如图 3-2-8 所示.

图 3-2-8 '未标题[telcoimputed]'多重插补数据集

点击数据视图上编辑条右边的插补标记按钮▦左侧的'初始数据与归因数'下拉菜单，如图 3-2-9 所示. 您可以选择'初始数据'或某归因数的插补值数据，通过单元格背景色、字体和加粗类型（用于插补值）来区分插补值与观察值.

在'未标题[telcoimputed]'多重插补数据集中原始数据集被保留. 例如，假设原始数据集中有 1000 个个案，如果您从'初始数据与归因数'下拉列表中选择 2，则个案 2034，即为第 2 个插补中的第 34 个个案.

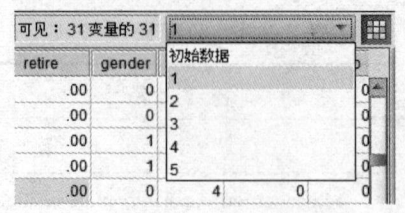

图 3-2-9　初始数据与归因数下拉菜单

许多分析过程支持对多重插补数据集的进一步分析,这些分析过程旁边显示一个特殊的图标. 如图 3-2-10 所示,在分析(A)下拉菜单中的描述统计子菜单中,频率(F)、描述(D)和交叉表(C)都支持多重插补数据集,而比率(R)、P-P 图(P)和 Q-Q 图(Q)却不支持. 再如图 3-2-11 所示,回归(R)下拉菜单中的线性(L)、二元 Logistic、多项 Logistic 和有序都支持多重插补数据集,其他过程不支持.

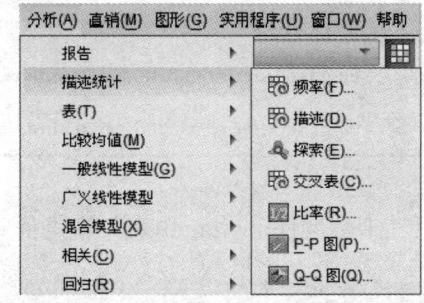

图 3-2-10　可用于分析多重插补数据方法举例 1

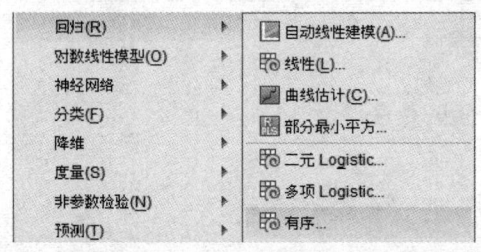

图 3-2-11　可用于分析多重插补数据方法举例 2

在分析多重插补数据集之前,需要对'未标题[telcoimputed]'多重插补数据集进行'拆分文件(F)'.

步骤 5　拆分多重插补数据集. 点击'数据(D) > 拆分文件(F)…','拆分文件'对话框如图 3-2-12 所示. 选择'比较组(C)',将'归因数[Imputation_]'选入'分组方式(G):'框. 点击'确定'.

如对多重插补数据集进行回归分析,'归因数[Imputation_]'可作为选择变量.

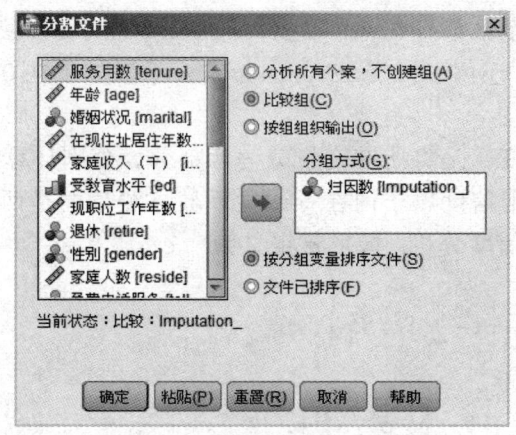

图 3-2-12 '拆分文件'对话框

第三节 信度分析

量表是为了解被测对象的某一特征而编制的,因而在编制一份量表时,所设立的一系列项目是为了体现量表需要测定的这一特征. 如果所设立的测定项目无法获得这一特征,则表示该量表可靠性差,即信度低. 一个可靠的调查,答案会有所不同,因为受访者有不同的意见,而不是因为调查是混乱或有多个解释.

信度反映了测量工具所得到的结果的可靠性、一致性或稳定性. 信度又可分为内在信度和外在信度. 内在信度是指一组题项是否测量同一概念. 外在信度是指对相同的测试者在不同时间测量得的结果是否一致.

内在信度常用 Cronbach's(克朗吧哈)α 系数衡量. Cronbach's α 系数评价的是量表中各题项得分的一致性,适用于态度、意见式问卷(量表)的信度分析,一般不适用于事实式问卷(如年龄与性别无法相比).

问卷中的量表经过编码后转化成一系列变量. 设 k 为变量的总数,S_i^2 为第 i 个变量的方差,S_T^2 为所有变量的总方差,S_T^2 等于 $\sum S_i^2$ 与各变量之间协方差 2 倍之和. $\sum S_i^2$ 代表每个变量自身独有的变异,而 S_T^2 代表所有变量的总变异,各变量之间的协方差 2 倍之和代表变量之间的相关性. 如果变量独有的变异过大,这说明对应题项很可能是测量了一个跟您主要测量目标完全没关系的内容,简单一句话就是说您有相当一部分题项很糟糕,它和您想测的东西无关甚至相反.

Cronbach's α(Cronbach 1951)定义为

$$\alpha = \frac{k}{k-1}\left(1-\sum_{i=1}^{k}S_i^2 \bigg/ S_T^2\right), \tag{3-3-1}$$

一般所有量表的信度系数最好在 0.8 以上，0.7~0.8 之间可以接受；分量表的信度系数最好在 0.7 以上，0.6~0.7 还可以接受. Cronbach's α 系数如果在 0.6 以下就要考虑重新设计问卷.

折半信度也称半分信度，是将所有变量分为两部分，分别计算两部分的 α 系数，进而计算两部分的相关性. 折半信度属于内在一致性系数，测量的是两部分变量的一致性. 常用于态度、意见式问卷的信度分析. 折半 α 定义为

$$\alpha_1 = \frac{k_1}{k_1-1}\left(1-\sum_{i=1}^{k_1} S_i^2 / S_{T_1}^2\right), \tag{3-3-2}$$

$$\alpha_2 = \frac{k_2}{k_2-1}\left(1-\sum_{i=k_1+1}^{k} S_i^2 / S_{T_2}^2\right), \tag{3-3-3}$$

其中：k_1, k_2 分别为两部分变量的总数；S_i^2 为第 i 个变量的方差；$S_{T_1}^2, S_{T_2}^2$ 分别为两部分变量的总方差.

两部分之间的相关性为

$$R = \frac{S_T^2 - S_{T_1}^2 - S_{T_2}^2}{2 S_{T_1} S_{T_2}}. \tag{3-3-4}$$

需要指出的是，信度分析之前需先检查每个题项是否都是同方向的（即都是正面问法，也就是题项间的相关系数都是正的）. 如有一题项与其他题项相关系数都是负的，应考虑将此题项先"变号"或"删除"后再计算 α 系数. 如有受测者乱答，可将它的数据删除后再算 α 系数.

【例 3-3-1】 考虑在一个电视演播室的主管. 他们关注的是，观看节目的观众数量. 最近，他们需要决定是否继续制作一个受欢迎的节目. 这个节目已经播出了好几年，一些演员、导演和编剧，想得到多的钱或想转移到其他节目上去. 但是只有这档节目继续受欢迎，演播室才愿意花更多的钱在节目上，所以他们随机选择了一些电视观众进行了调查.

为了解为什么一个人可能或不可能看一个特定的节目，这项调查由七个项目构成. 906 个受访者的答案保存在数据文件 tv-survey.sav 中. 代码 1 表示回答是，代码 0 表示无回答. 使用可靠性分析，以确定量表的信度.

解 步骤 1 打开数据. 点击 'C:\Program Files\IBM\SPSS\Statistics\21\ Samples\ Simplified Chinese\ tv-survey.sav'.

步骤 2 点击 '分析（A）>度量（A）>可靠性分析（R）'. '可靠性分析'对话框如图 3-3-1 所示，将所有分析变量都选入'项目（I）:'框.

步骤 3 点击 '统计量（S）…'. '可靠性分析：统计量'对话框如图 3-3-2 所示. '描述性'栏选择'如果项已删除则进行度量（A）'，'同类相关系数（T）'中'模型（M）:'选择'双向混合'，'类型（P）:'选择'一致性'. 点击'继续'.

步骤 4 点击 '模型（M）:'下拉菜单，系统提供 5 种分析模型，如图 3-3-3 所示. 选择 'α 模型'. 点击 '确定'.

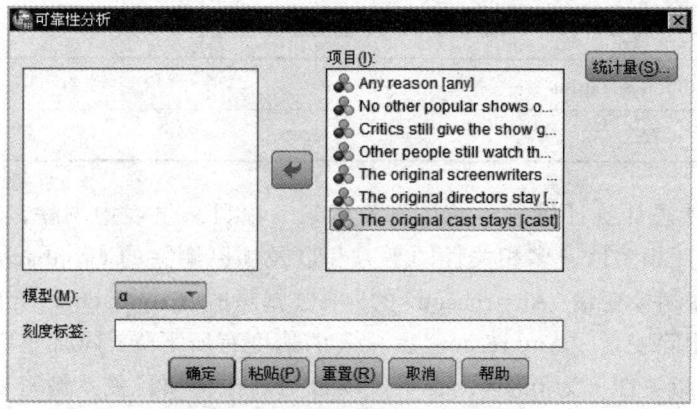

图 3-3-1 '可靠性分析'对话框

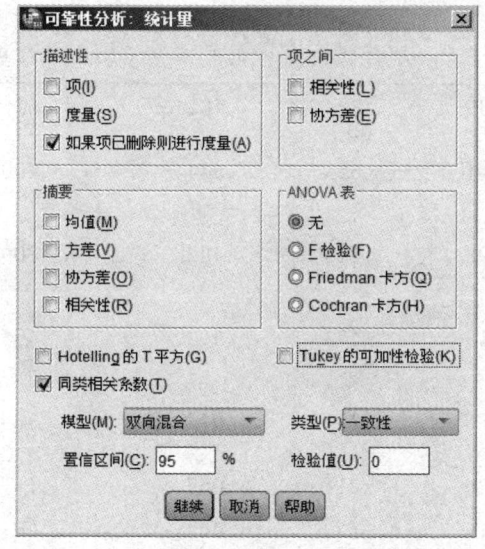

图 3-3-2 '可靠性分析：统计量'对话框　　图 3-3-3　5 种分析模型

表 3-3-1 是信度检验的个案处理汇总表。从中可以看出，观测值数为 906 和已排除数为 0。

表 3-3-1　案例处理汇总

		N	%
	有效	906	100.0
案例	已排除 a	0	.0
	总计	906	100.0

a. 在此程序中基于所有变量的列表方式删除。

表 3-3-2 显示，在量表的信度检验中，Cronbach's 为 0.767，大于 0.7，说明量表从总体上可以接受。

- 47 -

表 3-3-2 可靠性统计量

Cronbach's Alpha	项数
.767	7

表 3-3-3 中的项总计统计量显示的是，若将某一项目从量表中剔除，则量表的均值、方差、校正的项总计相关性、多相关性的平方和以及项已删除的 Cronbach's Alpha 值的变化情况。可以看出，删掉变量'Any reason'的'项已删除的 Cronbach's Alpha 值'为 0.655，小于 0.7，说明若删除变量'Any reason'，量表的信度有所下降。同时变量'Any reason'的'校正的项总计相关性'为 0.834，表明该项目与其他各项关系最密切。

表 3-3-3 项总计统计量

	项已删除的刻度均值	项已删除的刻度方差	校正的项总计相关性	多相关性的平方	项已删除的 Cronbach's Alpha 值
Any reason	3.7781	2.789	.834	.782	.655
No other popular shows on at that time	3.7539	3.041	.653	.544	.700
Critics still give the show good reviews	3.7682	3.098	.615	.482	.709
Other people still watch the show	3.7737	3.013	.673	.593	.695
The original screenwriters stay	3.5353	3.785	.251	.077	.784
The original directors stay	3.4581	3.926	.211	.057	.787
The original cast stays	3.4294	4.018	.172	.042	.791

表 3-3-4 中的类内相关系数的 F 检验的 p 值为 0.000，小于 0.05，说明存在内相关性，即变量或个案数值具有一致性。

表 3-3-4 类内相关系数

	类内相关性 [b]	95% 置信区间		使用真值 0 的 F 检验			
		下限	上限	值	df1	df2	Sig
单个测量	.320[a]	.293	.349	4.297	905	5430	.000
平均测量	.767[c]	.743	.790	4.297	905	5430	.000

双向混合效应模型，其中，人员影响是随机的而测量影响是固定的。
a. 无论是否存在交互效果，估计器都相同。
b. C 型类内相关系数使用一致性定义——从分母方差中排除之间测量方差。
c. 计算此估计时假设交互效果不存，否则就不可估计。

步骤 5　重复以上步骤 2 和步骤 3，这次选择'模型（M）:'下拉菜单中的'半分'，点击'确定'.

表 3-3-5 是半分信度检验的相关统计量. 部分 1 包含 4 个变量，Cronbach's Alpha 为 0.877，大于 0.8，说明部分 1 量表信度良好. 部分 2 包含 3 个变量，Cronbach's Alpha 为 0.131，比较小，说明部分 2 的可信度不高. 两部分的 Spearman-Brown 系数大于 0.5，Guttman Split-Half 系数为 0.427，说明两部分的相关性比较强.

表 3-3-5　可靠性统计量

Cronbach's Alpha	部分 1	值	.877
		项数	4[a]
	部分 2	值	.131
		项数	3[b]
	总项数		7
表格之间的相关性			.368
Spearman-Brown 系数		等长	.538
		不等长	.542
Guttman Split-Half 系数			.427

a. 这些项为：Any reason, No other popular shows on at that time, Critics still give the show good reviews, Other people still watch the show.

b. 这些项为：Other people still watch the show, The original screenwriters stay, The original directors stay, The original cast stays.

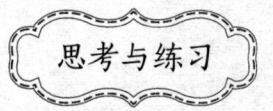

思考与练习

1. 简述问卷审核的内容.
2. 什么是数据编码？
3. 对第二章的例 2-2-1 至例 2-2-6 的 6 个量表进行编码设计.
4. 什么是缺失值插补？
5. 缺失值插补都有哪些方法？
6. 重复练习例 3-2-1、例 3-2-2 和例 3-2-3.
7. 什么是信度？什么是内在效度？什么是外在信度？
8. Cronbach's（克朗吧哈）α 系数的思想是什么？
9. 重复练习例 3-3-1.

第四章 统计表与统计图

统计表和统计图是常用的数据显示形式. 本章主要介绍:
- 统计表.
- 统计图.

第一节 统计表

随着越来越多的新闻媒体瞄准大众市场,对数据信息的可视化变得日益普遍,就拿网易财经频道来说吧,其中至少包含了一打图表. 在商业会议上,人们也经常用图表来交流信息和论证成功或失败. 本节主要介绍统计表和统计图的类型与使用方法.

一、统计表的结构

统计表是表现经过整理的统计数据的表格. 如表 4-1-1 所示,从形式上看,统计表包括总标题、横行标题、纵栏标题、指标数值、注释等部分. 从内容上看,统计表由主词栏和宾词栏两个部分组成.

表 4-1-1 2012 年居民消费价格分类指数(上年 = 100)

项目	全国	城市	农村
居民消费价格指数	102.6	102.7	102.5
食品	104.8	105.1	104.0
烟酒及用品	102.9	102.9	102.7
衣着	103.1	102.9	103.8
家庭设备用品及维修服务	101.9	102.1	101.5
医疗保健和个人用品	102.0	102.0	102.1
交通和通信	99.9	99.7	100.6
娱乐教育文化用品及服务	100.5	100.4	101.0
居住	102.1	102.2	101.9

二、统计表的作用

统计表至少有以下三个方面的作用:
- 将统计数据进行汇总.
- 反映经济现象的状态.
- 反映经济现象的变化趋势.

三、统计表的设计

总体上看,统计表的设计应符合科学、实用、简练、美观的要求.具体来说,统计表设计时要注意以下几点:

- 要合理安排统计表的结构,使统计表的横竖长度比例适当,避免出现过高或过长的表格形式.必要时可将统计表转置,行变成列,列变成行.
- 总标题一般放在表的上边,应包括表号、标题和表中数据的单位等内容.总标题应简明扼要地概括出统计数据的时间(When)、地点(Where)以及内容(What)(文章使用统计表来说明事实或论证观点时,要有"见表 X"等字样,以便读者将表与文章内容相对照).
- 如果表中的指标计量单位都相同,可在总标题中或表与总标题之间的右上角注明单位.若各指标的计量单位不同,则应放在每个指标后或单独用一列标明各指标的单位.
- 表中的最上下两条横线一般用粗线,中间的横线和竖线用细线.通常情况下,统计表的左右两边不封口,列标题或行标题与指标值之间用细线隔开,行标题之间通常不必用横线隔开,列标题之间可用竖线隔开,但若列标题属于同一分类标准,则可以不用竖线隔开.总之,表中间尽量少用横竖线.
- 表中的指标值有小数点时,应以小数点对齐,而且小数点的位数应统一.当数字小的可以忽略不计时,可以用"0"表示,缺失的数据可用"…"表示,没有数字的表格单元,一般用"-"表示.总之,统计表一般不应出现空白单元格.
- 统计表(含表头和表注)中的标志和指标值的字号应统一,比文章正文的字号小至少一号.
- 如果直接使用二手数据,应在表的下方注明资料来源,以表示对他人劳动成果的尊重,方便读者查阅使用.其他有必要注明的也要注明.
- 所有的表宽度要一致,表内行高要一致,单元格对齐方式要一致.
- 每张表要尽可能在一页之中,一般不出现断表.必要时可调整表的位置或采用续表形式.

【例 4-1-1】 设置统计表.在 Word 文档中将以下文本设置成三线表.

表 4-1-2 2012 年居民消费价格分类指数(上年 = 100)

项 目	全国	城市	农村
居民消费价格指数	102.6	102.7	102.5
食品	104.8	105.1	104.0
烟酒及用品	102.9	102.9	102.7
衣着	103.1	102.9	103.8
家庭设备用品及维修服务	101.9	102.1	101.5
医疗保健和个人用品	102.0	102.0	102.1
交通和通信	99.9	99.7	100.6
娱乐教育文化用品及服务	100.5	100.4	101.0
居住	102.1	102.2	101.9

要求:(1)表中的上下两条横线宽度 0.75 磅,列标题之下的横线宽度为 0.25 磅.(2)左右两边不封口,行标题之间不用横线隔开.(3)表格(T)指定宽度(W)为97%,行(R)指定高度(S)为 0.5 厘米,列(U)不指定宽度(W),单元格(E)不指定宽度(W)而居中(C).(4)数据右对齐居中,小数点对齐.(5)段前断后皆为 0 行,行距(N)为单倍行距.(6)列标题皆居中.

解 在 Word 中设置表的工具有:
- 格式(O)/段落(P).
- 右键/边框与底纹(B).
- 右键/表格属性(R).
- 右键/自动调整(A).
- 表格(A)/.

步骤 1 选中表格(或表格的一部分),点击右键,在下拉菜单中选择'边框与底纹(B)',在出现的对话框中设置要求(1)和(2).

步骤 2 选中表格(或表格的一部分),点击右键,在下拉菜单中选择'表格属性(R)',在出现的对话框中设置要求(3).

步骤 3 选中表格(或表格的一部分),点击工具栏上的'格式(O)>段落(P)',在出现的对话框中设置要求(4)、(5)和(6).其中小数点对齐用右缩进一定字符解决.

结果见表 4-1-2.

表 4-1-2 2012 年居民消费价格分类指数(上年 = 100)

项目	全国	城市	农村
居民消费价格指数	102.6	102.7	102.5
食品	104.8	105.1	104.0
烟酒及用品	102.9	102.9	102.7
衣着	103.1	102.9	103.8
家庭设备用品及维修服务	101.9	102.1	101.5
医疗保健和个人用品	102.0	102.0	102.1
交通和通信	99.9	99.7	100.6
娱乐教育文化用品及服务	100.5	100.4	101.0
居住	102.1	102.2	101.9

第二节 统计图

统计图是反映统计数据的一种重要形式,其最大特点是可以直观地反映统计数据的分布特征.SPSS 有强大的作图功能,作图的途径有:

- 在一些分析工具之中,会附带作图.例如,进行描述统计时,可以顺带做条形图、饼图、直方图、Q-Q 图、箱线图等.
- 图形（G）> 旧对话框（L）> ….
- 图形（G）> 图表构建程序（C）> ….
- 图形画板模板选择程序.

【例 4-2-1】 用'图形画板模板选择程序'作图的方法是：打开数据编辑器，点击'图形(G)>图形画板模板选择程序…'.'图形画板模板选择程序'对话框如图 4-2-1 所示. 只要在变量列表中选中几个变量，右侧就会自动出现一些可以选择的统计图. 用户只要选中其中之一，点击'确定'，即可做出相应的图形. 也可单击'详细'选项卡，寻找适合的统计图形.

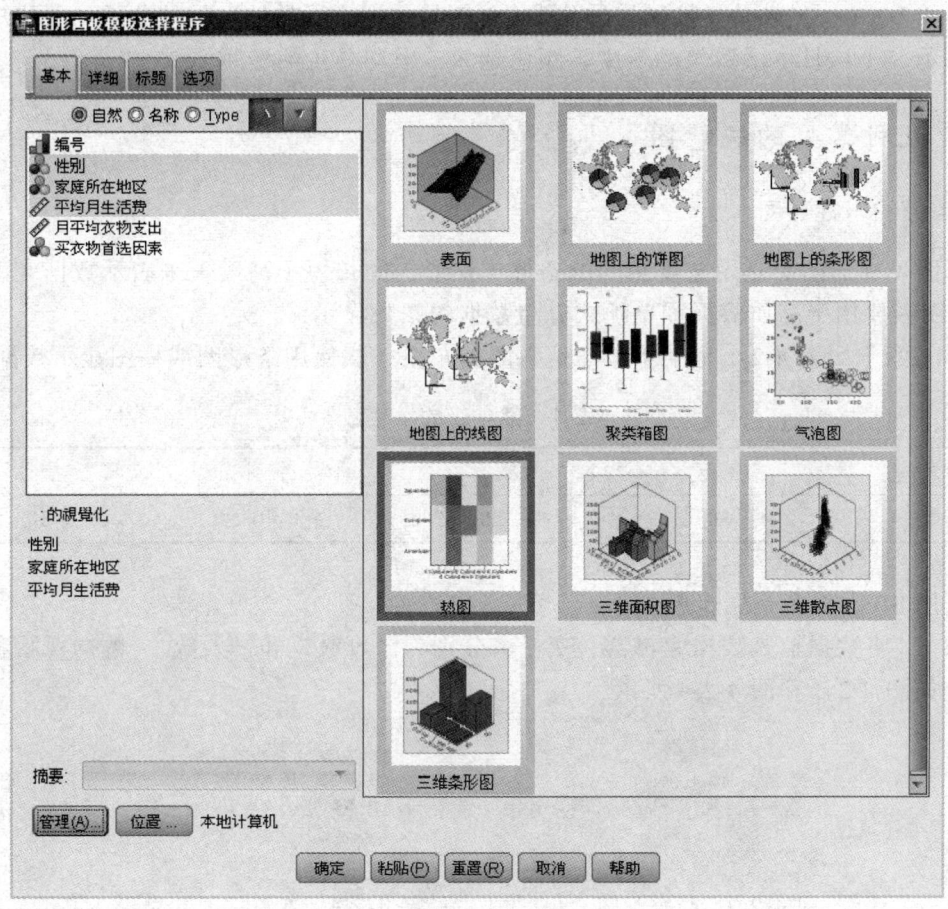

图 4-2-1 '图形画板模板选择程序'对话框

如图 4-2-1 所示，在变量列表中选中'性别''家庭所在地区'和'平均月生活费'3 个变量，对话框右侧会自动出现'聚类箱图''三维散点图''气泡图''热图'等图. 选中'热图'，点击'确定'，即可在输出查看器中绘制出热图，如图 4-2-2 所示.

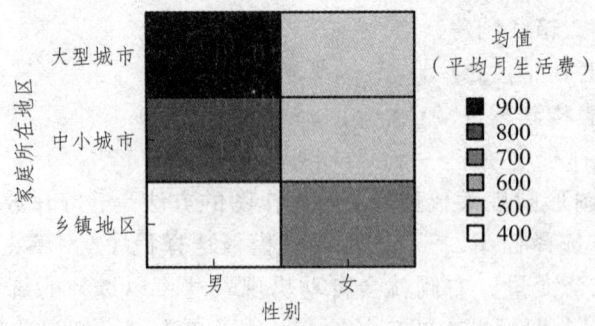

图 4-2-2　性别、家庭所在地区和平均月生活费热图

在图 4-2-2 中，X 轴是'性别'的分类，Y 轴是'家庭所在地区'的分类，图的矩形颜色深浅表示'平均月生活费'的多少，颜色越深，平均月生活费越多.

一、几种常见的统计图

1．条形图与柱形图

条形图（柱形图）是用宽度相同的条形（柱形）的长短（高度）来表示数据变动的图形. 条形图主要用于品质数据和单项式分组数据的频数显示.

【例 4-2-2】　表 4-2-1 是某年级学生数的分布表，试使用条形图或柱图显示数据.

表 4-2-1　某年级的学生数

班级	师范	金融	统计	信计
人数	80	50	40	30

解　用 SPSS 做条形图步骤如下：

步骤 1　将数据输入数据编辑器，变量名分别为'班级'和'人数'. 数据视图和变量视图分别如图 4-2-3 和图 4-2-4 所示.

 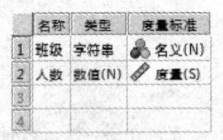

图 4-2-3　数据视图　　　　图 4-2-4　变量视图

步骤 2　点击'图形（G）>图表构建程序（C）'.'图表创建程序'对话框如图 4-2-5 所示.

步骤 3　从'库>选择范围（C）：'中选择'条（B）'，双击'简单条形图'，将变量'班级'拖入'是否为 X 轴？'的提示位置，将变量'人数'拖入'是否为 Y 轴？'的提示位置. 点击'确定'.

步骤 4　双击输出--查看器中的条形图，打开'图表编辑器'. 右键点击条形图，在出现的下拉菜单中选择 [变换图表],即可实现竖条与横条的转变.将条形图的轴的文字标签和数字标签都设置为不加粗 8 号字体.

步骤 5 选中双击图表编辑器中的条形图的某一条,会弹出'条形属性'对话框,如图 4-2-6 所示.用户可以对图形大小、填充与边框、类别、条形图选项、变量等属性进行设置.如点击'类别'选项卡,移动'顺序(O):'框里的变量顺序,将师范移至金融的上边.点击'图形大小'选项卡,'高度(E)'设为 160 磅.点击'应用>关闭'.

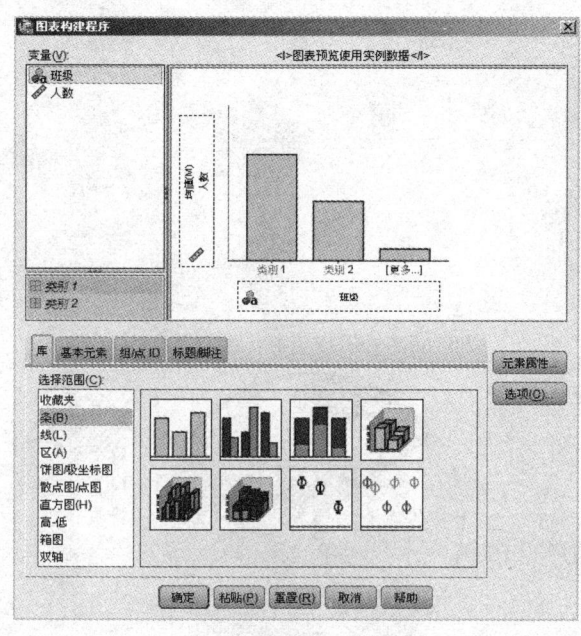

图 4-2-5 图表创建程序对话框

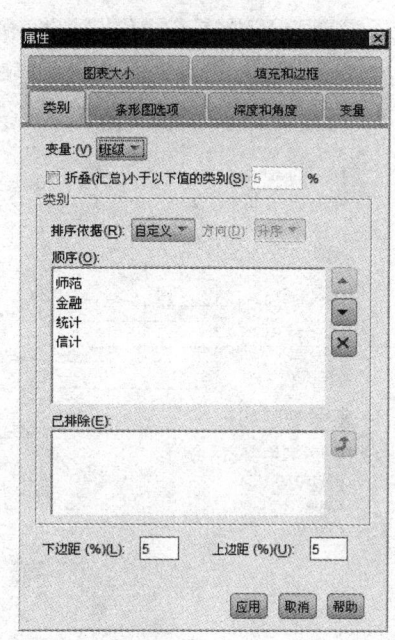

图 4-2-6 条形图'条形属性'对话框

步骤 6 关闭图表编辑器,结果如图 4-2-7 所示.

2.饼 图

饼图用圆形及圆内扇形的角度来表示数值的大小,主要用于结构相对指标的显示.

【例 4-2-3】 对例 4-2-2 使用饼图显示数据.

解 本例用 SPSS 作饼图步骤和例 4-2-2 类似,数据视图和变量视图分别如图 4-2-3 和图 4-2-4 所示.

步骤 1 点击'图形(G)>图表构建程序(C)'.

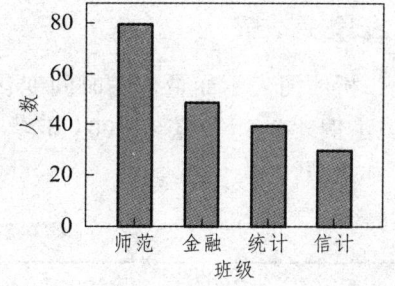

图 4-2-7 条形图

步骤 2 从'库>选择范围(C):'中选择'饼图/极坐标图',双击简单'饼图',将变量'班级'拖入'分区依据?'的提示位置,将变量'人数'拖入'是否作为角变量?'的提示位置.点击'确定'.

步骤 3 双击输出--查看器中的饼图,打开图表编辑器.将饼图的类别标签都设置为不加粗 8 号字体.双击饼图中的扇面,会弹出类似图 4-2-6 的属性对话框,点击'类别'选项卡,移动'顺序(O):'框里的变量顺序,将师范移至金融的上边.点击'图表大小'选项

- 55 -

卡，'高度（E）：'改为'160磅'. 点击'应用>关闭'.

步骤 4　点击图表编辑器中饼图中的扇面，再点击显示\隐藏数据标签按钮，可以将类别的百分比显示或隐藏在扇面上. 双击添加的数据标签，会弹出如图 4-2-8 的属性对话框，点击'数据值标签'选项卡，'显示（P）：'为'百分比'，点击'数字格式'选项卡，'拖尾字符（T）：'框键入'%'，点击'应用>关闭'.

步骤 5　关闭图表编辑器，结果如图 4-2-9 所示.

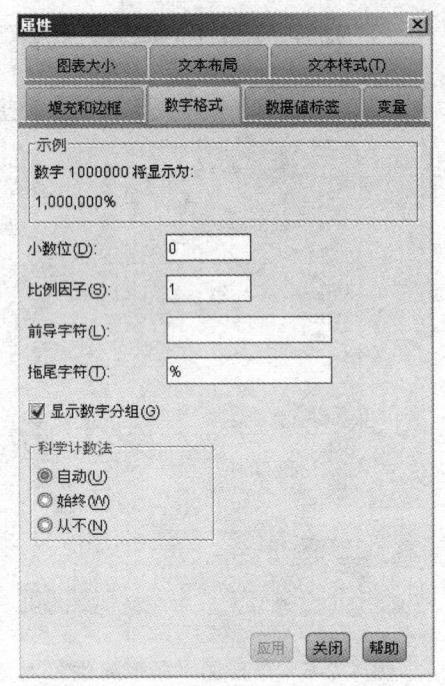

图 4-2-8　饼图数字标签属性对话框

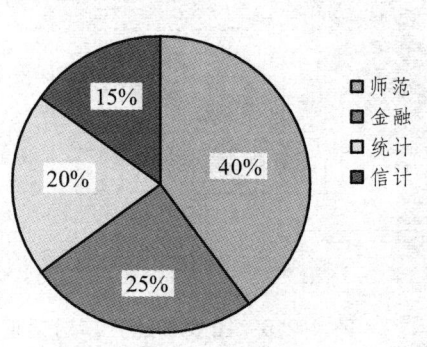

图 4-2-9　饼图

3. 折线图

折线图表示变量值随时间变化的特征，主要用于时间序列数据的显示.

【例 4-2-4】　某人 2004 年至 2013 年的月收入和消费数据见表 4-2-2，用折现图显示收入和消费.

表 4-2-2　某人的收入与消费时间序列

年份	2004	2005	2006	2007	2008	2009	2010	2011	2012	2013
收入（元）	2400	2600	3500	4000	4300	4800	5500	6200	7300	9200
消费（元）	1824	2000	2500	3100	3300	3600	4200	4700	5600	7000

解　用 SPSS 做线图的步骤如下：

步骤 1　将数据输入数据编辑器，变量名分别为'年份''收入'和'消费'，其中'年份'的度量标准为名义，'收入'和'消费'的度量标准为度量. 数据视图和变量视图分别如图 4-2-10 和图 4-2-11.（请注意变量名和度量标准）

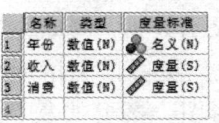

图 4-2-10 数据视图　　　　图 4-2-11 变量视图

步骤2 点击'图形（G）>图表构建程序（C）'.

步骤3 从'库>选择范围（C）:'中选择'线（L）',双击'简单线图',将变量'年份'拖入'是否为X轴？'的提示位置,将变量'收入'和'消费'同时拖入'是否为Y轴？'的提示位置. 点击'确定'.

步骤4 双击输出--查看器中的线图,打开图表编辑器. 将线图的轴的数字标签及类别标签都设置为不加粗 8 号字体. 双击线图,选中'收入'或'消费'线,双击打开类似图 4-2-6 的属性对话框,对线的各项属性进行设置. 点击'图表大小'选项卡,'高度（E）:'改为'160 磅'.

步骤5 关闭图表编辑器,结果如图 4-2-12 所示.

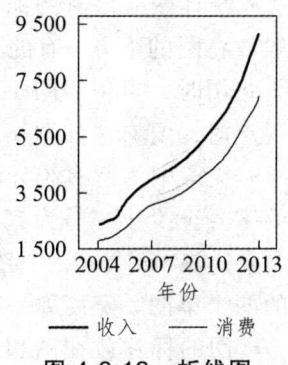

图 4-2-12 折线图

4．散点图

散点图是用二维坐标展示两个变量之间关系的一种图形.

【例 4-2-5】 对例 4-2-4 中数据做散点图.

解 本例用 SPSS 做散点图的步骤和例 4-2-4 类似,数据视图和变量视图分别如图 4-2-10 和图 4-2-11.

步骤1 点击'图形（G）>图表构建程序（C）'.

步骤2 从'库>选择范围（C）:'中选择'散点图/点图',双击'简单散点图',将变量'收入'拖入'是否为X轴？'的提示位置,将变量'消费'拖入'是否为Y轴？'的提示位置. 点击'确定'.

步骤3 双击输出--查看器中的散点图,打开'图表编辑器'. 右键点击任意一个散点,在出现的下拉菜单中选择'添加,总计拟合线',并在属性对话框中选择一种拟合方法,即可添加一条拟合趋势线. 如果是选择'添加,内插线',并在属性对话框中选择一种线类型,即可添加一条内插线.

步骤4 对图形大小、点线的颜色大小粗细等属性进行设置.

步骤5 关闭图表编辑器,结果如图 4-2-13 所示.

二、统计图设计的基本要求

统计图要科学、实用、简练、美观,避免一切不必要的修饰,尽量突显图形和数据.

- 一个统计图只表达一个观点,不做过于复杂的图,必要时分开作图.

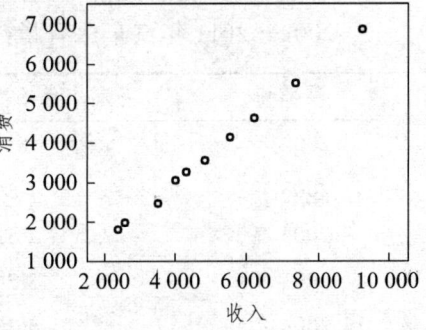

图 4-2-13 散点图

- 选择适当图形显示数据. 例如, 一般来讲表述市场份额用百分比, 所以大家习惯用饼图表述. 研究表明人们更习惯用条形图来比较频数大小, 这样会更醒目地看到差异!
- 分类数据的条形图, 条要按长条到短条从上到下排列. 分类数据的柱形图, 柱要按高柱到低柱从左到右排列. 分类数据的饼图, 扇区要从大到小沿顺时针排列, 最大扇区的左边放在 (钟表)12 点方向. 饼图最好不要使用爆炸式, 最多可将某一片扇区分离以示强调该类别.
- 统计图应该有图标题, 包括图号和图的主题词. 例如, "图 2 ×××图". 图标题一般放在图的下方 (有的人喜欢放在图的上面, 无论放在什么位置, 通篇要统一). 文中只有 1 张图时, 可用 "图 1 ×××图", 亦可用 "×××图". (文章使用图来说明事实或论证观点时, 要有 "如图×所示" 等字样, 以便读者将图与文章内容相对照.)
- 文章中的所有统计图中的文字标签、数字标签、图标题的字号应统一 (以比文章正文的字号至少小一号为宜).
- 做 Word 文档时, 图的宽度和高度要适当. 同一行中的两个图, 高度要一致. 不同行中的两个单图, 宽度要一致.
- 图的标注放在图和图标题之间. 统计图的脚注中填上数据来源, 能立即增加你的专业性.

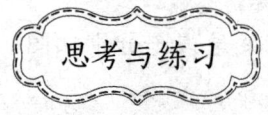

思考与练习

1. 某年级学生人数统计如下:

性别	金融	统计	信计	师范
男生（人）	24	8	27	35
女生（人）	26	32	3	45

试使用饼图和柱形图显示数据.

2. 2002—2011 年汽车保有量数据如下:

年份	汽车保有量（台）	年份	汽车保有量（台）
2002 年	892	2007 年	7 109
2003 年	1 560	2008 年	9 200
2004 年	2 531	2009 年	11 589
2005 年	3 760	2010 年	14 243
2006 年	5 300	2011 年	17 188

试以年份为横轴, 汽车保有量（台）为纵轴做折线图.

3. 某班级 7 名学生的数学成绩和物理成绩如下：

学生编号	1	2	3	4	5	6	7
数学成绩	80	95	50	70	75	85	89
物理成绩	77	90	61	72	80	82	92

试以数学成绩为横轴，物理成绩为纵轴作散点图.

4. 某校学生心目中的偶像调查数据如下：

偶像（idol）	女生	男生
伟　　人	18%	18%
父　　母	25%	11%
影视明星	50%	14%
体育明星	6%	48%
（无偶像）	1%	9%

试用适当的图形显示数据.

第五章 数据的描述性统计

描述性统计是最基本的数据分析方法. 描述性统计方法有数据分组与频数分布、集中趋势的描述、离散程度的描述、偏斜或陡峭（或平坦）程度的描述、复合分组与频数统计、交叉列联表分析、复合统计图、相关分析等.

本章主要介绍：
- 品质数据的描述性统计.
- 定量数据的描述性统计.
- 多变量的描述性统计.

第一节 品质数据的描述性统计

一、数据分组与频数分布

数据分组是根据要求将数据按一个或几个标志划分为若干个组. 每一组中的单位数称为（组）**频数**，频数与总体单位数的比率称为（组）**频率**.

数据分组应遵循穷尽原则和互斥原则. 穷尽原则是使总体中的每一个单位都应有组可归. **互斥原则**是总体中的任何一个单位只能归属于某一组，而不能同时归属于几个组.

将数据分组与相应的组频数（或组频率）对应起来，称为**频数分布**.

按一个标志对数据进行分组称为**简单分组**. 若按多个标志对数据一层一层地分组，则称为**复合分组**.

对于定序数据和定量数据，向上**累计频数（或频率）分布**是由标志值低的组向标志值高的组依次累计. 向上累计频数表明某组上限以下的各组单位数之和是多少，向上累计频率表明某组上限以下的各组单位数之和占总体单位数比重的大小. **向下累计频数（或频率）分布**方法和含义与向上累计频数（或频率）相反.

频数分布的作用：
- 可以整理零星分散的统计资料，发现其中的特点与规律.
- 可以将复杂的社会现象，划分为性质不同的各种类型，进行比较和研究，从而揭示它的特征与规律.

- 可以分析总体的内部结构.
- 可以揭示现象之间的依存关系.

二、品质数据的描述性统计

品质数据的描述性统计方法有分组与频数统计、频数分布描述、图形显示等. 按分组标志的多少，分组可分为简单分组和复合分组. 品质数据的简单分组方法是将具有相同标志表现的单位放在同一组. 出现次数最多的标志值就是**众数**.

【例 5-1-1】 表 5-1-1 是某项消费调查数据，试对变量'家庭所在地区'进行描述性统计.

表 5-1-1 某项消费调查数据

编号	性别	家庭所在地区	平均月生活费	月平均衣物支出	买衣物首选因素
1	男	大型城市	800	200	价格
2	女	中小城市	600	180	款式
3	男	大型城市	1 000	300	品牌
4	男	中小城市	400	40	价格
5	女	中小城市	500	150	款式
6	女	乡镇地区	800	80	品牌
7	男	中小城市	600	180	品牌
8	女	乡镇地区	400	120	价格
9	男	中小城市	1 000	300	款式
10	女	大型城市	600	180	款式
11	女	中小城市	500	150	价格
12	男	乡镇地区	300	30	价格
13	男	乡镇地区	500	50	价格
14	女	中小城市	300	35	价格
15	男	中小城市	1,000	300	款式

解 可以将表 5-1-1 中的数据直接输入 SPSS 数据编辑器进行描述性统计分析，也可以对表 5-1-1 中的数据先进行编码，再进行描述性统计分析. 本例采用后者进行描述性统计分析.

步骤 1 数据编码. 对变量'性别'编码：1 = 男，2 = 女. 对变量'家庭所在地区'编码：1 = 大型城市，2 = 中小城市，3 = 乡镇地区. 对变量'买衣物首选因素'编码：1 = 品牌，2 = 款式，3 = 价格. SPSS 编码方法类似于例 3-1-1.

步骤2 将数据输入数据编辑器,数据视图和变量视图分别如图5-1-1和图5-1-2所示.

编号	性别	家庭所在地区	平均月生活费	月平均衣物支出	买衣物首选因素
1	1	1	800	200	3
2	2	2	600	180	2
3	1	1	1000	300	1
4	1	2	400	40	3
5	2	2	500	150	2
6	2	3	800	80	1
7	1	2	600	180	2
8	2	3	400	120	3
9	1	2	1000	300	2
10	2	1	600	180	2
11	1	2	500	150	3
12	1	3	300	30	3
13	1	2	500	50	3
14	2	2	300	35	2
15	1	2	1000	300	2

图 5-1-1 数据视图

	名称	类型	度量标准	值
1	编号	数值(N)	名义(N)	无
2	性别	数值(N)	名义(N)	{1, 男}...
3	家庭所在地区	数值(N)	名义(N)	{1, 大型城市}...
4	平均月生活费	数值(N)	度量(S)	无
5	月平均衣物支出	数值(N)	度量(S)	无
6	买衣物首选因素	数值(N)	名义(N)	{1, 品牌}...

图 5-1-2 变量视图

步骤3 点击'分析(A)>描述统计>频数(F)','频数(F)'对话框如图5-1-3所示.将'家庭所在地区'选入'变量(V):'框.

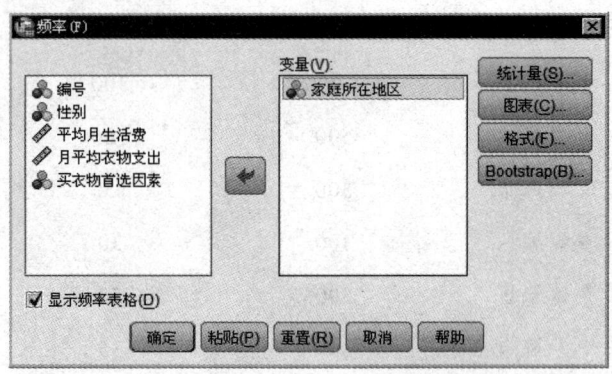

图 5-1-3 频数(F)对话框

步骤4 点击'图表(C)…','频率:图表'对话框如图5-1-4所示.'图表类型'选择'条形图'.点击'继续'.

步骤5 点击'确定'.

表5-1-2是分组和频数(频率)分布结果.SPSS输出中的"频率"和"百分比"就是我们通常所说的频数和频率.从中可知:'大型城市'有3个,所占比例为20%.'中小城市'(含中小城市)以上11个,所占比例为73.3%.

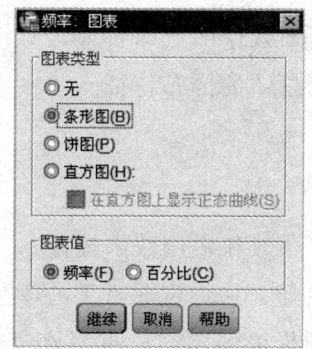

图 5-1-4　频率：图表对话框

表 5-1-2　家庭所在地区

		频率	百分比	有效百分比	累积百分比
有效	大型城市	3	20	20	20
	中小城市	8	53.3	53.3	73.3
	乡镇地区	4	26.7	26.7	100.0
	合计	15	100.0	100.0	

图 5-1-5 是家庭所在地区的条形图，由此可知中小城市最多，大型城市最少. 如果在图 5-1-4 中选择'饼图（P）'，则家庭所在地区的饼图如图 5-1-6 所示，由此可知中小城市占 53.33%，乡镇地区占 26.67%，大型城市占 20%.

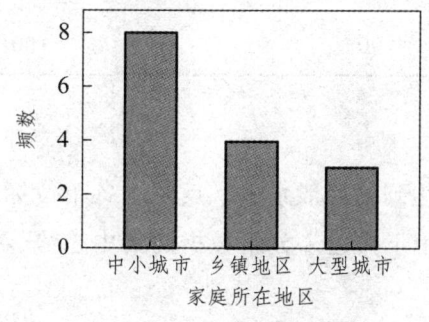

图 5-1-5　家庭所在地区的条形图

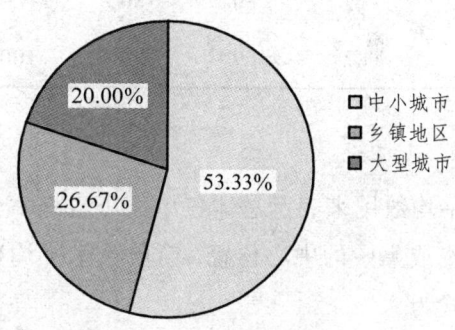

图 5-1-6　家庭所在地区的饼图

第二节　定量数据的描述性统计

定量数据描述统计可以从三个方面进行测度和描述：一是分布的集中趋势，反映各数据靠拢或聚集的中心位置；二是分布的离散程度，反映各数据远离其中心的程度；三是分布的形状，反映数据分布的偏态和峰态.

定量数据的描述统计主要是刻画数据的分布特征,其作用一是分析数据的分布,二是用样本的描述统计量去估计或推断总体的分布特征.

一、集中趋势的描述

分布的集中趋势常用平均数、众数和中位数来描述.

【例 5-2-1】 如果您是一名教师,您肯定非常关心学生的平均成绩、及格率以及成绩的分布情况,因为您不希望您的学生成绩不好,也不希望出现两极分化.作为教师,您如果教授两个专业的同一门课程,您会关注两个专业学生的成绩有何不同.表 5-2-1 是随机从两个不同专业各抽取的 30 名学生的某门课程的学生成绩.这两个专业的学生的成绩有何不同呢?

表 5-2-1　甲乙两专业各 30 名学生的考试成绩表

甲专业成绩					乙专业成绩				
39	45	49	51	55	27	35	36	40	41
55	57	60	63	66	42	45	45	50	53
67	67	68	68	69	55	65	69	72	74
70	70	72	73	73	75	76	77	80	81
76	77	80	80	85	81	82	83	84	85
85	87	89	95	100	86	90	95	95	100

1. 平均数

平均数用来表示总体各单位(或样本各单位)所达到的一般水平,反映了各单位标志值靠拢或集中的中心位置.简单算术平均数记作 $\bar{x}$,用于描述未分组数据的集中趋势,计算公式为

$$\bar{x} \equiv \frac{1}{n}\sum_{i=1}^{n}x_i, \qquad (5\text{-}2\text{-}1)$$

式(5-2-1)中,x_i 为各单位标志值,n 为单位总数.

例 5-2-1 中,甲乙两专业成绩的平均分分别为 69.7 和 67.3.从中可以看出,甲专业较乙专业要好.

例 5-2-1 中,甲乙两专业成绩各分成 6 组,频数分布见表 5-2-2,直方图分别如图 5-2-1 和图 5-2-2 所示.

表 5-2-2　甲乙两专业成绩频数分布表

甲专业成绩		乙专业成绩	
分组上限	频数	分组上限	频数
		30	1
40	1	40	2
50	2	50	5
60	4	60	3
70	8	70	2
80	7	80	5
90	6	90	8
100	1	100	3
110	1	110	1

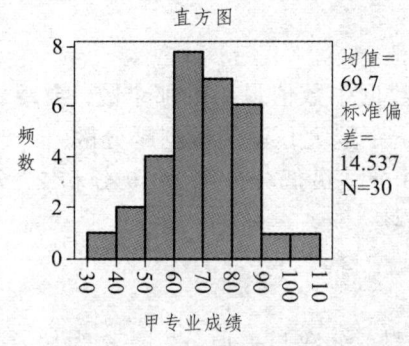

图 5-2-1　甲专业成绩直方图

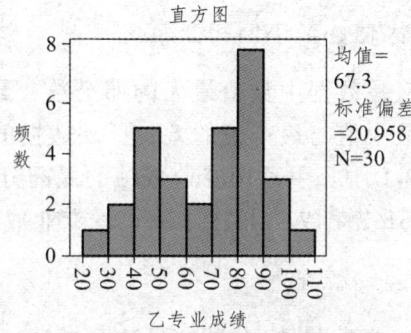

图 5-2-2　乙专业成绩直方图

从频数分布和直方图可以看出，甲专业成绩呈钟形分布，而乙专业成绩却是集中在两个区域．甲专业的平均分能代表一般成绩，而乙专业的平均分代表一般成绩不太合适．

2．众　数

未分组数据，出现次数最多的标志值就是**众数**．分组数据，组频数最大的组称为**众数（组）**．众数可能不存在，也可能存在但不唯一．众数也可以反映各单位标志值靠拢或集中的中心位置．甲专业成绩的众数（组）为[60,70)，而乙专业成绩的众数（组）为[40,50)和[80,90)．

从表 5-2-1 不难发现，甲专业成绩的众数为 55 分、67 分、68 分、70 分、73 分、80 分和 85 分，而乙专业成绩的众数为 45 分、81 分和 95 分．

3．中位数

对于未分组数据，将数据从小到大排列，当单位数为奇数时，处于中间位置的标志值就是**中位数**；当单位数为偶数时，处于中间位置的两个标志值的算术平均数就是**中位数**．

例 5-2-1 中，甲乙两专业成绩的中位数分别为 69.5 分和 74.5 分．

中位数反映了各单位标志值靠拢或聚集的中心位置．在某些场合可能中位数比平均数更能说明问题．比如，乙专业成绩的中位数为 74.5 分，表明有一半（或接近一半）学生的成绩低于 74.5 分，一半（或接近一半）学生的成绩高于 74.5，而平均分为 67.3，则无法得出如此明确的结论．

那么何时使用平均数、众数、中位数来代表一般水平呢？

- 如果数据中存在两个或更多的高频区域，则选择众数，并报告每个区域的众数．
- 简单算术平均数容易受异常值的影响．例如，有 9 个家庭的年收入都是 1 万元，另一个家庭的年收入为 100 万元，这 10 个家庭的平均年收入为 10.9 万元．如果您告诉那 9 个家庭他们的平均年收入为 10.9 万元，他们会觉得您在说笑．所以，如果分布是偏态的（即一小部分极端值严重影响着平均数），那么选择中位数．
- 如果分布比较对称，且只有一个众数组，那么选择平均数．
- 样本平均数常用来估计总体的期望．

二、离散程度的描述

1．最大值、最小值和全距

最大值是数据中数值最大的那个数，**最小值**是数据中数值最小的那个数．**全距**也称为**极差**，是最大值与最小值的差，反映数据的范围，全距越大，说明数据越分散．

例 5-2-1 中，甲乙两专业成绩的最高分都为 100 分，最低分分别为 39 分和 27 分，极差分别为 61 分和 73．相比之下，乙专业成绩要分散些．

2．方差与标准差

以学生成绩为例，分数离平均分越远，分数越分散．分数与平均分之差称为偏差．事实上，偏差有正有负，其平均数为零（读者可自行举例验证），不能刻画分数偏离平均分的程度．我们转而利用偏差的平方和来刻画分数偏离平均分的程度．

偏差的平方的平均数称为**方差**．方差的正平方根称为**标准差**．未分组数据的总体方差与标准差分别记作 σ^2 和 σ，计算公式分别为

$$\sigma^2 \equiv \frac{1}{N}\sum_{i=1}^{N}(x_i-\overline{x})^2，\qquad(5\text{-}2\text{-}2)$$

$$\sigma \equiv \sqrt{\frac{1}{N}\sum_{i=1}^{N}(x_i-\overline{x})^2}．\qquad(5\text{-}2\text{-}3)$$

式（5-2-2）和（5-2-3）中，x_i 为总体中各单位标志值，$\overline{x}$ 为各单位标志值的平均数，N 为总体单位数．

未分组数据的样本方差与标准差分别记作 s^2 和 s，计算公式分别为

$$s^2 \equiv \frac{1}{n-1}\sum_{i=1}^{n}(x_i-\overline{x})^2，\qquad(5\text{-}2\text{-}4)$$

$$s \equiv \sqrt{\frac{1}{n-1}\sum_{i=1}^{n}(x_i-\overline{x})^2}，\qquad(5\text{-}2\text{-}5)$$

式（5-2-4）和（5-2-5）中，x_i 为样本中各单位标志值，$\bar{x}$ 为各单位标志值的平均数，n 为样本量.

方差与标准差用来刻画数据的离散程度，方差或标准差越大，表明数据越分散，平均数的代表性越差. 反之，方差或标准差越小，表明数据越集中，平均数的代表性越大.

实践中，方差或标准差常用来说明变量的波动性大小. 比如，投资学中用方差或标准差来刻画风险，方差或标准差越大，说明风险越大.

数据取值的量级不同，标准差的差别很大，用标准差比较两个变量取值的离散程度缺乏可比性. 为了克服标准差受数据量级的影响，将标准差除以平均数称为**变异系数**，记作 V，计算公式为

$$V \equiv \sigma / \bar{x} \text{（用于总体数据）}, \tag{5-2-6}$$

$$V \equiv s / \bar{x} \text{（用于样本数据）}. \tag{5-2-7}$$

变异系数较小的数据离散程度较小.

例 5-2-1 中，甲乙两专业成绩的方差分别为 211.321 和 439.252，标准差分别为 14.537 和 20.958，变异系数分别为 0.209 和 0.311. 从中可以看出，乙专业成绩较分散.

三、偏斜或陡峭（或平坦）程度的描述

1. 箱线图

将数据按从小到大的顺序排列. **箱线图**是由变量的最小值、下四分位数（25% 位置上的数）、中位数、上四分位数（75% 位置上的数）和最大值这五个特征值绘制而成的图形. 箱线图一般如图 5-2-3 所示，其中 5 条竖线从左到右分别对应着最小值、下四分位数、中位数、上四分位数和最大值.

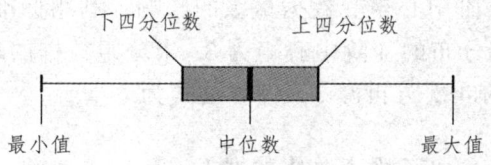

图 5-2-3 箱线图

上四分位数与下四分位数之差称为**四分位差**，四分位差的大小反映了中间 50% 的数据的离散程度. 箱线图用最小值、下四分位数、中位数、上四分位数和最大值直观地显示了数据的离散程度和偏斜程度. 箱线图主要用于反映未分组数据的分布和多个变量分布的比较.

2. k 阶原点矩与 k 阶中心矩

方差也称为 2 阶中心矩. 类似地，可以定义高阶矩. 未分组数据的 k 阶原点矩记作 OM_k，计算公式为

$$OM_k \equiv \frac{1}{n}\sum_{i=1}^{n} x_i^k, \qquad (5\text{-}2\text{-}8)$$

未分组数据的 k 阶中心矩记作 CM_k，计算公式为

$$CM_k \equiv \frac{1}{n}\sum_{i=1}^{n}(x_i - \bar{x})^k, \qquad (5\text{-}2\text{-}9)$$

式（5-2-8）和（5-2-9）中，x_i 为样本或总体中各单位的标志值，$\bar{x}$ 为各单位标志值的平均数，n 为单位总数.

显然，1 阶原点矩就是平均数，1 阶中心矩为 0，2 阶中心矩就是方差.

3. 偏度与峰度

对称分布的 3 阶中心矩 $CM_3 = 0$，右偏态分布的 3 阶中心矩 $CM_3 > 0$，左偏态分布的 3 阶中心矩 $CM_3 < 0$. 所以，可以用 3 阶中心矩刻画分布的偏斜程度. 为了克服 3 阶中心矩受数据量级的影响，利用标准差对 3 阶中心矩进行标准化. 未分组数据的**偏度系数**记作 SK，定义为数据的 3 阶中心矩除以标准差的 3 次方，计算公式为

$$SK \equiv \frac{CM_3}{\sigma^3}（用于总体数据）, \qquad (5\text{-}2\text{-}10)$$

$$SK \equiv \frac{CM_3}{s^3}（用于样本数据）. \qquad (5\text{-}2\text{-}11)$$

不同偏度系数的分布曲线如图 5-2-4 所示. 当 $SK = 0$ 时，数据呈对称分布；当 $SK > 0$ 时，数据呈正偏（右偏）态分布，说明左侧的数据较集中，右侧的数据较分散；当 $SK < 0$ 时，数据呈负偏（左偏）态分布，说明右侧的数据较集中，左侧的数据较分散.

4 阶中心矩和方差一样，也刻画了分布的离散程度，4 阶中心矩越小，数据越集中，数据分布越陡峭. 为了克服 4 阶中心矩受数据量级的影响，利用标准差对 4 阶中心矩进行标准化. 可以证明，标准正态分布的 4 阶中心矩为 3. 未分组数据的**峰度系数**记作 KU，定义为 4 阶中心矩除以标准差的 4 次方再减 3，计算公式为

$$KU = \frac{CM_4}{\sigma^4} - 3（用于总体数据）, \qquad (5\text{-}2\text{-}12)$$

$$KU = \frac{CM_4}{s^4} - 3（用于样本数据）. \qquad (5\text{-}2\text{-}13)$$

不同峰度的分布曲线如图 5-2-5 所示. 当 $KU > 0$ 时，数据标准化后的频数分布比标准正态分布更集中，分布呈尖峰状态，平均数的代表性更大；当 $KU < 0$ 时，数据标准化后的频数分布比标准正态分布更分散，分布呈平坦峰，平均数的代表性较小. 当 $KU = 0$ 时，数据标准化后的频数分布与标准正态分布的离散程度相当.

例 5-2-1 中，甲乙两专业成绩的偏度系数分别为 -0.032 和 -0.378，峰度系数分别为 -0.189 和 -1.163. 从中可以看出，甲乙两专业的成绩都呈现左偏态分布，乙专业成绩较甲专业分散.

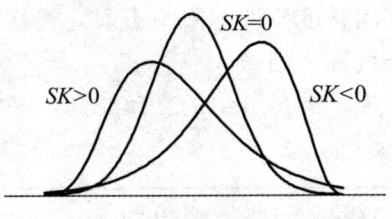
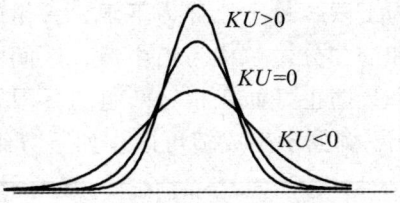

图 5-2-4　不同偏度的分布曲线　　　　图 5-2-5　不同峰度的分布曲线

4．茎叶图

茎叶图用来反映未分组数据的分布特征，它由茎和叶两部分组成．制作茎叶图的方法是：首先把每一个数值的低位数字作为叶，其余数字部分作为茎．例如，102 分成 10 和 2 两部分，10 为茎，2 为叶．然后将全部数值按茎的数值大小从小到大排序，相应的叶也按从小到大排序，形成类似于直方图的图形，就是**茎叶图**.

例 5-2-1 中，图 5-2-6 和图 5-2-7 分别是甲乙两专业成绩的茎叶图．从中可以看出，甲专业成绩排序后是 39、45、49、51、55、55、57、⋯．从茎叶图中可以发现众数分布，甲专业成绩的众数为 55 分、67 分、68 分、70 分、73 分、80 分和 85 分．而乙专业成绩的众数为 45 分、81 分和 95 分.

甲专业成绩 Stem-and-Leaf Plot			乙专业成绩 Stem-and-Leaf Plot		
Frequency	Stem &	Leaf	Frequency	Stem &	Leaf
1	3．	9	1	2．	7
2	4．	59	2	3．	56
4	5．	1557	5	4．	01255
8	6．	03677889	3	5．	035
7	7．	0023367	2	6．	59
6	8．	005579	5	7．	24567
1	9．	5	8	8．	01123456
1	10．	0	3	9．	055
			1	10．	0

Stem width:　　　10　　　　　　　　　　Stem width:　　　10
Each leaf:　　1 case（s）　　　　　　　Each leaf:　　1 case（s）

图 5-2-6　甲专业成绩茎叶图　　　　　图 5-2-7　乙专业成绩茎叶图

茎叶图既能给出数据分布的偏斜程度与陡峭（或平坦）程度，也保留了原始数据的信息．在应用上，直方图通常用于大批量数据，而茎叶图则通常用于小批量数据.

5．组距式分组、频数统计与直方图

若数据取值是连续的，或取值虽是离散但取值的个数非常多，则适合组距式分组．**组距式分组**是将全部数据排序，然后依次划分为若干个区间，并将每个区间视为一组．一组的最大值称为**上限**，最小值称为**下限**，一组的区间长度，即上限与下限之差称为**组距**，上限与下限之和的二分之一称为**组中值**，区间的个数称为**组数**.

有时某个数据正好处在相邻两组的界限上，为了满足分组的互斥原则，必须规定该数据属于那一组. 例如学生成绩可以作如下分组：

分数区间	[0,60)	[60,70)	[70,80)	[80,90)	[90,100]
学生人数	4	10	24	12	5

另外，第一组和最后一组有时会采用"×××以下"或"×××以上"不确定组限形式，这样的组称为**开口组**. 开口组的组距采用相邻组的组距.

组距相等的分组称为**等距分组**，组距不等的分组称为**异距分组**. 异距分组方法与等距分组方法类似，主要用于以下几种情况：

- 标志值分布很不均匀的场合. 例如，某班级学生成绩密集于 60~80 分，而其他分数段人数稀少，可以分组为[0~60)、[60~65)、[65~70)、[70~75)、[75~80)、[80~100].
- 不同区间段具有不同意义的场合. 例如，生命的每一个月对于新生婴儿和对于成年人是大不一样的，所以在按年龄分组进行人口疾病研究时，采用不等距分组. 即 1 岁以下按月分，1~10 岁按年分，11~20 岁按 5 年分，21 岁以上按 10 或 20 年分等等.
- 标志值按一定比例发展变化的场合. 例如，大城市里商店的销售额差别很大，年销售额从 5 万元到 5000 万元，可采用公比为 10 的不等距分组：[0~5 万元)，[5~50 万元)，[50~500 万元)，[500~5000 万元)，[5000 万元~+∞).

组距式分组方法的一般步骤：

步骤 1 确定是等距分组，还是异距分组.

步骤 2 确定组数、组距、组上限和下限. 表 5-2-3 是斯特杰斯经验分组组数参考表.

表 5-2-3 斯特杰斯经验分组组数参考表

N	15~24	25~44	45~89	90~179	180~359
n	5	6	7	8	9

等距分组的组距计算公式为

$$组距 = \frac{最大值 - 最小值}{组数}. \qquad (5\text{-}2\text{-}14)$$

若用公式（5-2-14）得出的组距不是有理数，或小数位数太多，则可四舍五入，或将最大值适当放大，或将最小值适当缩小，或调整组数，得到理想的组距.

步骤 3 将数据由小到大排序，进行分组和组频数统计.

组距式分组的频数（频率）分布可用直方图进行展示. **直方图**是一种特殊的柱形图，数据分组后，在平面直角坐标系中，横轴表示数据分组区间，纵轴表示频数（频率），这样，各组区间与相应的频数（频率/组距）就形成了一个矩形，即直方图.

【**例 5-2-2**】 对例 5-2-1 中甲专业成绩进行分组和频数统计.

解 甲专业成绩最大值为 100 分，最小值为 39 分．按组距为 10 分，分成 8 组，分组上下限为

　30　　　40　　　50　　　60　　　70　　　80　　　90　　　100　　　110

用 SPSS 进行分组的操作步骤如下：

步骤 1　将表 5-2-1 中的数据输入数据编辑器，变量名分别为'甲专业成绩'和'乙专业成绩'．数据视图和变量视图分别如图 5-2-8 和图 5-2-9 所示．

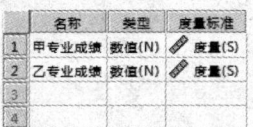

图 5-2-8　数据视图　　　　　图 5-2-9　变量视图

步骤 2　点击'转换（T）> 可视离散化（B）'．'可视化封装'对话框 1 如图 5-2-10 所示．

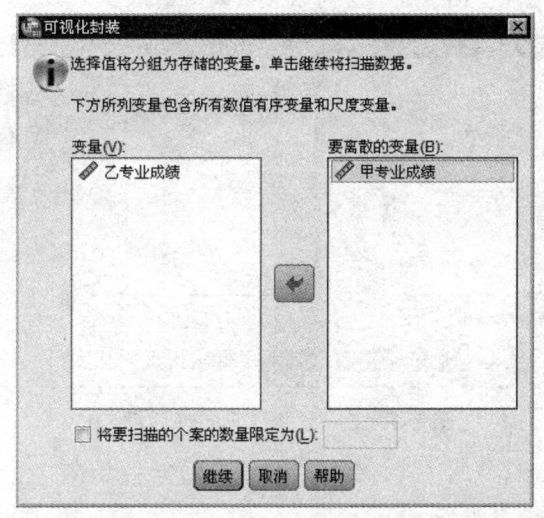

图 5-2-10　可视化封装对话框 1

步骤 3　将变量'甲专业成绩'选入'要离散的变量（B）:'框，点击'继续'．'可视化封装'对话框如图 5-2-11 所示．

步骤 4　'离散的变量（B）:'框键入'甲专业成绩分组'，标签为'甲专业成绩（已离散化）'．选择右下角的'上端点'的'排除（E）（<）'，点击'生成分割点（M）…'在生成分割点对话框中，'第一个分割点的位置（F）:'键入'40'，'分割点数量（N）:'键入'7'，'宽度（W）:'键入'10'，点击'应用'．再点击'生成标签（A）'．最后点击'确定'．

步骤 5　点击'分析（A）> 描述统计 > 频率（F）'．'频率（F）'对话框如图 5-2-12 所示．将'甲专业成绩（已离散化）[甲专业成绩分组]'选入'变量（V）:'框．

❖ 应用统计学

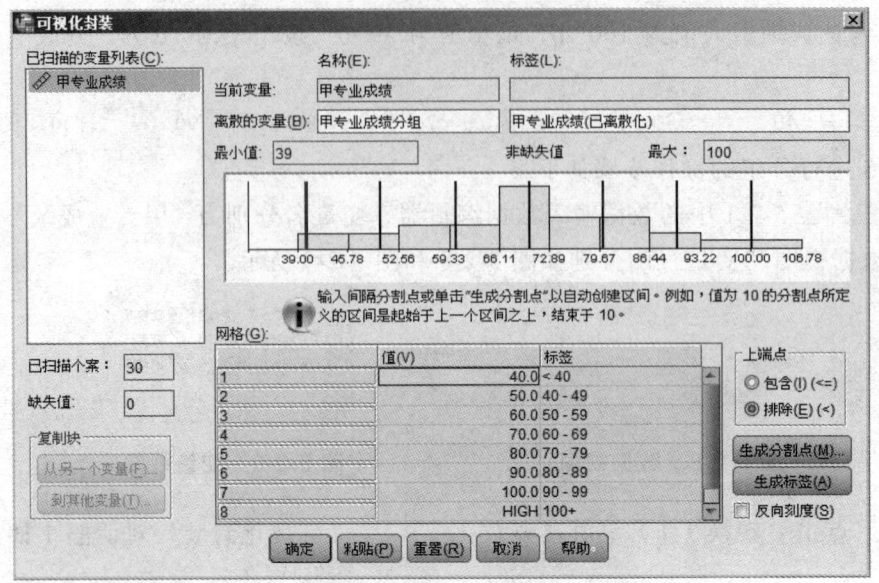

图 5-2-11 可视化封装对话框 2

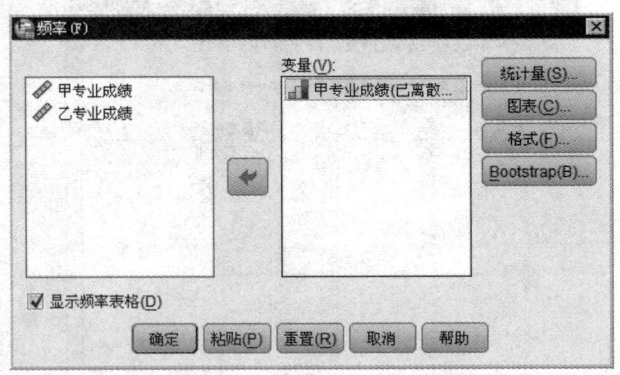

图 5-2-12 频率（F）对话框

步骤 6 点击'图表（C）...'. '频率：图表'对话框如图 5-2-13 所示. '图表类型'选择'条形图（B）'，点击'继续'.

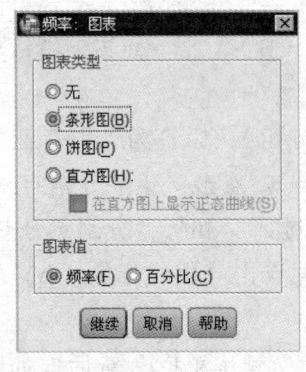

图 5-2-13 频率：图表对话框

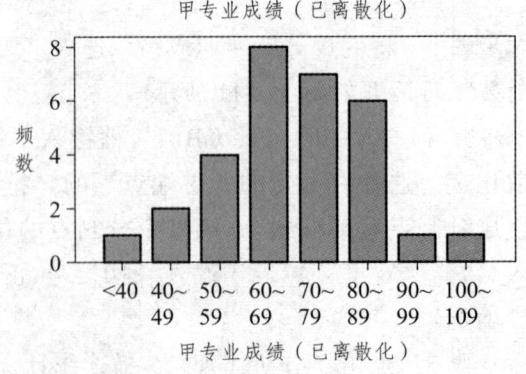

图 5-2-14 分组数据的条形图

- 72 -

步骤 7　点击‘确定’.

表 5-2-4 是分组和频数（频率）统计结果. 图 5-2-14 是分组数据的条形图.

表 5-2-4　甲专业成绩（已离散化）

		频率	百分比	有效百分比	累积百分比
有效	< 40	1	3.3	3.3	3.3
	40 ~ 49	2	6.7	6.7	10.0
	50 ~ 59	4	13.3	13.3	23.3
	60 ~ 69	8	26.7	26.7	50.0
	70 ~ 79	7	23.3	23.3	73.3
	80 ~ 89	6	20.0	20.0	93.3
	90 ~ 99	1	3.3	3.3	96.7
	100 ~ 109	1	3.3	3.3	100.0
	合　计	30	100.0	100.0	

注：直接做直方图，请点击‘图形（G）> 旧对话框（L）> 直方图（I）’.

步骤 8　查看数据编辑器，如图 5-2-15，新增加了一个变量‘甲专业成绩分组’.

	名称	类型	度量标准	值	标签
1	甲专业成绩	数值(N)	度量(S)	无	
2	乙专业成绩	数值(N)	度量(S)	无	
3	甲专业成绩分组	数值(N)	序号(O)	{1, 30~40}...	甲专业成绩(已离散化)

图 5-2-15　变量视图

本例还可以点击‘数据（D）> 分类汇总（A）...’. 在‘汇总数据’对话框中，将变量‘甲专业成绩（已离散化）[甲专业成绩分组]’选入‘分组变量（B）’框，‘甲专业成绩’选入‘变量摘要（S）’框，选中复选框‘个案数（C）’. 点击‘函数（F）...’，在‘汇总数据：汇总函数’中选择汇总函数，点击‘继续’. 再点击‘变量名与标签（N）...’，在‘汇总数据：变量名与标签’对话框中，给汇总变量命名和添加标签，点击‘继续’. 最后点击‘确定’进行分类汇总.

本例也可以通过点击‘分析（A）> 表（T）> 设定表（C）...’，利用变量‘甲专业成绩分组’对甲专业成绩进行分类汇总，具体方法见本章第三节内容.

在 SPSS 中用于描述性统计的过程有：

- 分析（A）> 描述统计 > 频率（F）...
- 分析（A）> 描述统计 > 描述（D）...
- 分析（A）> 描述统计 > 探索（E）...

【例 5-2-3】　对例 5-2-1 中的甲乙两专业的成绩进行描述性统计.

解　可用 SPSS 中探索性分析进行描述性统计. 数据视图和变量视图分别如图 5-2-8 和图 5-2-9 所示.

步骤 1 点击'分析（A）> 描述统计 > 探索（E）'. '探索'对话框如图 5-2-16 所示. 将变量'甲专业成绩'和'乙专业成绩'选入'因变量列表（D）:'框.

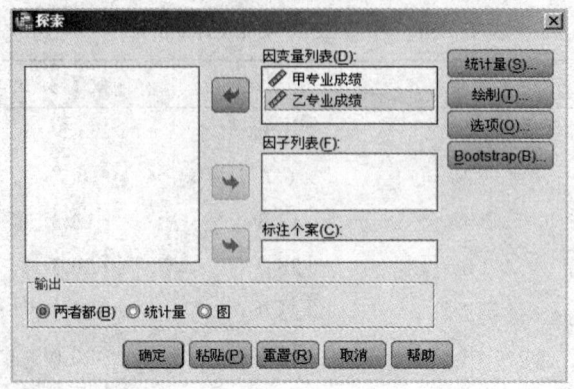

图 5-2-16 探索对话框

步骤 2 点击'统计量（S）…'. '探索：统计量'对话框如图 5-2-17 所示. 选择'描述性'和'百分位数（P）'. 点击'继续'.

步骤 3 点击'绘制（T）…'. '探索：图'对话框如图 5-2-18 所示. 选择'茎叶图（S）''直方图（H）'和'带检验的正态图（O）'. 点击'继续'.

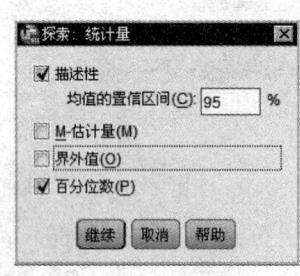
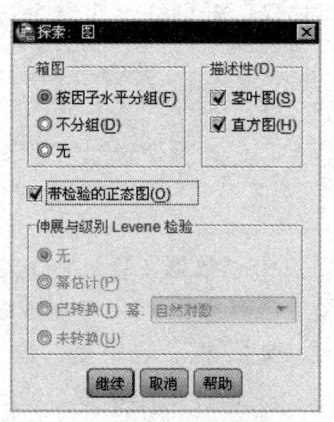

图 5-2-17 探索：统计量对话框   图 5-2-18 探索：图对话框

步骤 4 点击'确定'.

表 5-2-5 给出了甲乙两个专业的有效值及其缺失值的个数信息，本例不存在缺失值.

表 5-2-5 案例处理摘要

	案例					
	有效		缺失		合计	
	N	百分比	N	百分比	N	百分比
甲专业成绩	30	100.0%	0	0.0%	30	100.0%
乙专业成绩	30	100.0%	0	0.0%	30	100.0%

表 5-2-6 是对甲乙两个专业成绩的描述性统计和成绩的区间估计. 从中可以分析两个专业成绩的分布情况. 甲专业成绩的 95% 置信区间为 64.27 分至 75.13 分, 乙专业成绩的 95% 置信区间为 59.47 分至 75.13 分.

表 5-2-6 描述

甲专业成绩			乙专业成绩			
		统计量	标准误			统计量	标准误
均值		69.7	2.654	均值		67.3	3.826
均值的 95% 置信区间	下限	64.27		均值的 95% 置信区间	下限	59.47	
	上限	75.13			上限	75.13	
5% 修整均值		69.7		5% 修整均值		67.67	
中值		69.5		中值		74.5	
方差		211.321		方差		439.252	
标准差		14.537		标准差		20.958	
极小值		39		极小值		27	
极大值		100		极大值		100	
范围		61		范围		73	
四分位距		21		四分位距		38	
偏度		−0.032	0.427	偏度		−0.378	0.427
峰度		−0.189	0.833	峰度		−1.163	0.833

表 5-2-7 是甲乙两专业成绩的百分位数分布, 从中可以推断某一成绩之下或之上学生所占的比例. 例如, 甲专业 88.8 分以上的学生占 10%, 而乙专业 94.5 分以上的学生占 10%. 甲专业 49.2 分以下的学生占 10%, 而乙专业 36.4 分以下的学生占 10%. 这说明乙专业的成绩分散.

表 5-2-7 百分位数

		百分位数						
		5	10	25	50	75	90	95
加权平均(定义1)	甲专业成绩	42.30	49.20	59.25	69.50	80.00	88.80	97.25
	乙专业成绩	31.40	36.40	45.00	74.50	83.25	94.50	97.25
Tukey 的枢纽	甲专业成绩			60.00	69.50	80.00		
	乙专业成绩			45.00	74.50	83.00		

表 5-2-8 是甲乙两专业成绩分布的正态性检验. Kolmogorov-Smirnov 检验为右检验, Shapiro-Wilk 检验为左检验. 甲专业成绩 Kolmogorov-Smirnov 检验的显著性为 0.200, 大于显著水平 0.05, 因此没有充足理由拒绝 H_0, 总体服从正态分布. 甲专业成绩 Shapiro-Wilk

检验的显著性为 0.988，大于 0.05，因此没有充足理由拒绝 H_0，总体服从正态分布. 类似地，Kolmogorov-Smirnov 检验显示乙专业成绩服从正态分布，而 Shapiro-Wilk 检验显示则不服从正态分布. 关于 Kolmogorov-Smirnov 检验和 Shapiro-Wilk 检验详见第 10 章的相关内容.

表 5-2-8　正态性检验

	Kolmogorov-Smirnov[a]			Shapiro-Wilk		
	统计量	df	Sig.	统计量	df	Sig.
甲专业成绩	.100	30	.200*	.989	30	.988
乙专业成绩	.159	30	.052	.927	30	.041

*. 这是真实显著水平的下限.
a. Lilliefors 显著水平修正.

甲乙两个专业成绩的直方图分别如图 5-2-1 和图 5-2-2 所示. 甲乙两个专业成绩的茎叶图如图 5-2-6 和图 5-2-7 所示. 考试成绩一般都是按 0～10 分、10～20 分、20～30 分、30～40 分、40～50 分、50～60 分、60～70 分、70～80 分、80～90 分、90～100 分、100 分以上进行分组. 所以要对直方图进行进一步的设置.

步骤 5　双击图形编辑器中直方图上的小矩形，弹出如图 5-2-19 所示的'属性'对话框，再点击'分箱'选项卡，选中'自定义（S）'下的'区间宽度（I）:'，区间宽度设置为'10'，点击'应用 > 关闭'.

步骤 6　双击图形编辑器中甲专业直方图的 X 轴数字标签，X 轴'属性'对话框如图 5-2-20 所示. 点击'刻度'选项卡，将'最小值（M）'改为'30'，'最大值（X）'改为'100'，'主增量（I）'改为'10'. 点击'应用 > 关闭'.

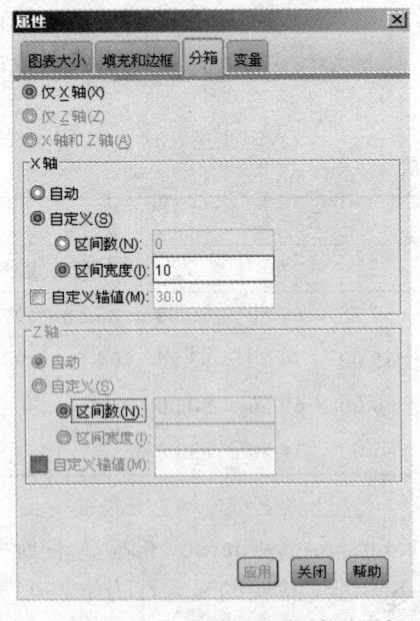

图 5-2-19　小矩形属性对话框

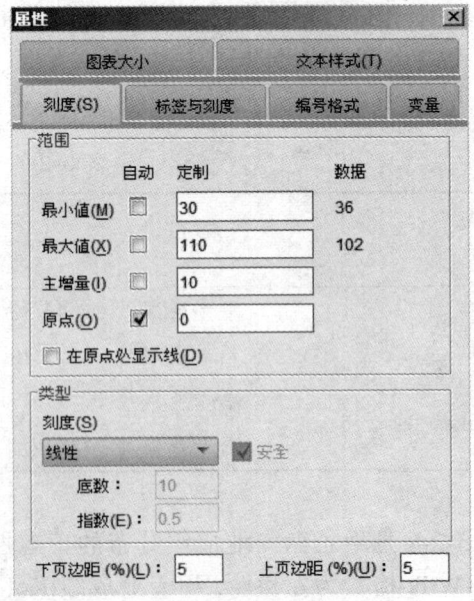

图 5-2-20　X 轴属性对话框

图 5-2-21 和图 5-2-22 分别是两个专业成绩的正态性检验的 Q-Q 图. 从散点的分布看,甲专业的散点几乎在一条直线上,而乙专业的部分散点明显远离一条直线,直观地判断,乙专业成绩可能不服从正态分布. 关于 Q-Q 图检验详见第 10 章的相关内容.

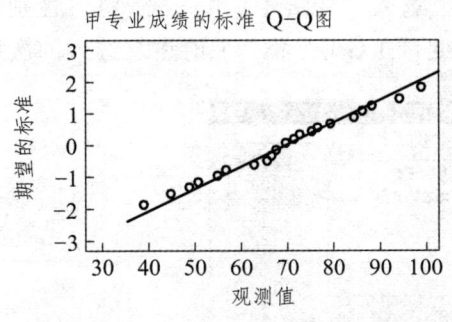
图 5-2-21　甲专业成绩 Q-Q 图

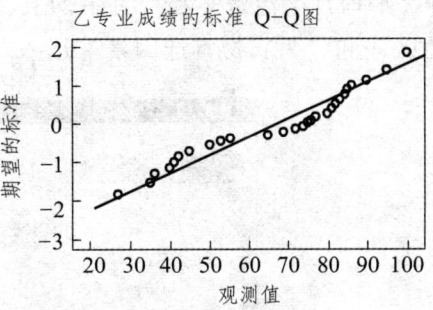
图 5-2-22　乙专业成绩 Q-Q 图

图 5-2-23 和图 5-2-24 分别是两个专业成绩的箱线图. 甲专业成绩的 4 分位数比较对称,分布均匀,而乙专业成绩的 4 分位数分布不对称,中位数和上 4 分位数偏右,下 4 分位数偏左,说明乙专业成绩可能有两极分化的趋势.

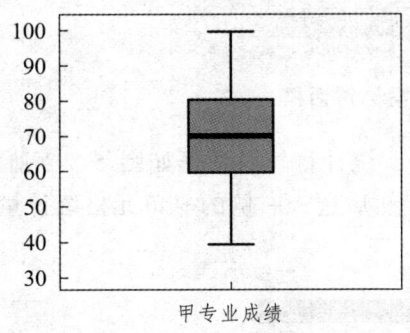
图 5-2-23　甲专业成绩箱线图

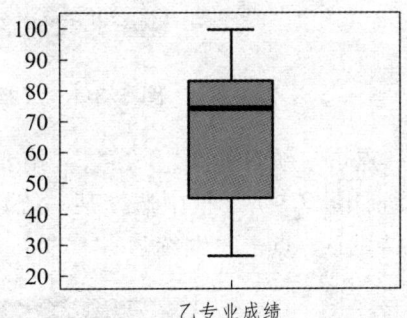
图 5-2-24　乙专业成绩箱线图

第三节　多变量的描述性统计

多变量的描述性统计方法有复合分组与频数统计、交叉列联表分析、复合统计图、相关分析等. 相关分析见十一章.

一、复合分组与频数统计

【例 5-3-1】 对例 5-1-1 中的数据进行复合分组和频数统计. 要求以 '性别' 为第一层分组标志,'家庭所在地区' 为第二层分组标志,'买衣物首选因素' 为第三层分组标志,'平均月生活费（元）' 为第四层分组标志,'月平均衣物支出（元）' 为第五层分组标志.

解 用 SPSS 进行分组的操作步骤如下，数据视图和变量视图分别如图 5-1-1 和图 5-1-2 所示．

步骤 1 点击'分析（A）>报告>个案汇总（M）'．'摘要个案'对话框如图 5-3-1 所示．将'平均月生活费'和'月平均衣物支出'选入'变量（V）：'框．将'性别''家庭所在地区'和'买衣物首选因素'选入'分组变量（G）：'框．（请注意选入的次序）

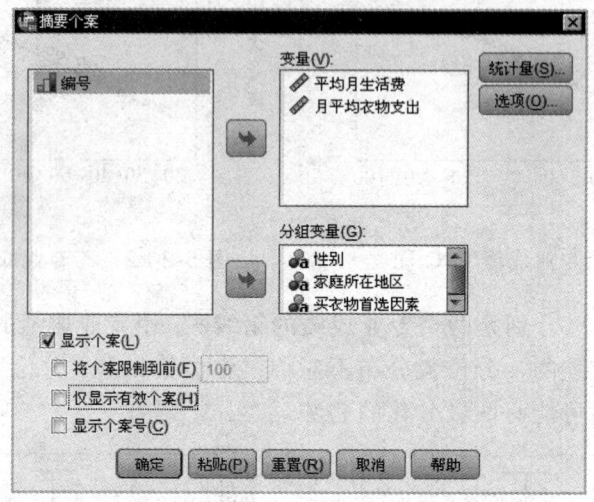

图 5-3-1 '摘要个案'对话框

步骤 2 点击'统计量（S）...'，'摘要报告：统计量'对话框如图 5-3-2 所示．可以从左侧的'统计量（S）：'框中选择某一统计量，然后选入右侧的'单元格统计量（C）：'框，本例保持默认．点击'继续'．

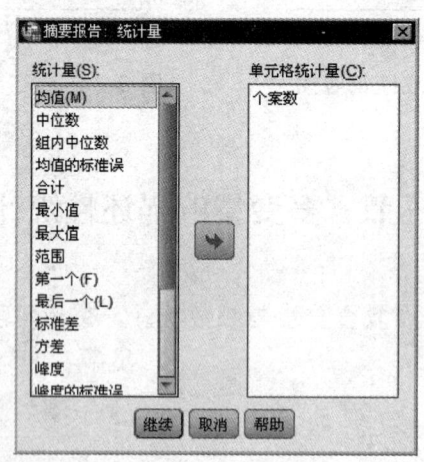

图 5-3-2 '摘要报告：统计量'对话框

步骤 3 点击'确定'．
表 5-3-1 就是分组的结果．

表 5-3-1 个案汇总 [a]

性别	家庭所在地区		买衣物首选因素		平均月生活费	月平均衣物支出
男	大型城市	买衣物首选因素	价格	1	800	200
				总计 N	1	1
			品牌	1	1000	300
				总计 N	1	1
		总计		N	2	2
	乡镇地区	买衣物首选因素	价格	1	300	30
				2	500	50
				总计 N	2	2
		总计		N	2	2
	中小城市	买衣物首选因素	价格	1	400	40
				总计 N	1	1
			品牌	1	600	180
				总计 N	1	1
			款式	1	1000	300
				2	1000	300
				总计 N	2	2
		总计		N	4	4
	总计			N	8	8
女	中小城市	买衣物首选因素	款式	1	600	180
				2	500	150
				总计 N	2	2
			价格	1	500	150
				2	300	35
				总计 N	2	2
		总计		N	4	4
	乡镇地区	买衣物首选因素	品牌	1	800	80
				总计 N	1	1
			价格	1	400	120
				总计 N	1	1
		总计		N	2	2
	大型城市	买衣物首选因素	款式	1	600	180
				总计 N	1	1
		总计		N	1	1
	总计			N	7	7
总计				N	15	15

a. 限于前100个案例.

本例也可以用'分析（A）>表（T）>设定表（C）'过程进行分组，方法是只在行（W）一个方向一层一层设定，请读者自己去尝试一下．

二、交叉列联表分析

1．两个变量的交叉列联表

【例 5-3-2】 对例 5-1-1 中的性别和家庭所在地区进行交叉列联表分析．

解 用 SPSS 进行交叉列联表分析的操作步骤如下，数据视图和变量视图分别如图 5-1-1 和图 5-1-2 所示．

步骤 1 点击'分析（A）>多重响应（U）>定义变量集（D）'，'定义多重响应集'对话框如图 5-3-3 所示．将变量'性别'和'家庭所在地区'选入'集合中的变量（V）：'框．'将变量编码为'下面的'计数值：'框键入'1'．'名称（N）：'键入'xbjt'．点击'添加（A）'．最后点击'关闭'．

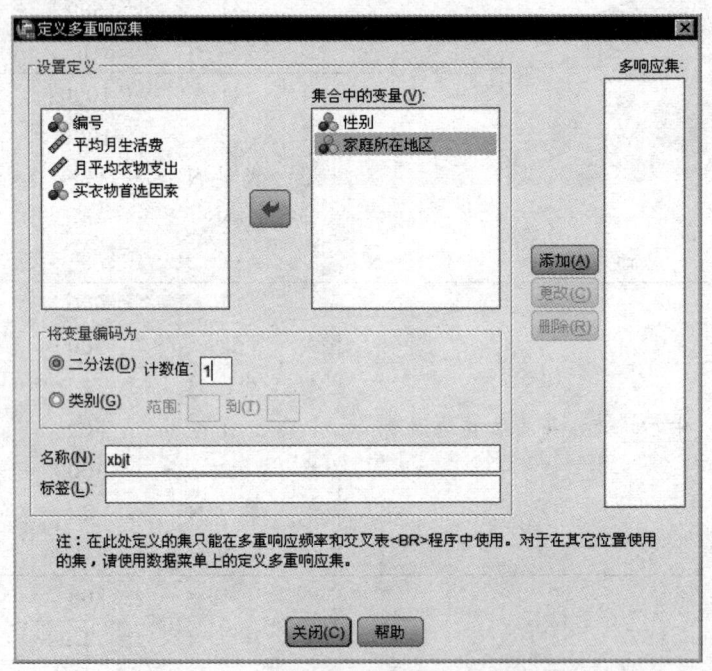

图 5-3-3 '定义多重响应集'对话框

步骤 2 点击'分析（A）>多重响应（U）>交叉表（C）'，'多重响应交叉表'对话框如图 5-3-4 所示．将变量'性别'选入'行（W）：'框，点击'定义范围（G）…'，在出现的对话框中，最小值输入 1，最大值输入 2，点击'继续'．将变量'家庭所在地区'选入'列（N）：'框，点击'定义范围（G）…'，在出现的对话框中，最小值输入 1，最大值输入 3，点击'继续'．

步骤 3 点击'选项（O）…'，'多重响应交叉表：选项'对话框如图 5-3-5 所示．'单元格百分比'选择'行（W）'、'列（C）'和'总计'，其他选项保持默认，点击'继续'．

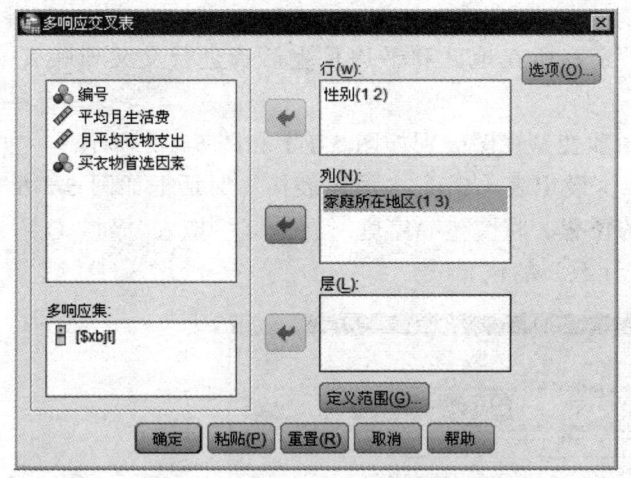 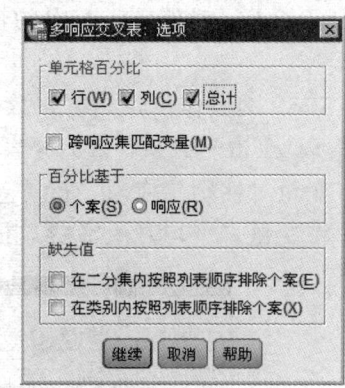

图 5-3-4 '多重响应交叉表'对话框　　图 5-3-5 '多重响应交叉表：选项'对话框

步骤 4　点击'确定'.

从表 5-3-2 可以看出，所有男性中来自中小城市占 50%，所有女性中来自中小城市占 57.1%. 来自大型城市的消费者，男性占 66.7%，女性占 33.3%.

表 5-3-2　性别*家庭所在地区　交叉制表

			家庭所在地区			总计
			大型城市	中小城市	乡镇地区	
性别	男	计数	2	4	2	8
		性别内的%	25.0%	50.0%	25.0%	
		家庭所在地区内的%	66.7%	50.0%	50.0%	
		总计的%	13.3%	26.7%	13.3%	53.3%
	女	计数	1	4	2	7
		性别内的%	14.3%	57.1%	28.6%	
		家庭所在地区内的%	33.3%	50.0%	50.0%	
		总计的%	6.7%	26.7%	13.3%	46.7%
总计		计数	3	8	4	15
		总计的%	20.0%	53.3%	26.7%	100.0%

百分比和总计以响应者为基础.

注：本例若只分析频数，也可点击'分析（A）>表（T）>设定表（C）'，在如图 5-3-6 所示的'设定表格'对话框中，将变量'性别'拖入'行（W）'的位置，将变量'家庭所在地区'拖入'列（O）'的位置，点击'确定'来完成.

2. 三个变量的交叉列联表

【例 5-3-3】 对例 5-1-1 中的性别、家庭所在地区和平均月生活费进行交叉列联表分析.

解 SPSS 的操作步骤如下，数据视图和变量视图分别如图 5-1-1 和图 5-1-2 所示.

步骤 1　点击'分析（A）>表（T）>设定表（C）'，'设定表格'对话框如图 5-3-6 所示，将变量'性别'拖入'行（W）'的位置，将变量'家庭所在地区'拖入'列（O）'的位置，将变量'平均月生活费'拖入'计数'的位置.

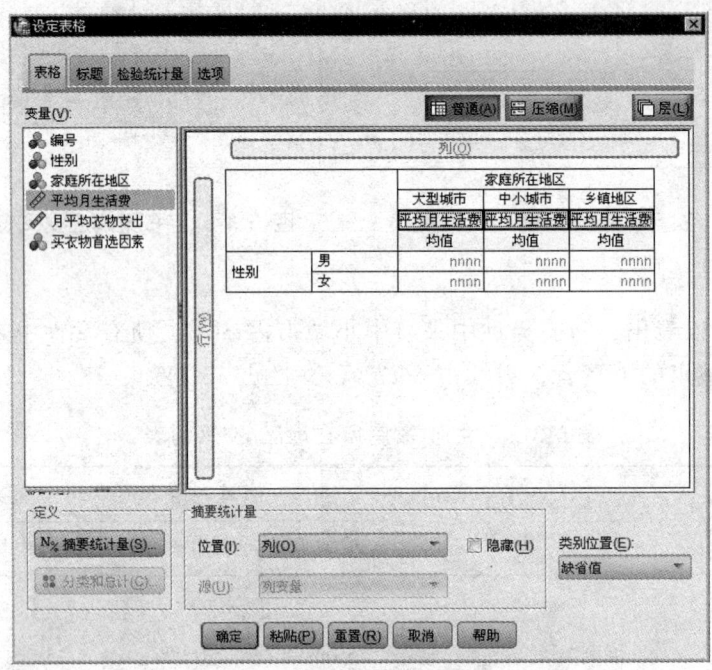

图 5-3-6　'设定表格'对话框

步骤 2　选中图 5-3-6 中，预设置表中的'平均月生活费'，点击左下角的'摘要统计量（S）…'，在'摘要统计：'对话框左侧的'统计量（T）'框中选择某种统计量，点击'应用选择 > 关闭'. 本例保持默认.

步骤 3　点击'确定'.

表 5-3-3 就是性别、家庭所在地区和平均月生活费的交叉列联表，用户可以在此基础上对单元的特性进行分析.

表 5-3-3　性别、家庭所在地区和平均月生活费的交叉列联表

		家庭所在地区		
		大型城市	中小城市	乡镇地区
		平均月生活费 均值	平均月生活费 均值	平均月生活费 均值
性别	男	900	750	400
	女	600	475	600

【例 5-3-4】 对例 5-1-1 中的性别、家庭所在地区和买衣物首选因素进行交叉列联表分析.

解 SPSS 的操作步骤如下：

步骤 1 和例 5-3-2 类似，点击'分析（A）>多重响应（U）>定义变量集（D）'，在'定义多重响应集'对话框中，将变量'性别'、'家庭所在地区'和'买衣物首选因素'选入'集合中的变量（V）:'框.'将变量编码为'下面的'计数值:'框键入'1'，'名称（N）:'键入'xjm'. 点击'添加（A）'. 最后点击'关闭'.

步骤 2 和例 5-3-2 类似，点击'分析（A）>多重响应（U）>交叉表（C）'，在'多重响应交叉表'对话框中，将变量'买衣物首选因素'选入'行（W）:'框，点击'定义范围（G）...'，在出现的对话框中，最小值输入 1，最大值输入 3，点击'继续'. 将变量'家庭所在地区'选入'列（O）:'框，点击'定义范围（G）...'，在出现的对话框中，最小值输入 1，最大值输入 3，点击'继续'. 将变量'性别'选入'层（L）:'框，点击'定义范围（G）...'，在出现的对话框中，最小值输入 1，最大值输入 2，点击'继续'.

步骤 3 和例 5-3-2 一样，点击'选项（O）...'，在'多重响应交叉表：选项'对话框中，'单元格百分比'选择'行（W）'、'列（C）'和'总计'，其他选项保持默认，点击'继续'.

步骤 4 点击'确定'. 表 5-3-4 就是买衣服首选因素*家庭所在地区*性别交叉制表。

表 5-3-4 买衣物首选因素*家庭所在地区*性别交叉制表

性别				家庭所在地区			总计
				大型城市	中小城市	乡镇地区	
男	买衣物首选因素	品牌	计数	1	1	0	2
			买衣物首选因素内的%	50.0%	50.0%	0.0%	
			家庭所在地区内的%	50.0%	25.0%	0.0%	
			总计的%	12.5%	12.5%	0.0%	25.0%
		款式	计数	0	2	0	2
			买衣物首选因素内的%	0.0%	100.0%	0.0%	
			家庭所在地区内的%	0.0%	50.0%	0.0%	
			总计的%	0.0%	25.0%	0.0%	25.0%
		价格	计数	1	1	2	4
			买衣物首选因素内的%	25.0%	25.0%	50.0%	
			家庭所在地区内的%	50.0%	25.0%	100.0%	
			总计的%	12.5%	12.5%	25.0%	50.0%
	总计		计数	2	4	2	8
			总计的%	25.0%	50.0%	25.0%	100.0%

续表

性别			家庭所在地区			总计
			大型城市	中小城市	乡镇地区	
女	买衣物首选因素	品牌	计数	0	0	1	1
			买衣物首选因素内的%	0.0%	0.0%	100.0%	
			家庭所在地区内的%	0.0%	0.0%	50.0%	
			总计的%	0.0%	0.0%	14.3%	14.3%
		款式	计数	1	2	0	3
			买衣物首选因素内的%	33.3%	66.7%	0.0%	
			家庭所在地区内的%	100.0%	50.0%	0.0%	
			总计的%	14.3%	28.6%	0.0%	42.9%
		价格	计数	0	2	1	3
			买衣物首选因素内的%	0.0%	66.7%	33.3%	
			家庭所在地区内的%	0.0%	50.0%	50.0%	
			总计的%	0.0%	28.6%	14.3%	42.9%
	总计		计数	1	4	2	7
			总计的%	14.3%	57.1%	28.6%	100.0%

百分比和总计以响应为基础.

本例若只分析频数,也可点击'分析(A)>表(T)>设定表(C)'来完成.

三、复合统计图

简单统计图只能反映一个变量的统计特征,复合统计图可以同时反映多个变量的统计特征.

【例5-3-5】 在例5-1-1中,试用条形图比较男女消费者在买衣物首选因素上的差异.

解 SPSS的操作步骤如下,数据视图和变量视图分别如图5-1-1和图5-1-2所示.

步骤1 点击'图形(G)>旧对话框(L)>条形图(B)...','条形图-定义'对话框如图5-3-7所示.选择'复式条形图','图表中的数据为'选择'个案组摘要(G)'.点击'定义','定义复式条形图:个案组摘要'对话框如图5-3-8所示.

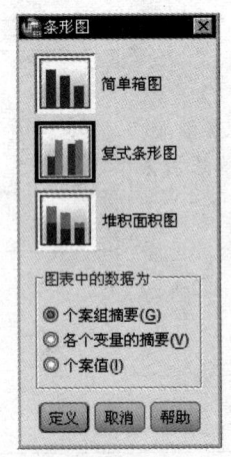

图5-3-7 '条形图-定义'对话框

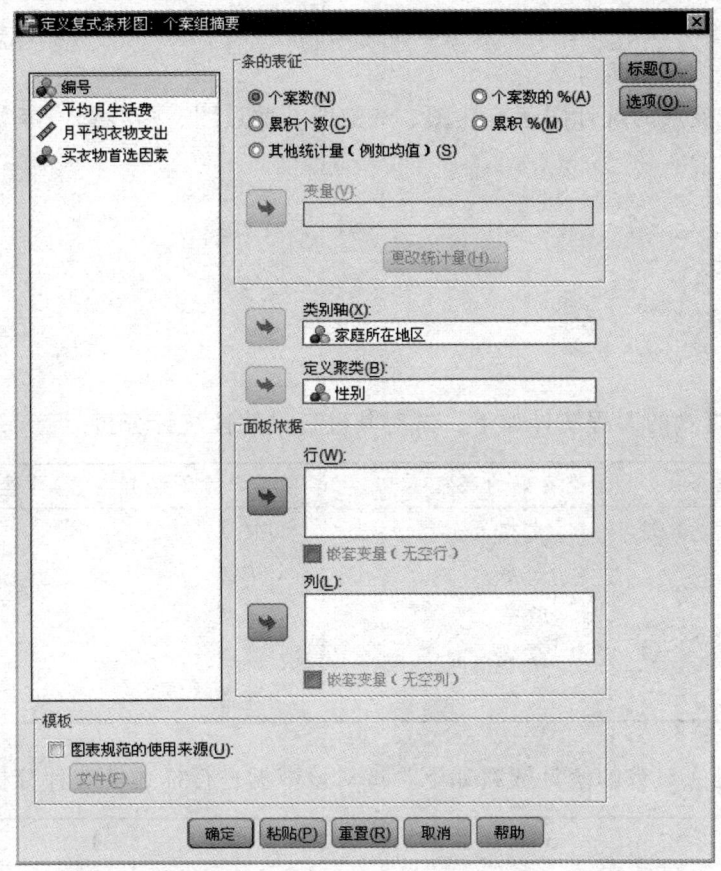

图 5-3-8 '定义复式条形图：个案组摘要'对话框

步骤2 将变量'家庭所在地区'选入'类别轴（X）：'框，变量'性别'选入'定义聚类（B）：'框．'条的表征'选择'个案数（N）'．

步骤3 点击'确定'．

分男女的家庭所在地区条形图如图 5-3-9 所示．

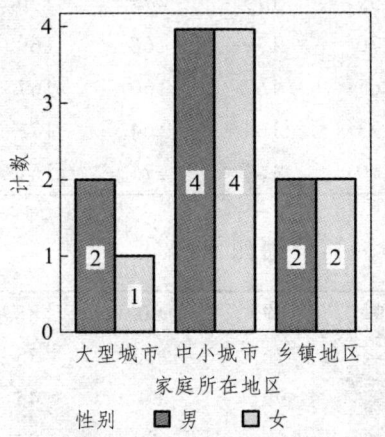

图 5-3-9 分男女的家庭所在地区条形图

从图 5-3-9 可知，在调查者中，大型城市女的少，中小城市和乡镇地区男女一样多．来自中小城市的人最多，都为 4 人．

用于显示多个变量的统计图还有热图、气泡图、散点图、多线图，等等，限于篇幅，不再一一列举．

思考与练习

1. 20 名学生喜欢的课程统计如下，试对其进行描述性统计分析．

学生喜好的课程	学生喜好的课程	学生喜好的课程	学生喜好的课程
数学	生物	物理	生物
语文	化学	物理	语文
语文	数学	化学	数学
语文	生物	数学	英语
英语	物理	英语	英语

2. 某单位家庭人口数的统计资料如下，试对该数据进行描述性统计分析．

2	1	2	3	3	2	3	3	1	1
3	5	3	5	2	4	3	2	3	3
4	4	3	2	1	3	1	3	2	3
1	3	2	2	2	4	3	3	3	1

3. 以下是某初三班级 50 个学生的身高（cm）数据，试对其进行描述性统计分析．

165	169	175	159	179	177	170	182	156	171
157	160	171	170	159	166	169	177	171	179
163	171	173	167	167	166	167	175	162	173
171	178	178	173	164	164	173	163	174	173
169	162	176	170	169	175	161	164	169	173

4. 某班 50 个学生的经济学考试成绩如下：

88	56	91	79	69	90	88	71	82	79
77	85	78	74	76	100	75	95	60	75
83	76	65	69	99	64	45	76	77	69
68	74	72	81	75	81	84	53	71	74
84	62	81	83	69	84	29	66	75	94

试将成绩按[0,60]、(60,70]、(70,80]、(80,90]、(90,100]进行分组,作直方图,计算累积分布.

5. 甲乙两钢铁企业某月上旬的钢材供货量资料如下. 试对甲乙两钢铁企业供货量进行描述统计,并进行比较分析.

供货日期(日)	1	2	3	4	5	6	7	8	9	10
甲企业供货量(吨)	260	260	180	180	190	300	300	300	230	260
乙企业供货量(吨)	150	150	170	180	190	190	180	160	160	170

6. 新旧两部装袋机装袋重量(kg)的抽样数据如下,试对新旧两部装袋机装袋重量进行描述统计,并进行比较分析.

新机器	198	195	197	202	205	200	200	202	200	201
旧机器	199	193	200	200	204	198	202	206	205	198

7. 21名学生的性别与家庭所在地区如下:

性别	家庭所在地区	性别	家庭所在地区	性别	家庭所在地区
男	海南	男	重庆	女	重庆
女	上海	男	上海	男	上海
男	重庆	女	山西	女	重庆
男	重庆	女	山西	女	重庆
女	重庆	女	重庆	男	山西
女	上海	男	海南	女	海南
男	上海	男	重庆	女	重庆

试对该数据进行多变量描述性统计分析.

8. 某班级的学生成绩如下:

编号	性别	数学(分)	语文(分)	英语(分)
1	男	97	91	69
2	女	45	80	79
3	男	59	49	74
4	男	75	85	91
5	女	83	78	87
6	女	80	89	93
7	女	82	76	83
8	男	80	88	95
9	男	66	72	58
10	女	75	91	71
11	男	87	90	86

试对该班级成绩进行多变量描述性统计分析.

第六章* 随机变量及其分布

概率论是研究随机事件、随机变量的分布及其数字特征、抽样分布等的一门学科，是统计推断和数据统计分析的基础. 本章主要介绍：
- 随机变量及其分布.
- 随机变量的数字特征.
- 常用分布.
- 抽样分布.

第一节 随机变量及其分布

一、一维随机变量及其分布

（一）随机变量

在一定条件下可能发生也可能不发生的现象称为**随机现象**. 对在相同条件下可以重复的随机现象的观察、记录称为**随机试验**，简称**试验**. 试验的可能结果称为**随机事件**，简称**事件**. **概率**是试验前对事件发生的可能性大小的度量，事件 A 的概率用 $P(A)$ 表示.

用来表示试验结果的变量称为**随机变量**，常用大写字母 X,Y,Z 等表示. 可以用随机变量表示随机事件. 例如，设 X 表示投掷一枚色子出现的点数，则 X 是随机变量，事件{点数小于3}可表示为 $\{X<3\}$.

设 X 是随机变量，称函数

$$F(x) \equiv P\{X \leqslant x\}, -\infty < x < +\infty, \tag{6-1-1}$$

为 X 的**分布函数**.

（二）离散型随机变量及其分布

取值可以一一列举的随机变量称为**离散型随机变量**. 例如，X 表示投掷一枚色子出现的点数，X 的可能取值为 $1,2,3,4,5,6$，X 为离散型随机变量. 又如，设 X 表示连续掷一枚硬币直到出现正面为止所掷的次数，X 的可能取值为 $1,2,3,\cdots$，X 是离散型随机变量.

将离散型随机变量 X 的所有可能取值 $x_1, x_2, \cdots, x_i, \cdots$，与其相应的概率 $p(x_1), p(x_2), \cdots,$

$p(x_i),\cdots$ 对应起来，称为离散型随机变量的**分布列**，见表 6-1-1.

表 6-1-1 离散型随机变量的分布列

X	x_1	x_2	$\cdots$	x_i	$\cdots$
$p(x_i)$	$p(x_1)$	$p(x_2)$	$\cdots$	$p(x_i)$	$\cdots$

离散型随机变量 X 的分布列有如下性质：

- $0 < p(x_i) < 1$.
- $\sum p(x_i) = 1$.

离散型随机变量 X 的分布函数为

$$F(x) = P\{X \leqslant x\} \equiv \sum_{x_i \leqslant x} p(x_i), -\infty < x < +\infty. \tag{6-1-2}$$

【**例 6-1-1**】 袋中有编号为 1,2,3,4 的大小形状相同的 4 个球. 设 X 表示从中随机抽取 2 个球中的最大号码. 试求：（1）X 的分布列；（2）概率 $P\{X<2\}$，$P\{2<X\leqslant 3\}$，$P\{X\leqslant 5\}$，$P\{X>2\}$，$P\{X>4\}$；（3）分布函数值 $F(3)$ 和 $F(2.5)$.

解 （1）X 的可能取值为 2,3,4. $p(2)=\dfrac{1}{6}, p(3)=\dfrac{1}{3}, p(4)=\dfrac{1}{2}$. 所以 X 的分布列为

X	2	3	4
$p(x_i)$	1/6	1/3	1/2

（2）$P\{X<2\} = P(\varnothing) = 0$，

$P\{2<X\leqslant 3\} = p(3) = \dfrac{1}{3}$，

$P\{X<5\} = P\{\Omega\} = 1$，

$P\{X>2\} = p(3) + p(4) = \dfrac{1}{3} + \dfrac{1}{2} = \dfrac{5}{6}$，

$P\{X>4\} = P(\varnothing) = 0$.

（3）$F(3) = \sum\limits_{x_i \leqslant 3} p(x_i) = p(2) + p(3) = \dfrac{1}{6} + \dfrac{1}{3} = \dfrac{1}{2}$，

$F(2.5) = \sum\limits_{x_i \leqslant 2.5} p(x_i) = p(2) = \dfrac{1}{6}$.

（三）连续型随机变量及其分布

在一个区间上取值的随机变量称为**连续型随机变量**. 例如，X 表示灯泡的寿命，X 的可能取值为 $[0,+\infty)$，X 是连续型随机变量.

设 X 是一个随机变量，若存在非负可积函数 $f(x)$，使得 X 的分布函数 $F(x)$ 可以表示为

$$F(x) = P\{X \leqslant x\} \equiv \int_{-\infty}^{x} f(t)\mathrm{d}t, -\infty < x < +\infty, \tag{6-1-3}$$

则 X 是连续型随机变量，$f(x)$ 称为 X 的（概率）**密度函数**.

连续型随机变量的密度函数 $f(x)$ 和分布函数 $F(x)$ 图像如图 6-1-1 和图 6-1-2 所示. 密度函数的几何意义是：$f(x)$，$y=0$，$x=x$ 围成的曲边图形面积为分布函数 $F(x)$ 的值.

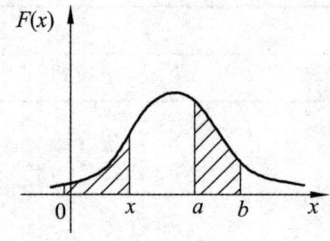

图 6-1-1　密度函数

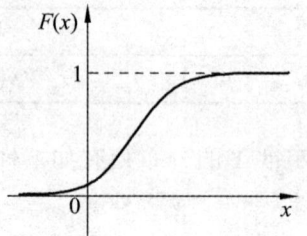

图 6-1-2　分布函数

连续型随机变量的密度函数有以下性质：
- $f(x) = F'(x)$.
- $\int_{-\infty}^{+\infty} f(x)\mathrm{d}x = 1$.
- $P\{a < X \leqslant b\} = \int_a^b f(x)\mathrm{d}x = F(b) - F(a)$. 　　　　　　　　　　　　（6-1-4）
- $P\{X = x\} = 0$.

【例 6-1-2】 设随机变量 X 的密度函数为

$$f(x) = \begin{cases} 3x^2, & 0 \leqslant x < 1, \\ 0, & 其他. \end{cases}$$

试求概率 $P\{0.5 < X < 3\}$.

解　$P\{0.5 < X < 3\} = \int_{0.5}^{3} f(x)\mathrm{d}x = \int_{0.5}^{1} 3x^2 \mathrm{d}x + \int_{1}^{3} 0 \mathrm{d}x = 0.875$.

【例 6-1-3】 设随机变量 X 的分布函数为

$$F(x) = \begin{cases} 0, & x < 0, \\ x^2, & 0 \leqslant x < 1, \\ 1, & x \geqslant 1. \end{cases}$$

试求概率 $P\{0.5 < X \leqslant 0.08\}$.

解　$P\{0.5 < X \leqslant 0.8\} = F(0.8) - F(0.5) = 0.8^2 - 0.5^2 = 0.39$.

二、二维随机变量及其分布

随机变量 X, Y 做成的向量 (X, Y) 称为**二维随机变量**. 函数

$$F(x, y) \equiv P\{X \leqslant x, Y \leqslant y\}, -\infty < x < +\infty, -\infty < y < +\infty \tag{6-1-5}$$

称为二维随机变量 (X, Y) 的（联合）**分布函数**.

相对于 X 和 Y 的（联合）分布函数 $F(x, y)$，X 和 Y 自身的分布函数 $F_X(x) = P\{X \leqslant x\}$ 和 $F_Y(y) = P\{Y \leqslant y\}$ 称为**边际分布函数**，X 和 Y 自身的密度函数 $f_X(x)$ 和 $f_Y(y)$ 称为**边际密度函**

数. 若 $F(x,y) = F_X(x)F_Y(y)$ 恒成立，则称 X 和 Y **相互独立**. 相互独立的含义是 X 和 Y 互相不影响.

第二节 随机变量的数字特征

一、随机变量的期望

期望是随机变量的平均取值，反映了随机变量的集中趋势.
离散型随机变量 X 的数学期望定义为

$$E(X) \equiv \sum_{i=1}^{+\infty} x_i p(x_i). \tag{6-2-1}$$

连续型随机变量 X 的数学期望定义为

$$E(X) \equiv \int_{-\infty}^{+\infty} xf(x)\mathrm{d}x. \tag{6-2-2}$$

对于任意常数 c 和随机变量 X，数学期望有如下性质：
- $E(c) = c$. (6-2-3)
- $E(X+c) = E(X) + c$. (6-2-4)
- $E(cX) = cE(X)$.
- $E(X+Y) = E(X) + E(Y)$. (6-2-5)
- 若 X 和 Y 相互独立，则 $E(XY) = E(X)E(Y)$. (6-2-6)

二、随机变量的方差与标准差

方差或标准差反映了随机变量偏离其期望的程度. 方差或标准差越小，说明随机变量的离散程度越小，期望的代表性越好.

随机变量与其期望之差 $X - E(X)$ 称为**偏差**，偏差也是随机变量. 随机变量 X 的偏差的平方的期望称为**方差**，记作 $D(X)$，即

$$D(X) \equiv E\{[X - E(X)]\}^2. \tag{6-2-7}$$

方差的正平方根称为**标准差**，记作 $\sigma(X)$，即

$$\sigma(X) \equiv \sqrt{D(X)}. \tag{6-2-8}$$

离散型随机变量 X 的方差为

$$D(X) \equiv \sum [x_i - E(X)]^2 p(x_i), \tag{6-2-9}$$

连续型随机变量 X 的方差为

$$D(X) \equiv \int_{-\infty}^{+\infty} [x - E(X)]^2 f(x) \mathrm{d}x. \tag{6-2-10}$$

对于任意常数 c 和随机变量 X，方差有如下性质：

- $D(X) = E(X^2) - [E(X)]^2.$ (6-2-11)
- $D(c) = 0.$ (6-2-12)
- $D(X + c) = D(X).$ (6-2-13)
- $D(cX) = c^2 D(X).$ (6-2-14)

【例 6-2-1】 试求以下离散型随机变量的期望和方差.

X	-1	2	5	7	13
p_i	0.3	0.1	0.2	0.1	0.3

解 用 Excel 计算离散型随机变量的期望与方差的步骤如下：

步骤 1 将 X 的取值和对应的概率输入区域 A1:E2.

步骤 2 在 A4 输入函数 =SUMPRODUCT(A1:E1,A2:E2)，回车，得期望 $E(X) = 5.5$.

步骤 3 在 A5 输入函数 =SUMPRODUCT((A1:E1-5.5)^2,A2:E2)，回车，得方差 $D(X) = 31.05$.

【例 6-2-2】 随机变量 X 的密度函数为

$$f(x) = \begin{cases} 2x, & 0 \leqslant x \leqslant 1, \\ 0, & 其他, \end{cases}$$

试求 $D(X)$.

解
$$E(X) = \int_{-\infty}^{+\infty} x f(x) \mathrm{d}x = \int_0^1 2x^2 \mathrm{d}x = \frac{2}{3} x^3 \Big|_0^1 = \frac{2}{3}.$$

$$E(X^2) = \int_{-\infty}^{+\infty} x^2 f(x) \mathrm{d}x = \int_0^1 x^2 f(x) \mathrm{d}x = \int_0^1 2x^3 \mathrm{d}x = \frac{1}{2} x^4 \Big|_0^1 = \frac{1}{2},$$

$$D(X) = E(X^2) - [E(X)]^2 = \frac{1}{2} - \left(\frac{2}{3}\right)^2 = \frac{1}{18}.$$

三、随机变量的相关性

设 (X, Y) 为二维随机变量，若 $E\{[X - E(X)][Y - E(Y)]\}$ 存在，则称其为 X 和 Y 的协方差或相关矩，记作 $Cov(X, Y)$，即

$$Cov(X, Y) \equiv E\{[X - E(X)][Y - E(Y)]\}. \tag{6-2-15}$$

当 $Cov(X, Y) = 0$ 时，称 X 和 Y 不相关；当 $Cov(X, Y) > 0$ 时，称 X 和 Y 正相关；$Cov(X, Y) < 0$ 时，称 X 和 Y 负相关. 可以证明：

- $Cov(X, Y) = E(XY) - E(X)E(Y).$ (6-2-16)
- 对于随机变量 X 和 Y，

$$D(X \pm Y) = D(X) + D(Y) \pm 2Cov(X,Y),\qquad(6\text{-}2\text{-}17)$$

特别地，若随机变量 X 和 Y 不相关，则

$$D(X \pm Y) = D(X) + D(Y).\qquad(6\text{-}2\text{-}18)$$

设 (X,Y) 为二维随机变量，$D(X) > 0$，$D(Y) > 0$，称

$$\rho_{XY} \equiv \frac{Cov(X,Y)}{\sqrt{D(X)D(Y)}}\qquad(6\text{-}2\text{-}19)$$

为 X 和 Y 的**相关系数**．

相关系数有如下性质：
- $|\rho_{XY}| \leq 1$．
- $|\rho_{XY}| = 1$ 的充要条件是 $P\{Y = a + bX\} = 1$．

独立是指没有任何关系，不相关只是没有线性关系．可以证明，两个随机变量独立则一定不相关，反之则不然．但若两个随机变量都服从正态分布，则独立和不相关是等价的．

第三节 常用分布

一、常用离散型分布

常用离散型分布有 0-1 分布（见本章思考与练习第 4 题）、二项分布、泊松分布等．

（一）二项分布

二项分布常用来描述 n 重伯努利试验中某事件"成功"次数的分布．

在一些问题中，我们只对试验中事件 A 是否发生感兴趣．如果 A 发生则称为"成功"，否则称为"失败"，这种试验称为**伯努利（Bernoulli）试验**．将伯努利试验独立地重复 n 次称为 n **重伯努利试验**．

设伯努利试验中"成功"的概率都为 p，X 表示 n 重伯努利试验中"成功"的次数，则恰好"成功" x 次的概率为

$$P\{X = x\} = C_n^x p^x (1-p)^{n-x},\ x = 0,1,2,\cdots,n,\qquad(6\text{-}3\text{-}1)$$

式（6-3-1）称为**二项分布**，记作 $X \sim B(n,p)$．

$X \sim B(n,p)$ 的期望和方差分别为 $E(X) = np$，$D(X) = np(1-p)$．

【例 6-3-1】 设独立试验 30 次，每次试验成功的概率为 0.02．试求：（1）在 30 次试验中至多成功 3 次的概率；（2）在 30 次试验中恰好成功 3 次的概率．

解 用 Excel 计算的步骤如下：

步骤 1 在 A1 输入函数 = BINOMDIST（3,30,0.02,1），得 $P\{X \leq 3\} \approx 0.9971$．

步骤 2 在 A2 输入函数 = BINOMDIST（3,30,0.02,0），得 $P\{X = 3\} \approx 0.0188$．

（二）泊松分布

泊松分布常用来描述单位时间或单位空间里的计数过程．例如，电话交换台在一个时间单位内收到的呼叫次数、一小时内售票窗口到达的顾客数、一分钟内通过收费站的轿车的数量、保险公司在一个单位时间内被索赔的次数等均可认为是服从泊松分布．

若随机变量 X 的分布列为

$$P\{X=x\} = \frac{\lambda^k}{x!}e^{-\lambda}, x=0,1,2,\cdots, \quad (6\text{-}3\text{-}2)$$

其中，$\lambda > 0$ 为参数，则称 X 服从参数为 λ 的**泊松（Poission）分布**，记作 $X \sim P(\lambda)$．

$X \sim P(\lambda)$ 的期望和方差皆为参数 λ，即 $E(X) = D(X) = \lambda$．

【例 6-3-2】 某商店根据过去的销售记录知道某种商品每月的销售量可以用参数为 $\lambda = 5$ 的泊松分布来描述．试求：（1）每月销售量恰好为 6 件的概率；（2）每月销售量最多为 6 件概率．

解 本例用 Excel 计算的步骤如下：

步骤 1　在 A1 输入函数 = POISSON（6,5,0），得 $P\{X=6\} \approx 0.1462$．

步骤 2　在 A2 输入函数 = POISSON（6,5,1），得 $P\{X \leqslant 6\} \approx 0.7622$．

二、常用连续型分布

常用连续型分布有均匀分布（见本章思考与练习第 7 题）、指数分布和正态分布等．

（一）指数分布

指数分布用来描述对某一事物发生的等待时间．例如，乘客在汽车站的等车时间、电视机的寿命等符合指数分布．

若随机变量 X 的密度函数为

$$f(x) = \begin{cases} 0, & x < 0, \\ \lambda e^{-\lambda x}, & x \geqslant 0. \end{cases} \quad (6\text{-}3\text{-}3)$$

其中，$\lambda > 0$ 为参数，则称 X 服从参数为 λ 的**指数分布**，记作 $X \sim Exp(\lambda)$．指数分布的分布函数为

$$F(x) = \begin{cases} 0, & x < 0, \\ 1 - e^{-\lambda x}, & x \geqslant 0. \end{cases} \quad (6\text{-}3\text{-}4)$$

$X \sim Exp(\lambda)$ 的期望和方差分别为 $E(X) = \frac{1}{\lambda}$，$D(X) = \frac{1}{\lambda^2}$．

【例 6-3-3】 某电子元件的寿命 X 服从指数分布，已知其平均寿命为 1000 小时，试求该电子元件使用 1200 小时以上的的概率．

解 本例用 Excel 计算的步骤如下：

在 A1 输入函数 = 1-EXPONDIST（1200,1/1000,1），得 $P\{X \geqslant 1200\} \approx 0.3012$．

（二）正态分布

正态分布是最重要的一类分布，数理统计中的许多统计推断都是建立在正态分布的基础上的.

如果随机变量 X 的密度函数为

$$\phi(x) = \frac{1}{\sqrt{2\pi}\sigma} \exp\left\{-\frac{(x-\mu)^2}{2\sigma^2}\right\}, -\infty < x < \infty , \tag{6-3-5}$$

则称 X 服从**正态分布**，也称为高斯（Gauss）分布，记作 $X \sim N(\mu,\sigma^2)$.

$X \sim N(\mu,\sigma^2)$ 的数学期望和方差分别是 μ 和 σ^2.

不同参数的 $X \sim N(\mu,\sigma^2)$ 密度函数 $\phi(x)$ 的图像如图 6-3-1 所示. $\phi(x)$ 关于期望 μ 对称，μ 越大，$\phi(x)$ 的图像越往右平移；方差 σ^2 越大，$\phi(x)$ 的图像越平坦.

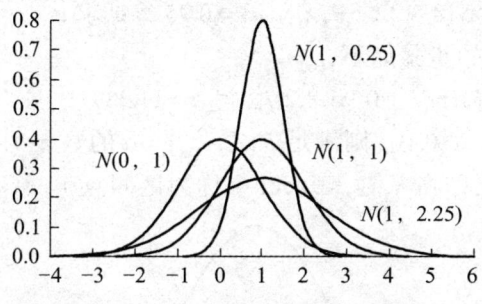

图 6-3-1　正态分布密度函数

$X \sim N(\mu,\sigma^2)$ 的分布函数记作 $\Phi(x)$，

$$\Phi(x) = P\{X \leqslant x\} = \frac{1}{\sqrt{2\pi}\sigma} \int_{-\infty}^{x} \exp\left\{-\frac{(t-\mu)^2}{2\sigma^2}\right\} dt . \tag{6-3-6}$$

$Z \sim N(0,1)$ 称为**标准正态分布**，期望 $\mu = 0$，方差 $\sigma^2 = 1$，密度函数记作 $\phi_0(z)$，

$$\phi_0(z) = \frac{1}{\sqrt{2\pi}} \exp\left\{-\frac{z^2}{2}\right\}, -\infty < z < \infty , \tag{6-3-7}$$

$Z \sim N(0,1)$ 的分布函数记作 $\Phi_0(z)$，

$$\Phi_0(z) = P\{Z \leqslant z\} = \frac{1}{\sqrt{2\pi}} \int_{-\infty}^{z} \exp\left\{-\frac{t^2}{2}\right\} dt . \tag{6-3-8}$$

$X \sim N(\mu,\sigma^2)$ 的分布函数 $\Phi(x)$ 不能表示为初等函数，$X \sim N(\mu,\sigma^2)$ 的概率计算可借助于 $Z \sim N(0,1)$ 表，或统计软件来计算.

若 $X \sim N(\mu,\sigma^2)$，则

$$Z = \frac{X-\mu}{\sigma} \sim N(0,1), \tag{6-3-9}$$

$Z = (X-\mu)/\sigma$ 称为**标准化变换**，此时，

$$P\{X \leqslant a\} = P\left\{\frac{X-\mu}{\sigma} \leqslant \frac{a-\mu}{\sigma}\right\} = P\left\{Z \leqslant \frac{a-\mu}{\sigma}\right\} = \Phi_0\left(\frac{a-\mu}{\sigma}\right). \quad (6\text{-}3\text{-}10)$$

【例 6-3-4】 已知 $Z \sim N(0,1)$，试求概率 $P\{Z \leqslant 1.96\}$ 和 $P\{-1 < Z \leqslant 2\}$.

解 本例用 Excel 计算的步骤如下：

步骤 1 在 A1 输入函数 = NORMSDIST（1.96），得 $P\{Z \leqslant 1.96\} \approx 0.975$.

步骤 2 在 A2 输入函数 = NORMSDIST(2)-NORMSDIST(-1)，得 $P\{-1 < Z \leqslant 2\} \approx 0.8186$.

【例 6-3-5】 已知 $X \sim N(8,2^2)$，试求概率 $P\{X \leqslant 9\}$ 和 $P\{6 < X \leqslant 10\}$.

解 本例用 Excel 计算的步骤如下：

步骤 1 在 A1 输入函数 = NORMDIST（9,8,2,1），得 $P\{X \leqslant 9\} \approx 0.6915$.

步骤 2 在 A2 输入函数 = NORMDIST(10,8,2,1)-NORMDIST(6,8,2,1)，得 $P\{6 < X \leqslant 10\} \approx 0.6827$.

【例 6-3-6】 已知 $X \sim N(8,2^2)$，$P\{X \leqslant a\} = 0.95$，试求 a.

解 本例用 Excel 计算的步骤如下：

在 A1 输入函数 = NORMINV（0.95,8,2），得 $a = 11.2897$.

如图 6-3-2 所示，若 $Z \sim N(0,1)$，则满足 $P\{Z > z_\alpha\} = \alpha$ 的数 z_α 称为 $Z \sim N(0,1)$ 的**右侧 α 分位数**或**左侧 $1-\alpha$ 分位数**（也称临界值，Excel 中称为区间点）.

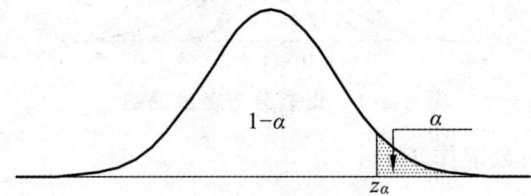

图 6-3-2 标准正态分布的右侧 α 分位数

$Z \sim N(0,1)$ 的部分右侧 α 分位数见表 6-3-1.

表 6-3-1 标准正态分布的部分右侧 α 分位数

α	0.01	0.025	0.05	0.075	0.1
标准正态分布的右侧 α 分位数	2.3264	1.9600	1.6449	1.4395	1.2816

【例 6-3-7】 试求右侧分位数 $z_{0.025}$ 和 $z_{0.975}$.

解 本例用 Excel 计算的步骤如下：

步骤 1 在 A1 输入函数 = NORMSINV（0.975），得右侧分位数 $z_{0.025} \approx 1.96$.

步骤 2 在 A2 输入函数 = NORMSINV（0.025），得右侧分位数 $z_{0.975} \approx -1.96$.

第四节 抽样分布

试验前总体的数量特征是未知的，所以总体可以理解为随机变量. 试验前样本的数量特征也是未知的，所以通常将样本也看作随机变量，而试验之后的样本取值称为**样本值**或**样本数据**.

设 $x_1,x_2,\cdots,x_n$ 是来自总体 X 的 n 个单位，若 $x_1,x_2,\cdots,x_n$ 与总体 X 有相同的分布，且相互独立，则称 $x_1,x_2,\cdots,x_n$ 为**简单随机样本**，简称**样本**. 样本包含的个体单位数 n 称为**样本量**.

一、统计量

样本是总体的代表和反映，在数理统计中往往通过构造一个合适的样本函数——**统计量**来对总体进行统计推断. 统计推断应是用已知去推断未知，不含任何未知参数的样本函数称为**统计量**. 常用的统计量有：

- 样本均值：$\bar{x} \equiv \dfrac{1}{n}\sum\limits_{i=1}^{n} x_i$. （6-4-1）

- 样本方差与标准差：$s^2 \equiv \dfrac{1}{n-1}\sum\limits_{i=1}^{n}(x_i-\bar{x})^2, s \equiv \sqrt{s^2}$. （6-4-2）

- 样本成数：$P \equiv n_1/n$（n_1 是具有某种特征的样本单位的个数）. （6-4-3）

定理 6-4-1 设 $x_1,x_2,\cdots,x_n$ 是来自总体 $X \sim N(\mu,\sigma^2)$ 的样本，则：

（1）$\bar{x} \sim N\left(\mu,\dfrac{\sigma^2}{n}\right)$ 或 $\dfrac{\bar{x}-\mu}{\sigma/\sqrt{n}} \sim N(0,1)$. （6-4-4）

（2）$\dfrac{(n-1)s^2}{\sigma^2} \sim \chi^2(n-1)$. （6-4-5）

定理 6-4-2 设总体 X 的分布未知或不是正态分布，$E(X)=\mu$，$D(X)=\sigma^2$，$x_1,x_2,\cdots,x_n$ 是来自总体 X 的样本. 则当 n 充分大时，$\bar{x}$ 的渐近分布为正态分布，记作

$$\bar{x} \sim N\left(\mu,\dfrac{\sigma^2}{n}\right) \text{ 或 } \dfrac{\bar{x}-\mu}{\sigma/\sqrt{n}} \sim N(0,1).$$ （6-4-6）

总体成数是指具有某一特征的总体单位在总体中所占的比例，记作 π. 样本成数是具有该特征的总体单位在样本中占的比例，记作 P. 例如，一大批产品的合格率为 98%，随机抽取 10 个产品，结果有 9 个是合格品，总体成数 $\pi=98\%$，样本成数 $P=90\%$.

定理 6-4-3 设 $x_1,x_2,\cdots,x_n$ 来自总体 $X \sim B(1,\pi)$ 的样本，则当 n 充分大时，样本成数 P 即样本均值渐近服从正态分布，即

$$P \sim N\left(\pi,\dfrac{\pi(1-\pi)}{n}\right).$$ （6-4-7）

二、三大抽样分布

统计量的分布称为**抽样分布**. 下面介绍数理统计中常用的三大抽样分布：χ^2 分布、t 分布和 F 分布.

1. $\chi^2(n)$ 分布

设 $x_1, x_2, \cdots, x_n$ 是来自总体 $X \sim N(0,1)$ 的样本，则统计量

$$\chi^2 = \sum_{i=1}^{n} x_i^2 \tag{6-4-8}$$

服从自由度为 n 的卡方分布，记作 $\chi^2(n)$。$\chi^2(n)$ 是偏态分布，密度函数图像如图 6-4-1 所示。

如图 6-4-1 所示，称满足条件 $P\{\chi^2(n) > \chi_\alpha^2(n)\} = \alpha(0 < \alpha < 1)$ 的数 $\chi_\alpha^2(n)$ 为 $\chi^2(n)$ 的**右侧 α 分位数**或**左侧 $1-\alpha$ 分位数**（也称临界值，Excel 中称为区间点）。

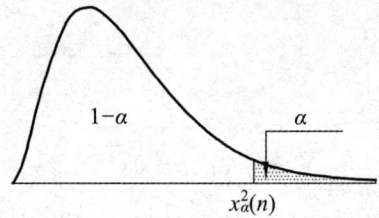

图 6-4-1 卡方分布的密度函数图像与右侧 α 分位数

【例 6-4-1】试求概率 $P\{\chi^2(15) > 10\}$ 和右侧分位数 $\chi_{0.025}^2(15)$。

解 本例用 Excel 计算的步骤如下：

步骤 1 在 A1 输入函数 = CHIDIST（10,15），得 $P\{\chi^2(15) > 10\} \approx 0.8197$。

步骤 2 在 A2 输入函数 = CHIINV（0.025,15），得 $\chi_{0.025}^2(15) \approx 27.4884$。

2. t 分布

设统计量 $X \sim N(0,1)$，$Y \sim \chi^2(n)$，且 X 和 Y 相互独立，则统计量

$$T = \frac{X}{\sqrt{Y/n}} \tag{6-4-9}$$

服从自由度为 n 的 t 分布，记作 $t(n)$。$t(n)$ 的密度函数关于原点对称，图像如图 6-4-2 所示。当自由度 n 较小时，$t(n)$ 的密度函数图像较 $N(0,1)$ 平坦，n 大于或等于 30 时，$t(n)$ 与 $N(0,1)$ 差异已非常小，此时可用标准正态分布代替。

如图 6-4-2 所示，称满足条件 $P\{t(n) > t_\alpha(n)\} = \alpha(0 < \alpha < 1)$ 的数 $t_\alpha(n)$ 为 $t(n)$ 的**右侧 α 分位数**或**左侧 $1-\alpha$ 分位数**。

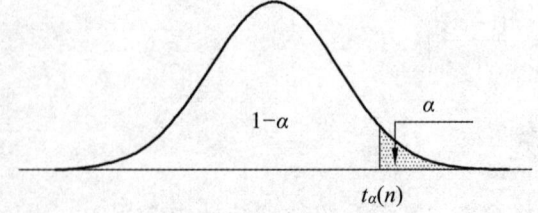

图 6-4-2 t 分布的密度函数图像与右侧 α 分位数

【例 6-4-2】试求概率 $P\{t(15) > 2\}$ 和右侧分位数 $t_{0.025}(15)$。

解 本例用 Excel 计算的步骤如下：

步骤 1 在 A1 输入函数 = TDIST（2,15,1），得 $P\{t(15) > 2\} \approx 0.032$.

步骤 2 在 A2 输入函数 = TINV（0.05,15），得 $t_{0.025}(15) \approx 2.1315$.

定理 6-4-4 设 $x_1, x_2, \cdots, x_n$ 是来自总体 $X \sim N(\mu, \sigma^2)$ 的样本，$\bar{x}, s$ 分别为样本均值和标准差，则

$$T = \frac{\bar{x} - \mu}{s/\sqrt{n}} \sim t(n-1) \tag{6-4-10}$$

3．F 分布

设统计量 $X \sim \chi^2(m)$，$Y \sim \chi^2(n)$，且 X 和 Y 相互独立，则统计量

$$F = \frac{X/m}{Y/n} \tag{6-4-11}$$

服从自由度为 (m,n) 的 F 分布，记作 $F(m,n)$. $F(m,n)$ 也是偏态分布，密度函数图像如图 6-4-3 所示.

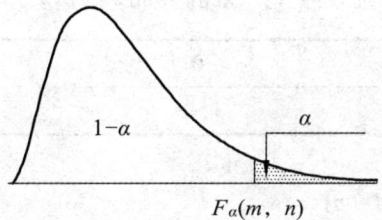

图 6-4-3 F 分布的密度函数图像与右侧 α 分位数

如图 6-4-3 所示，称满足条件 $P\{F(m,n) > F_\alpha(m,n)\} = \alpha (0 < \alpha < 1)$ 的数 $F_\alpha(m,n)$ 为 $F(m,n)$ 的**右侧 α 分位数或左侧 $1-\alpha$ 分位数**.

【例 6-4-3】 试求概率 $P\{F(10,2) > 15\}$ 和右侧分位数 $F_{0.05}(10,2)$.

解 本例用 Excel 计算的步骤如下：

步骤 1 在 A1 输入函数 = FDIST（15,10,2），得 $P\{F(10,2) > 15\} \approx 0.0641$.

步骤 2 在 A2 输入函数 = FINV（0.05,10,2），得 $F_{0.05}(10,2) \approx 19.3959$.

思考与练习

1. 设随机变量 X 的分布列为

X	0	1	2	3
$p(x_i)$	0.1	0.4	0.2	a

其中 a 为常数. 试求：（1）常数 a；（2）概率 $P\{X<2\}$，$P\{X>1.5\}$；（3）分布函数值 $F(1)$ 和 $F(2.3)$.

2. 设随机变量 X 的密度函数为

$$f(x)=\begin{cases} x, & 0\leqslant x<1 \\ 2-x, & 1\leqslant x\leqslant 2, \\ 0, & 其他, \end{cases}$$

试求概率 $P\{X\leqslant 1.5\}$.

3. 设随机变量 X 的分布函数为

$$F(x)=\begin{cases} 0, & x<0, \\ x^4, & 0\leqslant x<1 \\ 1, & x\geqslant 1. \end{cases}$$

试求概率 $P\{X\leqslant 1.5\}$.

4. （0-1 分布）设 X 表示在一次试验中事件 A 发生的次数，p 表示 A 发生的概率，则 X 称为 0-1 分布，0-1 分布的取值为 0 或 1，X 的分布列为

X	0	1
p_i	$1-p$	p

试证明 $E(X)=p$，$D(X)=p(1-p)$.

5. （两点分布）X 的分布列为

X	x_1	x_2
p_i	p	$1-p$

试求 $E(X)$ 和 $D(X)$.

6. 甲、乙两射手各打了 6 发子弹，每发子弹击中的环数分别为：

甲	10	7	9	8	10	6
乙	8	7	10	9	8	8

请问，哪一个射手的技术较好？为什么？

7. （均匀分布）若随机变量 X 的密度函数为

$$f(x)=\begin{cases} \dfrac{1}{b-a}, & a\leqslant x\leqslant b, \\ 0, & 其他, \end{cases}$$

则称 X 服从 $[a,b]$ 上的均匀分布，记作 $X\sim U(a,b)$. 试证明 $E(X)=\dfrac{a+b}{2}$，$D(X)=\dfrac{(b-a)^2}{12}$.

8. 一种射击游戏规定每 10 元可以射击 10 次，击中至少 5 次奖 20 元，否则不奖. 某游

戏参与者每次射击的命中率为 0.6，问他获奖的概率有多大？

9. 一部电话交换台每分钟接到的呼叫次数服从参数为 4 的泊松分布. 试求：（1）每分钟恰有 6 次呼叫的概率；（2）每分钟的呼叫次数大于 5 的概率.

10. 若一次电话通话时间（单位：分钟）$X \sim Exp(0.25)$，试求一次通话的平均时间.

11. 某市居民家庭人均年收入是服从 $N(4000,1200^2)$. 试求：（1）在 5000～7000 元的概率；（2）超过 8000 元的概率；（3）低于 3000 元的概率.

12. 用 Excel 计算下列概率：

（1）$P\{\chi^2(10) > 2\}$；
（2）$P\{\chi^2(10) < 5\}$；
（3）$P\{2 < \chi^2(10) < 5\}$；
（4）$P\{t(15) > -2\}$；
（5）$P\{t(15) < 3\}$；
（6）$P\{-2 < t(15) < 3\}$；
（7）$P\{|t(15)| < 2\}$；
（8）$P\{F(10,15) > 2\}$；
（9）$P\{F(10,15) < 6\}$；
（10）$P\{2 < F(10,15) < 6\}$.

13. 用 Excel 计算满足下面各式的分位数 λ：

（1）$\chi^2_{0.05}(10)$；
（2）$\chi^2_{0.95}(10)$；
（3）$t_{0.05}(8)$；
（4）$t_{0.95}(8)$；
（5）$F_{0.05}(6,7)$；
（6）$F_{0.95}(6,7)$；
（7）$F_{0.05}(7,6)$；
（8）$F_{0.95}(7,6)$.

第七章 参数估计与样本量确定

统计推断的过程是，首先从总体中抽取样本，用样本构造统计量，用统计量描述样本的分布特征，对总体的分布或数字特征做出推断．重要的两类统计推断是参数估计和假设检验．

在实际问题中，总体的分布往往是未知的，或假设分布已知但分布中的参数却未知，这就使得对总体无法进行研究．例如，常用指数分布 $Exp(\lambda)$ 描述产品的寿命，但参数 λ 却往往未知，这样我们就无法计算该产品寿命超过 1000 小时的概率．要解决此问题，就必须对参数 λ 做出估计．参数估计包括点估计和区间估计．

本章主要介绍：
- 点估计．
- 区间估计．
- 样本量的确定．

第一节 点估计

一、点估计的概念及方法

例如，一大批产品的合格率 π 未知，随机抽取 10 件产品，其中有 9 件是合格品，据此认为这批产品的合格率大约为 90%，此过程就是参数估计．选用一个统计量 $\hat{\theta} = \hat{\theta}(x_1, x_2, \cdots, x_n)$ 作为未知参数 θ 的估计，称 $\hat{\theta}$ 为 θ 的**点估计量**．点估计量是随机变量，对应样本值，点估计量的值称为**点估计值**．求参数点估计量或点估计值称为**点估计**．

最大似然估计和矩估计都是点估计的常用方法．**最大似然估计**的依据是最大似然原理：如果在一次试验中得到的样本为 $x_1, x_2, \cdots, x_n$，则认为这一样本出现的概率是最大的，因为在一次试验中是它而不是别的样本出现了．

最大似然估计的具体方法是通过求样本的联合分布函数或联合密度函数的极大值来估计参数．最大似然估计的函数仍为最大似然估计．

矩估计的具体方法是用样本矩作为总体的同阶同类型矩的估计而列出关于未知参数的方程（组），然后通过求解方程（组）来估计参数．

常用分布参数的矩估计量和最大似然估计量见表 7-1-1.

表 7-1-1　常用分布参数的矩估计量和最大似然估计量

分 布	矩估计	最大似然估计
0–1 分布	$\hat{\pi}=\bar{x}$	$\hat{\pi}=\bar{x}$
二项分布 $B(n,p)$	$\hat{p}=x/n$	$\hat{p}=x/n$
泊松分布 $P(\lambda)$	$\hat{\lambda}=\bar{x}$	$\hat{\lambda}=\bar{x}$
均匀分布 $U(0,b)$	$\hat{b}=2\bar{x}$	$\hat{b}=\max_i x_i$
均匀分布 $U(a,b)$	$\hat{a}=\bar{x}-\sqrt{3}s,\hat{b}=\bar{x}+\sqrt{3}s$	$\hat{a}=\min_i x_i,\hat{b}=\max_i x_i$
指数分布 $Exp(\lambda)$	$\hat{\lambda}=1/\bar{x}$	$\hat{\lambda}=1/\bar{x}$
一般正态分布 $N(\mu,\sigma^2)$	$\begin{cases}\hat{\mu}=\bar{x},\\ \hat{\sigma}^2=\dfrac{1}{n}\sum_{i=1}^{n}(x_i-\bar{x})^2.\end{cases}$	$\begin{cases}\hat{\mu}=\bar{x},\\ \hat{\sigma}^2=\dfrac{1}{n}\sum_{i=1}^{n}(x_i-\bar{x})^2.\end{cases}$

【例 7-1-1】 已知下列数据来自总体 $N(\mu,\sigma^2)$，μ,σ^2 未知，试估计 μ,σ^2.

| 141 | 159 | 166 | 172 | 177 | 182 | 188 | 196 | 203 | 214 |
| 143 | 160 | 167 | 173 | 177 | 183 | 189 | 196 | 203 | 215 |

解　正态总体均值的矩估计和最大似然估计皆为样本均值，方差的矩估计和最大似然估计皆为样本二阶中心矩．本例用 Excel 进行估计的步骤为：

步骤 1　将数据输入区域 A1：J2.

步骤 2　估计均值．在 A4 输入 = AVERAGE（A1:J2），回车，得均值的估计 $\hat{\mu}=180.2$.

步骤 3　估计方差．在 A5 输入 = VARP（A1:J2），回车，得到方差的估计 $\hat{\sigma}^2=416.76$.

二、点估计的优良性标准

对于同一个未知参数，用不同的方法得到的估计量可能不同．评价一个估计量好坏的标准有无偏性、有效性和相合性（一致性）．

1．无偏性

设 $\hat{\theta}$ 是总体参数 θ 的点估计量，若 $E(\hat{\theta})=\theta$，则称 $\hat{\theta}$ 是参数 θ 的**无偏估计**.

样本均值与方差是总体均值与方差的无偏估计.

2．有效性

设 $\hat{\theta}_1$ 和 $\hat{\theta}_2$ 都是总体参数 θ 的无偏估计量，若 $D(\hat{\theta}_1)<D(\hat{\theta}_2)$，则称 $\hat{\theta}_1$ 比 $\hat{\theta}_2$ 更**有效**.

【例 7-1-2】 已知 x_1,x_2 是来自总体 $X\sim N(\mu,\sigma^2)$ 的简单随机样本，μ 未知，则 $\hat{\mu}_1=0.3x_1+0.7x_2$ 和 $\hat{\mu}_2=0.5x_1+0.5x_2$ 都是 μ 的无偏估计量，但 $\hat{\mu}_2$ 比 $\hat{\mu}_1$ 更有效.

一般地，用整个样本的均值比用样本的部分个体的均值估计总体的均值更有效．

3. 相合性

设 $x_1, x_2, \cdots, x_n$ 是来自总体 X 的样本，$\hat{\theta}_n$ 是总体参数 θ 的点估计量. 若当 $n \to \infty$ 时，对任意小的 $\varepsilon > 0$，都有 $\lim_{n \to \infty} P\{|\hat{\theta}_n - \theta| \geq \varepsilon\} = 0$，则称 $\hat{\theta}_n$ 是 θ 的**相合估计**或**一致估计**.

- 样本的 k 阶原点矩是总体的 k 阶原点矩的相合估计.
- 样本方差和样本二阶中心矩都是总体方差的相合估计.
- 相合估计的函数也是相合估计.

第二节 区间估计

一、区间估计的概念及步骤

例如，某种电压计测量电压的误差（单位：伏特）服从 $N(\mu, 1)$，现对该电压计观测了 5 次，发现误差分别为 0.1，0.3，0.4，0.2 和 0.1，问题是在 95% 的把握下 μ 会在什么范围内呢？

问题可以描述为，寻找两个数 $\hat{\mu}_L, \hat{\mu}_U$ 使 $P\{\hat{\mu}_L \leq \mu \leq \hat{\mu}_U\} = 0.95$. 由定理 6-4-1 知，$Z = \dfrac{\bar{x} - \mu}{\sqrt{0.2}} \sim N(0,1)$.

注意到 Z 是样本与参数 μ 的函数，但其分布 $N(0,1)$ 却不依赖于参数 μ. 如图 7-2-1 所示，由 $N(0,1)$ 的性质可知，

$$P\left\{\left|\frac{\bar{x} - \mu}{\sqrt{0.2}}\right| \leq z_{0.025}\right\} = 0.95,$$

其中，$z_{0.025} = 1.96$ 是 $N(0,1)$ 的右尾 0.025 分位数. 进一步有

$$P\{\bar{x} - 1.96\sqrt{0.2} \leq \mu \leq \bar{x} + 1.96\sqrt{0.2}\} = 0.95,$$

所以 $[\bar{x} - 1.96\sqrt{0.2}, \bar{x} + 1.96\sqrt{0.2}]$ 就是我们寻找的一个在 95% 把握下 μ 的范围. 将样本均值 $\bar{x} = 0.22$ 代入，得 $[-0.6565, 1.0965]$.

总体参数 θ 的区间估计，就是计算满足 $P\{\hat{\theta}_L \leq \theta \leq \hat{\theta}_U\} = 1 - \alpha (0 < \alpha < 1)$ 的区间 $[\hat{\theta}_L, \hat{\theta}_U]$，此区间也称为参数 θ 的 $1 - \alpha$ **置信区间**，如图 7-2-2 所示. $1 - \alpha$ 称为**置信度**，α 称为**显著性水平**，其取值大小由实际问题的要求来确定，经常是取 1%、5% 或 10%.

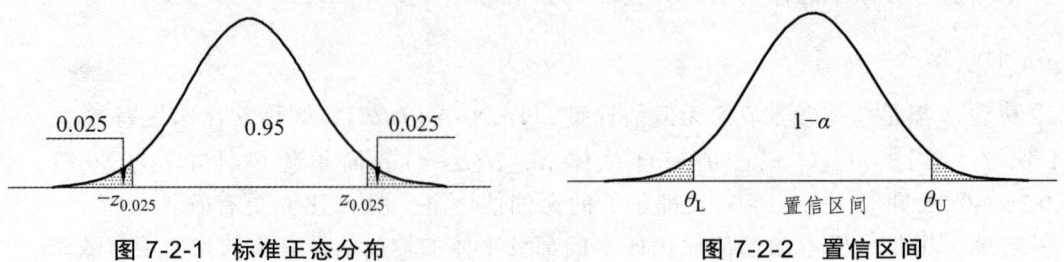

图 7-2-1 标准正态分布　　　　　　　图 7-2-2 置信区间

上面例子中寻找置信区间的方法称为**枢轴量法**，其步骤如下：

步骤 1 设法构造一个样本和未知参数 θ 的函数 $G(x_1,x_2,\cdots,x_n,\theta)$，使得 G 的分布已知且不依赖于未知参数 θ，称 G 为**枢轴量**.

步骤 2 选择 G 的左右尾 $\alpha/2$ 分位数 c 和 d，得 $P\{c \leq G \leq d\}=1-\alpha$.

步骤 3 将不等式 $c \leq G \leq d$ 变形为 $\hat{\theta}_L \leq \theta \leq \hat{\theta}_U$，$[\hat{\theta}_L,\hat{\theta}_U]$ 就是 θ 的一个 $1-\alpha$ 置信区间.

二、单总体参数的区间估计

（一）正态总体均值的区间估计

设 $x_1,x_2,\cdots,x_n$ 是来自总体 $X \sim N(\mu,\sigma^2)$ 的样本，样本均值为 $\bar{x}$，μ 未知，现对 μ 进行区间估计.

1. σ^2 已知时 μ 的区间估计

由定理 6-4-1 知，

$$Z = \frac{\bar{x}-\mu}{\sigma/\sqrt{n}} \sim N(0,1). \tag{7-2-1}$$

选取（7-2-1）作为枢轴量，μ 的 $1-\alpha$ 置信区间为

$$\left[\bar{x}-z_{\alpha/2}\frac{\sigma}{\sqrt{n}},\bar{x}+z_{\alpha/2}\frac{\sigma}{\sqrt{n}}\right], \tag{7-2-2}$$

其中，$z_{\alpha/2}$ 为 $N(0,1)$ 的右尾 $\alpha/2$ 分位数.

若总体 X 是非正态分布，在大样本下，由定理 6-4-2 知，$\frac{\bar{x}-\mu}{\sigma/\sqrt{n}} \sim N(0,1)$. μ 的 $1-\alpha$ 置信区间为仍为（7-2-2）.

【例 7-2-1】 一种袋装食品的重量（单位：千克）服从 $N(\mu,5^2)$，现随机抽取 8 袋，测得其重量分别为

| 247 | 253 | 246 | 247 | 248 | 246 | 248 | 248 |

试求该种袋装食品平均重量的 95% 置信区间.

解 本例用 Excel 进行区间估计的步骤如下：

步骤 1 将数据输入 A1：H1.

步骤 2 在 B2 输入函数 = AVERAGE（A1:H1）-CONFIDENCE（0.05,5,8），得 95% 置信区间下限 244.4102.

步骤 3 在 B3 输入函数 = AVERAGE（A1:H1）+CONFIDENCE（0.05,5,8），得 95% 置信区间上限 251.3398.

所以该种袋装食品平均重量的 95% 置信区间为 [244.4102, 251.3398].

2. σ^2 未知时的 μ 区间估计

由定理 6-4-4 知,

$$T = \frac{\bar{x} - \mu}{s/\sqrt{n}} \sim t(n-1). \tag{7-2-3}$$

$t(n-1)$ 的密度图像如图 7-2-3 所示. 选取 (7-2-3) 作为枢轴量, μ 的 $1-\alpha$ 置信区间为

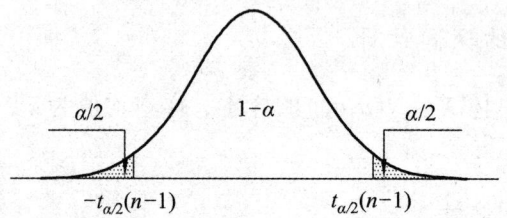

图 7-2-3 $t(n-1)$ 分布

$$\left[\bar{x} - t_{\alpha/2}(n-1)\frac{s}{\sqrt{n}}, \bar{x} + t_{\alpha/2}(n-1)\frac{s}{\sqrt{n}} \right], \tag{7-2-4}$$

其中, $t_{\alpha/2}(n-1)$ 为 $t(n-1)$ 的右尾 $\alpha/2$ 分位数.

若总体 X 是非正态分布, 在大样本下, $\frac{\bar{x}-\mu}{s/\sqrt{n}} \sim N(0,1)$. μ 的 $1-\alpha$ 置信区间为

$$\left[\bar{x} - z_{\alpha/2}\frac{s}{\sqrt{n}}, \bar{x} + z_{\alpha/2}\frac{s}{\sqrt{n}} \right]. \tag{7-2-5}$$

【例 7-2-2】 已知某种灯泡的使用寿命服从 $N(\mu, \sigma^2)$, 但 μ 和 σ^2 都未知. 现从一批灯泡中随机抽取 8 个, 测得其寿命分别为

| 1309 | 1287 | 1317 | 1288 | 1289 | 1299 | 1305 | 1302 |

试求该批灯泡平均使用寿命的 95% 置信区间.

解 本例用 SPSS 进行区间估计的步骤如下:

步骤 1 将数据输入数据编辑器, 变量名为 '寿命'.

步骤 2 点击 '分析(A) > 描述统计 > 探索(E)'. '探索' 对话框如图 7-2-4 所示. 将变量 '寿命' 选入 '因变量列表(D):' 框.

步骤 3 点击 '统计量(S)…', 在 '探索:统计量' 对话框中, 选择 '描述性', '均值的置信区间(C):' 框键入 '95'. 点击 '继续'.

步骤 4 点击 '确定'.

从表 7-2-1 可知, 该批灯泡平均使用寿命的 95% 置信区间为 [1290.3856, 1308.6144].

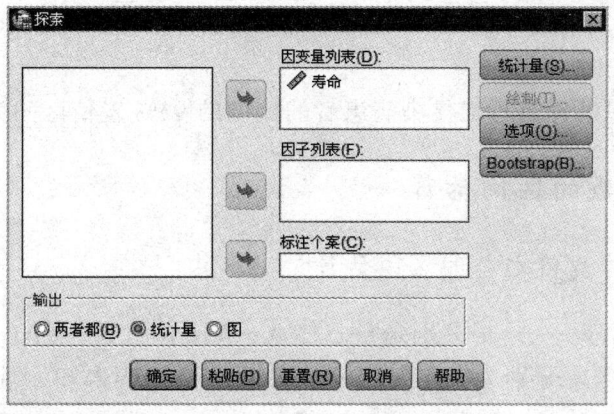

图 7-2-4 '探索'对话框

表 7-2-1 描述

		统计量	标准误
寿命	均值	1299.5000	3.85450
	均值的95%置信区间 下限	1290.3856	
	均值的95%置信区间 上限	1308.6144	
	5%修整均值	1299.2222	

本例也可用'分析（<u>A</u>）>比较均值（<u>M</u>）>单样本 T 检验（<u>S</u>）'过程计算区间估计.

（二）总体成数的区间估计

设 $x_1, x_2, \cdots, x_n$ 是来自成数为 π 的 0-1 分布总体 X 的样本，样本成数为 P. π 未知，现对 π 进行区间估计.

由定理 6-4-3 知，

$$Z = \frac{P - \pi}{\sqrt{\pi(1-\pi)/n}} \sim N(0,1). \tag{7-2-6}$$

选取（7-2-6）作为枢轴量，用 P 替换（7-2-6）分母中的 π，则 π 的 $1-\alpha$ 置信区间为

$$\left[P - z_{\alpha/2} \sqrt{\frac{P(1-P)}{n}}, P + z_{\alpha/2} \sqrt{\frac{P(1-P)}{n}} \right]. \tag{7-2-7}$$

其中，$z_{\alpha/2}$ 为 $N(0,1)$ 的右尾 $\alpha/2$ 分位数.

【例 7-2-3】 某地想估计某种流行性传染病患者所占的比例 π，随机抽取 2500 人，其中 11 人患有该种疾病. 试估计该地患某种流行性传染病患者的比例 π 的 95% 置信区间.

解 本例用 Excel 进行区间估计的步骤如下：

步骤 1 在 A1 输入函数 = 11/2500-1.96*((11/2500)*(1-11/2500)/2500)^0.5，得 95% 置信区间下限 0.0018.

步骤2 在 A2 输入函数 = 11/2500+1.96*((11/2500)*(1-11/2500)/2500)^0.5，得95%置信区间上限 0.0067.

计算结果为该地患某种流行性传染病患者的比例的 95% 置信区间为[0.0018, 0.0067].

三、双总体参数的区间估计

（一）双正态总体均值之差的区间估计

设 $x_1, x_2, \cdots, x_m$ 和 $y_1, y_2, \cdots, y_n$ 是分别来自总体 $X \sim N(\mu_1, \sigma_1^2)$ 和 $Y \sim N(\mu_2, \sigma_2^2)$ 的样本，且相互独立，样本均值与方差分别为 $\bar{x}$，$\bar{y}$，s_1^2，s_2^2. μ_1 和 μ_2 皆未知，现对 $\mu_1 - \mu_2$ 进行区间估计.

1．总体方差未知但相等时的区间估计

可以证明，

$$T = \frac{(\bar{x} - \bar{y}) - (\mu_1 - \mu_2)}{s_w \sqrt{1/m + 1/n}} \sim t(m+n-2) , \qquad (7\text{-}2\text{-}8)$$

其中，$s_w^2 = \dfrac{(m-1)s_1^2 + (n-1)s_2^2}{m+n-2}$.

选取（7-2-8）作为枢轴量，$\mu_1 - \mu_2$ 的 $1-\alpha$ 置信区间端点为

$$(\bar{x} - \bar{y}) \mp t_{\alpha/2}(m+n-2) s_w \sqrt{\frac{1}{m} + \frac{1}{n}} , \qquad (7\text{-}2\text{-}9)$$

其中，$t_{\alpha/2}(m+n-2)$ 为 $t(m+n-2)$ 的右尾 $\alpha/2$ 分位数.

2．总体方差未知且不等时的区间估计

可以证明，在小样本下，

$$T = \frac{(\bar{x} - \bar{y}) - (\mu_1 - \mu_2)}{\sqrt{s_1^2/m + s_2^2/n}} \sim t(l) , \qquad (7\text{-}2\text{-}10)$$

其中，$l = \left(\dfrac{s_1^2}{m} + \dfrac{s_2^2}{n}\right)^2 \bigg/ \left(\dfrac{s_1^4}{m^2(m-1)} + \dfrac{s_2^4}{n^2(n-1)}\right)$. l 不是整数时，取最接近它的整数.

选取（7-2-10）作为枢轴量，$\mu_1 - \mu_2$ 的 $1-\alpha$ 近似置信区间为

$$\left[(\bar{x} - \bar{y}) - t_{\alpha/2}(l) \sqrt{\frac{s_1^2}{m} + \frac{s_2^2}{n}}, (\bar{x} - \bar{y}) + t_{\alpha/2}(l) \sqrt{\frac{s_1^2}{m} + \frac{s_2^2}{n}}\right] , \qquad (7\text{-}2\text{-}11)$$

其中 $t_{\alpha/2}(l)$ 为 $t(l)$ 的右尾 $\alpha/2$ 分位数.

在大样本下，（7-2-10）渐近服从 $N(0,1)$，$\mu_1 - \mu_2$ 的 $1-\alpha$ 近似置信区间为

$$\left[(\overline{x}-\overline{y})-z_{\alpha/2}\sqrt{\frac{s_1^2}{m}+\frac{s_2^2}{n}},(\overline{x}-\overline{y})+z_{\alpha/2}\sqrt{\frac{s_1^2}{m}+\frac{s_2^2}{n}}\right].\qquad（7-2-12）$$

【例 7-2-4】 在对某种化妆品的满意度调查中，随机调查了 8 名男士和 8 名女士，他们对该种化妆品的评分如下：

| 男士 | 80 | 78 | 66 | 46 | 79 | 83 | 88 | 85 |
| 女士 | 75 | 60 | 45 | 85 | 82 | 74 | 60 | 61 |

假设男士和女士对该化妆品的满意度评分相互独立且都服从正态分布，试求男士和女士的满意度平均评分之差的 95% 置信区间。

解 本例用 SPSS 进行区间估计的步骤如下：

步骤 1 将数据重新编码．定义一个分组变量'分组'：1 = 男士，2 = 女士．将男士和女士数据合并为一个变量'满意度'．将数据输入 SPSS 数据编辑器，给变量'分组'添加值标签．数据视图和变量视图分别如图 7-2-5 和图 7-2-6 所示．合并数据可用'数据（D）> 重组（R）...'过程．

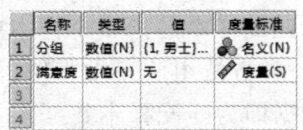

图 7-2-5 数据视图　　　　图 7-2-6 变量视图

步骤 2 点击'分析（A）> 比较平均值（M）> 独立样本 T 检验（S）'．'独立样本 T 检验'对话框如图 7-2-7 所示．将变量'满意度'选入'检验变量（T）：'框．

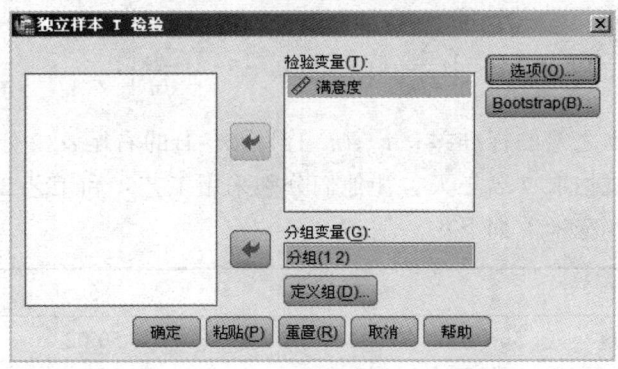

图 7-2-7 '独立样本 T 检验'对话框

步骤 3 将变量'分组'选入'分组变量（G）：'框．选中'分组变量（G）：'框中的变量'分组'，点击'定义组（D）...'．在'定义组'对话框中，'组 1（1）：'键入'1'，'组 2（2）：'键入'2'．点击'继续'．

步骤 4 点击'选项（O）...'，在'独立样本 T 检验：选项'对话框中，'置信区间百分比（C）：'设置为 95%. 点击'继续'.

步骤 5 点击'确定'.

从表 7-2-2 可知，若假设总体方差未知但相等，则置信区间为[-6.676,22.426]. 若假设总体方差未知且不相等，则置信区间也为[-6.676,22.426].

表 7-2-2 独立样本检验

		方差方程的 Levene 检验		均值方程的 t 检验					差分的 95% 置信区间	
		F	Sig.	t	df	Sig.（双侧）	均值差值	标准误差值	下限	上限
满意度	假设方差相等	.146	.708	1.161	14	.265	7.875	6.784	-6.676	22.426
	假设方差不相等			1.161	13.999	.265	7.875	6.784	-6.676	22.426

3. 成对样本总体均值之差的区间估计

成对样本或称**匹配样本**是指一个样本中的数据与另一个样本中的数据对应. 比如先指定 12 个工人用第一种方法组装一批零件，再让这 12 个工人用第二种方法组装同一批零件，这样得到的样本数据即为匹配样本数据.

在正态假设下，可以证明，

$$T = \frac{(\bar{x}-\bar{y})-(\mu_1-\mu_2)}{s_d/\sqrt{n}} \sim t(n-1). \quad (7\text{-}2\text{-}13)$$

选取（7-2-13）作为枢轴量，$\mu_1 - \mu_2$ 的 $1-\alpha$ 置信区间为

$$\left[(\bar{x}-\bar{y})-t_{\alpha/2}(n-1)\frac{s_d}{\sqrt{n}}, (\bar{x}-\bar{y})+t_{\alpha/2}(n-1)\frac{s_d}{\sqrt{n}}\right], \quad (7\text{-}2\text{-}14)$$

其中：s_d 表示成对样本之差的标准差；$t_{\alpha/2}(n-1)$ 为 $t(n-1)$ 的右尾 $\alpha/2$ 分位数.

【例 7-2-5】 随机抽取 7 名工人，让他们分别采用工艺 1 和工艺 2 加工某种零件，测得零件的尺寸（单位：毫米）如下：

工人编号	1	2	3	4	5	6	7
工艺 1	50.09	50.11	50.13	49.9	50.02	49.88	50.07
工艺 2	49.78	50.03	50.1	50.08	49.06	49.89	50.05

假定两种工艺加工出的零件尺寸之差服从正态分布，试求两种工艺加工的零件的平均尺寸之差的 95% 置信区间.

解 本例为成对样本总体均值之差的区间估计，用 SPSS 估计置信区间的步骤如下：

步骤 1 将数据输入数据编辑器，变量名分别为'工艺 1'和'工艺 2'.

步骤 2　点击'分析（A）> 比较平均值（M）> 配对样本 T 检验（P）'.'配对样本 T 检验'对话框如图 7-2-8 所示. 将变量'工艺 1'拖至'Variable1'下，将变量'工艺 2'拖至'Variable2'下.

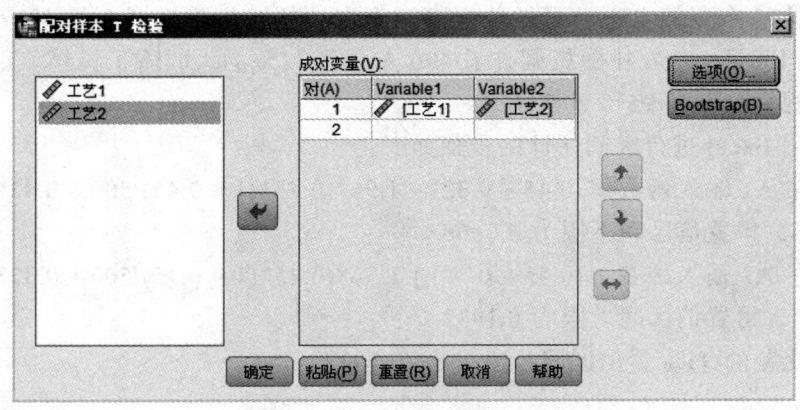

图 7-2-8　配对样本 T 检验对话框

步骤 3　点击'选项（O）…'，在'配对样本 T 检验：选项'对话框中，'置信区间百分比（C）：'设置为 95%. 点击'继续'.

步骤 4　点击'确定'.

从表 7-2-3 可以看出，两种工艺加工零件的平均尺寸之差的 95% 置信区间为 [−0.1750, 0.5207].

表 7-2-3　成对样本检验

	成对差分						t	df	Sig.（双侧）
	均值	标准差	均值的标准误	差分的 95% 置信区间					
				下限	上限				
对 1　工艺 1 - 工艺 2	.17286	.3761	.1422	−.1750	.5207		1.216	6	.270

（二）双总体成数之差的区间估计

设 $x_1, x_2, \cdots, x_m$ 和 $y_1, y_2, \cdots, y_n$ 是分别来自总体 $X \sim B(1, \pi_1)$ 和 $Y \sim B(1, \pi_2)$ 的样本，且相互独立，样本成数分别为 P_1 和 P_2. 总体成数 π_1 和 π_2 皆未知，现对 $\pi_1 - \pi_2$ 进行区间估计.

可以证明，当 m 和 n 充分大时，

$$Z = \frac{(P_1 - P_2) - (\pi_1 - \pi_2)}{\sqrt{\pi_1(1-\pi_1)/m + \pi_2(1-\pi_2)/n}} \sim N(0,1), \quad (7\text{-}2\text{-}15)$$

选取（7-2-15）作为枢轴量，用 P_1 和 P_2 分别替换（7-2-15）分母中的 π_1 和 π_2，则 $\pi_1 - \pi_2$ 的 $1-\alpha$ 置信区间端点为

$$(P_1-P_2) \mp z_{\alpha/2}\sqrt{\frac{P_1(1-P_1)}{m}+\frac{P_2(1-P_2)}{n}}, \quad (7\text{-}2\text{-}16)$$

其中，$z_{\alpha/2}$ 为 $N(0,1)$ 的右尾 $\alpha/2$ 分位数.

【例 7-2-6】 在某档电视节目的收视率调查中，从城市随机调查了 500 人，有 45% 的人收看了该档节目，从农村随机调查了 400 人，有 32% 的人收看了该档节目. 试估计城市和农村的收视率之差的 95% 置信区间.

解 本例用 Excel 进行区间估计的步骤如下：

步骤 1 在 A1 输入函数 = (0.45 − 0.32) − 1.96*(0.45*(1 − 0.45)/500 + 0.32*(1 − 0.32)/400)^0.5，回车，得置信区间下限为 0.0668.

步骤 2 在 A2 输入函数 = (0.45 − 0.32) + 1.96*(0.45*(1 − 0.45)/500 + 0.32*(1 − 0.32)/400)^0.5，回车，得置信区间上限为 0.1932.

即收视率之差的 95% 置信区间为 [0.0668, 0.1932].

第三节 样本量的确定

样本量的确定既涉及总体参数估计的精度要求问题，也涉及各种条件（如可获得的预算、资源和时间）之间的平衡问题. 理论上，总体参数估计的精度取决于抽样误差和非抽样误差的大小. 但是，确定样本量是为控制抽样误差，而不是为了控制非抽样误差.

一、SRS 的样本量

（一）估计总体均值时样本量的确定

放回抽样时，总体均值 μ 的 $1-\alpha$ 置信区间为 $\left[\bar{x}-z_{\alpha/2}\frac{\sigma}{\sqrt{n}}, \bar{x}+z_{\alpha/2}\frac{\sigma}{\sqrt{n}}\right]$，式中 σ 是总体标准差，$z_{\alpha/2}$ 为 $N(0,1)$ 的右尾 $\alpha/2$ 分位数. $\Delta = z_{\alpha/2}\frac{\sigma}{\sqrt{n}}$ 称为**抽样误差**. 从抽样误差中解得样本量为

$$n = \frac{z_{\alpha/2}^2 \sigma^2}{\Delta^2}, \quad (7\text{-}3\text{-}1)$$

不难看出，α 或 Δ 越小，估计精度越高，样本量要求越大.

无放回抽样时，抽样误差为 $\Delta = z_{\alpha/2}\sqrt{\left(1-\frac{n}{N}\right)\frac{\sigma^2}{n}}$，$N$ 为总体单位数. 解得样本量为

$$n = \frac{N z_{\alpha/2}^2 \sigma^2}{N\Delta^2 + z_{\alpha/2}^2 \sigma^2}. \quad (7\text{-}3\text{-}2)$$

由式（7-3-1）和（7-3-2）可知，要确定样本量 n，需要调查者事先主观确定允许的抽

样误差 Δ 和置信水平 $1-\alpha$，还得知道总体标准差 σ. 其中 σ 往往未知，这就需要根据过去对类似总体所做的研究确定一个近似值.

（二）估计总体成数时样本量的确定

在大样本下，放回抽样时，总体成数 π 的 $1-\alpha$ 置信区间为 $\left[P-z_{\alpha/2}\sqrt{\dfrac{P(1-P)}{n}}, P+z_{\alpha/2}\sqrt{\dfrac{P(1-P)}{n}}\right]$，式中 P 为样本成数，$\Delta = z_{\alpha/2}\sqrt{P(1-P)/n}$ 为抽样误差. 从抽样误差中解得样本量为

$$n = \frac{z_{\alpha/2}^2 P(1-P)}{\Delta^2}. \quad (7\text{-}3\text{-}3)$$

无放回抽样时，抽样误差为 $\Delta = z_{\alpha/2}\sqrt{\left(1-\dfrac{n}{N}\right)\dfrac{P(1-P)}{n}}$，$N$ 为总体单位数. 解得样本量为

$$n = \frac{N z_{\alpha/2}^2 P(1-P)}{N \Delta^2 + z_{\alpha/2}^2 P(1-P)}. \quad (7\text{-}3\text{-}4)$$

由式（7-3-3）和（7-3-4）可知，要确定样本量 n，需要调查者事先主观确定允许的抽样误差 Δ 和置信水平 $1-\alpha$，还得知道样本成数 P. 显然 $P=0.5$ 时，抽样误差最大. 因此，在无法得到 P 值时，可用 $P=0.5$ 计算. 这样得到的样本量可能比实际需要的样本量大，但可以充分保证有足够高的置信度和尽可能小的置信区间.

二、抽样设计与样本量

当使用复杂抽样时，估计值可能比 SRS 精确. 因此，实际抽样必须考虑所用抽样方法的效率，并对 SRS 样本量做出调整，即在 SRS 样本量基础上乘以一个设计效应因子 $Deff$. 实践表明：

- 简单随机抽样：$Deff = 1$.
- 分层抽样：$Deff < 1$.
- 整群抽样：$Deff > 1$.
- 系统抽样：$Deff \leqslant 1$.
- 多阶段抽样：$Deff > 1$.

实际使用的样本量 n_1 调整为：

$$n_1 = n_0 \times Deff,$$

其中 n_0 为 SRS 的样本量.

三、调查的回答率与样本量

调查回答率是调查回收的有效问卷数占计划样本量的百分比. 在执行调查过程中，会

出现无效问卷,这意味着计划样本量中的一部分无法产生有效数据,并导致估计精度降低.为达到估计精度的要求,需要对回答率做出估计并以此调整实际使用的样本量大小.可以依据对同一总体的小范围的试点调查或者根据过去类似的调查来估计回答率.

假设理论上确定的样本量为 n_1,回答率估计为 r,则实际使用的样本量 n_2 调整为:

$$n_2 = \frac{n_1}{r}.$$

以总体成数估计为例,归纳上述情况,实际使用的样本量计算步骤如下:

步骤 1　依据调查者主观确定的 Δ 和 α,以及样本成数 P 取 0.5,计算初始样本量 n_0:

- 有放回抽样:$n_0 = \dfrac{z_{\alpha/2}^2}{4\Delta^2}$,　　　　　　　　　　　　　　　　　　　（7-3-5）

- 无放回抽样:$n_0 = \dfrac{N z_{\alpha/2}^2}{4N\Delta^2 + z_{\alpha/2}^2}$.　　　　　　　　　　　　　　　（7-3-6）

步骤 2　根据抽样设计效应对 n_0 进行调整.设实际使用的抽样设计(SRS 以外的其他方法)效应为 $Deff$,将 n_0 调整为

$$n_1 = n_0 \cdot Deff, \qquad (7\text{-}3\text{-}7)$$

无法知道 $Deff$ 时,$Deff$ 取 1.

步骤 3　根据估计回答率 r 再次对 n_1 进行调整.设估计回答率为 r,最终使用的样本量 n_2 调整为

$$n_2 = \frac{n_1}{r}. \qquad (7\text{-}3\text{-}8)$$

在实际问题中,样本量的确定还必须考虑经费预算、调查时限限制、数据收集的方法等因素.样本量的确定需要在精度、费用、时限和操作的可行性等相互冲突的限制条件之间进行协调.

【例 7-3-1】　某杂志社准备启动一项抽样调查,以得到读者对该杂志综合满意度的估计值.订阅该杂志的读者总体主要由城市读者、乡村读者和海外读者三部分构成,总体分层见表 7-3-1.通过从三部分读者中各抽取一个 SRS 样本,得到一个分层随机样本.

方案一:杂志社希望总体成数落在样本成数的 ±0.05 范围内,置信度为 95%.根据以往经验,估计回答率为 65%.请问每一层应至少访问多少个订户?

方案二:杂志社希望每一层的总体成数落在样本成数的 ±0.05 范围内,置信度为 95%.根据以往经验,城市、乡村和海外三层读者的估计回答率分别为 65%、65% 和 50%.请问如果杂志社希望对每一层总体成数进行单独估计,则每一层应至少访问多少个订户?总计应访问多少个订户?

方案三:三层读者的估计回答率分别为 65%、65% 和 50%,杂志社希望总体的成数落在样本成数的 ±0.05 范围内,则每一层应至少访问多少个订户?

表 7-3-1 总体分层情况

层数 i	层次名	读者数（N_i）
1	城市	500 000
2	乡村	200 000
3	海外	60 000
	合计	760 000

解 方案一：总体大小 $N=760000$，抽样误差 $\Delta=0.05$，估计回答率 $r=0.65$，$\alpha=0.05$，$z_{\alpha/2}=z_{0.025}=1.96$，$P$ 取 0.5. 则样本量计算步骤如下：

步骤 1 计算初始样本量 n_0.

$$n_0 = \frac{N z_{\alpha/2}^2}{4N\Delta^2 + z_{\alpha/2}^2} = \frac{760\,000 \times 1.96^2}{4 \times 760\,000 \times 0.05^2 + 1.96^2} \approx 384.$$

步骤 2 根据抽样设计效应对 n_0 进行调整. 对于分层抽样，通常 $Deff<1$. 但由于没有可利用的 $Deff$ 的估计值，故采取保险做法，取 $Deff=1$，则调整后的样本量为：

$$n_1 = n_0 \cdot Deff = n_0 = 384.$$

步骤 3 根据估计回答率 r 再次进行调整. 最终的样本量为

$$n_2 = \frac{n_1}{r} = \frac{384}{0.65} = 591,$$

即根据方案一，该项调查需要样本量 591 个.

将总样本等比例地分配给每一层，则每一层的样本量分别为

$$n_{城市}=591\times\frac{500\,000}{760\,000}\approx 389,\ n_{乡村}=591\times\frac{200\,000}{760\,000}\approx 156,\ n_{海外}=591\times\frac{60\,000}{760\,000}\approx 47.$$

方案二：杂志社希望每一层的总体比例落在样本估计值的 ±0.05 范围内，且每一层的估计回答率不同，所以就需要单独计算各层的样本量，即将每一层作为一个总体，估计调查所需的样本量.

考虑到城市读者和乡村都是大总体，其他已知条件和估计精度要求与方案一相同，可以推断这两层需要抽取的样本量与方案一相同，都是 591. 然而对于海外读者，由于总体相对较小，并且预计回答率也不同，因此需要单独计算海外读者的样本量. 计算步骤如下：

步骤 1 计算初始样本量.

$$n_0 = \frac{N z_{\alpha/2}^2}{4N\Delta^2 + z_{\alpha/2}^2} = \frac{60\,000 \times 1.96^2}{4 \times 60\,000 \times 0.05^2 + 1.96^2} \approx 382.$$

步骤 2 根据抽样设计效应对 n_0 进行调整. 取 $Deff=1$，$n_1=n_0\cdot Deff=382$.

步骤 3 根据估计回答率 r 再次对 n_1 进行调整. 海外读者的最终样本量为

$$n_2 = \frac{n_1}{r} = \frac{382}{0.5} = 764.$$

因此，方案二所需总样本量为：

591（城市层）+ 591（乡村层）+ 764（海外层）= 1946 个.

方案三：取三层中的最低估计回答率 50%，再按照方案一的步骤，得最终的样本量为

$$n_2 = \frac{n_1}{r} = \frac{384}{0.50} = 768,$$

将总样本等比例地分配给每一层，则每一层的样本量分别为

$$n_{城市} = 768 \times \frac{500\,000}{760\,000} \approx 505, \quad n_{乡村} = 768 \times \frac{200\,000}{760\,000} \approx 202, \quad n_{海外} = 768 \times \frac{60\,000}{760\,000} \approx 61.$$

思考与练习

1. 设 $x_1, x_2, \cdots, x_n$ 是来自参数为 π 的 0–1 分布总体 X 的样本，试求未知参数 π 的矩估计量.

2. 设总体 $X \sim U(0, \theta)$，现从该总体中抽取容量为 10 的样本，其样本值为：

　　0.5　　1.3　　0.6　　1.7　　2.2　　1.2　　0.8　　1.5　　2.0　　1.6

试求未知参数 θ 的矩估计值.

3. 设总体 $X \sim N(\mu, \sigma^2)$，μ 和 σ^2 都未知，现从该总体中抽取容量为 12 的样本，样本值为

　　1.1　　4.3　　5.8　　7.1　　2.5　　3.4　　4.1　　5.1　　6.6　　4.5　　3.9　　1.6

试求：（1）标准差 σ 的最大似然估计；

（2）概率 $P\{X < 3\}$ 的最大似然估计；

（3）总体的左侧 0.90 分位数 $x_{0.90}$ 的最大似然估计.

4. 某种产品的寿命（单位：小时）$X \sim Exp(\lambda)$，λ 未知. 现从一批该种产品中抽取 8 件，测得寿命分别为：

　　1201　　1323　　1345　　1034　　1900　　1592　　1841　　1408

试求：（1）λ 的最大似然估计；（2）寿命超过 2000 小时的概率.

5. 已知一批零件的长度（单位：厘米）服从 $X \sim N(\mu, \sigma^2)$，均值 μ 和 σ^2 未知. 从该批零件中随机抽取 40 个零件，测得其长度如下：

41	42	41	37	40	43	40	42	38	42
42	37	36	42	42	35	40	40	39	41
35	38	43	40	39	41	40	42	42	40
41	40	42	41	37	42	45	40	43	39

试求 μ 的 95% 置信区间.

6. 某城市想估计下岗职工中女性所占的比例,随机抽取 100 名下岗职工,其中 65 人为女性. 试求该城市下岗职工中女性比例的 95% 置信区间.

7. 设 A,B 两种导电材料的电阻(单位:欧)都服从正态分布,随机从各种导电材料中抽取 9 根,测得电阻(欧)如下:

| A 种 | 14.5 | 13.9 | 12.8 | 15.6 | 13.4 | 13.9 | 14.1 | 15.1 | 11.8 |
| B 种 | 15.2 | 12.7 | 13.3 | 14.1 | 13.5 | 12.9 | 14.3 | 14.8 | 15.2 |

试求:(1)方差相等但未知,A,B 两种导电材料平均电阻之差的 95% 置信区间;

(2)方差不相等且未知,A,B 两种导电材料平均电阻之差的 95% 置信区间.

8. (匹配样本)为观察某药对高胆固醇血症的疗效,随机测定了 9 名患者服药前和服药一个疗程后的血清胆固醇含量,得如下数据:

患者号	1	2	3	4	5	6	7	8	9
服药前	313	255	290	328	302	341	319	295	281
服药后	301	250	271	320	311	324	328	299	271

假设化验结果服从正态分布. 试求服药前后血清胆固醇含量的均值之差的 95% 置信区间,并对所得结果做出解释.

9. 研究甲乙两种药物对某种疾病的治疗效果:甲药物治疗 70 例,治愈 53 例;乙药物治疗 75 例,治愈 62 例. 试求两种药物治愈率之差的 95% 置信区间.

10. 假定您想了解大学生每月对精品屋小饰品的消费平均消费水平. 您已经制订了下面的标准:99% 的置信度,小于 5 个单位的误差. 以前的调查说明了标准差应该是 6 个单位. 那么,您应该抽取多大的样本呢?

11. 假定您正在做某种知名化妆品的满意度调查,您希望有 30% 的人表示满意,要求误差小于 2%,并且具有 95% 的把握性. 那么您需要抽多大的样本呢?假定您想调查 1200 人,事先估计的回答率约为 55%. 那么,您又该抽取多大的样本呢?

第八章 参数检验

假设检验可分为参数检验和非参数检验两大类. 以特定的总体分布为前提, 利用样本对总体的未知参数是否符合已知条件作推断称为**参数检验**. 本章主要介绍:
- 假设检验的原理和步骤.
- 单总体参数的检验.
- 双总体参数的检验.

本章假设检验时, 除特殊说明外, 所用的分位数都指的是随机变量的右尾分位数.

第一节 假设检验的原理和步骤

一、假设检验的原理

【例 8-1-1】 某食品厂生产的一种纸盒包装饮料的标准容量为 250 毫升. 某日从一批该种饮料中随机抽取 50 盒, 测试发现平均容量为 248 毫升. 那么这是正常生产波动呢, 还是未达到生产标准呢?

分析 从调查数据知, 样本的平均容量比标准容量少了 2 毫升. 产生 2 毫升差异的原因可能是:
- 差异是由抽样的随机性造成的, 是正常的生产波动.
- 容量未达到生产标准.

2 毫升的差异能否用抽样的随机性解释呢? 如果差异不是由抽样的随机性造成的, 就说明容量未达到生产标准.

我们采用假设检验的方法来回答这个问题. 假设饮料的容量与生产标准没有显著性差异. 设饮料的平均容量为 μ. 上述假设就是 "$\mu = 250$".

假设检验中, 事先给定的关于总体的某些未知特征的假设称为**原假设**, 记作 H_0; 将与 H_0 对立的假设称为**备择假设**, 记作 H_1. 如果 H_0 被否定, H_1 就自然成立. 在例 8-1-1 中, $H_0: \mu = 250; H_1: \mu \neq 250$.

因样本均值 $\bar{x}$ 是总体均值 μ 的无偏估计和有效估计, 因此当 H_0 为真时, 即便样本的随机性会使 $\bar{x} \neq 250$, $\bar{x} - 250$ 也不应太大或太小. 若 $\bar{x} - 250$ 太大或太小, 就有理由拒绝 H_0.

假设饮料容量服从正态分布且方差 $\sigma^2 = 25$, 当 H_0 为真时, 统计量

$$Z = \frac{\bar{x}-\mu}{\sigma/\sqrt{n}} = \frac{\bar{x}-250}{5/\sqrt{50}} \sim N(0,1).$$

相对来讲，$\bar{x}-250$ 不应太大或太小，Z 也不应太大或太小。我们用小概率事件的实际不可能性原理（小概率事件在一次试验中几乎是不可能发生的）建立一个判断大小的标准。将抽样看作一次试验，选择一个小概率 $\alpha=0.05$。将 $\bar{x}=248$ 代入统计量 Z，计算得 Z 的值 $z=-2.8284<-1.96\approx z_{0.975}=z_{1-\alpha/2}$。这说明小概率事件 $\{Z<z_{1-\alpha/2}\}$ 发生了，这和小概率事件的实际不可能性原理相"冲突"。因此，Z 就足够小得令人有理由怀疑 H_0 为真，因此我们拒绝 H_0，即饮料实际容量与包装相比有显著性差异。

如图 8-1-1 所示，小概率发生的区间 $\bar{W}=(-\infty,z_{1-\alpha/2}]\cup[z_{\alpha/2},+\infty)$ 称为**拒绝域**，对应的区间 $W=(z_{1-\alpha/2},z_{\alpha/2})$ 称为**接收域**。

小概率 α 称为**检验水平**或**显著水平**。检验精度和可靠性要求越高，α 的取值就越小。

在例 8-1-1 中，$H_1:\mu\neq 250$，拒绝域 $\bar{W}=(-\infty,z_{1-\alpha/2}]\cup[z_{\alpha/2},+\infty)$ 在两侧，此时的检验称为**双侧检验**。

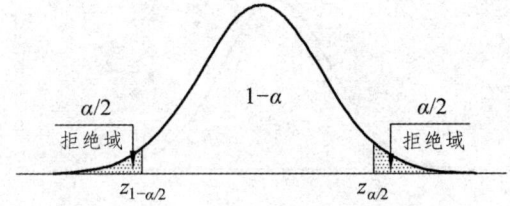

图 8-1-1 双侧检验的拒绝域

在例 8-1-1 中，统计推断方法是比较 z 与 $z_{\alpha/2}$ 或 $z_{1-\alpha/2}$（小概率的临界值，$N(0,1)$ 的 $\alpha/2$ 分位数）的大小，此种方法称为**临界值检验法**。双侧检验的临界值检验法是，当 $z\leq z_{1-\alpha/2}$ 或 $z>z_{\alpha/2}$ 时，拒绝 H_0，反之则接受 H_0。

在例 8-1-1 中，$z>z_{\alpha/2}$ 或 $z\leq z_{1-\alpha/2}$ 等价于概率 $p=P\{Z\leq z\}<\alpha/2$ 或 $p=P\{Z>z\}<\alpha/2$。因此，检验可以通过比较 $p=P\{Z\leq z\}$ 或 $p=P\{Z>z\}$ 与 $\alpha/2$ 的大小来推断，此法称为 **p 值检验法**，$p=P\{Z>z\}$ 称为**显著性**。p_0 值检验法的优点是可以事先不确定显著性水平 α，而视 p 值的大小而确定精确的显著性水平。

在例 8-1-1 中，$p=P\{Z<-2.8284\}\approx 0.0124<0.025=\alpha/2$。因此，有充足理由拒绝 H_0，即饮料实际容量与标明的容量存在显著性差异。

小概率事件的实际不可能性原理只是说小概率事件在一次试验中几乎是不可能发生的，但并不意味着肯定不发生。例 8-1-1 的统计推断可能是错误的，原因是真实情况为 $\mu=250$，但小概率事件的发生却让我们做出了拒绝 $\mu=250$ 的推断。假设检验犯的此类错误是**弃真错误**，称为**第 I 类错误**或 **α 错误**。

【例 8-1-2】 某厂生产的一种合金的强度服从 $N(\mu,16)$，其中 μ 的生产标准为大于 95（Pa）。为保证质量，该厂每天都要对生产情况做例行检查，以判断生产是否正常。某天从产品中随机抽取 25 块合金，测得平均强度为 $\bar{x}=94$（Pa），问当日生产是否正常？

分析 依题意，检验问题为

$H_0: \mu > 95; H_1: \mu \leq 95$.

试想,若 H_0 为真,即便样本的随机性会使 $\bar{x} \leq 95$,$\bar{x} - 95$ 也不应该太小,如果 $\bar{x} - 95$ 太小,就有理由拒绝 H_0. 当 $\mu = 95$ 时,统计量

$$Z = \frac{\bar{x} - \mu}{\sigma/\sqrt{n}} = \frac{\bar{x} - 95}{4/\sqrt{25}} \sim N(0,1).$$

相对来讲,$\bar{x} - 95$ 不应该太小,Z 也不应该太小. 将抽样看作一次试验,取显著水平 $\alpha = 0.05$. 将 $\bar{x} = 94$ 代入统计量 Z,计算得 Z 的值 $z = -1.25 > z_{0.95} \approx -1.65$. 这说明小概率事件 $\{Z \leq z_{0.95}\}$ 没有发生. 根据小概率事件的实际不可能性原理,没有充足理由拒绝 H_0,即认为当日生产是正常的,样本均值小是样本的随机性造成的.

如图 8-1-2 所示,$H_1: \mu \leq 95$,拒绝域 $\bar{W} = (-\infty, z_{1-\alpha}]$ 在左侧,此时的检验称为**左侧检验**. 左侧检验的临界值检验法是,当 $z \leq z_{1-\alpha}$ 时,拒绝 H_0,反之则接受 H_0.

注意到,$z \leq z_{1-\alpha}$ 等价于概率 $p = P\{Z \leq z\} < \alpha$. 因此,左侧检验的 p 值检验法是,若 $p = P\{Z \leq z\} < \alpha$,则拒绝 H_0,反之则接受 H_0.

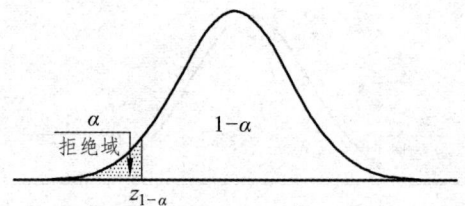

图 8-1-2 左侧检验的拒绝域

例 8-1-2 的统计推断也可能是错误的,原因是真实情况是 $\mu \leq 95$,但小概率事件没发生却让我们做出了接受 $\mu > 95$ 的推断. 假设检验犯的此类错误是**取伪错误**,称为**第 II 类错误或 β 错误**.

【例 8-1-3】 某班上学期的数学平均成绩为 85.4 分,标准差为 4.3 分. 本学期教师在加强教学管理的同时进行了教学改革. 为了检验教学改革的效果,在本学期的测试成绩中,随机抽取了 10 名学生,计算得平均成绩为 87.8. 假设本学期的测试与上学期难易程度相当,成绩都服从正态分布且标准差不变,试问教学改革是否有显著效果?

分析 依题意,检验问题为
$H_0: \mu \leq 85.4$;$H_1: \mu > 85.4$.

试想,若 H_0 为真,即便样本的随机性会使 $\bar{x} > 85.4$,$\bar{x} - 85.4$ 也不应该太大,如果 $\bar{x} - 85.4$ 太大,就有理由拒绝 H_0. 当 $\mu = 85.4$ 时,统计量

$$Z = \frac{\bar{x} - \mu}{\sigma/\sqrt{n}} = \frac{\bar{x} - 85.4}{4.3/\sqrt{10}} \sim N(0,1).$$

相对来讲,$\bar{x} - 85.4$ 不应该太大,Z 也不应该太大. 将抽样看作一次试验,取显著性水平 $\alpha = 0.05$. 将 $\bar{x} = 87.8$ 代入统计量 Z,计算得 Z 的值 $z \approx 1.7650 > z_{0.05} \approx 1.65$. 这说明小概率事件 $\{Z > z_{0.05}\}$ 发生了. 根据小概率事件的实际不可能性原理,有充足理由拒绝 H_0,即教学改革是有显著效果的.

如图 8-1-3 所示，$H_1:\mu>85.4$，拒绝域 $\overline{W}=[z_\alpha,+\infty)$ 在右侧，此时的检验称为**右侧检验**. 右侧检验的临界值检验法是，若 $z>z_\alpha$，则拒绝 H_0，反之则接受 H_0.

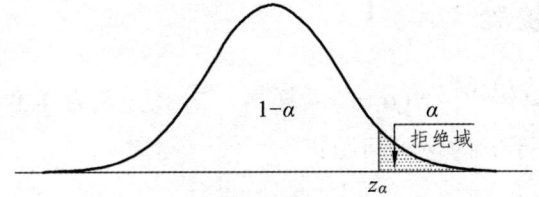

图 8-1-3　右侧检验的拒绝域

注意到，$z>z_\alpha$ 等价于概率 $p=P\{Z>z\}<\alpha$. 因此，右侧检验的 p 值检验法是，若 $p=P\{Z>z\}<\alpha$，则拒绝 H_0，反之则接受 H_0.

二、假设检验的步骤

1. 临界值检验法

步骤 1　提出原假设和备择假设.
- 双侧检验：$H_0:\theta=\theta_0$；$H_1:\theta\neq\theta_0$.
- 左侧检验：$H_0:\theta>\theta_0$；$H_1:\theta\leqslant\theta_0$.
- 右侧检验：$H_0:\theta\leqslant\theta_0$；$H_1:\theta>\theta_0$.

其中，θ_0 为已知数.

在假设检验中，常把原有理论、原有状况、原有看法、以前被大多数人认可或接受的观点、不应轻易否定的观点作为原假设，而把可能是新理论、可能将要发生的状况、值得怀疑的观点、揣测的观点、自我标榜的观点作为备择假设.

步骤 2　确定检验统计量 X 和拒绝域. 给定显著水平 α，双侧检验的临界值为右尾分位数 $x_{\alpha/2}$ 和 $x_{1-\alpha/2}$，拒绝域为 $(-\infty,x_{1-\alpha/2}]\cup[x_{\alpha/2},+\infty)$；左侧检验的临界值为右尾分位数 $x_{1-\alpha}$，拒绝域为 $(-\infty,x_{1-\alpha}]$；右侧检验的临界值为右尾分位数 x_α，拒绝域为 $[x_\alpha,+\infty)$.

步骤 3　计算检验统计量 X 的值 x 和统计推断. 双侧检验时，若 $x\leqslant x_{1-\alpha/2}$ 或 $x>x_{\alpha/2}$，则拒绝 H_0；左侧检验时，若 $x\leqslant x_{1-\alpha}$，则拒绝 H_0；右侧检验时，若 $x>x_\alpha$，则拒绝 H_0.

2. p 值检验法

步骤 1　提出原假设和备择假设.
步骤 2　确定检验统计量 X，并计算检验统计量的值 x.
步骤 3　计算显著性 p 和统计推断. 给定显著水平 α，双侧检验时，若 $p=P\{X\leqslant x\}<\alpha/2$ 或 $p=P\{X>x\}<\alpha/2$，则拒绝 H_0；左侧检验时，若 $P\{Z\leqslant x\}<\alpha$，则拒绝 H_0；右侧检验时，若 $p=P\{X>x\}<\alpha$，则拒绝 H_0.

第二节 单总体参数的检验

一、总体均值的检验

设 $x_1, x_2, \cdots, x_n$ 是来自总体 $X \sim N(\mu, \sigma^2)$ 的样本，$\bar{x}, s^2$ 分别为样本均值和方差. 总体均值 μ 未知，考虑以下三种关于 μ 的检验问题：

- $H_0: \mu = \mu_0; H_1: \mu \neq \mu_0$.
- $H_0: \mu \geq \mu_0; H_1: \mu < \mu_0$.
- $H_0: \mu \leq \mu_0; H_1: \mu > \mu_0$.

其中，μ_0 为已知数.

1．方差已知时的检验

选择 $\mu = \mu_0$ 时的抽样分布（8-2-1）作为检验统计量：

$$Z = \frac{\bar{x} - \mu_0}{\sigma/\sqrt{n}} \sim N(0,1). \tag{8-2-1}$$

检验统计量为 $N(0,1)$ 的假设检验称为 **Z 检验**或 **U 检验**.

2．方差未知时的检验

选择 $\mu = \mu_0$ 时的抽样分布（8-2-2）作为检验统计量：

$$T = \frac{\bar{x} - \mu_0}{s/\sqrt{n}} \sim t(n-1). \tag{8-2-2}$$

检验统计量为 t 分布的假设检验称为 **t 检验**.

【**例 8-2-1**】 某厂用自动包装机包装的产品重量服从正态分布，标准为每袋 500 克. 现从一大批产品中随机抽取 10 袋进行试验，结果为

| 512 | 503 | 498 | 507 | 496 | 489 | 499 | 501 | 496 | 506 |

试问在 $\alpha = 0.025$ 下，该自动包装机包装的产品是否显著高于标准？

解 根据题意，检验为总体方差未知时均值的右侧 t 检验：

$H_0: \mu \leq 500; H_1: \mu > 500$.

本例用 SPSS 进行检验的步骤如下：

步骤 1 将数据输入数据编辑器，变量名为'重量'.

步骤 2 点击'分析（A）>比较平均值（M）>单样本 T 检验（S）'. '单样本 T 检验'对话框如图 8-2-1 所示. 将变量'重量'选入'检验变量（T）:'框. '检验值（V）:'键入'500'. 点击'选项（O）…'可以指定显著水平，默认为 5%.

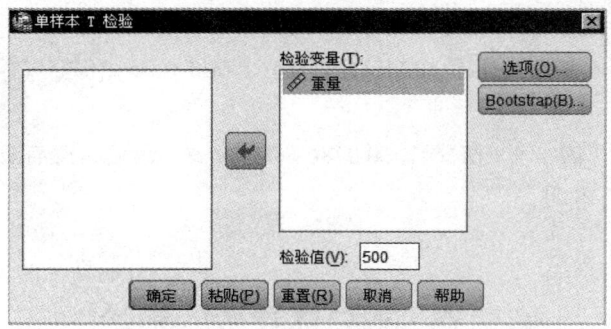

图 8-2-1 '单样本 T 检验'对话框

步骤 3　点击'确定'.

从表 8-2-1 可知，$p = P\{t(9) > 0.335\} \approx 0.745/2 = 0.3725 > 0.05 = \alpha$. 因此，没有充足理由拒绝 H_0，即该产品不显著高于标准.

表 8-2-1　单个样本检验

					差分的 95% 置信区间	
	t	df	Sig.（双侧）	均值差值	下限	上限
重量	.335	9	.745	.700	−4.02	5.42

二、总体成数的检验

设 $x_1, x_2, \cdots, x_n$ 是来自参数为 π 的 0–1 分布总体 X 的样本，P 为样本成数. 总体成数 π 未知，考虑以下三种关于 π 的检验问题：

- $H_0: \pi = \pi_0; H_1: \pi \neq \pi_0$.
- $H_0: \pi \geq \pi_0; H_1: \pi < \pi_0$.
- $H_0: \pi \leq \pi_0; H_1: \pi > \pi_0$.

其中，π_0 为已知数.

在大样本下，选择 $\pi = \pi_0$ 时的抽样分布（8-2-3）作为检验统计量：

$$Z = \frac{P - \pi_0}{\sqrt{\pi_0(1-\pi_0)/n}} \sim N(0, 1), \qquad (8\text{-}2\text{-}3)$$

此时的假设检验是 Z 检验.

【例 8-2-2】　某公司声称 75% 以上的消费者对其产品质量满意. 现随机调查 600 名消费者，其中表示对该公司产品满意的消费者有 465 人. 试在 $\alpha = 0.05$ 下，检验调查结果是否支持该公司的申明.

解　根据题意，检验为关于总体成数 π 的右侧 Z 检验：

$H_0: \pi \leq 0.75; H_1: \pi > 0.75$.

本例用 Excel 进行检验的步骤如下：

步骤 1　在 A1 输入函数 = 1-NORMSDIST((465/600-0.75)/(0.75*(1-0.75)/600)^0.5)，得 $p \approx 0.0787$.

步骤 2　统计推断. 因 $p = P\{Z > z\} = 0.0786 > 0.05 = \alpha$. 因此，没有充足理拒绝 H_0，即调查结果不支持该公司的申明.

第三节　双总体参数的检验

一、双总体均值之差的检验

设 $x_1, x_2, \cdots, x_m$ 和 $y_1, y_2, \cdots, y_n$ 是分别来自总体 $X \sim N(\mu_1, \sigma_1^2)$ 和 $Y \sim N(\mu_2, \sigma_2^2)$ 的样本，且相互独立，样本均值和方差分别是 $\bar{x}$，$\bar{y}$，s_1^2，s_2^2. 总体均值之差 $\mu_1 - \mu_2$ 未知，考虑以下三种关于 $\mu_1 - \mu_2$ 的检验问题：

- $H_0: \mu_1 - \mu_2 = \delta_0$；$H_1: \mu_1 - \mu_2 \neq \delta_0$.
- $H_0: \mu_1 - \mu_2 > \delta_0$；$H_1: \mu_1 - \mu_2 \leq \delta_0$.
- $H_0: \mu_1 - \mu_2 \leq \delta_0$；$H_1: \mu_1 - \mu_2 > \delta_0$.

其中，δ_0 为已知数.

1．总体方差已知时的检验

选择 $\mu_1 - \mu_0 = \delta_0$ 时的抽样分布（8-3-1）作为检验统计量：

$$Z = \frac{(\bar{x} - \bar{y}) - \delta_0}{\sqrt{\sigma_1^2/m + \sigma_2^2/n}} \sim N(0, 1). \tag{8-3-1}$$

假设检验方法是 Z 检验.

2．总体方差未知但相等时的检验

选择 $\mu_1 - \mu_0 = \delta_0$ 时的抽样分布（8-3-2）作为检验统计量：

$$T = \frac{(\bar{x} - \bar{y}) - \delta_0}{s_p \sqrt{1/m + 1/n}} \sim t(m+n-2), \tag{8-3-2}$$

其中，$s_p^2 = \dfrac{(m-1)s_1^2 + (n-1)s_2^2}{m+n-2}$. s_p^2 称为联合方差或合并方差.

假设检验方法是 t 检验.

3．总体方差未知且不等时的检验

在小样本下，选择 $\mu_1 - \mu_0 = \delta_0$ 时的抽样分布（8-3-3）作为检验统计量：

$$T=\frac{(\overline{x}-\overline{y})-\delta_0}{\sqrt{s_1^2/m+s_1^2/n}}\dot{\sim}t(l)\,,\tag{8-3-3}$$

其中，$l=\left[\left(\dfrac{s_1^2}{m}+\dfrac{s_2^2}{n}\right)^2\Bigg/\left(\dfrac{s_1^4}{m^2(m-1)}+\dfrac{s_2^4}{n^2(n-1)}\right)\right].$　（8-3-4）

在小样本下，假设检验方法为 t 检验．在大样本下，统计量（8-3-3）接近 $N(0,1)$，可用 Z 检验法检验．

【例 8-3-1】　为了检验甲乙两种不同谷物的种子优劣，随机选取了 10 块土质不同的土地，并将每块土地分为面积相同的两部分，在人工管理完全一样的条件下，分别种植这两种种子，测得各块土地上的产量（单位：千克）如下：

甲种子	23	35	29	42	39	29	37	34	35	28
乙种子	26	39	35	40	38	24	36	27	41	27

假定甲乙两种种子的产量都服从正态分布，试问在 $\alpha=0.05$ 下甲乙两种种子的平均产量是否有显著性差异？

解　设 μ_1,μ_2 分别为甲乙两种种子的平均产量．依题意，本例是关于双总体 $\mu_1-\mu_2$ 的双侧 t 检验：

$H_0:\mu_1-\mu_2=0$；$H_1:\mu_1-\mu_2\neq 0$.

本例用 SPSS 进行检验的步骤为：

步骤 1　将数据重新编码．定义一个分组变量‘分组’：1 = 甲种子，2 = 乙种子；将甲种子和乙种子数据合并为一个变量‘产量’．将数据依次输入数据编辑器．数据视图和变量视图分别如图 8-3-1 和图 8-3-2 所示．

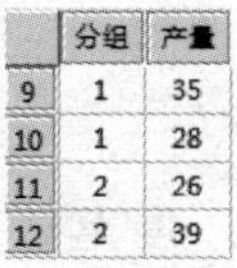

	分组	产量
9	1	35
10	1	28
11	2	26
12	2	39

图 8-3-1　数据视图

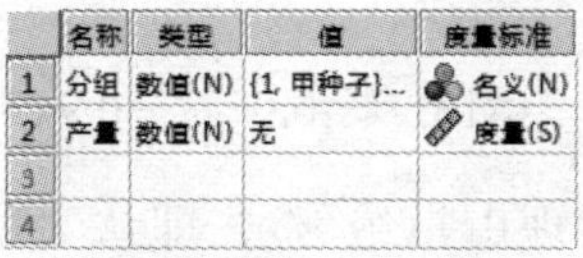

	名称	类型	值	度量标准
1	分组	数值(N)	{1, 甲种子}...	名义(N)
2	产量	数值(N)	无	度量(S)
3				
4				

图 8-3-2　变量视图

步骤 2　在变量视图中，给变量‘分组’添加值标签：‘1 = 甲种子’‘2 = 乙种子’.

步骤 3　点击‘分析（A）> 比较平均值（M）> 独立样本 T 检验（S）’.‘独立样本 T 检验’对话框如图 8-3-3 所示.

步骤 4　将变量‘产量’选入‘检验变量（T）:’框．将变量‘分组’选入‘分组变量（G）:’框，选中‘分组变量（G）:’框中的变量‘分组’，点击‘定义组（D）...’.‘定义组’对话框如图 8-3-4 所示.‘组 1（1）:’键入‘1’，‘组 2（2）:’键入‘2’，点击‘继续’．点击‘选项（O）...’可以指定显著水平，默认为 5%.

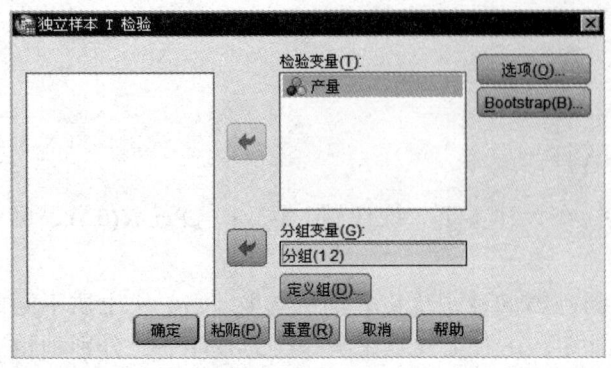 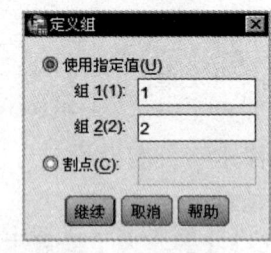

图 8-3-3 '独立样本 T 检验'对话框　　　　图 8-3-4 '定义'组对话框

步骤 5　点击'确定'.

表 8-3-1 给出了方差齐性的 Levene 检验、假设方差相等和假设方差不相等两种情况下的双总体均值是否相等的检验, 以及均值之差的置信区间的结果.

表 8-3-1　独立样本检验

		方差齐性的 Levene 检验		均值方程的 t 检验					差分的 95% 置信区间	
		F	Sig.	t	df	Sig.（双侧）	均值差值	标准误差值	下限	上限
产量	假设方差相等	.954	.342	−.072	18	.943	−.200	2.763	−6.005	5.605
	假设方差不相等			−.072	17.702	.943	−.200	2.763	−6.012	5.612

从中可知, 在两种情况下, 都有

$$p = \{t(18) \leqslant -0.072\} = 0.943/2 = 0.4715 > 0.025 = \alpha/2.$$

因此, 没有充足理由拒绝 H_0, 即认为甲乙两种种子的平均产量无显著性差异.

4. 成对样本总体均值的检验

选择 $\mu_1 - \mu_0 = \delta_0$ 时的抽样分布（8-3-5）作为检验统计量:

$$T = \frac{(\bar{x} - \bar{y}) - \delta_0}{s_d / \sqrt{n}} \sim t(n-1), \tag{8-3-5}$$

其中, s_d 表示样本之差的标准差.

成对样本总体均值之差的检验方法是 t 检验.

【例 8-3-2】　一个以减肥为主要目标的健美俱乐部声称, 参加他们的训练班至少可以使肥胖者减轻 8.5 千克. 为了验证该声称是否可信, 调查人员随机抽取了 10 名参加者, 得到他们的体重记录如下:

参加者	1	2	3	4	5	6	7	8	9	10
训练前	94	101	99	103	97	88	96	101	104	97
训练后	82	85	84	96	86	80	87	78	93	97

假设训练前后的体重都服从正态分布，试问 $\alpha = 0.05$ 下调查结果是否支持该俱乐部的声称？

解 设 μ_1, μ_2 分别为训练前后的平均体重．依题意知，本例是关于总体方差未知时成对总体 $\mu_1 - \mu_2$ 的右侧 t 检验：

$H_0 : \mu_1 - \mu_2 \leqslant 8.5$；$H_1 : \mu_1 - \mu_2 > 8.5$．

本例用 SPSS 进行检验的步骤如下：

步骤 1 将数据输入数据编辑器，变量名分别为'训练前'和'训练后'，数据视图和变量视图分别如图 8-3-5 和图 8-3-6 所示．

图 8-3-5 数据视图　　　　图 8-3-6 变量视图

步骤 2 点击'转换（T）>计算变量（C）'，计算一个变量：'训练后_调整 = 训练后 + 8.5'．

步骤 3 点击'分析（A）>比较平均值（M）>配对样本 T 检验（P）'．'配对样本 T 检验'对话框如图 8-3-7 所示．

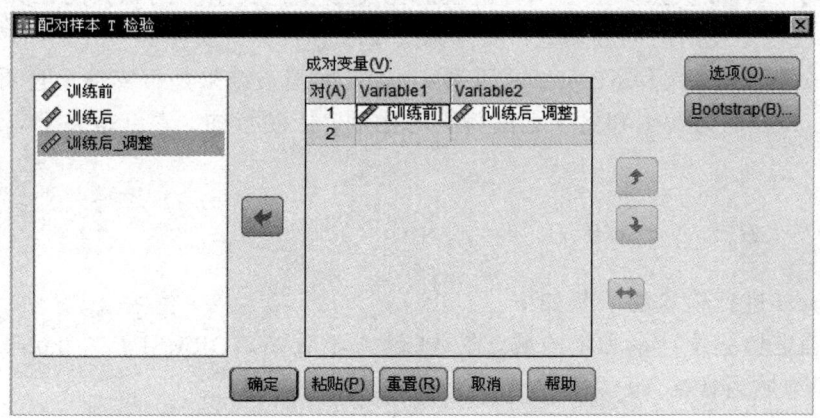

图 8-3-7 配对样本 T 检验对话框

步骤 4 将变量'训练前'拖至'Variable1'下，将变量'训练后_调整'拖至'Variable2'下．点击'选项（O）…'可以指定显著水平，默认为 5%．

步骤 5 点击'确定'．

从表 8-3-2 可知， $p = P\{t(9) > 1.398\} = 0.196/2 = 0.098 > 0.05 = \alpha$ ．因此，没有充足理由拒

绝 H_0，即认为调查结果不支持该俱乐部的声称.

表 8-3-2 成对样本检验

		成对差分				t	df	Sig.（双侧）
		均值	标准差	均值的标准误	差分的95%置信区间			
					下限　　上限			
对1	训练前-训练后_调整	2.700	6.10646	1.93103	-1.66830　7.06830	1.398	9	.196

二、双总体成数之差的检验

设 $x_1, x_2, \cdots, x_m$ 和 $y_1, y_2, \cdots, y_n$ 是分别来自总体 $X \sim B(1, \pi_1)$ 和 $Y \sim B(1, \pi_2)$ 的样本，且两样本相互独立，样本成数分别为 P_1, P_2. 总体成数之差 $\pi_1 - \pi_2$ 未知，考虑以下三类关于 $\pi_1 - \pi_2$ 的检验问题：

- $H_0: \pi_1 - \pi_2 = \delta_0$；$H_1: \pi_1 - \pi_2 \neq \delta_0$.
- $H_0: \pi_1 - \pi_2 \geqslant \delta_0$；$H_1: \pi_1 - \pi < \delta_0$.
- $H_0: \pi_1 - \pi_2 \leqslant \delta_0$；$H_1: \pi_1 - \pi_2 > \delta_0$.

其中，δ_0 是已知数.

当 m 和 n 充分大时，选择 $\pi_1 - \pi_0 = \delta_0$ 时的抽样分布（8-3-6）作为检验统计量：

$$Z = \frac{(P_1 - P_2) - \delta_0}{\sqrt{P_1(1-P_1)/m + P_2(1-P_2)/n}} \sim N(0,1). \qquad (8\text{-}3\text{-}6)$$

大样本下，双总体成数之差的检验是 Z 检验.

【例 8-3-3】 一般认为男生上网打游戏的比女生多，女生上网聊天的比男生多. 为证实此种看法，进行了专门的问卷调查. 抽样调查发现，140 个女生和 150 个男生中喜欢上网聊天的人数分别为 65 人和 61 人，试问在 $\alpha = 0.05$ 下调查结果是否支持上述看法？

解 设 π_1, π_2 分别为女生和男生上网聊天的比例，依题意知，本例是关于双总体 $\pi_1 - \pi_2$ 的右侧 Z 检验：

$$H_0: \pi_1 - \pi_2 \leqslant 0；H_1: \pi_1 - \pi_2 > 0.$$

本例用 Excel 进行检验的步骤如下：

步骤 1　确定检验统计量和拒绝域. 在 A1 输入函数 = -NORMSINV（0.05），得临界值 $z_{0.05} \approx 1.65$，拒绝域为 $[1.65, +\infty)$.

步骤 2　计算检验统计量 Z 的值. 在 A2 输入以下函数，得统计量 Z 的值 $z \approx 0.9903$：

= (65/140-61/150)/(65/140*(1-65/140)/140+61/150*(1-61/150)/150)^0.5

步骤 3　统计推断. 因为 $z \approx 0.9903 < 1.65$，所以没有充足理由拒绝 H_0，即调查结果不支持上述看法.

1. 假设检验统计推断的依据是什么？
2. 什么是拒绝域？什么是接受域？
3. 什么是临界值检验法，都有那几个步骤？什么是 p 值检验法，都有那几个步骤？
4. 一台包装机包装的洗衣粉额定标准重量为 500 g，根据以往经验，包装机的实际装袋重量服从标准差为 15 的正态分布，为检验包装机工作是否正常，随机抽取 9 袋，称得洗衣粉净重数据如下（单位：克）：

| 497 | 506 | 518 | 524 | 488 | 517 | 510 | 515 | 516 |

试问在 $\alpha = 0.01$ 下这台包装机工作是否正常？

5. 从某食品厂生产的一种罐头中随机抽取 20 只罐头，测量防腐剂含量（单位：毫克）为

| 9.8 | 10.4 | 10.6 | 9.6 | 9.7 | 9.9 | 10.9 | 11.1 | 9.6 | 10.2 |
| 10.3 | 9.6 | 9.9 | 11.2 | 10.6 | 9.8 | 10.5 | 10.1 | 10.5 | 9.7 |

设这种罐头防腐剂含量服从正态分布. 试问在 $\alpha = 0.05$ 下是否可以认为该厂生产的罐头防腐剂含量的均值显著大于 10？

6. 某厂家向一百货商店长期供应某种货物，合同规定，若次品率超过 3%，则百货商店可拒收货物. 今有一批货物，随机抽 80 件检验，发现有次品 3 件，试问在 $\alpha = 0.05$ 下应如何处理这批货物？

7. 新旧不同的两种自动机床加工的同一种零件的直径都服从正态分布，且新旧机床加工的零件的方差分别为 0.06 和 0.09. 现从新旧两种自动机床加工的零件中各随机抽验了 5 个，测得它们的直径（单位：厘米）分别为

| 新 | 2.058 | 2.057 | 2.063 | 2.059 | 2.060 |
| 旧 | 2.066 | 2.063 | 2.068 | 2.060 | 2.067 |

试问在 $\alpha = 0.05$ 下新机床加工的零件的平均直径不超过旧机床 0.2 厘米否可以接受.

8. 假设某地某年高考的男女生物理成绩都服从正态分布，且方差一样. 高考后随机抽取的 10 名男生和 8 名女生的物理成绩如下：

| 男生 | 49 | 48 | 47 | 53 | 51 | 43 | 39 | 57 | 56 | 46 |
| 女生 | 46 | 40 | 47 | 51 | 43 | 36 | 43 | 38 | | |

试问在 $\alpha = 0.05$ 下该地男女生的物理平均成绩有无显著性差异.

9. 12 台同类型设备用甲乙两种工艺生产的产品重量如下：

甲工艺	0.138	0.143	0.142	0.144	0.137	0.140
乙工艺	0.140	0.142	0.136	0.138	0.140	0.135

假设产品的重量都服从正态分布,试问在 $\alpha=0.05$ 下甲乙两工艺生产的产品的平均重量有无显著性差异.

10. 某自动机床加工同一种类型的零件,其直径服从正态分布.现从甲乙两班工人加工的零件中各随机抽验了 5 个,测得它们的直径(单位:厘米)分别为

甲班	2.066	2.063	2.068	2.060	2.067
乙班	2.058	2.057	2.063	2.059	2.060

试问在 $\alpha=0.05$ 下甲乙两班工人加工零件的平均直径有无显著性差异?

11. 某中学有 1620 名男生,1450 名女生,调查显示喜欢喝雪碧饮料的男生有 243 人,女生有 232 人.试问在 $\alpha=0.05$ 下男女学生对雪碧饮料的喜欢程度有无显著性差异?

第九章 方差分析

显然,当检验 $k(k \geqslant 3)$ 个总体是否存在显著性差异时,两两比较则需要检验 C_k^2 次,检验工作量较大,而且多次检验会使犯 α 错误的概率相应累加. 而方差分析可以一次性检验 $k(k \geqslant 3)$ 个总体是否有显著性差异,既能减少工作量,又能充分利用样本信息,提高检验结果的可靠性. 本章主要介绍:
- 单因素方差分析.
- 双因素方差分析.

第一节 单因素方差分析

一、单因素方差分析

【例 9-1-1】 为了检验以鱼粉为主的饲料 1、以槐树粉为主的饲料 2、以苜蓿粉为主的饲料 3 对鸡增重的效应,特选 24 只相似雏鸡,随机分成三组,每组各喂一种饲料,60 天后称其重量,试验结果见表 9-1-1.

表 9-1-1 三组雏鸡重量表

饲料品种	鸡重/克							
饲料 1	1073	1009	1060	1001	1002	1012	1009	1028
饲料 2	1107	1092	990	1109	1090	1074	1122	1001
饲料 3	1093	1029	1080	1021	1022	1032	1029	1048

试检验三种饲料对鸡的增重是否有显著性影响.

方差分析中,将要检验的对象称为**因素**或**因子**(factor). 因素的不同表现称为**水平**. 在例 9-1-1 中,鸡饲料为因素,饲料 1、饲料 2 和饲料 3 为水平. 例 9-1-1 只涉及鸡饲料一个因素,故称为**单因素方差分析**.

(一)检验问题

设单因素方差分析中,因素 A 有 r 个水平 $A_1, A_2, \cdots, A_r$. 将每一水平看作一个总体,检验问题是:

H_0:因素 A 对研究对象没有显著性影响；H_1:因素 A 对研究对象有显著性影响.

为了进行检验,需要对每个总体进行独立重复试验获取样本数据. 设从第 i 个总体中获得 n_i 个试验数据,记 x_{ij} 表示第 i 个总体的第 j 次重复试验数据. 将试验数据列成表 9-1-2 的形式,称为**数据结构**.

表 9-1-2　单因素方差分析数据结构

因素水平	观察值			
A_1	x_{11}	x_{12}	$\cdots$	x_{1n_1}
A_2	x_{21}	x_{22}	$\cdots$	x_{2n_2}
$\vdots$	$\vdots$	$\vdots$		$\vdots$
A_r	x_{r1}	x_{r2}	$\cdots$	x_{rn_r}

单因素方差分析假设:
- 总体 $A_i \sim N(\mu_i, \sigma^2), i = 1, 2, \cdots, r$.
- 所有的试验结果 x_{ij} 都相互独立.

由于每个总体都假设服从正态分布且方差相等,只要各总体的均值也相等,各总体就没有差异. 所以,检验问题可以转化为对各总体均值的检验:

$$H_0: \mu_1 = \mu_2 = \cdots = \mu_r = \mu \ ; \ H_1: \mu_i(i=1,2,\cdots,r) \text{不全相等}. \tag{9-1-1}$$

如果 H_0 成立,则称因素 A 不显著,否则称因素 A 显著.

（二）统计模型

对于水平 $A_i(i=1,2,\cdots,r)$,定义虚拟变量

$$D_1 = \begin{cases} 1, i=1, \\ 0, i \neq 1, \end{cases} D_2 = \begin{cases} 1, i=2, \\ 0, i \neq 2, \end{cases} \cdots, D_{r-1} = \begin{cases} 1, i=r-1, \\ 0, i \neq r-1, \end{cases}$$

则单因素方差分析的统计模型为

$$\begin{cases} x_{ij} = \alpha_0 + \alpha_1 D_1 + \alpha_2 D_2 + \cdots + \alpha_{r-1} D_{r-1} + \varepsilon_{ij}, i=1,2,\cdots,r, \\ \varepsilon_{ij} \sim N(0, \sigma^2), \text{且诸} \varepsilon_{ij} \text{相互独立}, \end{cases} \tag{9-1-2}$$

其中, ε_{ij} 为随机误差.

模型（9-1-2）是虚拟变量回归模型,通常将其简记作

$$\begin{cases} x_{ij} = \alpha_0 + \alpha_i + \varepsilon_{ij}, i=1,2,\cdots,r, \alpha_r = 0, \\ \varepsilon_{ij} \sim N(0, \sigma^2), \text{且诸} \varepsilon_{ij} \text{相互独立}, \end{cases} \tag{9-1-3}$$

其中, α_i 为水平 A_i 的**效应**.

（三）平方和分解与方差分析

记 $\bar{x}_i \equiv \frac{1}{n_i}\sum_{j=1}^{n_i} x_{ij}, i=1,2,\cdots,r$，$\bar{x} \equiv \frac{1}{n}\sum_{i=1}^{r}\sum_{j=1}^{n_i} x_{ij}$，$\sum_{i=1}^{r} n_i = n$，

$$SST \equiv \sum_{i=1}^{r}\sum_{j=1}^{n_i}(x_{ij}-\bar{x})^2, \quad SSA \equiv \sum_{i=1}^{r}\sum_{j=1}^{n_i}(\bar{x}_i-\bar{x})^2, \quad SSE \equiv \sum_{i=1}^{r}\sum_{j=1}^{n_i}(x_{ij}-\bar{x}_i)^2.$$

可以证明 $SST = SSA + SSE$.

SST 称为**总偏差平方和**，SSE 称为**组内平方和**，SSA 称为**组间平方和**. 如果 H_0 成立，则 $\sum\sum(\mu_i-\mu)^2=0$. 因为 $\bar{x}_i$ 和 $\bar{x}$ 分别为 μ_i 和 μ 的无偏估计和有效估计，即便样本的随机性会使 $SSA=\sum\sum(\bar{x}_i-\bar{x})^2 \neq 0$，$SSA$ 也不应太大，若 SSA 太大，就有理由拒绝 H_0. 相对地讲，SSA 越大，SSE 就越小，进而 SSA/SSE 越大，$[SSA/(r-1)]/[SSE/(n-r)]$ 也越大. 因此，可以用 $[SSA/(r-1)]/[SSE/(n-r)]$ 的大小来判别 H_0 是否成立.

可以证明，在 H_0 为真时，

$$F = \frac{SSA/(r-1)}{SSE/(n-r)} \sim F(r-1, n-r). \tag{9-1-4}$$

称 $MSA \equiv SSA/(r-1)$，$MSE \equiv SSE/(n-r)$，$MST \equiv SST/(n-1)$ 为**均方**（MS）.

选取式（9-1-4）作为检验统计量. 由上述分析知，单因素方差分析属于 F 右检验. 将上面分析结果排成表 9-1-3 的形式，称为**方差分析表**.

表 9-1-3　单因素方差分析表

差异源	SS	df	MS	F	P value	F crit
组间	SSA	$r-1$	MSA	F_A		$F_\alpha(r-1,n-r)$
组内	SSE	$n-r$	MSE			
总计	SST	$n-1$				

若检验结果为显著，可以进一步计算 μ_i 和 σ^2 的最大似估计值以及 μ_i 的置信区间.
- $\hat{\mu}_i = \bar{x}_i$. $\hspace{6cm}$ （9-1-5）
- $\hat{\sigma}_M^2 = SSE/n$.

由于 $\hat{\sigma}_M^2$ 不是 σ^2 的无偏估计，实际中通常用均方误差作为 σ^2 的无偏估计量，即
- $\hat{\sigma}^2 = MSE = SSE/(n-r)$. $\hspace{4cm}$ （9-1-6）

水平 A_i 的均值 μ_i 的 $1-\alpha$ 置信区间端点为
- $\bar{x}_i \mp t_{1-\alpha/2}(n-r)\sqrt{MSE/n_i}$. $\hspace{3cm}$ （9-1-7）

还可以对水平之间的均值进行两两比较检验，称为**多重比较**. 这里介绍费希尔提出的最小显著性差异多重比较（least significant difference）法，简称 LSD 法. 检验问题为

$$H_0: \mu_i = \mu_j; H_0: \mu_i \neq \mu_j.$$

检验统计量为

$$t_{ij} = \frac{\overline{x}_i - \overline{x}_j}{\sqrt{MSE\left(\dfrac{1}{n_i} + \dfrac{1}{n_j}\right)}} \sim t(n-r), \tag{9-1-8}$$

检验为双侧 t 检验.

至此我们总结出单因素方差分析的步骤:

步骤 1 建立原假设和备择假设.

步骤 2 计算方差分析表.

步骤 3 统计推断.

步骤 4 若因素显著,可以估计 μ_i 和 σ^2 以及多重比较. 若因素不显著,则无须参数估计和多重比较.

二、方差齐性检验

方差齐性指的是方差相等. 检验总体方差齐性的方法很多,这里只介绍 Levene 方差齐性检验.

Levene 方差齐性检验是 H. Levene 在 1960 年提出的,既可以用于正态分布的资料,也可以用于非正态分布的资料或分布不明的资料,其检验效果比较理想.

针对表 9-1-2,设 $A_i \sim N(\mu_i, \sigma_i^2), i = 1, 2, \cdots, r$,检验问题为

$H_0: \sigma_1 = \sigma_2 = \cdots = \sigma_r$; $H_0: \sigma_i(i=1,2,\cdots,r)$ 不全相等.

H. Levene 构造了 W 检验统计量:

$$W = \frac{(n-r)\sum_{i=1}^{r} n_i(\overline{y}_i - \overline{y})^2}{(r-1)\sum_{i=1}^{r}\sum_{j=1}^{n_i}(y_{ij} - \overline{y}_i)^2}, \tag{9-1-9}$$

式(9-1-9)中,y_{ij} 为 x_{ij} 经转换后的新值,$\overline{y}_i$ 为 x_{ij} 经转换后的第 i 个样本均值,$\overline{y}$ 为 x_{ij} 经转换后的总均值.

数据转换方式有以下三种:

- $y_{ij} = |x_{ij} - \overline{x}_i|$, $\tag{9-1-10}$
- $y_{ij} = |x_{ij} - \tilde{x}_i|$, $\tag{9-1-11}$
- $y_{ij} = |x_{ij} - \overline{x}_i'|$, $\tag{9-1-12}$

其中:$\overline{x}_i$ 是原始数据中第 i 个样本的均值;$\tilde{x}_i$ 是原始数据中第 i 个样本的中位数;$\overline{x}_i'$ 是原始数据中第 i 个样本的 10% 调整均值.

这三种转换方式都使 Levene 检验具有较好的稳健性和把握度. 第一种转换方式(式(9-1-10))主要用于对称分布或正态分布的资料;第二种转换方式(式(9-1-11))可用于偏态分布的资料;第三种转换方式(式(9-1-12))可用于有极端值或离群值的资料. SAS 和 SPSS 统计软件中的 Levene 检验使用了第一种转换方式. SPSS 在进行方差分析时,可以同时进行 Levene 方差齐性检验.

可以证明，在 H_0 为真时，统计量（9-1-9）$W \sim F(r-1, n-r)$. Levene 检验是右侧 F 检验.

SPSS 中可以通过'分析（A）> 比较平均值（M）> 独立样本 T 检验（S）'过程进行 Levene 方差齐性检验，参见例 8-3-1。

【例 9-1-2】 对例 9-1-1 进行方差分析.

解 本例用 SPSS 进行方差分析的步骤如下：

步骤 1 将数据重新编码，定义一个变量'饲料品种'：1 = 饲料 1，2 = 饲料 2，3 = 饲料 3. 将三种饲料的鸡重数据依次合并为一个变量'鸡重'，编码后数据见表 9-1-4. 在 SPSS 中，可以通过'数据(D) > 重组(R)'实现此编码.

表 9-1-4 编码数据

饲料品种	鸡重
1	1073
1	1009
1	1060
1	1001
1	1002
1	1012
1	1009
1	1028
2	1107
2	1092
2	990
2	1109
2	1090
2	1074
2	1122
2	1001
3	1093
3	1029
3	1080
3	1021
3	1022
3	1032
3	1029
3	1048

步骤 2 将表 9-1-4 数据输入数据编辑器，数据视图和变量视图分别如图 9-1-1 和图 9-1-2 所示. 打开变量视图，给变量'饲料品种'添加值标签：1 = 饲料 1，2 = 饲料 2，3 = 饲料 3.（添加值标签的方法参见例 3-1-1）

	饲料品种	鸡重
7	1	1009
8	1	1028
9	2	1107
10	2	1092

图 9-1-1　数据视图

	名称	类型	值	度量标准
1	饲料品种	数值(N)	{1, 饲料1}...	名义(N)
2	鸡重	数值(N)	无	度量(S)
3				
4				

图 9-1-2　变量视图

步骤 3　点击'分析（A）> 一般线性模型（G）> 单变量（U）'．'单变量'对话框如图 9-1-3 所示．将变量'鸡重'选入'因变量（D）：'框，变量'饲料品种'选入'固定因子（F）：'框．

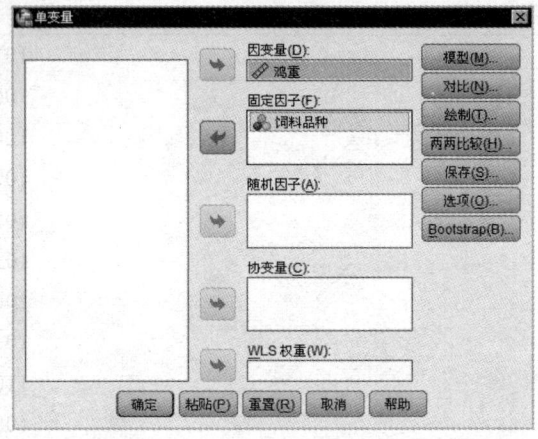

图 9-1-3　'单变量'对话框

步骤 4　点击'两两比较（H）...'．'单变量：观测均值的两两比较'对话框如图 9-1-4 所示．将'饲料品种'选入'两两比较检验（P）：'框．'假定方差齐性'选择'LSD（L）'，点击'继续'．

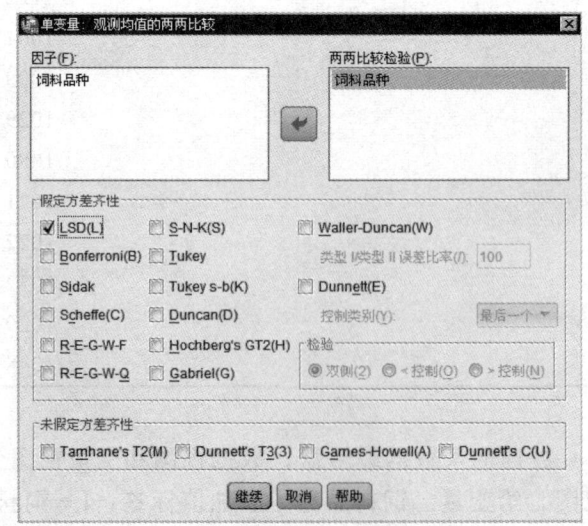

图 9-1-4　'单变量：观测均值的两两比较'对话框

步骤 5 点击'选项（O）...'，'单变量：选项'对话框如图 9-1-5 所示。将变量'饲料品种'选入'显示均值（M）：'框。'输出'选择'描述统计（D）''方差齐性检验（H）'和'参数估计（T）'，点击'继续'。

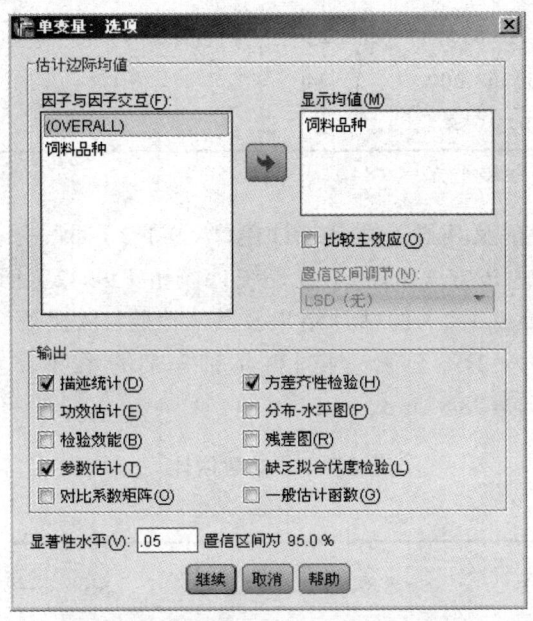

图 9-1-5 '单变量：选项'对话框

步骤 6 点击'确定'。

表 9-1-5 是 Levene 方差齐性检验结果。从中可知显著性 $p = 0.178 > 0.05$，所以没有充足理由拒绝 H_0，即认为方差是齐性的。

表 9-1-5 误差方差等同性的 Levene 检验[a]

因变量：鸡重

F	df1	df2	Sig.
1.876	2	21	.178

检验零假设，即在所有组中因变量的误差方差均相等。
a.设计：截距+饲料品种。

表 9-1-6 是方差分析表。饲料品种的显著性 $p = 0.045 < 0.05$，故在 $\alpha = 0.05$ 下有充足理由拒绝原 H_0，即三种饲料对鸡的增重有显著性影响。

表 9-1-6 主体间效应的检验

因变数：鸡重

来源	第Ⅲ类平方和	df	平均值平方	F	显著性
修正的模型	9660.083[a]	2	4830.042	3.595	.045
截距	26319487.042	1	26319487.042	19588.591	.000

续表

来源	第Ⅲ类平方和	df	平均值平方	F	显著性
饲料品种	9660.083	2	4830.042	3.595	.045
错 误	28215.875	21	1343.613		
总 计	26357363.000	24			
校正后总数	37875.958	23			

a. R 平方 = .255（调整的 R 平方 = .184）.

修正的模型的 F 统计量及其显著性是统计模型（9-1-2）回归分析的 F 检验统计量及其显著性. R 方 = 0.255（调整 R 方 = 0.184）也是统计模型（9-1-2）回归分析的 R 方.

表 9-1-7 是统计模型（9-1-2）的估计结果及其 t 检验. 从显著性可知, 截距显著, [饲料品种 = 1] 和 [饲料品种 = 2] 不显著, [饲料品种 = 3] 的系数 α_3 设为 0, 不进行检验. $\hat{\alpha}_0 = 1044.25$, $\hat{\alpha}_1 = -20.00$, $\hat{\alpha}_2 = 28.875$, $\alpha_3 = 0$.

表 9-1-7 参数估计

因变量： 鸡重

参数	B	标准误差	t	Sig.	95% 置信区间	
					下限	上限
截距	1044.250	12.960	80.577	.000	1017.299	1071.201
[饲料品种 = 1]	-20.000	18.328	-1.091	.288	-58.114	18.114
[饲料品种 = 2]	28.875	18.328	1.575	.130	-9.239	66.989
[饲料品种 = 3]	0ª	.	.	.	.	.

a. 此参数为冗余参数, 将被设为零.

表 9-1-8 给出了各水平的均值估计和区间估计, 具体是：

饲料 1 的均值估计 $\hat{\mu}_1 = 1024.250$, 95% 置信区间分别为 [997.299, 1051.201];

饲料 2 的均值估计 $\hat{\mu}_2 = 1073.125$, 95% 置信区间分别为 [1046.174, 1100.076];

饲料 3 的均值估计 $\hat{\mu}_3 = 1044.250$, 95% 置信区间分别为 [1017.299, 1071.201].

表 9-1-8 饲料品种

因变数： 鸡重

饲料品种	平均数	标准错误	95% 信赖区间	
			下限	上限
饲料 1	1024.250	12.960	997.299	1051.201
饲料 2	1073.125	12.960	1046.174	1100.076
饲料 3	1044.250	12.960	1017.299	1071.201

表 9-1-9 给出了多重比较的检验结果. 从显著性是否小于 0.05 可以判断, 饲料 1 和饲料 2 存在显著性差异, 而饲料 1 和饲料 3、饲料 2 和饲料 3 不存在显著性差异.

表 9-1-9　多重比较

因变数：鸡重
LSD

（I）饲料品种	（J）饲料品种	平均差异（I-J）	标准错误	显著性	95% 信赖区间	
					下限	上限
饲料 1	饲料 2	−48.88*	18.328	.014	−86.99	−10.76
	饲料 3	−20.00	18.328	.288	−58.11	18.11
饲料 2	饲料 1	48.88*	18.328	.014	10.76	86.99
	饲料 3	28.88	18.328	.130	−9.24	66.99
饲料 3	饲料 1	20.00	18.328	.288	−18.11	58.11
	饲料 2	−28.88	18.328	.130	−66.99	9.24

根据观察到的平均数.
错误项目是平均值平方和（错误）= 1343.613.
*.平均值差异在.05 层级显著.

注：SPSS 单因素方差分析亦可用'分析（A）> 比较平均值（M）> 单因素 ANOVA'过程进行分析，读者可自行实践.

第二节　双因素方差分析

【例 9-2-1】　有 4 个品牌的彩电在 5 个地区销售. 每个品牌在各地区的销售量统计数据（单位：台）见表 9-2-1.

表 9-2-1　4 个品牌的彩电在 5 个地区的销售量数据

品　牌	地区 1	地区 2	地区 3	地区 4	地区 5
品牌 1	365	350	343	340	323
品牌 2	345	368	363	330	333
品牌 3	358	323	353	343	308
品牌 4	288	280	298	260	298

试检验品牌或销售地区对销售量是否有显著性影响.

例 9-2-1 检验问题涉及两个因素——品牌或销售地区，称为**双因素方差分析**. 如果品牌和地区对销售量的影响是独立的，则方差分析称为**无交互作用的方差分析**. 如果除了品牌和地区对销售量的独立影响外，两因素的搭配也会对销售量产生一种影响，则方差分析称为**有交互作用的方差分析**.

一、无交互作用的双因素方差分析

(一) 检验问题

在无交互作用的方差分析中,设行因素 R 有 r 个水平 $R_1, R_2, \cdots, R_r$,列因素 C 有 c 个水平 $C_1, C_2, \cdots, C_c$。将每一水平看作一个总体,行因素 R 有 r 个总体,列因素 C 有 c 个总体。检验问题是:

- H_0:行因素 R 对研究对象无显著性影响; H_1:行因素 R 对研究对象有显著性影响。
- H_0:列因素 C 对研究对象无显著性影响; H_1:列因素 C 对研究对象有显著性影响。

设对每个总体进行独立重复试验共取得 $r \times c$ 个样本数据,记 x_{ij} 表示第 i 个行总体第 j 个列总体的试验数据,数据结构见表 9-2-2。

表 9-2-2 无交互作用的双因素方差分析数据结构

行因素 R	列因素 C			
	C_1	C_2	$\cdots$	C_c
R_1	x_{11}	x_{12}	$\cdots$	x_{1c}
R_2	x_{21}	x_{22}	$\cdots$	x_{2c}
$\vdots$	$\vdots$	$\vdots$		$\vdots$
R_r	x_{r1}	x_{r2}	$\cdots$	x_{rc}

无交互作用的方差分析假设:

- 行总体 $R_i \sim N(\mu_i, \sigma^2), i = 1, 2, \cdots, r$。
- 列总体 $C_j \sim N(\mu_j, \sigma^2), j = 1, 2, \cdots, c$。
- 所有的试验结果 x_{ij} 都相互独立。

在上述假设下,检验问题可转化为对各总体均值的检验。

- 对 $R_i \sim N(\mu_i, \sigma^2), i = 1, 2, \cdots, r$ 的检验问题为:

$H_0: \mu_i(i=1,2,\cdots,r)$ 全相等; $H_1: \mu_i(i=1,2,\cdots,r)$ 不全相等。 (9-2-1)

- 对 $C_j \sim N(\mu_j, \sigma^2), j = 1, 2, \cdots, c$ 的检验问题为:

$H_0: \mu_j(j=1,2,\cdots,c)$ 全相等; $H_1: \mu_j(j=1,2,\cdots,c)$ 不全相等。 (9-2-2)

(二) 统计模型

对于水平 $R_i(i=1,2,\cdots,r), C_j(j=1,2,\cdots,c)$,定义虚拟变量

$$D_{1\cdot} = \begin{cases} 1, i=1, \\ 0, i \neq 1, \end{cases} D_{2\cdot} = \begin{cases} 1, i=2, \\ 0, i \neq 2, \end{cases} \cdots, D_{r-1\cdot} = \begin{cases} 1, i=r-1, \\ 0, i \neq r-1, \end{cases}$$

$$D_{\cdot 1} = \begin{cases} 1, j=1, \\ 0, j \neq 1, \end{cases} D_{\cdot 2} = \begin{cases} 1, j=2, \\ 0, j \neq 2, \end{cases} \cdots, D_{\cdot c-1} = \begin{cases} 1, j=c-1, \\ 0, j \neq c-1, \end{cases}$$

则无交互作用的双因素方差分析的统计模型为

$$\begin{cases} x_{ij} = \alpha_0 + \alpha_1 D_{1.} + \alpha_2 D_{2.} + \cdots + \alpha_{r-1} D_{r-1.} + \beta_1 D_{.1} + \beta_2 D_{.2} + \cdots + \beta_{c-1} D_{.c-1} + \varepsilon_{ij}, \\ \varepsilon_{ij} \sim N(0, \sigma^2), \text{且诸} \varepsilon_{ij} \text{相互独立}. \end{cases} \quad (9\text{-}2\text{-}3)$$

简记作

$$\begin{cases} x_{ij} = \alpha_0 + \alpha_i + \beta_j + \varepsilon_{ij}, i=1,2,\cdots,r, j=1,2,\cdots,c, \\ \alpha_r = 0, \beta_c = 0, \\ \varepsilon_{ij} \sim N(0, \sigma^2), \text{且诸} \varepsilon_{ij} \text{相互独立}. \end{cases} \quad (9\text{-}2\text{-}4)$$

（三）平方和分解与方差分析

记 $\bar{x}_{i.} \equiv \frac{1}{c}\sum_{j=1}^{c} x_{ij}, i=1,2,\cdots,r, \quad \bar{x}_{.j} \equiv \frac{1}{r}\sum_{i=1}^{r} x_{ij}, j=1,2,\cdots,c, \quad \bar{x} \equiv \frac{1}{r \cdot c}\sum_{i=1}^{r}\sum_{j=1}^{c} x_{ij},$

$$SST \equiv \sum_{i=1}^{r}\sum_{j=1}^{c}(x_{ij}-\bar{x})^2, \quad SSR \equiv \sum_{i=1}^{r}\sum_{j=1}^{c}(\bar{x}_{i.}-\bar{x})^2, \quad SSC \equiv \sum_{i=1}^{r}\sum_{j=1}^{c}(\bar{x}_{.j}-\bar{x})^2,$$

$$SSE \equiv \sum_{i=1}^{r}\sum_{j=1}^{c}(x_{ij}-\bar{x}_{i.}-\bar{x}_{.j}+\bar{x})^2.$$

可以证明，$SST = SSR + SSC + SSE$，且在 H_0 为真时，

$$F_R = \frac{SSR/(r-1)}{SSE/[(r-1)(c-1)]} \sim F[r-1, (r-1)(c-1)], \quad (9\text{-}2\text{-}5)$$

$$F_C = \frac{SSC/(c-1)}{SSE/[(r-1)(c-1)]} \sim F[c-1, (r-1)(c-1)]. \quad (9\text{-}2\text{-}6)$$

选取式（9-2-5）作为行因素 R 的检验统计量，式（9-2-6）作为列因素 C 的检验统计量．双因素方差分析仍为 F 右检验．将上面分析结果排成表 9-2-3 的形式，即为**方差分析表**．

表 9-2-3 无交互作用的双因素方差分析表

差异源	SS	df	MS	F	P-value	F crit
行	SSR	$r-1$	MSR	F_R		$F_\alpha(r-1,(r-1)(c-1))$
列	SSC	$c-1$	MSC	F_C		$F_\alpha(c-1,(r-1)(c-1))$
误差	SSE	$(r-1)(c-1)$	MSE			
总计	SST	$r \times c - 1$				

【**例 9-2-2**】 对例 9-2-1 进行方差分析．

解 本例用 SPSS 进行方差分析的步骤如下：

步骤 1 将数据重新编码，定义一个变量'品牌'：1 = 品牌 1，2 = 品牌 2，3 = 品牌 3，4 = 品牌 4；再定义一个变量'地区'：1 = 地区 1，2 = 地区 2，3 = 地区 3，4 = 地区 4，5 = 地区 5．4 种品牌 5 个地区的销售量数据依次合并为一个变量'销售量'，编码后的数据见表 9-2-4．

在 SPSS 中，可以通过'数据(D) > 重组(R)'实现此编码.

表 9-2-4　编码数据

品　牌	地　区	销售量
1	1	365
2	1	345
3	1	358
4	1	288
1	2	350
2	2	368
3	2	323
4	2	280
1	3	343
2	3	363
3	3	353
4	3	298
1	4	340
2	4	330
3	4	343
4	4	260
1	5	323
2	5	333
3	5	308
4	5	298

步骤 2　将表 9-2-4 数据输入数据编辑器，数据视图和变量视图分别如图 9-2-1 和图 9-2-2 所示. 在变量视图中，给变量'品牌'添加值标签：1 = 品牌 1，2 = 品牌 2，3 = 品牌 3，4 = 品牌 4；给变量'地区'添加值标签：1 = 地区 1，2 = 地区 2，3 = 地区 3，4 = 地区 4，5 = 地区 5.

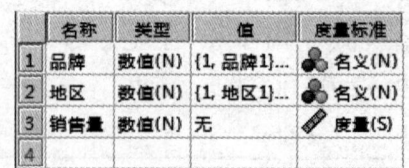

图 9-2-1　数据视图　　　　　　图 9-2-2　变量视图

步骤 3　点击'分析（A）> 一般线性模型（G）> 单变量（U）'. '单变量'对话框如图 9-2-3 所示. 将变量'销售量'选入'因变量（D）:'框，将变量'品牌'和'地区'选入'固定因子（F）:'框.

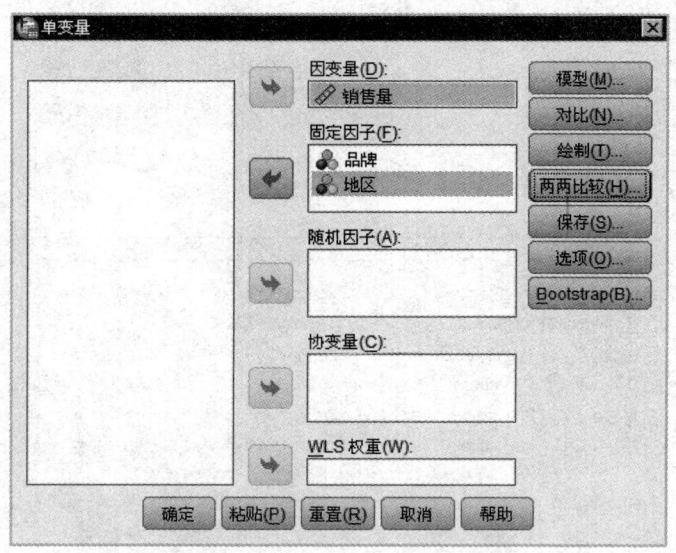

图 9-2-3 '单变量'对话框

步骤 4　点击'模型（M）...'，'单变量：模型'对话框如图 9-2-4 所示．'指定模型'选择'设定（C）'，将变量'品牌'和'地区'选入'模型（M）:'框．'构建项/模型（P）:'选择'主效应'．选择'在模型中包含截距（I）'．点击'继续'．

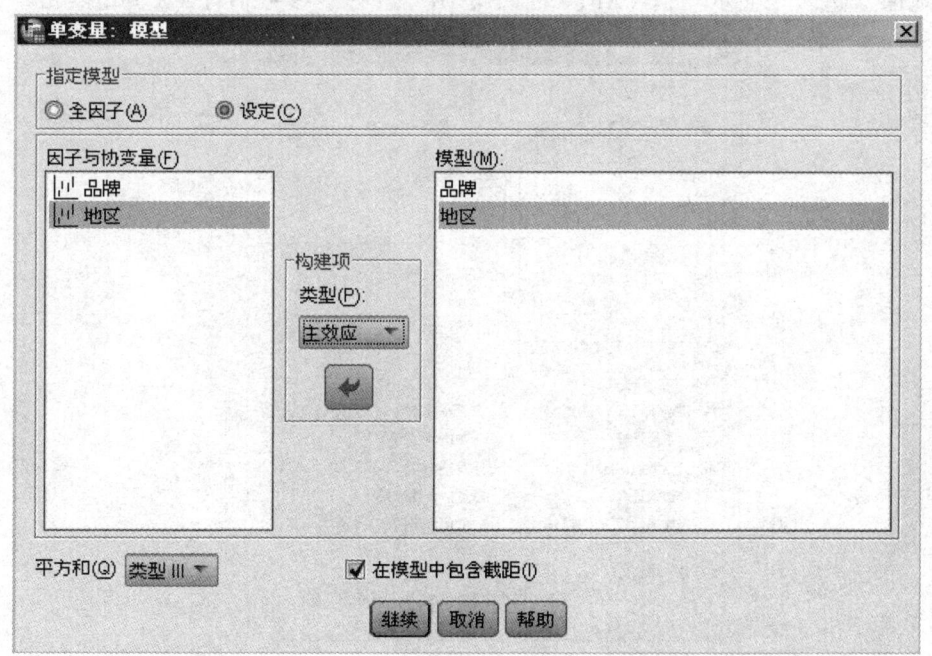

图 9-2-4 '单变量：模型'对话框

步骤 5　点击'两两比较（H）...'，'单变量：观测均值的两两比较'对话框如图 9-2-5 所示．将变量'品牌'和'地区'选入'两两比较检验（P）:'框．'假定方差齐性'选择'LSD（L）'，点击'继续'．

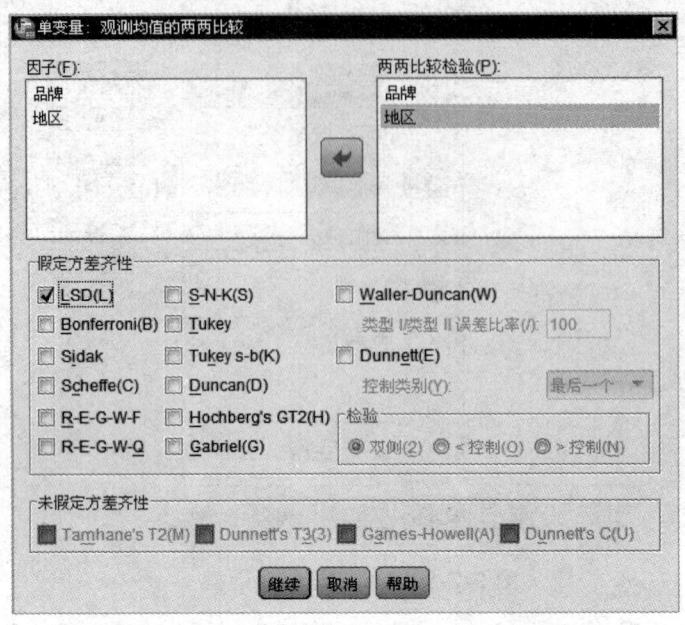

图 9-2-5 '单变量:观测均值的两两比较'对话框

步骤 6 点击'选项($\underline{O}$)...','单变量:选项'对话框如图 9-2-6 所示. 将变量'品牌'和'地区'选入'显示均值($\underline{M}$)'框.'输出'选择'参数估计($\underline{T}$)',点击'继续'.

图 9-2-6 单变量:选项对话框

步骤 7 点击'确定'.

表 9-2-5 是方差分析表. 从中可知,品牌的显著性 $p = 0.000 < 0.05$,故在 $\alpha = 0.05$ 下有充足理由拒绝 H_0,即品牌对彩电销售量有显著性影响. 地区的显著性 $p = 0.144 > 0.05$,故在 $\alpha = 0.05$ 下没有充足理由拒绝 H_0,即地区对彩电销售量无显著性影响.

表 9-2-5 主体间效应的检验

因变量：销售量

源	III型平方和	df	均方	F	Sig.
校正模型	15016.250[a]	7	2145.179	8.961	.001
截距	2157588.050	1	2157588.050	9012.795	.000
品牌	13004.550	3	4334.850	18.108	.000
地区	2011.700	4	502.925	2.101	.144
误差	2872.700	12	239.392		
总计	2175477.000	20			
校正的总计	17888.950	19			

a. R 方 = .839（调整 R 方 = .746）.

校正模型的 F 统计量及其 Sig.是统计模型（9-2-3）回归分析的 F 检验统计量及其显著性. R 方 = 0.839（调整 R 方 = 0.746）也是统计模型（9-2-3）回归分析的 R 方.

表 9-2-6 是统计模型（9-2-3）的估计结果及其 t 检验. $\hat{\alpha}_0 = 271.850$，$\hat{\alpha}_1 = 59.40$，$\hat{\alpha}_2 = 63.0$，$\hat{\alpha}_3 = 52.20$，$\alpha_4 = 0$，$\hat{\beta}_1 = 23.5$，$\hat{\beta}_2 = 14.75$，$\hat{\beta}_3 = 23.750$，$\hat{\beta}_4 = 2.750$，$\beta_5 = 0$. 其中各地区的效应都不显著.

表 9-2-6 参数估计

因变量：销售量

参数	B	标准 误差	t	Sig.	95% 置信区间 下限	95% 置信区间 上限
截距	271.850	9.786	27.781	.000	250.529	293.171
[品牌 = 1]	59.400	9.786	6.070	.000	38.079	80.721
[品牌 = 2]	63.000	9.786	6.438	.000	41.679	84.321
[品牌 = 3]	52.200	9.786	5.334	.000	30.879	73.521
[品牌 = 4]	0[a]	.	.	.	.	.
[地区 = 1]	23.500	10.941	2.148	.053	−.337	47.337
[地区 = 2]	14.750	10.941	1.348	.202	−9.087	38.587
[地区 = 3]	23.750	10.941	2.171	.051	−.087	47.587
[地区 = 4]	2.750	10.941	.251	.806	−21.087	26.587
[地区 = 5]	0[a]	.	.	.	.	.

a. 此参数为冗余参数，将被设为零.

表 9-2-7 给出了不考虑地区情况下，4 个品牌平均销售量的点估计和区间估计.

表 9-2-7 品 牌

因变量：销售量

品牌	均值	标准误差	95% 置信区间	
			下 限	上 限
品牌 1	344.200	6.919	329.124	359.276
品牌 2	347.800	6.919	332.724	362.876
品牌 3	337.000	6.919	321.924	352.076
品牌 4	284.800	6.919	269.724	299.876

表 9-2-8 给出了不考虑品牌情况下，5 个地区平均销售量的点估计和区间估计.

表 9-2-8 地 区

因变量：销售量

地区	均值	标准误差	95% 置信区间	
			下 限	上 限
地区 1	339.000	7.736	322.144	355.856
地区 2	330.250	7.736	313.394	347.106
地区 3	339.250	7.736	322.394	356.106
地区 4	318.250	7.736	301.394	335.106
地区 5	315.500	7.736	298.644	332.356

表 9-2-9 给出了不考虑地区情况下，品牌之间销售量的多重比较的检验结果. 从表中的显著性（Sig.）可以判断，在 $\alpha = 0.05$ 下品牌 4 与品牌 1、品牌 2 和品牌 3 之间的销售量显著不同.

表 9-2-9 多个比较

因变量：销售量

LSD

（I）品牌	（J）品牌	均值差值（I-J）	标准误差	Sig.	95% 置信区间	
					下 限	上 限
品牌 1	品牌 2	−3.60	9.786	.719	−24.92	17.72
	品牌 3	7.20	9.786	.476	−14.12	28.52
	品牌 4	59.40*	9.786	.000	38.08	80.72
品牌 2	品牌 1	3.60	9.786	.719	−17.72	24.92
	品牌 3	10.80	9.786	.291	−10.52	32.12
	品牌 4	63.00*	9.786	.000	41.68	84.32

续表

（I）品牌	（J）品牌	均值差值（I-J）	标准误差	Sig.	95% 置信区间	
					下限	上限
品牌 3	品牌 1	-7.20	9.786	.476	-28.52	14.12
	品牌 2	-10.80	9.786	.291	-32.12	10.52
	品牌 4	52.20*	9.786	.000	30.88	73.52
品牌 4	品牌 1	-59.40*	9.786	.000	-80.72	-38.08
	品牌 2	-63.00*	9.786	.000	-84.32	-41.68
	品牌 3	-52.20*	9.786	.000	-73.52	-30.88

基于观测到的均值.
误差项为均值方（错误）= 239.392.
*.均值差值在 .05 级别上较显著.

表 9-2-10 给出了不考虑品牌情况下，地区之间销售量的多重比较的检验结果. 从表中的显著性（Sig.）可以判断，在 $\alpha = 0.05$ 下地区之间的销售量没有显著不同，即地区对销售量没有显著性影响.

表 9-2-10 多个比较

因变量：销售量
LSD

（I）地区	（J）地区	均值差值（I-J）	标准误差	Sig.	95% 置信区间	
					下限	上限
地区 1	地区 2	8.75	10.941	.439	-15.09	32.59
	地区 3	-.25	10.941	.982	-24.09	23.59
	地区 4	20.75	10.941	.082	-3.09	44.59
	地区 5	23.50	10.941	.053	-.34	47.34
地区 2	地区 1	-8.75	10.941	.439	-32.59	15.09
	地区 3	-9.00	10.941	.427	-32.84	14.84
	地区 4	12.00	10.941	.294	-11.84	35.84
	地区 5	14.75	10.941	.202	-9.09	38.59
地区 3	地区 1	0.25	10.941	.982	-23.59	24.09
	地区 2	9.00	10.941	.427	-14.84	32.84
	地区 4	21.00	10.941	.079	-2.84	44.84
	地区 5	23.75	10.941	.051	-.09	47.59
地区 4	地区 1	-20.75	10.941	.082	-44.59	3.09
	地区 2	-12.00	10.941	.294	-35.84	11.84
	地区 3	-21.00	10.941	.079	-44.84	2.84
	地区 5	2.75	10.941	.806	-21.09	26.59

续表

(I)地区	(J)地区	均值差值(I-J)	标准误差	Sig.	95%置信区间	
					下限	上限
地区 5	地区 1	−23.50	10.941	.053	−47.34	.34
	地区 2	−14.75	10.941	.202	−38.59	9.09
	地区 3	−23.75	10.941	.051	−47.59	.09
	地区 4	−2.75	10.941	.806	−26.59	21.09

基于观测到的均值.
误差项为均值方(错误) = 239.392.

二、有交互作用的双因素方差分析

【例 9-2-3】 城市道路交通管理部门为了研究不同的路段和不同时间段对行车时间的影响,让一名交通警察分别在两个路段的高峰期和非高峰期亲自驾车进行试验,试验获得 20 个行车时间数据见表 9-2-11. 试分析路段时间段以及路段和时间段的交互作用对行车时间的影响.

表 9-2-11 行车时间数据

时间段	路段 1	路段 2
高峰期	26	19
	24	20
	27	23
	25	22
	25	21
非高峰期	20	18
	17	17
	22	13
	21	16
	17	12

(一)检验问题

设在有交互作用的方差分析中,行因素 R 有 r 个水平 $R_1, R_2, \cdots, R_r$,列因素 C 有 c 个水平 $C_1, C_2, \cdots, C_c$. 将每一水平看作一个总体,行因素 R 有 r 个总体,列因素 C 有 c 个总体. 将水平 (R_i, C_j) 看作一个总体,共有 $r \times c$ 个总体. 检验问题是:

- H_0:行因素 R 对研究对象没有显著性影响;H_1:行因素 R 对研究对象有显著性影响.
- H_0:列因素 C 对研究对象没有显著性影响;H_1:列因素 C 对研究对象有显著性影响.

- H_0：因素 R 和 C 共同对研究对象没有显著性影响；H_1：因素 R 和 C 共同对研究对象有显著性影响。

现对因素 R 和 C 的每对水平组合 (R_i,C_j)，$i=1,2,\cdots,r$，$j=1,2,\cdots,c$，都作 $m(m\geqslant 2)$ 次试验，设 x_{ijl} 为对 (R_i,C_j) 的第 l 次观察值，数据结构见表 9-2-12。

表 9-2-12　有交互作用的双因素方差分析数据结构

行因素 R	列因素 C			
	C_1	C_2	$\cdots$	C_c
R_1	x_{111} $\vdots$ x_{11m}	x_{121} $\vdots$ x_{12m}	$\cdots$ $\vdots$ $\cdots$	x_{1c1} $\vdots$ x_{1cm}
R_2	x_{211} $\vdots$ x_{21m}	x_{221} $\vdots$ x_{22m}	$\cdots$ $\vdots$ $\cdots$	x_{2c1} $\vdots$ x_{2cm}
$\vdots$	$\vdots$	$\vdots$	$\vdots$	$\vdots$
R_r	x_{r11} $\vdots$ x_{r1m}	x_{r21} $\vdots$ x_{r2m}	$\cdots$ $\vdots$ $\cdots$	x_{rc1} $\vdots$ x_{rcm}

有交互作用的方差分析假设：

- 行总体 $R_i \sim N(\mu_i,\sigma^2)$，$i=1,2,\cdots,r$。
- 列总体 $C_j \sim N(\mu_j,\sigma^2)$，$j=1,2,\cdots,c$。
- 总体 $(R_i,C_j) \sim N(\mu_{ij},\sigma^2)$，$i=1,2,\cdots,r;j=1,2,\cdots,c$。
- 所有的试验结果 x_{ijl} 都相互独立。

在上述假设下，检验问题可转化为对各总体均值的检验。

- 对 $R_i \sim N(\mu_i,\sigma^2)$，$i=1,2,\cdots,r$ 的检验问题为：

$H_0:\mu_i(i=1,2,\cdots,r)$ 全相等；$H_1:\mu_i(i=1,2,\cdots,r)$ 不全相等。　　（9-2-7）

- 对 $C_j \sim N(\mu_j,\sigma^2)$，$j=1,2,\cdots,c$ 的检验问题为：

$H_0:\mu_j(j=1,2,\cdots,c)$ 全相等；$H_1:\mu_j(j=1,2,\cdots,c)$ 不全相等。　　（9-2-8）

- 对 $(R_i,C_j) \sim N(\mu_{ij},\sigma^2)$，$i=1,2,\cdots,r;j=1,2,\cdots,c$ 的检验问题为：

$H_0:\mu_{ij}(i=1,2,\cdots,r;j=1,2,\cdots,c)$ 全相等；$H_1:\mu_{ij}(i=1,2,\cdots,r;j=1,2,\cdots,c)$ 不全相等。（9-2-9）

（二）统计模型

对于水平 $R_i(i=1,2,\cdots,r)$，$C_j(j=1,2,\cdots,c)$，$(R_i,C_j)(i=1,2,\cdots,r,j=1,2,\cdots,c)$，定义虚拟变量

$$D_{1.}=\begin{cases}1,&i=1,\\0,&i\neq 1,\end{cases} D_{2.}=\begin{cases}1,&i=2,\\0,&i\neq 2,\end{cases}\cdots,D_{r-1.}=\begin{cases}1,&i=r-1,\\0,&i\neq r-1,\end{cases}$$

$$D_{.1} = \begin{cases} 1, & j=1, \\ 0, & j \neq 1, \end{cases} D_{.2} = \begin{cases} 1, & j=2, \\ 0, & j \neq 2, \end{cases} \cdots, D_{.c-1} = \begin{cases} 1, & j=c-1, \\ 0, & j \neq c-1, \end{cases}$$

$$D_{1.1} = \begin{cases} 1, & i=1, j=1, \\ 0, & 其他, \end{cases} D_{1.2} = \begin{cases} 1, & i=1, j=2, \\ 0, & 其他, \end{cases} \cdots, D_{1.c-1} = \begin{cases} 1, & i=1, j=c-1, \\ 0, & 其他, \end{cases}$$

$$D_{2.1} = \begin{cases} 1, & i=2, j=1, \\ 0, & 其他, \end{cases} D_{2.2} = \begin{cases} 1, & i=2, j=2, \\ 0, & 其他, \end{cases} \cdots, D_{2.c-1} = \begin{cases} 1, & i=2, j=c-1, \\ 0, & 其他, \end{cases}$$

$$\cdots, D_{r-1.1} = \begin{cases} 1, & i=r-1, j=1, \\ 0, & 其他, \end{cases} D_{r-1.2} = \begin{cases} 1, & i=r-1, j=2, \\ 0, & 其他, \end{cases} \cdots, D_{r-1.c-1} = \begin{cases} 1, & i=r-1, j=c-1, \\ 0, & 其他, \end{cases}$$

则有交互作用的双因素方差分析的统计模型为：

$$\begin{cases} x_{ijl} = \alpha_0 + \alpha_1 D_{1.} + \alpha_2 D_{2.} + \cdots + \alpha_{r-1} D_{r-1.} + \beta_1 D_{.1} + \beta_2 D_{.2} + \cdots + \beta_{c-1} D_{.c-1} + \\ \quad \gamma_{1.1} D_{1.1} + \gamma_{1.2} D_{1.2} + \cdots + \gamma_{r-1.c-1} D_{r-1.c-1} + \varepsilon_{ijl}, \\ \varepsilon_{ijl} \sim N(0, \sigma^2), 且诸 \varepsilon_{ijl} 相互独立. \end{cases} \quad (9\text{-}2\text{-}10)$$

简记作

$$\begin{cases} x_{ijl} = \alpha_0 + \alpha_i + \beta_j + \gamma_{ij} + \varepsilon_{ijl}, i=1,2,\cdots,r, j=1,2,\cdots,c, l=1,2,\cdots,m, \\ \alpha_r = 0, \beta_c = 0, \gamma_{1,c} = \cdots = \gamma_{r,c} = \gamma_{r,1} = \cdots = \gamma_{r,c-1} = 0, \\ \varepsilon_{ijl} \sim N(0, \sigma^2), 且诸 \varepsilon_{ijl} 相互独立. \end{cases} \quad (9\text{-}2\text{-}11)$$

（三）平方和分解与方差分析

记 $\bar{x}_{i..} \equiv \dfrac{1}{c \cdot m} \sum\limits_{j=1}^{c} \sum\limits_{l=1}^{m} x_{ijl}, i=1,2,\cdots,r$，$\bar{x}_{.j.} \equiv \dfrac{1}{r \cdot m} \sum\limits_{i=1}^{r} \sum\limits_{l=1}^{m} x_{ij}, j=1,2,\cdots,c$，

$\bar{x}_{ij.} \equiv \dfrac{1}{m} \sum\limits_{l=1}^{m} x_{ijl}, i=1,2,\cdots,r, j=1,2,\cdots,c$，$\bar{x} \equiv \dfrac{1}{r \cdot c \cdot m} \sum\limits_{i=1}^{r} \sum\limits_{j=1}^{c} \sum\limits_{l=1}^{m} x_{ijl}$.

$SST \equiv \sum\limits_{i=1}^{r} \sum\limits_{j=1}^{c} \sum\limits_{l=1}^{m} (x_{ijl} - \bar{x})^2$，$SSR \equiv \sum\limits_{i=1}^{r} \sum\limits_{j=1}^{c} \sum\limits_{l=1}^{m} (\bar{x}_{i..} - \bar{x})^2$，$SSC \equiv \sum\limits_{i=1}^{r} \sum\limits_{j=1}^{c} \sum\limits_{l=1}^{m} (\bar{x}_{.j.} - \bar{x})^2$，

$SRC \equiv \sum\limits_{i=1}^{r} \sum\limits_{j=1}^{c} \sum\limits_{l=1}^{m} (x_{ij} - \bar{x}_{i..} - \bar{x}_{.j.} + \bar{x})^2$，$SSE \equiv \sum\limits_{i=1}^{r} \sum\limits_{j=1}^{c} \sum\limits_{l=1}^{m} (x_{ijl} - \bar{x}_{ij.})^2$.

可以证明，$SST = SSR + SSC + SRC + SSE$，且在 H_0 为真时，

$$F_R = \frac{SSR/(r-1)}{SSE/[rc(m-1)]} \sim F[r-1, rc(m-1)], \quad (9\text{-}2\text{-}12)$$

$$F_C = \frac{SSC/(c-1)}{SSE/[rc(m-1)]} \sim F[c-1, rc(m-1)], \tag{9-2-13}$$

$$F_{RC} = \frac{SSC/(r-1)(c-1)}{SSE/[rc(m-1)]} \sim F[(r-1)(c-1), rc(m-1)]. \tag{9-2-14}$$

选取式（9-2-12）作为行因素 R 的检验统计量，式（9-2-13）作为列因素 C 的检验统计量，式（9-2-14）作为因素 R 和 C 交互作用的检验统计量. 有交互作用的因素方差分析属于 F 右检验. 将上面分析结果排成表 9-2-13 的形式，即为方差分析表.

表 9-2-13　有交互作用的双因素方差分析表

差异源	SS	df	MS	F	P-value	F crit
样本（行因素）	SSR	$r-1$	MSR	F_R		$F_\alpha(r-1, rc(m-1))$
列	SSC	$c-1$	MSC	F_C		$F_\alpha(c-1, rc(m-1))$
交互	SRC	$(r-1)(c-1)$	MRC	F_{RC}		$F_\alpha((r-1)(c-1), rc(m-1))$
内部	SSE	$rc(m-1)$	MSE			
总计	SST	$rcm-1$				

【例 9-2-4】　对例 9-2-3 进行方差分析.

解　本例用 SPSS 进行方差分析的步骤如下：

步骤 1　将数据重新编码，定义一个变量'时间段'：1 = 高峰期，2 = 非高峰期；再定义一个变量'路段'：1 = 路段 1，2 = 路段 2. 2 个时间段 2 个路段的行车时间数据依次合并为一个变量'行车时间'. 编码后的数据见表 9-2-14. 在 SPSS 中，可以通过'数据(<u>D</u>) > 重组(<u>R</u>)'和'转换(<u>T</u>) > 重新编码为相同变量(<u>S</u>)'实现此编码。

表 9-2-14　编码数据

时间段	路段	行车时间
1	1	26
1	1	24
1	1	27
1	1	25
1	1	25
1	2	19
1	2	20
1	2	23
1	2	22
1	2	21
2	1	20
2	1	17
2	1	22

续表

时间段	路段	行车时间
2	1	21
2	1	17
2	2	18
2	2	17
2	2	13
2	2	16
2	2	12

步骤 2　将表 9-2-14 的数据输入数据编辑器，数据视图和变量视图分别如图 9-2-7 和图 9-2-8 所示. 在变量视图中，给变量'时间段'添加值标签：1＝高峰期，2＝非高峰期；给变量'路段'添加值标签：1＝路段 1，2＝路段 2.

图 9-2-7　数据视图 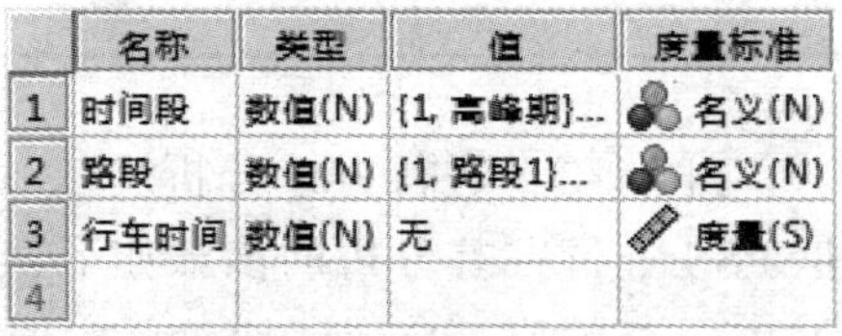　　　　图 9-2-8　变量视图

步骤 3　点击'分析（A）＞一般线性模型（G）＞单变量（U）'. '单变量'对话框如图 9-2-9 所示. 将变量'行车时间'选入'因变量（D）：'框，变量'时间段'和'路段'选入'固定因子（F）：'框.

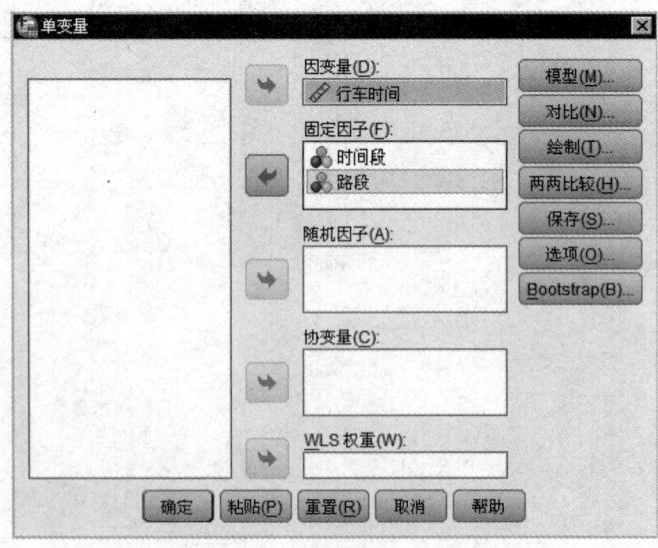

图 9-2-9　'单变量'对话框

步骤 4　点击'选项（O）...'. '单变量：选项'对话框如图 9-2-10 所示. 将变量'品牌''地区'和'品牌*地区'选入'显示均值（M）'框. '输出'选择'参数估计（T）'和'方差齐性检验（H）'. 点击'继续'.

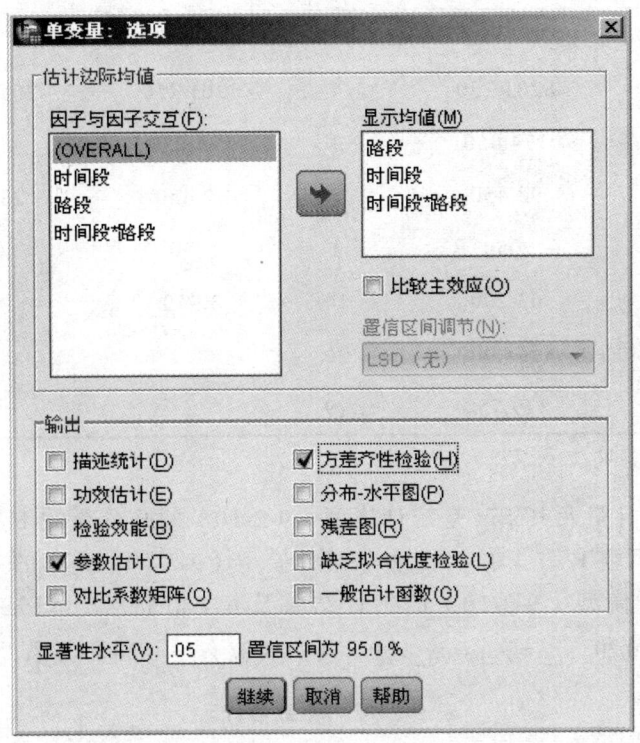

图 9-2-10　'单变量：选项'对话框

步骤 5　点击'确定'.

表 9-2-15 是 Levene 方差齐性的检验结果，因为显著性 $p = 0.075 > 0.05$，故没有充足理由拒绝零假设，即认为方差是相等的.

表 9-2-15　误差方差等同性的 Levene 检验[a]

因变量：行车时间

F	df1	df2	Sig.
2.778	3	16	.075

检验零假设，即在所有组中因变量的误差方差均相等.
a. 设计：截距+时间段+路段+时间段*路段.

表 9-2-16 是方差分析表，从中可知，时间段和路段的显著性都小于 0.05，故在 $\alpha = 0.05$ 下有充足理由拒绝 H_0，即时间段和路段对行车时间有显著性影响. 时间段*路段的显著性 $p = 0.912 > 0.05$，故在 $\alpha = 0.05$ 下没有充足理由拒绝 H_0，即时段和路段对行车时间没有交互作用.

表 9-2-16 主体间效应的检验

因变量：行车时间

源	Ⅲ型平方和	df	均方	F	Sig.
校正模型	266.550[a]	3	88.850	22.494	.000
截距	8201.250	1	8201.250	2076.266	.000
时间段	174.050	1	174.050	44.063	.000
路段	92.450	1	92.450	23.405	.000
时间段*路段	.050	1	.050	.013	.912
误差	63.200	16	3.950		
总计	8531.000	20			
校正的总计	329.750	19			

a. R 方 = .808（调整 R 方 = .772）.

校正模型的 F 统计量及其 Sig. 是统计模型（9-2-10）回归分析的 F 检验统计量及其显著性. R 方 = 0.808（调整 R 方 = 0.772）也是统计模型（9-2-10）回归的 R 方.

表 9-2-17 是统计模型（9-2-10）的估计结果及其 t 检验. $\hat{\alpha}_0 = 15.20$, $\hat{\alpha}_1 = 5.80$, $\alpha_2 = 0$, $\hat{\beta}_1 = 4.20$, $\beta_2 = 0$, $\hat{\gamma}_{1,1} = 0.20$, $\gamma_{1,2} = \gamma_{2,1} = \gamma_{2,2} = 0$. 其中效应 $\hat{\gamma}_{1,1} = 0.20$ 不显著.

表 9-2-17 参数估计

因变量：行车时间

参数	B	标准误差	t	Sig.	95% 置信区间 下限	95% 置信区间 上限
截距	15.200	.889	17.101	.000	13.316	17.084
[时间段 = 1]	5.800	1.257	4.614	.000	3.135	8.465
[时间段 = 2]	0[a]	.	.	.	.	.
[路段 = 1]	4.200	1.257	3.341	.004	1.535	6.865
[路段 = 2]	0[a]	.	.	.	.	.
[时间段 = 1] * [路段 = 1]	.200	1.778	.113	.912	−3.568	3.968
[时间段 = 1] * [路段 = 2]	0[a]	.	.	.	.	.
[时间段 = 2] * [路段 = 1]	0[a]	.	.	.	.	.
[时间段 = 2] * [路段 = 2]	0[a]	.	.	.	.	.

a. 此参数为冗余参数，将被设为零.

表 9-2-18 给出了不考虑路段情况下，不同时间段下平均行车时间的点估计和区间估计.

表 9-2-18 时间段

因变量：行车时间

时间段	均值	标准误差	95% 置信区间	
			下限	上限
高峰期	23.200	.628	21.868	24.532
非高峰期	17.300	.628	15.968	18.632

表 9-2-19 给出了不考虑时间段情况下，不同路段下平均行车时间的点估计和区间估计．

表 9-2-19 路 段

因变量：行车时间

路段	均值	标准误差	95% 置信区间	
			下限	上限
路段 1	22.400	.628	21.068	23.732
路段 2	18.100	.628	16.768	19.432

表 9-2-20 给出了不同时间段不同路段下平均行车时间的点估计和区间估计．

表 9-2-20 时间段*路段

因变量：行车时间

时间段	路段	均值	标准误差	95% 置信区间	
				下限	上限
高峰期	路段 1	25.400	.889	23.516	27.284
	路段 2	21.000	.889	19.116	22.884
非高峰期	路段 1	19.400	.889	17.516	21.284
	路段 2	15.200	.889	13.316	17.084

思考与练习

1. 某灯泡厂用 4 种不同质地的灯丝生产了 4 批灯泡．在每批灯泡中随机地抽取 8 个灯泡测得其使用寿命（单位：小时）数据如下：

灯丝	灯泡使用寿命						
甲	1605	1611	1605	1682	1711	1710	1782	1698
乙	1521	1640	1491	1679	1705	1409	17 881	1754
丙	1643	1750	1689	1627	1643	1634	1742	1800
丁	1718	18 010	1503	1573	1639	1676	1693	1677

试在 $\alpha = 0.05$ 下检验这 4 种灯丝对灯泡的使用寿命有无显著性影响.

2. 从 3 个总体中各抽取容量不同的样本,结果如下:

样本	样本观察值				
样本 1	85	67	78	77	89
样本 2	79	80	75	90	67
样本 3	81	81	87	66	85

试检验 3 个总体的均值之间是否有显著性差异($\alpha = 0.05$).

3. 为了解 3 种不同配比的饲料对小猪体重影响的差异,用 3 种不同配比的饲料饲养 3 个品种的小猪各 1 头,一个半月后称得小猪的体重(单位:千克)数据如下:

饲料种类	小猪品种 1	小猪品种 2	小猪品种 3
饲料甲	30	31	32
饲料乙	35	33	32
饲料丙	30	29	28

试在 $\alpha = 0.05$ 下检验饲料和品种对小猪体重有无显著性影响.

4. 用 4 种插条密度和 3 种施肥方案对同种树苗的生长情况进行试验,测得树苗的平均高度(单位:cm)数据如下:

施肥方案	插条密度 1	插条密度 2	插条密度 3	插条密度 4
施肥方案 1	120	112	115	135
施肥方案 2	128	119	122	125
施肥方案 3	107	98	101	112

试在 $\alpha = 0.05$ 下检验插条密度和施肥方案对树苗生长有无显著性影响.

5. 为检验广告媒体和广告方案对产品销售量的影响,一家营销公司做了一项试验,考察 3 种广告方案和两种广告媒体报纸与电视,获得的销售量数据如下:

广告方案	报纸	电视
广告方案甲	81	123
	121	89
广告方案乙	228	252
	146	276
广告方案丙	105	179
	184	153

试在 $\alpha=0.05$ 下检验广告方案和广告媒体对商品销售量是否有显著性影响.

6. 从某市高考考生中简单随机抽取 72 人，登记个人的考试成绩、性别、父母文化程度（按父母中较高者）分为小学以下、初中、高中、中专、本科和研究生以上 6 种分类数据如下：

考生	父母最高文化程度					
	小学以下	初中	高中	中专	本科	研究生以上
男生	493	415	425	329	510	590
	388	438	541	440	498	459
	312	380	306	401	540	531
	288	437	456	458	561	480
	410	390	391	499	524	418
	343	476	518	508	462	534
女生	329	490	320	380	500	520
	506	541	484	584	456	567
	524	408	417	489	404	544
	405	580	570	567	530	425
	307	505	351	552	521	319
	292	317	503	537	319	502

试检在 0.05 显著水平下检验考生的性别和父母文化程度对高考成绩有无显著性影响.

第十章 非参数检验

非参数检验不是对总体分布的参数进行检验,而是对分布的特征进行检验,如检验总体服从什么分布,或检验两个总体分布是否有显著性差异. 非参数检验的优点是方法直观,易于理解,缺点是检验的功效不如参数检验方法. 本章的主要内容有:
- 指定分布的非参数检验.
- 未知分布的非参数检验.
- 列联表独立性检验.

第一节 指定分布的非参数检验

一、分布的 P-P 图检验和 Q-Q 图检验

(一) P-P 图检验

P-P 图是变量的经验累积频率与理论累积分布或期望累积分布的散点图,用以检验数据是否符合指定分布. P-P 图检验的步骤如下:

步骤1 将数据从小到大排列:$x_{(1)} \leqslant x_{(2)} \leqslant \cdots \leqslant x_{(i)} \leqslant \cdots \leqslant x_{(n)}$.

步骤2 对每一个 $x_{(i)}$,计算理论累积分布值 $F(x_{(i)})$. 如果理论分布中含有未知参数,则先估计参数再估计期望分布函数值 $\hat{F}(x_{(i)})$.

步骤3 对 $x_{(1)} \leqslant x_{(2)} \leqslant \cdots \leqslant x_{(i)} \leqslant \cdots \leqslant x_{(n)}$ 中每一个 i,计算经验累积分布 $f_i = i/n, i = 1, 2, \cdots, n$. $f_i = i/n$ 有一些缺陷,往往与实际不符,常见的修正方法有:
- Blom 方法:$f_i = \dfrac{i - 0.375}{n + 0.25}$.
- Rankit 方法:$f_i = \dfrac{i - 0.5}{n}$.
- Tukey 方法:$f_i = \dfrac{i - 1/3}{n + 1/3}$.
- Van der Waerden 方法:$f_i = \dfrac{i}{n + 1}$.

步骤4 绘制 $(F(x_{(i)}), f_i), i = 1, 2, \cdots, n$ 的散点图.

步骤5 观察散点图中散点的分布. 若诸点随机地分布在一条直线附近,则认为数据来

自指定分布,否则认为数据不是来自指定分布.

(二) Q-Q 图检验

与 P-P 图不同的是,Q-Q 图是 $x_{(1)} \leqslant x_{(2)} \leqslant \cdots \leqslant x_{(i)} \leqslant \cdots \leqslant x_{(n)}$ 与理论分布或期望分布的分位数的散点图. Q-Q 图检验的步骤如下:

步骤 1 将数据按从小到大的次序排列:$x_{(1)} \leqslant x_{(2)} \leqslant \cdots \leqslant x_{(i)} \leqslant \cdots \leqslant x_{(n)}$.

步骤 2 对 $x_{(1)} \leqslant x_{(2)} \leqslant \cdots \leqslant x_{(i)} \leqslant \cdots \leqslant x_{(n)}$ 中每一个 i,计算经验累积分布 f_i(见 P-P 图检验步骤 3).

步骤 3 计算理论分布或期望分布的分位数 $F^{-1}(f_i)$.

步骤 4 绘制散点图 $(x_{(i)}, F^{-1}(f_i)), i = 1, 2, \cdots, n$.

步骤 5 观察散点图中散点的分布. 若诸点随机地分布在一条直线附近,则认为数据来自指定分布,否则认为数据不是来自指定分布.

如果 P-P 图或 Q-Q 图中各点不是随机地分布在一条直线附近,但有一定规律,可以对数据进行变换,使变换后的数据更接近指定分布. 常用的变换有:

- 自然对数转换: $y = \ln x$.
- 标准值转换: $y = \dfrac{x - \bar{x}}{\sigma}$.
- 差分转换: $y_{(i)} = x_{(i)} - x_{(i-1)}$.

【例 10-1-1】 试用 Q-Q 图检验以下数据是否来自正态分布.

2.1 3.5 3.5 3.6 3.7 3.8 4.1 4.9 5.3 5.6 5.8 6.8 7.9 8.2 9.3 10

解 本例用 SPSS 进行 Q-Q 图检验的步骤如下:

步骤 1 将数据输入数据编辑器,变量名为'数据'.

步骤 2 点击'分析(A) > 描述统计 > Q-Q 图(Q)(或 P-P 图(P))'. 'Q-Q 图'对话框如图 10-1-1 所示. 将变量'数据'选入'变量(V):'框. 点击'检验分布(T)'的下拉菜单,会显示可以检验的分布类型,本例选择'正态'. 其他设置保持默认.

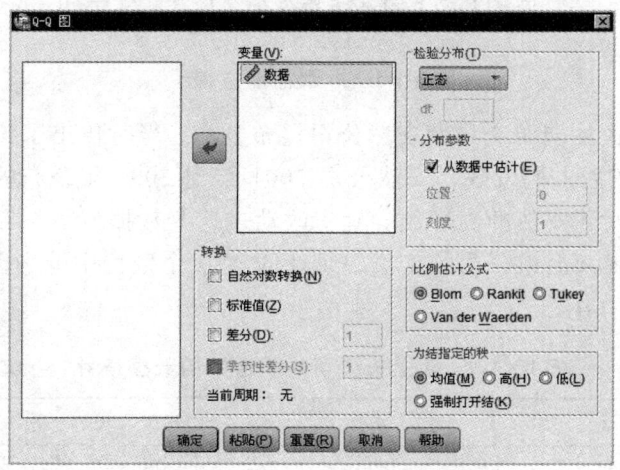

图 10-1-1 'Q-Q 图'对话框

步骤 3 点击'确定'.

从图 10-1-2 或图 10-1-3 可以看出,10 个散点大体上分布在一条直线附近,可以认为该组数据来自正态分布.

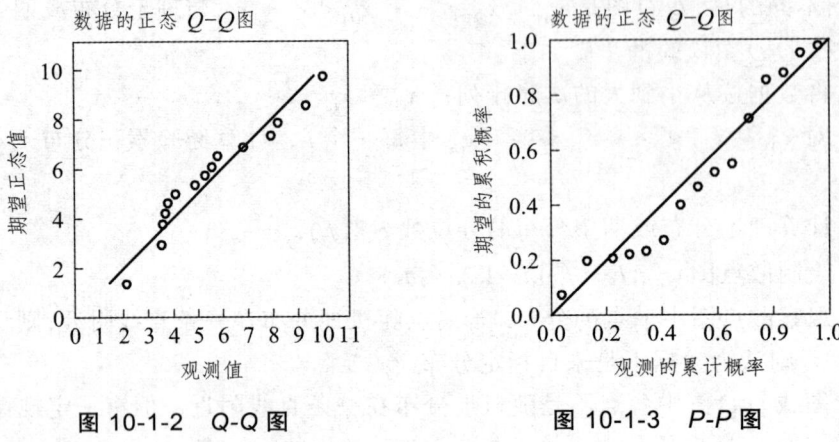

图 10-1-2 Q-Q 图　　　　　　　　　图 10-1-3 P-P 图

P-P 图检验和 Q-Q 图检验比较直观,但对散点在一条直线附近的程度比较模糊,推断往往不准确.

二、分布拟合的卡方检验

本福特定律,也称为本福特法则:一堆从实际生活得到的数据中,以 1 为首位数字的数出现的概率约为总数的三成,接近期望值 1/9 的 3 倍. 推广来说,越大的数字,以它为首位的数出现的概率就越低. 在十进制中,以数字 i 为首位数字的数出现的概率如图 10-1-4 所示.

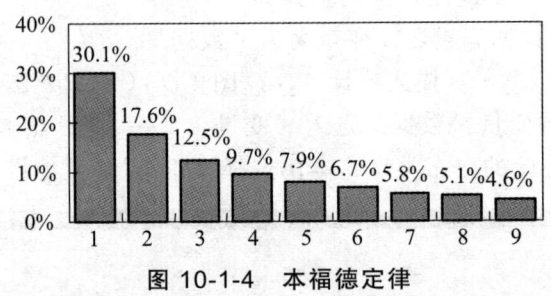

图 10-1-4 本福德定律

2001 年,美国最大的能源交易商安然公司宣布破产,当时传出了该公司高层管理人员涉嫌做假账的传闻. 事后人们发现,安然公司 2001 年到 2002 年公布的每股盈利数字不符合本福特定律,这证明了安然的高层领导确实改动过这些数据.

现在审计人员发现 A 上市公司的年报中统计的 350 个数据中分别以 $1, 2, \cdots, 9$ 为首位数字的数据个数见表 10-1-1.

表 10-1-1 A 上市公司的年报中的数据统计

数字 i	1	2	3	4	5	6	7	8	9
频数 n_i	92	65	41	30	26	25	21	19	31

如果 A 上市公司的财务数据遵循本福特定律，则年报中统计的 350 个数据中分别以 1,2,…,9 为首位数字的数据的个数见表 10-1-2 中第 3 行（四舍五入取整）.

表 10-1-2　A 上市公司年报中的数据统计与本福德定律

数字 i	1	2	3	4	5	6	7	8	9
实际频数 n_i	92	65	41	30	26	25	21	19	31
期望频数 E_i	105	62	44	34	28	23	20	18	16

A 上市公司的财务数据与本福特定律不一致的原因是随机性造成的呢？还是 A 上市公司在年报中有作假的嫌疑呢？将本福特定律看作随机变量 X 的分布，该问题就是要检验 A 上市公司的财务数据的分布是否和随机变量 X 的分布相同，这就是**分布拟合检验**.

设总体 X 的取值有 c 类，记作 $A_1,A_2,\cdots,A_c$. 对总体做 n 次观测，c 个类出现的实际频数分别为 $n_1,n_2,\cdots,n_c$，$\sum n_i = n$. 检验问题是：

$H_0: P(A_i) = p_i$，$i = 1,2,\cdots,c$； $H_1: P(A_i) = p_i$ ($i = 1,2,\cdots,c$) 不全成立，

其中 $p_i \geqslant 0$ 已知，且 $\sum p_i = 1$.

如果 H_0 成立，由二项分布的性质可知，A_i 的期望频数

$$E_i = n \times p_i, i = 1,2,\cdots,c.$$

如果 H_0 成立，实际频率 n_i/n 与概率 p_i 应接近. 或者说，实际频数 n_i 与期望频数 E_i 应接近. 据此英国统计学家皮尔逊（Karl Pearson，1857—1936）提出了如下检验统计量：

$$\chi^2 = \sum_{i=1}^{c} \frac{(n_i - E_i)^2}{E_i} = \sum_{i=1}^{c} \frac{(n_i - np_i)^2}{np_i}, \quad (10\text{-}1\text{-}1)$$

并证明在 H_0 成立时，对充分大的 n，χ^2 渐近服从 $\chi^2(c-1)$ 分布.

由于统计量 χ^2 度量的是实际频数与期望频数的偏离程度，χ^2 值越大，越倾向于拒绝 H_0. 因此，分布拟合检验为 χ^2 右检验.

【例 10-1-2】 检验表 10-1-1 中的数据是否符合本福特定律.

解 本例用 SPSS 检验步骤如下：

步骤 1　将数据依次输入数据编辑器，变量名分别为'数字'和'频数'. 数据视图和变量视图分别如图 10-1-5 和图 10-1-6 所示.

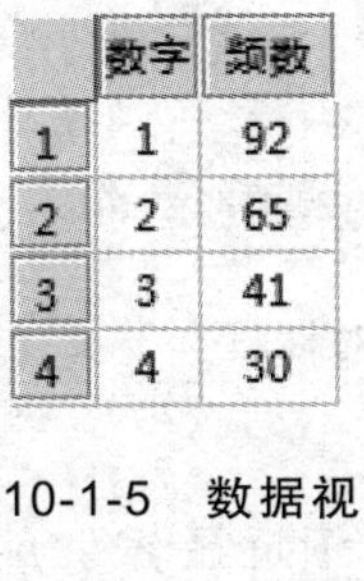

图 10-1-5　数据视图 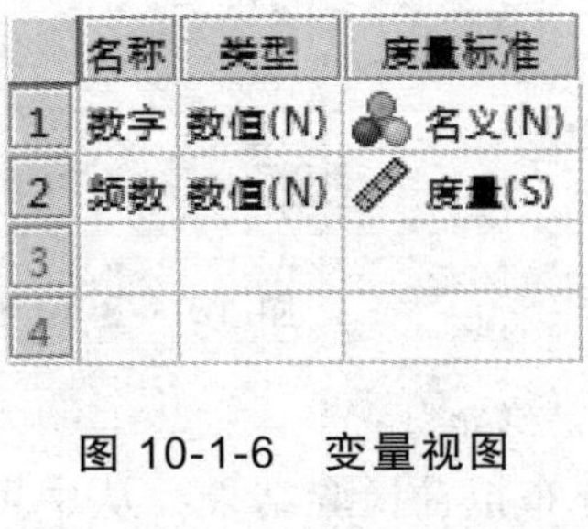　　　图 10-1-6　变量视图

步骤 2　选择'数据（D）> 加权个案（W）'，'加权个案'对话框如图 10-1-7 所示. 选

择'加权个案（W）'，将'频数'选入'频率变量（F）：'框，点击'确定'.

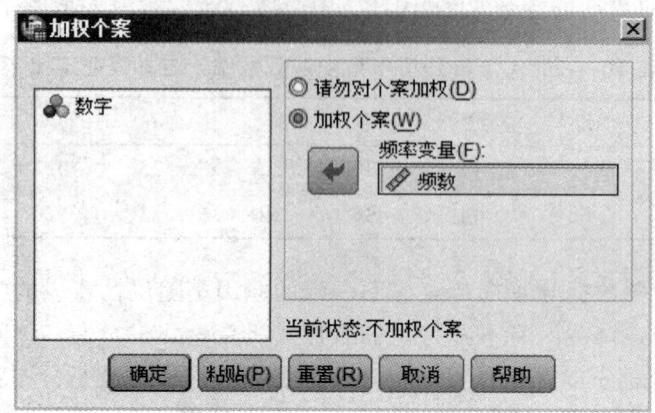

图 10-1-7 '加权个案'对话框

步骤 3 点击'分析（A）> 非参数检验（N）> 旧对话框（L）> 卡方（C）'. '卡方检验'对话框如图 10-1-8 所示. 将变量'数字'选入'检验变量列表（T）：'框. 选择'期望值'下的'值（V）：'复选框，输入'301'，点击'添加（A）'，再输入'176'，点击'添加（A）'，直至将 301、176、125、97、79、67、58、51、46 都添加进去.

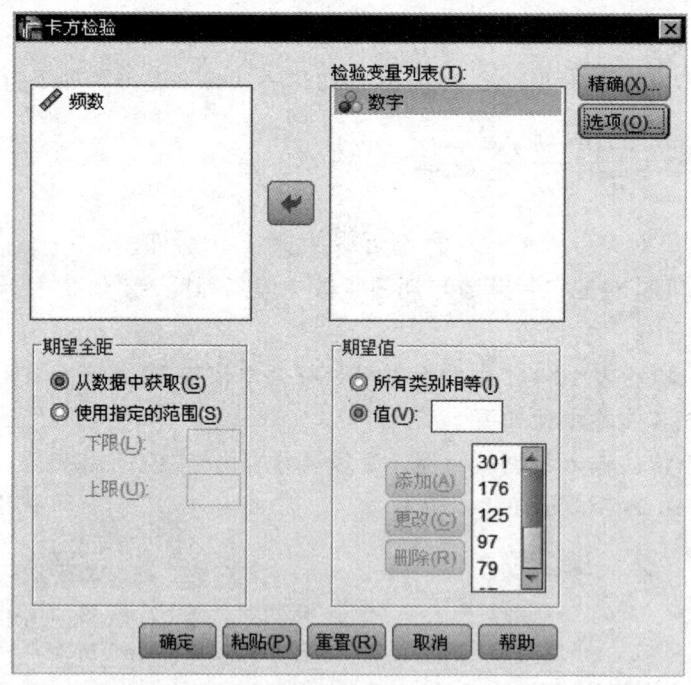

图 10-1-8 '卡方检验'对话框

步骤 4 点击'确定'.

表 10-1-3 是分布拟合检验结果，从中可以看出，渐近显著性 $p = 0.035 < 0.05$，所以在 $\alpha = 0.05$ 下有充足理由拒绝原假设，即认为 A 公司在年报中有作假的嫌疑.

表 10-1-3　检验统计量

	数字
卡方	16.600[a]
df	8
渐近显著性	.035

a. 0 个单元（0.0%）具有小于 5 的期望频率. 单元最小期望频率为 16.1.

三、1 个样本的 Kolmogorov-Smirnov 检验

Kolmogorov-Smirnov（柯尔莫哥洛夫-斯米诺夫）检验是利用经验分布来检验数据是否来自某理论分布. Kolmogorov-Smirnov 检验的假设为：

$$H_0: F(X) = F_0(X); H_1: F(X) \neq F_0(X).$$

其中，$F_0(X)$ 为事先假定的总体分布，$F(X)$ 为理论分布.

设 $x_1 < x_2 < \cdots < x_n$ 为总体 X 的有序样本. 对任何实数 x，称函数

$$F_n(x) = \begin{cases} 0, & x < x_1, \\ i/n, & x_i \leqslant x < x_{i+1}, i = 1, 2, \cdots, n, \\ 1, & x \geqslant x_n \end{cases} \quad (10\text{-}1\text{-}2)$$

为该样本的经验分布函数.

Kolmogorov-Smirnov 检验统计量为

$$D = \max_i |F_n(x_i) - F_0(x_i)|, \quad (10\text{-}1\text{-}3)$$

当 $F_0(X)$ 含有未知参数时，Lilliefor（1967）提出用样本估计参数，得 $F_0(X)$ 的估计 $\hat{F}_0(x)$，Kolmogorov-Smirnov 检验统计量改为

$$D = \max_i |F_n(x_i) - \hat{F}_0(x_i)|. \quad (10\text{-}1\text{-}4)$$

样本量较小时可查 Kolmogorov-Smirnov 检验临界值表进行检验.

当 n 充分大且 H_0 为真时，

$$Z = D\sqrt{n} \sim N(0,1), \quad (10\text{-}1\text{-}5)$$

此时 Kolmogorov-Smirnov 检验为 Z 右检验.

Kolmogorov-Smirnov 检验与卡方检验的比较：

- 卡方检验一般都要求是大样本，而 Kolmogorov-Smirnov 检验可用于小样本.
- 卡方检验原则上要求期望频数小于 5 的类别数目不能多于 20%，而 Kolmogorov-Smirnov 检验则无此限制.
- 在样本量相同的情况下，Kolmogorov-Smirnov 检验对 H_0 能提供更高的拒绝率，比卡方检验更敏感.

- Kolmogorov-Smirnov 检验既可对分组数据进行，也可对未分组数据进行．

【例 10-1-3】 试用 Kolmogorov-Smirnov 检验法检验以下数据是否来自正态分布．

2.1　3.5　3.5　3.6　3.7　3.8　4.1　4.9　5.3　5.6　5.8　6.8　7.9　8.2　9.3　10

解 本例用 SPSS 进行检验的步骤为：

步骤 1　将数据输入数据编辑器，变量名为'数据'．

步骤 2　选择'分析（A）> 非参数检验（N）> 旧对话框（L）> 1-样本 K-S（1）'．'单样本 Kolmogorov-Smirnov 检验'对话框如图 10-1-9 所示．将变量'数据'选入'检验变量列表（T）：'框．'检验分布'选择'常规'（常规是正态分布检验，相等是均匀分布检验）．

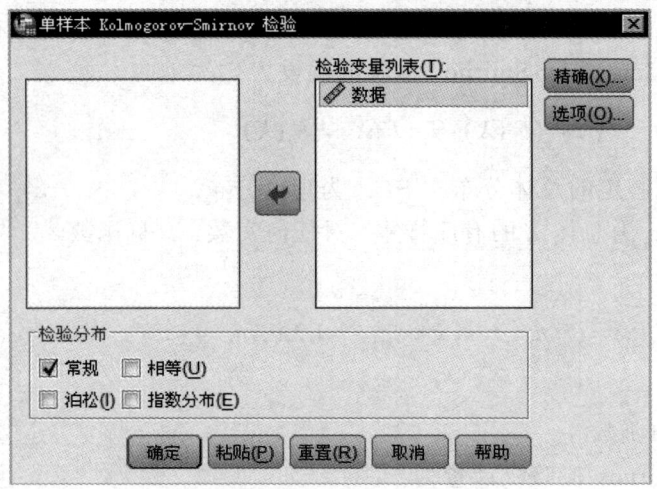

图 10-1-9　'单样本 Kolmogorov-Smirnov 检验'对话框

步骤 3　点击'确定'．

表 10-1-4 是 Kolmogorov-Smirnov 检验结果．SPSS 依据 Kolmogorov-Smirnov 分布表（小样本）或标准正态分布表（大样本）给出显著性．本例为小样本，单侧显著性为 $p = 0.778/2 = 0.389 > 0.05$．因此，没有充足理由拒绝 H_0，即认为数据是来自正态分布．

表 10-1-4　单样本 Kolmogorov-Smirnov 检验

		数据
N		16
正态参数 [a,b]	均值	5.506
	标准差	2.3265
最极端差别	绝对值	.165
	正	.165
	负	−.132
Kolmogorov-Smirnov Z		.659
渐近显著性（双侧）		.778

a. 检验分布为正态分布．
b. 根据数据计算得到．

注：Kolmogorov-Smirnov 正态性检验可以用'分析（A）>描述统计>探索（E）'过程来实现.

四、Shapiro-wilk 正态性检验

Shapiro-wilk 检验简称 W 检验，是夏皮诺（Shapiro）和威尔克（wilk）在 1965 年提出来的，这个检验当 $8 \leq n \leq 50$ 时可以利用. 样本过小对偏态检验不太有效，样本过大一些辅助量计算过于烦琐.

设 $x_1, x_2, \cdots, x_n$ 是来总体 X 的样本，检验问题为：
$H_0: X$ 服从正太分布； $H_1: X$ 不服从正太分布.
设 $x_{(1)} \leq x_{(2)} \leq \cdots \leq x_{(n)}$ 为 $x_1, x_2, \cdots, x_n$ 的次序统计量，W 统计量定义为

$$W = \frac{\left(\sum_{i=1}^{n}(a_i - \overline{a})(x_{(i)} - \overline{x})\right)^2}{\sum_{i=1}^{n}(a_i - \overline{a})^2 \sum_{i=1}^{n}(x_{(i)} - \overline{x})^2}, \quad (10\text{-}1\text{-}6)$$

其中，$a_1, a_2, \cdots, a_n$ 是与样本量 n 有关的特定值，可以查表.

Shapiro-wilk 检验为左检验，拒绝域为 $\{W \leq W_\alpha\}$，其中 α 分位数 W_α 可查表.

SPSS 中 Shapiro-wilk 检验可以用'分析（A）>描述统计>探索（E）'过程来实现，参见第五章例 5-2-3.

第二节 未知分布的非参数检验

一、符号检验

符号检验是通过考察样本数据与指定数值（如中位数）之差的正、负号变动情况进行假设检验.

（一）单样本的符号检验

单样本符号检验可以对总体的中位数进行检验. 设 $x_1, x_2, \cdots, x_n$ 是来总体 X 的样本，总体的中位数 M_e 未知，检验问题为：

$$H_0: M_e = A; H_1: M_e \neq A,$$

其中，A 为已知数.

当 $x_i - A > 0$ 时，记正号；当 $x_i - A < 0$ 时，记负号；当 $x_i - A = 0$ 时，将此样本值剔除而不记录. 设正号个数是 n^+，负号个数是 n^-，显然，当 H_0 为真时，n^+ 与 n^- 应该很接近；若两者相差太远，就有理由拒绝 H_0.

出现一个正号就相当于投币试验出现一次正面,整个过程相当于一个多重伯努利试验. 若 H_0 为真,则正号个数服从参数 $p=0.5$ 的二项分布. 因此,符号检验是双侧二项分布检验,检验统计量为:

$$k = \min\{n^+, n^-\}. \qquad (10\text{-}2\text{-}1)$$

【例 10-2-1】 假设随机抽出 20 个工人,他们一天生产的产品件数如下:

166	162	160	172	162	168	152	153	167	165
164	142	173	166	160	165	171	186	167	169

试以 $\alpha = 0.05$ 的显著水平,判定总体中位数是否为 160.

解 依据题意,检验问题为:

$$H_0 : M_e = 160 ; H_0 : M_e \neq 160.$$

本例用 SPSS 进行检验的步骤如下:

步骤 1 将数据输入数据编辑器,变量名为'产品件数'.

步骤 2 点击'转换(T)>计算变量(C)'. 在弹出的对话框中,'目标变量(T):'框键入字符'中位数','数字表达式(E):'框键入'160',点击'确定'.

步骤 3 点击'分析(A)>非参数检验(N)>旧对话框(L)>2 个相关样本(L)'. '两个关联样本检验'对话框如图 10-2-1 所示. 将变量'产品件数'拖入'检验对:Variable1'之下,变量'中位数'拖入'检验对:Variable2'之下. '检验类型'选择'符号检验(S)'.

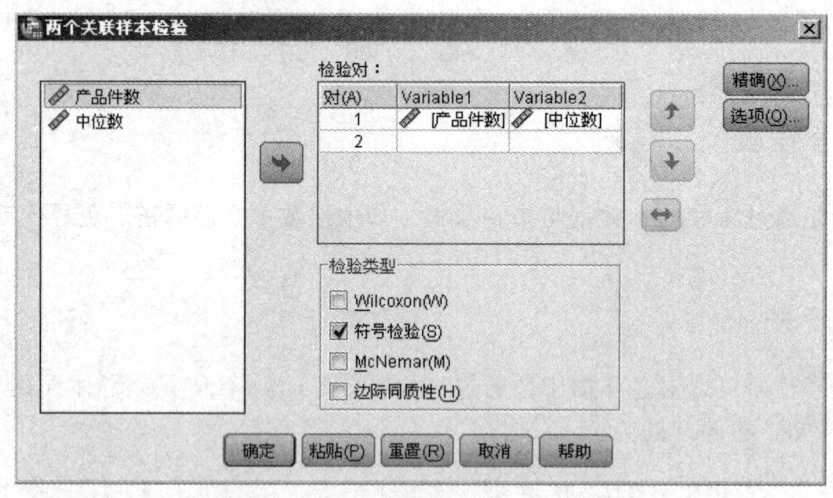

图 10-2-1 '两个关联样本检验'对话框

步骤 4 点击'确定'.

表 10-2-1 是正负号的统计,从中可知负号有 15 个,正号有 2 个,数据与中位数的差值为 0 的有 2 个,共 20 个数据.

表 10-2-1 频　率

中位数-产品件数		N
	负差分 [a]	15
	正差分 [b]	3
	结 [c]	2
	总数	20

a. 中位数 < 产品件数.
b. 中位数 > 产品件数.
c. 中位数 = 产品件数.

表 10-2-2 是符号检验结果. 从中可知, 显著性 $p = 0.008 < 0.05$, 所以有充足理由拒绝原假设, 即产品件数的中位数不是 160 件.

表 10-2-2 检验统计量 [a]

	中位数 - 产品件数
精确显著性（双侧）	.008 [b]

a. 符号检验.
b. 已使用的二项式分布.

（二）两总体的符号检验

假设 $x_1, x_2, \cdots, x_n$ 和 $y_1, y_2, \cdots, y_n$ 是分别来自总体 X 和 Y 的样本, 样本量均为 n, 检验问题为

$$H_0: F_X(x) = F_Y(y); \quad H_1: F_X(x) \neq F_Y(y).$$

其中, $F_X(x), F_Y(y)$ 分别为总体 X 和 Y 的分布.

将两样本的数据进行一一对应, 得到 n 对数据, 再将每对数据相减, 记录下差值的正号个数 n^+ 与负号个数 n^-.

如果两个总体差异不显著, 那么 n^+ 与 n^- 应该很接近; 如果 n^+ 与 n^- 相差太大, 就有理由拒绝 H_0. 两总体的符号检验是双侧二项分布检验, 检验统计量为

$$k = \min\{n^+, n^-\}. \tag{10-2-2}$$

【例 10-2-2】 在某项体操比赛中, 甲乙两位裁判给 11 位运动员评定的成绩见表 10-2-3.

表 10-2-3 两裁判判定的分值表

运动员编号	1	2	3	4	5	6	7	8	9	10	11
裁判甲	8.1	9.0	8.8	9.3	7.9	9.1	8.6	8.8	8.4	9.2	9.1
裁判乙	7.3	8.8	8.6	9.4	8.4	9.0	8.9	8.7	8.0	9.2	9.5

给定显著水平 $\alpha = 0.05$, 试用符号检验这两位裁判判定的成绩是否有显著差异.

解 依据题意,检验问题为:

H_0:两位裁判的判定成绩无显著性差异;H_1:两位裁判的判定成绩有显著性差异.

本例用 SPSS 进行检验的步骤和例 10-2-1 类似:

步骤 1 将数据输入数据编辑器,变量名分别为'裁判甲'和'裁判乙'.

步骤 2 点击'分析(A)>非参数检验(N)>旧对话框(L)>2 个相关样本(L)'. 在'两个关联样本检验'对话框中,将变量'裁判甲'拖入'检验对:Variable1'之下,将变量'裁判乙'拖入'检验对:Variable2'之下.'检验类型'选择'符号检验(S)'.

步骤 3 点击'确定'.

表 10-2-4 是正负号的统计,从中可知负号有 6 个,正号有 4 个,差值为 0 的有 1 个,共 11 对数据.

表 10-2-4 频 率

		N
裁判乙 - 裁判甲	负差分[a]	6
	正差分[b]	4
	结[c]	1
	总数	11

a. 裁判乙 < 裁判甲.
b. 裁判乙 > 裁判甲.
c. 裁判乙 = 裁判甲.

表 10-2-5 是符合检验结果. 从中可知,显著性 $p = 0.754 > 0.05$,所以没有充足理由拒绝原假设,即两位裁判判定的成绩没有显著差异.

表 10-2-5 检验统计量[a]

	裁判乙 - 裁判甲
精确显著性(双侧)	.754[b]

a. 符号检验.
b. 已使用的二项式分布.

二、Wilcoxon 秩和检验

Wilcoxon(威尔科克森)秩和检验是一种改进的符号检验,它弥补了符号检验对数据信息利用不充分而产生的不足,其统计功效比符号检验高.

Wilcoxon 秩和检验既可以对中位数进行检验,也可以检验两个相关样本是否来自同一个总体,或判断两总体间是否存在显著性差异. 读者可以自行思考对中位数进行检验,下面介绍对两个相关样本检验.

假设 $x_1, x_2, \cdots, x_n$ 和 $y_1, y_2, \cdots, y_n$ 是分别来自总体 X 和 Y 的样本,样本量均为 n,检验问题为:

$$H_0: F_X(x) = F_Y(y); \quad H_1: F_X(x) \neq F_Y(y).$$

其中，$F_X(x), F_Y(y)$ 分别为总体 X 和 Y 的分布.

首先计算样本中每对数据的差值 $d_i = x_i - y_i$. 将差值 d_i 按绝对值大小排序，求出秩次，差值为 0 的样本忽略掉，当差值绝对值相同时，则用相应秩次的平均数代替. 分别计算出正差值的秩和 T^+ 与负差值的秩和 T^-. 当 H_0 为真时，T^+ 与 T^- 应大致相等. 取统计量

$$T = \min\{T^+, T^-\}. \tag{10-2-3}$$

小样本（$n \leqslant 25$）时，可查 Wilcoxon 秩和检验分布值表进行判断.

大样本（$n > 25$）且 H_0 为真时，选择统计量

$$Z = \frac{T - n(n+1)/4}{\sqrt{n(n+1)(2n+1)/24}} \sim N(0,1), \tag{10-2-4}$$

检验为双侧 Z 检验.

【例 10-2-3】 某心理学家为弄清凶杀、暴力等节目是否对孩子有影响这一问题进行了试验. 他选了 16 对孩子，每一对孩子的家庭环境、性格、智力等因素尽可能一致. 其中一组孩子经常观看凶杀暴力类节目，另一组孩子则经常观看儿童卡通片等. 经过一段时间后，确定一些指标进行测试，指标分值高反映粗暴、敢为的倾向大. 测试结果见表 10-2-6. 试检验观看暴力录像是否对孩子有影响（$\alpha = 0.05$）.

表 10-2-6　粗暴、敢为倾向测试结果

样 本	1	2	3	4	5	6	7	8	9	10	11	12	13	14	15	16
观看录像	35	30	15	20	25	14	37	26	36	40	35	20	16	21	17	15
未看录像	26	28	15	16	16	16	32	24	30	33	20	19	19	14	7	17

解 依据题意，检验问题为：

H_0:观看暴力录像对孩子没有显著影响；H_1:观看暴力录像对孩子有显著影响.

本例用 SPSS 进行检验的步骤和例 10-2-1 类似：

步骤 1　将数据输入数据编辑器，变量名分别为'观看录像'和'未看录像'.

步骤 2　点击'分析(A) > 非参数检验(N) > 旧对话框(L) > 2 个相关样本(L)'. 在'两个关联样本检验'对话框中，将变量'观看录像'拖入'检验对：Variable1'之下，变量'未看录像'拖入'检验对：Variable2'之下. '检验类型'选择'Wilcoxon(W)'.

步骤 3　点击'确定'.

表 10-2-7 是秩和统计，从中可知，负秩 12 个，秩和为 107；正秩 3 个，和为 13.0；结 1 个，数据 16 对.

表 10-2-7　秩

		N	秩均值	秩和
未看录像 - 观看录像	负秩	12[a]	8.92	107.00
	正秩	3[b]	4.33	13.00
	结	1[c]		
	总数	16		

a. 未看录像 < 观看录像.
b. 未看录像 > 观看录像.
c. 未看录像 = 观看录像.

表 10-2-8 是 Wilcoxon 秩和检验结果. 从中可知, 显著性 $p = 0.007 < 0.05$, 所以有充足理由拒绝原假设, 即观看暴力录像对孩子有显著性影响.

表 10-2-8　检验统计量 [a]

	未看录像 - 观看录像
Z	-2.675[b]
渐近显著性（双侧）	0.007

a. Wilcoxon 带符号秩检验.
b. 基于正秩.

三、游程检验

游程检验（亦称连贯检验）是根据样本标志表现排列所形成的游程多少进行判断的检验方法, 是 Mood 在 1940 年提出的. 所谓**游程**, 就是在一个序列中出现的某一类字符片断, 同类游程出现的次数称为**游程数**, 不同游程数的总和称为**总游程数**, 记为 R.

设有一序列为

$$\underline{111}\underline{22222}\underline{11}\underline{22}\underline{1111111}\underline{2}\underline{1}$$

可以看出对应于"1"游程的个数为 4, 对应于"2"游程的个数为 3, 总的游程数 $R = 3 + 4 = 7$ 个.

1. 随机性检验

可以用游程的个数来检验样本的随机性, 或总体的分布特征.

例如, 以下是 8 个 a, 7 个 b 出现的 4 种情形:

情形 1：$\underline{aaaaaaaa}\underline{bbbbbbb}$　　$R_1 = 1, R_2 = 1, R = 2$.
情形 2：$\underline{aaaa}\underline{bbbb}\underline{aaaa}\underline{bbb}$　　$R_1 = 2, R_2 = 2, R = 4$.
情形 3：$\underline{a}\underline{bb}\underline{aaa}\underline{b}\underline{a}\underline{bbb}\underline{a}\underline{b}\underline{aa}$　　$R_1 = 5, R_2 = 4, R = 9$.
情形 4：$\underline{a}\underline{b}\underline{a}\underline{b}\underline{a}\underline{b}\underline{a}\underline{b}\underline{a}\underline{b}\underline{a}\underline{b}\underline{a}\underline{b}\underline{a}$　　$R_1 = 8, R_2 = 7, R = 15$.

显然, 情形 1 和 4 太有规律, 随机性不大, 而情形 2 和 3 的随机性要大些.

将样本中两种性质的单位（符号）依次排列成一序列后，如果样本是随机抽取的，那么在序列中两种符号出现的概率相等，出现的顺序也应该是随机的，而不会出现某种规律.

若游程个数太少，意味着较多的同种符号连在一起，序列存在成群倾向；若游程个数太多，意味着两种符号频繁交替，序列存在有序混合倾向. 因此，无论游程个数太少或太多，都表明序列不是随机的，序列的游程数应在一定范围内.

设 $x_1, x_2, \cdots, x_n$ 是一列由 0 或 1 构成的序列. 检验问题为：

H_0：数据出现顺序是随机的； H_1：数据出现顺序不是随机的.

该检验是双侧检验，拒绝域为 $\{R \leqslant c_1\} \cup \{R \geqslant c_2\}$，其中临界值 c_1，c_2 要根据 H_0 为真时 R 的分布确定. 可以证明 H_0 为真时 R 的分布为：

$$P\{R = 2k\} = \frac{2C_{n_0-1}^{k-1} C_{n_1-1}^{k-1}}{C_n^{n_1}}, k = 1, 2, \cdots, \left[\frac{n}{2}\right], \tag{10-2-5}$$

$$P\{R = 2k+1\} = \frac{C_{n_0-1}^{k-1} C_{n_1-1}^{k} + C_{n_0-1}^{k} C_{n_1-1}^{k-1}}{C_n^{n_1}}, k = 1, 2, \cdots, \left[\frac{n-1}{2}\right], \tag{10-2-6}$$

其中，n_0 和 n_1 分别为 0 和 1 出现的个数，$n_0 + n_2 = n$.

当 n_0 和 n_1 都不太大时，对给定的显著水平 α，由式（10-2-5）和式（10-2-6）可以计算出游程总数检验临界值. 也可以利用式（10-2-5）和式（10-2-6）计算检验显著性 p 值.

当数据序列的量 n 很大时，即 $n \to +\infty$，$n_1/n_0 \to c$ 时，在 H_0 成立的情况下，可以证明，统计量

$$Z = \frac{R - \left(\dfrac{2n_0 n_1}{n_0 + n_1} + 1\right)}{\sqrt{\dfrac{2n_0 n_1 (2n_0 n_1 - n_0 - n_1)}{(n_0 + n_1)(n_0 + n_1 - 1)}}} \sim N(0,1), \tag{10-2-7}$$

选择（10-2-7）作为游程检验统计量，检验是双侧 Z 检验.

【例 10-2-4】 有一批容器，其重量有些差异. 连续抽查了 15 个容器，其重量分别为

3.6　3.9　4.1　3.6　3.8　3.7　3.4　3.9　3.9　4.1　3.9　4　3.8　4.2　4.1

能否认为其重量的变动是随机的（ $\alpha = 0.05$ ）.

解 依据题意，检验问题为

H_0：重量的变动是随机的； H_1：重量的变动不是随机的.

本例采用中位数法（数据与中位数之差的正负号作为游程），用 SPSS 进行检验的步骤为：

步骤 1　将数据输入数据编辑器，变量名为'重量'.

步骤 2　选择'分析（A）>非参数检验（N）>旧对话框（L）>游程（R）方法'. '游程检验'对话框如图 10-2-2 所示. 将变量'重量'选入'检验变量列表（T）：'框. '分割点'选择'中位数'.

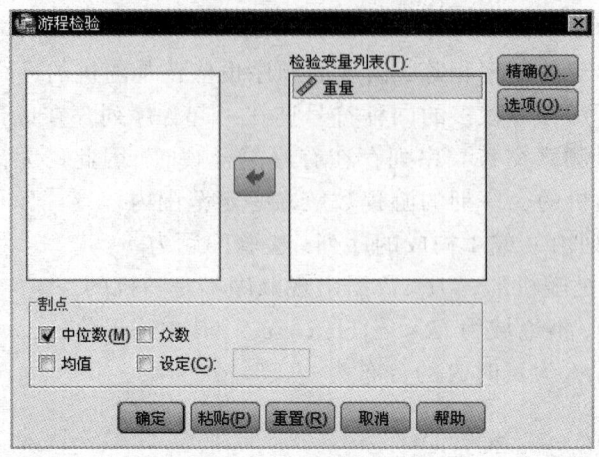

图 10-2-2 '游程检验'对话框

步骤 3 点击'确定'.

表 10-2-9 是游程检验结果,从中可知,显著性 $p=0.341>0.05=\alpha$,所以没有充足理由拒绝原假设,即容器重量变动是随机的.

表 10-2-9 游程检验

	重量
检验值 [a]	3.9
案例 < 检验值	6
案例 >= 检验值	9
案例总数	15
Runs 数	6
Z	−.952
渐近显著性(双侧)	.341

a. 中值.

2. 两总体分布检验

除适用于单样本随机性检验外,游程检验也适用于两个独立样本,用来检验两总体是否服从同一分布或两个样本是否来自同一总体的假设. 其方法是将一个独立样本中的数据都赋予符号 A,另一个独立样本中的数据都赋予符号 B. 将两个样本数据混合起来后,从小到大排列,相应的符号 A 或 B 也进行扩展排列,形成一个符号混合序列,再按照单样本游程检验的方法对符号混合序列进行检验.

【例 10-2-5】 某工厂欲测定男女工的生产效率有无明显差异,随机选择了 9 个男工和 6 个女工,每人的评分见下表.

男工	1500	1600	870	830	1100	810	1320	1150	970
女工	920	820	780	850	890	840			

试以 0.05 的显著水平检验男女工的生产效率是否相同.

解 依据题意，检验问题为：

H_0：男女工的生产效率无显著差异； H_1：男女工的生产效率有显著差异.

本例用 SPSS 进行检验的步骤如下：

步骤 1　对数据进行编码，定义一个变量'分组'：1 = 男工，2 = 女工. 将男工和女工两个样本合并为一个变量'生产效率'.

步骤 2　将编码后的数据输入数据编辑器，数据视图和变量视图分别如图 10-2-3 和图 10-2-4 所示. 给变量'分组'添加值标签：1 = 男工，2 = 女工.

图 10-2-3　数据视图　　　　图 10-2-4　变量视图

步骤 3　点击'分析（A）> 非参数检验（N）> 旧对话框（L）> 2 个独立样本（2）'，'两个独立样本检验'对话框如图 10-2-5 所示. 将变量'生产效率'选入'检验变量列表（T）：'框，变量'分组'选入'分组变量（G）：'框. 点击'定义组（D）'，在出现的'定义组'对话框中，'组（1）1：'框键入'1'，'组（2）2：'框键入'2'，点击'继续'. '检验类型'选择'Wald-Wolfowitz 游程（W）'.

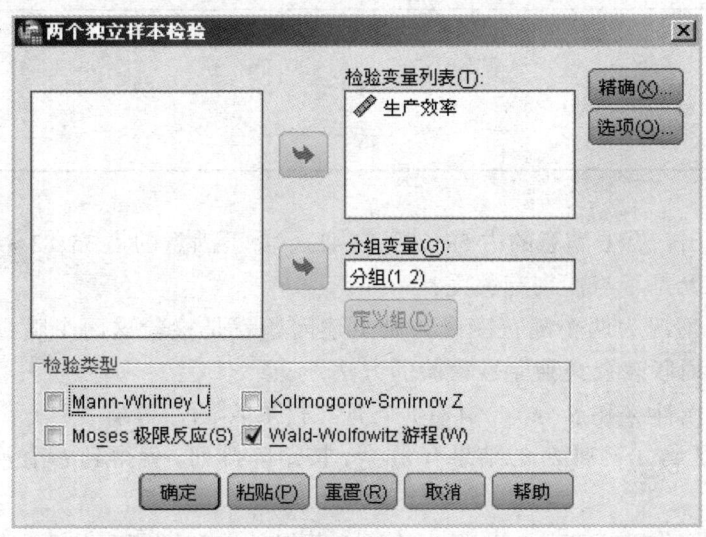

图 10-2-5　'两个独立样本检验'对话框

步骤 4　点击'确定'.

表 10-2-10 是 Wald-Wolfowitz 游程检验结果. 从中可知，显著性 $p = 0.566 > 0.05$，所以没有充足理由拒绝原假设，即男女工人的生产效率没有显著性差异.

表 10-2-10　检验统计量 [a,b]

		Runs 数	Z	精确显著性（单侧）
生产效率	精确的 Runs 数	8[c]	.000	.566

a. Wald-Wolfowitz 检验.
b. 分组变量：分组.
c. 没有找到组间结.

第三节　列联表独立性检验

列联表独立性检验是关于两个属性变量是否相关的一种检验. 两个属性变量的相关性还可以用对数线性分析或和对应分析（详见第十四章）研究.

一、列联表卡方检验

例如，某化妆品公司对新开发的某种护肤品进行满意度调查，随机抽取 162 位消费者进行免费试用，试用后的满意情况见表 10-3-1.

表 10-3-1　满意度调查数据

对产品的态度	满意	中立	不满意	行合计
男士	58	11	10	79
女士	35	25	23	83
列合计	93	36	33	162

从数据可以看出，男士满意的占 $58/79 \approx 73.4\%$，女士满意的占 $35/83 \approx 42.2\%$. 问题是，对新产品的满意情况是否与性别有关呢？

若性别和满意情况为两个随机变量，则上述问题就是检验这两个随机变量是否独立. 以下介绍 $r \times c$ 二维列联表及其独立性检验的方法.

设总体按两个属性 A 和 B 分类，A 有 r 个类：$A_1, A_2, \cdots, A_r$；B 有 c 个类：$B_1, B_2, \cdots, B_c$. 进行 n 次试验，其中既属 A_i 又属 B_j 的结果有 n_{ij} 个，按矩阵排列，就得到一个 $r \times c$ **二维列联表**，见表 10-3-2.

将属性 A 和 B 视作随机变量，由概率论知，若属性 A 和 B 相互独立，则 A 和 B 是互不影响的. 因此上，检验 A 和 B 是否互不影响，可以从检验 A 和 B 是否独立进行. 这类问题的检验称作**列联表的独立性检验**.

列联表的独立性检验问题是：

H_0：A 和 B 相互独立；H_1：A 和 B 不相互独立.

表 10-3-2　$r \times c$ 二维列联表

A	B					行和 $n_i.$
	B_1	$\cdots$	B_j	$\cdots$	B_c	
A_1	n_{11}	$\cdots$	n_{1j}	$\cdots$	n_{1c}	$n_1.$
$\vdots$	$\vdots$		$\vdots$		$\vdots$	$\vdots$
A_i	n_{i1}	$\cdots$	n_{ij}	$\cdots$	n_{ic}	$n_i.$
$\vdots$	$\vdots$		$\vdots$		$\vdots$	$\vdots$
A_r	n_{r1}	$\cdots$	n_{rj}	$\cdots$	n_{rc}	$n_r.$
列和 $n._j$	$n._1$	$\cdots$	$n._j$	$\cdots$	$n._c$	总和 n

若 H_0 为真，则 (A_i, B_j) 对应的期望频数为：

$$E_{ij} = \frac{n_i. n._j}{n}, i = 1, 2, \cdots, r, j = 1, 2, \cdots, c. \quad (10\text{-}3\text{-}1)$$

取检验统计量

$$\chi^2 = \sum_{i=1}^{r} \sum_{j=1}^{c} \frac{(n_{ij} - E_{ij})^2}{E_{ij}}. \quad (10\text{-}3\text{-}2)$$

可以证明，在 H_0 成立时，χ^2 近似服从 $\chi^2[(r-1)(c-1)]$ 分布.

由于统计量 χ^2 度量的是实际频数与期望频数的偏离程度，χ^2 值越大，偏离程度越大，越倾向于拒绝 H_0. 因此，列联表的独立性检验为 χ^2 右检验.

二、卡方检验的期望值准则

值得注意的是，用 χ^2 分布进行独立性检验时，要求样本容量足够大，特别是每个类别的期望频数（理论频数）不能过小，否则应用 χ^2 检验会得出错误的结论. 一般地，若只有两个类别，则每个类别的期望频数必须是 5 以上. 若有两个以上的类别，则若 20% 以上的类别期望频数小于 5，则不能应用 χ^2 检验.

【例 10-3-1】　对表 10-3-1 进行列联表独立性检验.

解　依据题意，检验问题是：

H_0：满意度与性别无关； H_1：满意度与性别相关.

本例用 SPSS 进行检验的步骤如下：

步骤 1　对数据重新编码. 定义 3 个变量：'性别' '态度' 和 '频数'. '性别'：男士 = 1，女士 = 2；'态度'：满意 = 1，中立 = 2，不满意 = 3.

步骤 2　将编码后的数据输入数据编辑器. 数据视图和变量视图分别如图 10-3-1 和图 10-3-2 所示. 在变量视图中，给变量 '性别' 添加值标签：1 = 男士，2 = 女士；给变量 '态度' 添加值标签：1 = 满意，2 = 中立，3 = 不满意.

❖ 应用统计学

	性别	态度	频数
1	1	1	58
2	1	2	11
3	1	3	10
4	2	1	35
5	2	2	25
6	2	3	23

	名称	类型	度量标准	值
1	性别	数值(N)	名义(N)	{1, 男士}...
2	态度	数值(N)	名义(N)	{1, 满意}...
3	频数	数值(N)	度量(S)	无
4				

图 10-3-1　数据视图　　　　　　图 10-3-2　变量视图

步骤 3　点击'数据（D）>加权个案（W）'. 在'加权个案（W）'对话框中，选择'加权个案（W）'将'频数'选入'频率变量（F）：'框. 点击'确定'.

步骤 4　点击'分析（A）>描述统计>交叉表（C）'. '交叉表'对话框如图 10-3-3 所示. 将变量'性别'选入'行（S）：'框，将变量'态度'选入'列（C）：'框.

步骤 5　点击'统计量（S）...'，'交叉表：统计量'对话框如图 10-3-4 所示. 选择'卡方（H）'复选框. 点击'继续'.

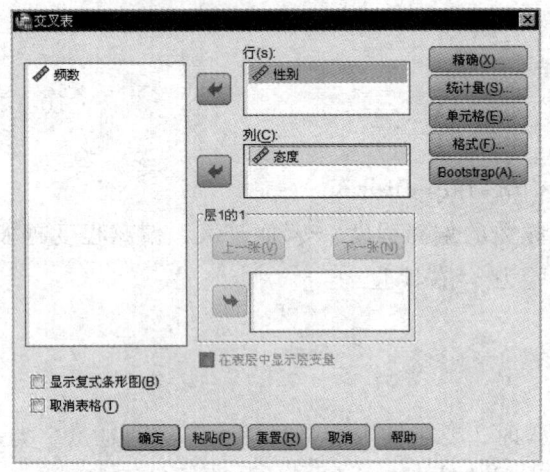 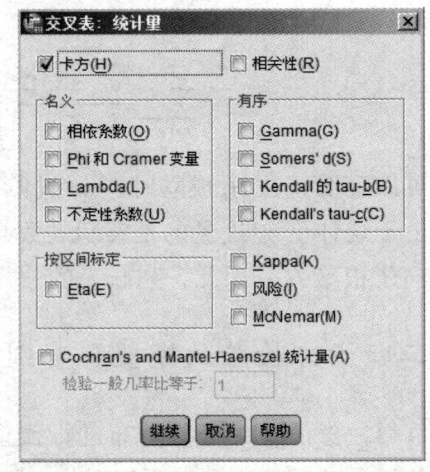

图 10-3-3　'交叉表'对话框　　　　　　图 10-3-4　'交叉表：统计量'对话框

步骤 6　点击'确定'.

表 10-3-3 是卡方检验结果. 从中可知，Pearson 卡方显检验著性 $p = 0.000 < 0.05$，可以认为性别与满意度相关.

表 10-3-3　卡方检验

	值	df	渐进 Sig.（双侧）
Pearson 卡方	16.165[a]	2	.000
似然比	16.502	2	.000
线性和线性组合	13.462	1	.000
有效案例中的 N	162		

a. 0 单元格（0.0%）的期望计数少于 5. 最小期望计数为 16.09.

1. 掷一颗骰子 60 次，结果如下：

点数	1	2	3	4	5	6	合计
次数	7	8	12	11	9	13	60

试问在 $\alpha=0.05$ 下这颗骰子是否均匀？

2. 某只股票在 40 个交易日里的收益率（%）如下：

0.72	2.22	1.48	−2.8	−1.85	2.41	0.72	−0.25
0.24	−0.24	−0.49	−0.48	−1.18	0.24	0.96	−2.71
−0.24	1.69	−0.73	0.48	−2.86	−1.41	−0.24	−3.54
−0.95	−0.24	2.46	−0.48	0.98	1.43	−1.43	1.31
3.6	−0.95	−0.48	−1.69	−1.46	0.47	−2.17	0

（1）用 Q-Q 图检验该股票的收益率是否服从正态分布；（2）试在 $\alpha=0.05$ 下用 Kolmogorov-Smirnov 检验法检验该股票的收益率是否服从正态分布．

3. 某研究对某地方性砷中毒地区水源中砷含量（mg/L）进行测定，检测 20 处，测量数据如下：

0.01	0.06	0.32	0.15	0.005	0.7	0.011	0.24	1.01	0.33
0.015	0.07	0.3	0.17	0.005	0.6	0.01	0.255	1.245	0.305

试问地方性砷中毒地区水源中砷含量（mg/L）是否为 0.2？

4. 某自动机床加工同一种类型的零件．现从甲乙两班工人加工的零件中各随机抽验了 5 个，测得它们的直径（单位：cm）分别为：

甲 班	2.066	2.063	2.068	2.060	2.067
乙 班	2.058	2.057	2.063	2.059	2.060

试用符号检验法检验甲乙两班工人加工的零件有无显著性差异．（$\alpha=0.05$）

5. 测得两批电子器件的随机样品的电阻（欧姆）为：

样品 1	0.140	0.138	0.143	0.142	0.144	0.137
样品 2	0.135	0.140	0.142	0.136	0.138	0.140

试用 Wilcoxon（威尔科克森）秩和检验法检验两厂生产的电阻值有无显著性差异（$\alpha=0.1$）．

6. 某车间生产的 20 个轴承外座圈数据如下：

| 15.04 | 15.36 | 14.57 | 14.53 | 15.57 | 14.69 | 15.37 | 14.66 | 14.52 | 15.41 |
| 15.34 | 14.28 | 15.01 | 14.76 | 14.38 | 15.87 | 13.66 | 14.97 | 15.29 | 14.95 |

能否认为其重量的变动是随机的（$\alpha = 0.05$）.

7. 在调查的 480 名男性中 38 名患有色盲症，520 名女性中 6 名患有色盲症，调查数据如下：

性别	患色盲	未患色盲	合计
男	38	442	480
女	6	514	520
合计	44	956	1000

试在 $\alpha = 0.05$ 下检验性别与患色盲是否相互独立.

8. 为了调查吸烟是否对患肺癌有影响，某肿瘤研究所随机地调查了 100 000 人，得到如下结果（单位：人）：

吸烟情况	不患肺癌	患肺癌	总计
不吸烟	77570	5	77575
吸烟	22420	5	22425
总计	99990	10	100000

试在 $\alpha = 0.05$ 下检验肺癌是否与吸烟有关.

第十一章 相关分析与回归分析

相关分析和回归分析是研究变量之间不确定性关系的基本方法. 相关分析是用一个指标来衡量或检验变量之间的某种关联程度, 回归分析则是用回归模型研究变量之间的不确定关系. 回归分析的参数估计、方差估计、参数检验、预测置信区间的推导非常复杂. 深入地学习, 请参阅《计量经济学》的书籍. 本章主要介绍:
- 相关分析.
- 一元线性回归分析.
- 多元回归分析.

第一节 相关分析

一、相关系数

（一）Pearson 相关系数

变量之间最简单的关系是线性关系, 统计上常用线性相关系数刻画变量之间线性关系的强弱. Pearson（皮尔逊）相关系数又称简单相关系数, 是一种线性相关性的度量.

设变量 x 和 y 的序列值分别为 $x_1, x_2, \cdots, x_n$ 和 $y_1, y_2, \cdots, y_n$, 则 x 和 y 的 Pearson 相关系数定义为

$$R_{xy} \equiv \frac{\sum(x_i - \bar{x})(y_i - \bar{y})}{\sqrt{\sum(x_i - \bar{x})^2 \sum(y_i - \bar{y})^2}}. \qquad (11\text{-}1\text{-}1)$$

Pearson 相关系数有如下性质:
- $|R_{xy}| \leq 1$.
- $|R_{xy}| = 1$ 的充分必要条件是 $P\{y = a + bx\} = 1$.

若 $R_{xy} = 0$, 则称 x 和 y 不相关, 即没有线性关系; 若 $0 < R_{xy} < 1$, 则当 x 增加时, y 有增加的趋势, 此时称 x 和 y 正相关; 若 $-1 < R_{xy} < 0$, 则当 x 增加时, y 有减少的趋势, 此时称 x 和 y 负相关; 若 $R_{xy} = 1$, 则称 x 和 y 完全正相关; 若 $R_{xy} = -1$, 则称 x 和 y 完全负相关.

多个变量两两之间的相关系数构成的矩阵称为**相关系数矩阵**. n 个变量 $x_1, x_2, \cdots, x_n$ 的相关系数矩阵表示为

$$\begin{bmatrix} 1 & R_{x_1x_2} & \cdots & R_{x_1x_n} \\ R_{x_2x_1} & 1 & \cdots & R_{x_2x_n} \\ \vdots & \vdots & & \vdots \\ R_{x_nx_1} & R_{x_nx_2} & \cdots & 1 \end{bmatrix}. \tag{11-1-2}$$

样本相关系数不为零，不代表总体相关系数不为零. 设变量 x 和 y 的 Pearson 相关系数为 r，检验问题为

$$H_0: r=0: H_1: r\neq 0.$$

在 H_0 为真的条件下，Pearson 相关系数检验统计量为

$$t=\frac{R\sqrt{n-2}}{\sqrt{1-R^2}}\sim t(n-2), \tag{11-1-3}$$

其中，R 为 Pearson 样本相关系数，n 为样本量. 因此，Pearson 相关系数检验是双侧 t 检验.

【例 11-1-1】 经调查得 8 个城市的某种食品的销售额（万元）y 与其价格提高率（%）x_1 和人口增加数（万人）x_2 的资料见表 11-1-1. 试计算三个变量的相关系数，并对三个变量的相关性进行检验.

表 11-1-1　某种食品的销售额数据

城市编号	价格提高率（%）	人口增加数（万人）	销售量（万元）
1	4	34	6
2	3	92	16
3	2	75	12
4	3	36	9
5	1	78	17
6	5	8	5
7	4	23	11
8	3	25	10

解　本例用 SPSS 相关分析的步骤如下：

步骤 1　将数据输入数据编辑器. 数据视图和变量视图分别如图 11-1-1 和图 11-1-2 所示.

	城市	价格提高率	人口增加数	销售额
1	1	4	34	6
2	2	3	92	16
3	3	2	75	12
4	4	3	36	9
5	5	1	78	17
6	6	5	8	5
7	7	4	23	11
8	8	3	25	10

图 11-1-1　数据视图

	名称	类型	度量标准
1	城市	数值(N)	序号(O)
2	价格提高率	数值(N)	度量(S)
3	人口增加数	数值(N)	度量(S)
4	销售额	数值(N)	度量(S)

图 11-1-2　变量视图

步骤2 点击'分析(A) > 相关(C) > 双变量(B)'.'双变量相关'对话框如图11-1-3所示. 将变量'价格提高率''人口增加数'和'销售量'选入'变量(V):'框,'相关系数'选择'Pearson'.

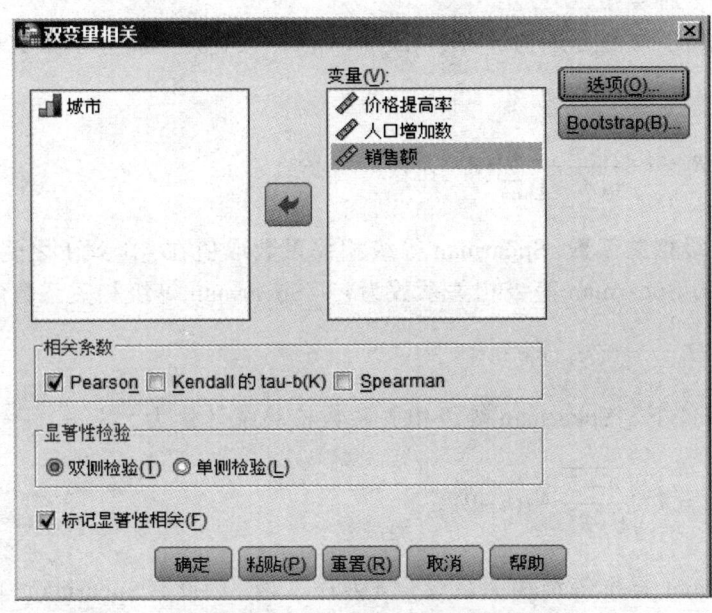

图 11-1-3 '双变量相关性'对话框

步骤3 点击'确定'.

表11-1-2是相关系数及其检验结果. 从中可以看出,销售量与人口增加数的Pearson相关性系数为0.849,显著性为0.008,销售量与价格提高率的Pearson相关性系数为 -0.779,显著性为0.017,即销售量与人口增加数高度正相关,与价格提高率高度负相关.

表 11-1-2 相 关 性

		价格提高率	人口增加数	销售额
价格提高率	Pearson 相关性	1	-.761*	-.799*
	显著性（双侧）		.028	.017
	N	8	8	8
人口增加数	Pearson 相关性	-.761*	1	.849**
	显著性（双侧）	.028		.008
	N	8	8	8
销售额	Pearson 相关性	-.799*	.849**	1
	显著性（双侧）	.017	.008	
	N	8	8	8

*. 在0.05水平（双侧）上显著相关.
**. 在.01水平（双侧）上显著相关.

（二）Spearman 等级相关系数

Spearman（斯皮尔曼）等级相关系数是对等级变量（定序变量，如产品等级、成绩等级等）的相关性的一种度量。

设变量 x 和 y 的序列值分别为 $x_1,x_2,\cdots,x_n$ 和 $y_1,y_2,\cdots,y_n$。其秩分别为 $R_1<R_2<\cdots<R_n$ 和 $S_1<S_2<\cdots<S_n$。

$$R_s = 1 - \frac{6}{n(n^2-1)}\sum_{i=1}^n (R_i - S_i)^2 \tag{11-1-4}$$

称为 **Spearman 等级相关系数**。Spearman 等级相关系数取值在 -1 到 1 之间。

设变量 x 和 y 的 Spearman 等级相关系数为 r，Spearman 等级相关系数的检验问题为

$$H_0 : r = 0; H_1 : r \neq 0.$$

在 H_0 为真的条件下，Spearman 等级相关系数检验统计量为

$$t = R_s\sqrt{\frac{n-2}{1-R_s^2}} \sim t(n-2), \tag{11-1-5}$$

其中，R_s 为 Spearman 样本等级相关系数，n 为样本量。因此，Spearman 等级相关系数检验是双侧 t 检验。

（三）肯达尔秩相关系数

Kendall（肯达尔）τ 相关系数是对定序变量（如产品等级、成绩等级等）的相关性的一种度量。在计算 Kendall τ 相关系数前，先来了解一致对与非一致对的概念。

设变量 x 和 y 的序列值分别为 $x_1,x_2,\cdots,x_n$ 和 $y_1,y_2,\cdots,y_n$，则有 n 对观测值 $(x_1,y_1),(x_2,y_2),\cdots,(x_n,y_n)$。当 $j>i(i,j=1,2,\cdots,n)$ 时，若 $(x_j-x_i)(y_j-y_i)>0$，则称 (x_i,y_i) 与 (x_j,y_j) 为**一致对**；若 $(x_j-x_i)(y_j-y_i)\leq 0$，则称 (x_i,y_i) 与 (x_j,y_j) 为**非一致对**。

设一致对的总数为 N_c，非一致对的总数为 N_d，则 $N_c + N_d = C_n^2 = n(n-1)/2$。

$$\tau = \frac{N_c - N_d}{N_c + N_d} = \frac{N_c - N_d}{n(n-1)/2} \tag{11-1-6}$$

称为 **Kendall τ 相关系数**。Kendall τ 相关系数取值在 -1 到 1 之间。

设变量 x 和 y 的 Kendall τ 相关系数为 r，Kendall τ 相关系数的检验问题为

$$H_0 : r = 0; H_1 : r \neq 0.$$

在 H_0 为真的条件下，Kendall τ 相关系数检验统计量为

$$\tau = \frac{N_c - N_d}{n(n-1)/2}. \tag{11-1-7}$$

在小样本条件下，Kendall τ 相关系数服从 Kendall 分布。在大样本条件下，可认为 τ

服从均值 $\mu = 0$，标准差 $\sigma = \sqrt{\dfrac{2(2n+5)}{9n(n-1)}}$ 的正态分布，因此可以用双侧 Z 检验 Kendall τ 相关系数的显著性.

【例 11-1-2】 4 个评委对 6 名选手的成绩评定顺序见表 11-1-3. 试以 0.05 的显著水平检验 4 位评委对选手评定的成绩是否相关.

表 11-1-3 4 个评委对 6 名选手的成绩评定顺序

X1	5	1	6	4	2	3
X2	2	3	4	5	1	6
X3	6	4	5	1	2	3
X4	4	6	3	2	1	5

解 本例用 SPSS 检验的步骤如下：

步骤 1 将数据输入数据编辑器，变量名分别为'X1''X2''X3'和'X4'.

步骤 2 点击'分析（A）>相关（C）>双变量（B）'. '双变量相关'对话框如图 11-1-4 所示. 将变量'X1''X2''X3'和'X4'选入'变量（V）:'框，'相关系数'选择'Kendall 的 tau-b（K）'和'Speaman'.

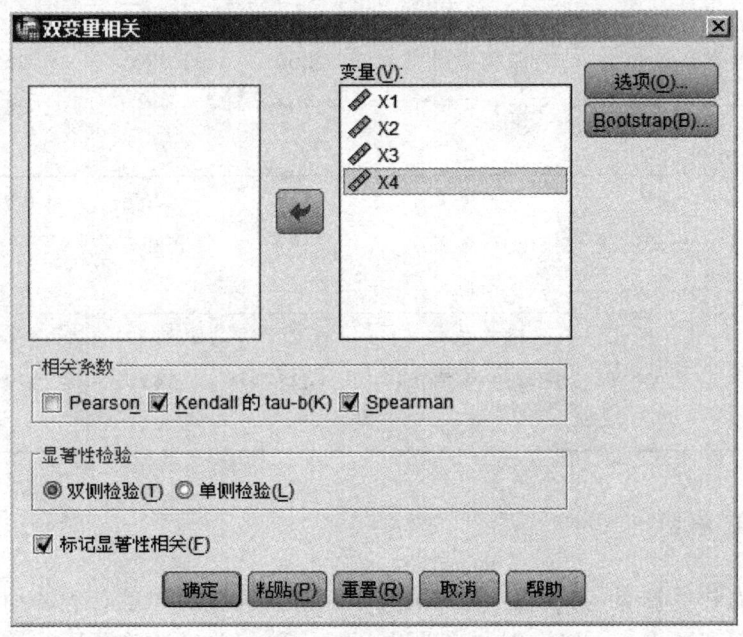

图 11-1-4 '双变量相关性'对话框

步骤 3 点击'确定'.

表 11-1-4 是 Kendall τ 相关系数和 Spearman 等级相关系数及其检验结果. 从中可以看出，4 个评委评定的成绩相关系数都不为 0，但显著性都大于显著水平 0.05，所以可以认为 4 个评委评定的成绩不相关.

表 11-1-4 相关系数

			X1	X2	X3	X4
Kendall 的 tau_b	X1	相关系数	1.000	.067	.200	-.200
		Sig.（双侧）	.	.851	.573	.573
		N	6	6	6	6
	X2	相关系数	.067	1.000	-.200	.200
		Sig.（双侧）	.851	.	.573	.573
		N	6	6	6	6
	X3	相关系数	.200	-.200	1.000	.333
		Sig.（双侧）	.573	.573	.	.348
		N	6	6	6	6
	X4	相关系数	-.200	.200	.333	1.000
		Sig.（双侧）	.573	.573	.348	.
		N	6	6	6	6
Spearman 的 rho	X1	相关系数	1.000	.200	.429	-.257
		Sig.（双侧）	.	.704	.397	.623
		N	6	6	6	6
	X2	相关系数	.200	1.000	-.257	.314
		Sig.（双侧）	.704	.	.623	.544
		N	6	6	6	6
	X3	相关系数	.429	-.257	1.000	.486
		Sig.（双侧）	.397	.623	.	.329
		N	6	6	6	6
	X4	相关系数	-.257	.314	.486	1.000
		Sig.（双侧）	.623	.544	.329	.
		N	6	6	6	6

二、偏相关系数

例如，研究农作物产量与雨量、气温的关系．高温虽然对产量有利，但高温往往会伴随着少雨，对产量又不利．所以气温与产量之间的简单相关系数实际不能确切反映二者的真正关系．为了正确反映气温与产量的相关关系，必须将雨量控制，消除其带来的影响．

偏相关系数是在控制一个或多个附加变量的情况下，对两个变量之间的线性相关性的一种度量．没有控制变量时的偏相关系数就是简单相关系数，也称为**零阶偏相关系数**．控制一个变量时的偏相关系数称为**一阶偏相关系数**．控制 q 个变量时的偏相关系数称为 q **阶偏相关系数**．

在控制 x_2 的条件下,变量 x_1 和 y 的一阶偏相关系数定义为

$$R_{y \cdot x1} = \frac{R_{y1} - R_{y2}R_{12}}{\sqrt{(1-R_{y2}^2)(1-R_{12}^2)}}, \qquad (11\text{-}1\text{-}8)$$

其中,R_{y1}, R_{y2}, R_{12} 分别是 y 和 x_1 的相关系数、y 和 x_2 的相关系数、x_1 和 x_2 的相关系数. 偏相关系数取值在 -1 至 1 之间.

设变量 x_1 和 y 的偏相关系数为 r,偏相关系数的检验问题为

$$H_0 : r = 0 ; H_1 : r \neq 0.$$

在 H_0 为真的条件下,偏相关系数的检验统计量为

$$t = R\sqrt{\frac{n-q-2}{1-R^2}} \sim t(n-q-2), \qquad (11\text{-}1\text{-}9)$$

其中,R 为样本偏相关系数,n 为样本量,q 为阶数. 因此,偏相关系数检验是双侧 t 检验.

【例 11-1-3】 计算例 11-1-1 中销售量与价格提高率的偏相关系数.

步骤 1 输入数据. 数据视图和变量视图分别如图 11-1-1 和图 11-1-2 所示.

步骤 2 点击'分析(A) > 相关(C) > 偏相关(R)'. '偏相关'对话框如图 11-1-5 所示. 将变量'销售量'和'价格提高率'选入'变量(V):'框,变量'人口增加数'选入'控制(C):'框.

步骤 3 点击'选项(O)…'. '偏相关:选项'对话框如图 11-1-6 所示. 选择'零阶相关系数(Z)'. 点击'继续'.

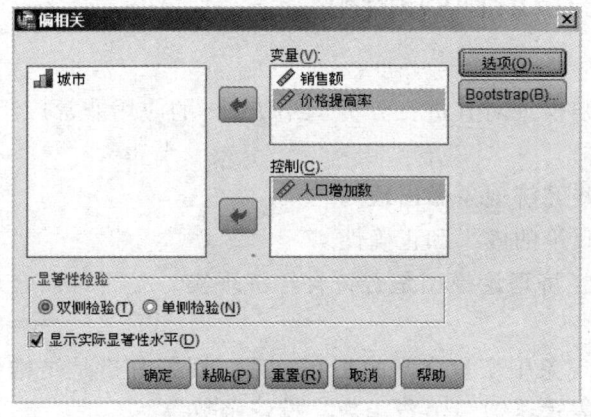

图 11-1-5 '偏相关'对话框

图 11-1-6 '偏相关:选项'对话框

步骤 4 点击'确定'.

表 11-1-5 是零阶相关系数(Pearson 相关系数)和控制人口增加数后销售量与价格提高率的偏相关系数及其检验结果. 从表中可以看出,零阶相关系数和例 11-1-1 相同,偏相关系数为 -0.447,显著性为 0.315,大于 0.05,因此没有充足理由拒绝原假设,即认为在控制人口增加数情况下,销售量与价格提高率不相关.

表 11-1-5 相 关 性

控制变量		销售额	价格提高率	人口增加数
-无-[a]	销售额	相关性	1.000	-.799	.849
		显著性（双侧）	.	.017	.008
		df	0	6	6
	价格提高率	相关性	-.799	1.000	-.761
		显著性（双侧）	.017	.	.028
		df	6	0	6
	人口增加数	相关性	.849	-.761	1.000
		显著性（双侧）	.008	.028	.
		df	6	6	0
人口增加数	销售额	相关性	1.000	-.447	
		显著性（双侧）	.	.315	
		df	0	5	
	价格提高率	相关性	-.447	1.000	
		显著性（双侧）	.315	.	
		df	5	0	

a. 单元格包含零阶（Pearson）相关.

第二节 一元线性回归分析

当变量之间存在某种关联时，可用回归模型对其进行分析. 回归分析的应用非常广泛，例如：

- 经济预测. 利用回归模型可以对某些经济现象做出预测.
- 政策评价. 利用回归模型可以验证政策的效果和正确性.
- 理论检验. 利用回归模型可以检验经济理论模型是否符合经济现实，是否可以合理解释经济现象.
- 结构分析. 结构分析用来研究经济现象中变量之间的相互关系，回归分析是结构分析的有力工具. 如弹性分析、生产函数、需求函数、消费函数、投资函数等.

一、引 例

例如，要研究支出法国内生产总值（亿元）（广义国民收入）和最终消费支出（亿元）之间的关系. 问题是：

- 国内生产总值和居民消费支出的关系如何？
- 国内生产总值对最终消费支出有显著影响吗？

- 如果国内生产总值对最终消费支出有显著影响,影响系数是多少呢?换句话说,国内生产总值增加1元,最终消费支出增加几元?国内生产总值增加1%,最终消费支出增加百分之几?
- 如何对未来的最终消费支出做出预测呢?

表11-2-1是按当年价格计算的支出法国内生产总值(亿元)和最终消费支出(亿元)数据(中国统计年鉴(2014)).

表 11-2-1 支出法国内生产总值及其最终消费支出(亿元)

年份 t	支出法国内生产总值(亿元)x	最终消费支出(亿元)y
2000	98 749.0	61 516.0
2001	109 028.0	66 933.9
2002	120 475.6	71 816.5
2003	136 613.4	77 685.5
2004	160 956.6	87 552.6
2005	187 423.4	99 357.5
2006	222 712.5	113 103.8
2007	266 599.2	132 232.9
2008	315 974.6	153 422.5
2009	348 775.1	169 274.8
2010	402 816.5	194 115.0
2011	472 619.2	232 111.5
2012	529 399.2	261 993.6
2013	586 673.0	292 165.6

数据来源:中国年统计年鉴(2014).

国内生产总值(亿元)和最终消费支出(亿元)的散点图如图11-2-1所示.从中可以看出,二者大致呈线性关系.

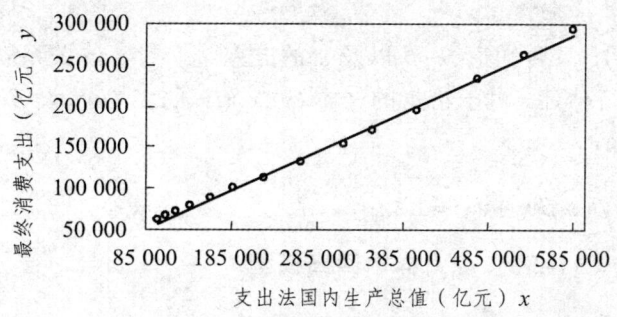

图 11-2-1 最终消费支出与国内生产总值的散点图

根据凯恩斯的绝对收入假定,最终消费支出(亿元)y与国内生产总值(亿元)x具有如下关系:

$$y = \beta_0 + \beta_1 x,$$

这里 β_0 称为**自发性消费**，β_1 称为**边际消费倾向**.

对于不同年份 t，凯恩斯的绝对收入假定可以改写为

$$y_t = \beta_0 + \beta_1 x_t, t = 2000, 2001, \cdots, 2013.$$

上述宏观经济学模型是确定的函数模型.

从图 11-2-1 可以看出，散点在直线 $\beta_0 + \beta_1 x_t$ 附近（个别点在直线上）. 这说明用 $\beta_0 + \beta_1 x_t$ 来估计 y_t 是存在误差的. 原因是，除了国内生产总值以外，影响最终消费支出的因素还有很多，这些因素有的知道有的不知道，有的可度量有的不可度量. 若将这些额外的因素总和假设为一随机变量 ε_t（误差项）. 则上述宏观经济学模型可改写为

$$y_t = \beta_0 + \beta_1 x_t + \varepsilon_t, t = 2000, 2001, \cdots, 2013.$$

和确定的函数模型不同，这是个随机模型，称为**回归模型**. 如果能够估计出 β_0、β_1 和 ε_t 的分布，我们就可以回答一开始提出的问题.

二、一元线性回归模型

一元线性回归模型的形式为：

$$y_i = \beta_0 + \beta_1 x_i + \varepsilon_i, i = 1, 2, \cdots, n, \tag{11-2-1}$$

其中，y_i 称为**被解释变量或因变量**；x_i 称为**解释变量或自变量**；ε_i 为随机误差项；β_0 和 β_1 称为**回归系数**，是待估参数；n 为样本容量. 称模型右边部分 $\beta_0 + \beta_1 x_i$ 为**回归函数**或回归.

为了对参数进行估计和检验，一元线性回归模型通常假定：

- 正态误差假定：$\varepsilon_i \sim N(0, \sigma^2), i = 1, 2, \cdots, n$.
- 无序列相关性假定：$Cov(\varepsilon_i, \varepsilon_j) = 0, i \neq j, i, j = 1, 2, \cdots, n$.
- 解释变量与误差项不相关假定：$Cov(x_i, \varepsilon_j) = 0, i \neq j, i, j = 1, 2, \cdots, n$.

三、参数估计

对于模型（11-2-1），只要知道 β_0, β_1 以及 ε_i 的方差，y_i 与 x_i 的关系就清楚了. 所以需要对 β_0, β_1 和 ε_i 的方差进行估计. 对于给定的样本 $(y_i, x_i)(i = 1, 2, \cdots, n)$，设 β_0 和 β_1 的估计分别为 $\hat{\beta}_0$ 和 $\hat{\beta}_1$，则

$$y_i = \hat{\beta}_0 + \hat{\beta}_1 x_i + e_i, i = 1, 2, \cdots, n, \tag{11-2-2}$$

其中，e_i 称为**残差**. 式（11-2-2）称为**样本回归模型**.

$$\hat{y}_i = \hat{\beta}_0 + \hat{\beta}_1 x_i, i = 1, 2, \cdots, n \tag{11-2-3}$$

称为**样本回归方程**. $\hat{y}_i$ 是 y_i 的点估计，显然

$$e_i = y_i - \hat{y}_i, i = 1, 2, \cdots, n. \tag{11-2-4}$$

自然希望 e_i 的绝对值越小越好，但通常要使得参数能够满足每一个 e_i 的绝对值都达到最小是难以做到的. 普通最小二乘法是使 e_i 的平方和达到最小, 即

$$Q = \sum e_i^2 = \sum (y_i - \hat{\beta}_0 - \hat{\beta}_1 x_i)^2 \tag{11-2-5}$$

达到最小.

通过求解式（11-2-5）的最小值，得 β_0 和 β_1 的最小二乘估计：

$$\begin{cases} \hat{\beta}_0 = \dfrac{\sum x_i^2 \sum y_i - \sum x_i \sum y_i x_i}{n \sum x_i^2 - (\sum x_i)^2}, \\ \hat{\beta}_1 = \dfrac{n \sum y_i x_i - \sum y_i \sum x_i}{n \sum x_i^2 - (\sum x_i)^2}. \end{cases} \tag{11-2-6}$$

可以证明，误差项 ε_i 的方差估计为

$$\hat{\sigma}^2 = \frac{1}{n-2} \sum e_i^2. \tag{11-2-7}$$

四、模型检验

参数估计出来之后，还需要对模型进行一系列的检验. 通常依照以下次序对模型进行检验：经济意义检验→误差项 ε_i 的正态性检验→F 检验→t 检验→R^2 检验.

（一）参数的经济意义检验

参数的经济意义检验属于理论检验，或经验检验. 参数估计值的大小、符号应符合经济理论或经验实际，否则数学上再完美的模型都是无意义的. 例如，在研究消费和收入的一元回归模型

$$y_t = \beta_0 + \beta_1 x_t + \varepsilon_t, t = 1, 2, \cdots, n$$

中，β_0 和 β_1 分别为自发性消费和边际消费倾向，β_0 应该大于 0，β_1 应该大于 0 小于 1. 如果模型估计结果违反了上述的理论假定，则是没有意义的.

值得指出的是，要依据经济理论建立模型，不要为了拟合效果好，或检验显著而去臆造模型.

（二）误差项 ε_i 的正态性检验

回归模型的 t 检验和 F 检验都是建立在误差项 ε_i 的正态性假设基础上的. 若 ε_i 不服从正态分布，则 t 检验和 F 检验都会失去意义.

可以利用残差的 P-P 图（或 Q-Q 图）进行误差项 ε_i 的正态性检验. 方法是：若 P-P 图（或 Q-Q 图）上的散点随机地分布在一条直线附近，就可以认为误差项服从正态分布，否则误差项不服从正态分布. 若 P-P 图（或 Q-Q 图）检验有拒绝正态性的倾向，则可进一步进行假设检验.

（三）回归函数 $\beta_0 + \beta_1 x_i$ 的 F 检验

F 检验的原假设和备择假设为

$$H_0: \beta_0 = \beta_1 = 0; \quad H_1: \beta_0, \beta_1 \text{不全为零}.$$

为了得到 F 检验统计量，先对总偏差进行分解．称 y_i 与其均值 $\bar{y} = \sum y_i / n$ 之差为总偏差．称 $TSS \equiv \sum(y_i - \bar{y})^2$ 为**总偏差平方和**，$ESS \equiv \sum(\hat{y}_i - \bar{y})^2$ 为**回归平方和**，$RSS \equiv \sum(y_i - \hat{y}_i)^2 = \sum e_i^2$ 为**残差（剩余）平方和**．可以证明，$TSS = RSS + ESS$．

显然 ESS 在 TSS 中占的比重越大，RSS 就越小，模型的拟合效果越好．在模型满足 3 条假定的条件下，检验统计量

$$F = \frac{ESS/1}{RSS/(n-2)} \sim F(1, n-2). \tag{11-2-8}$$

由以上分析可知，回归函数的显著性检验属于 F 右检验，设由样本值计算得检验统计量 F 的值为 f，若 $p = \{F(1, n-2) > f\} < \alpha$，则有充足的理由拒绝 H_0，认为回归函数是显著不为 0 的．

（四）单个参数的 t 检验

在模型满足 3 条假定的条件下，对单个参数检验的原假设和备择假设为

$$H_0: \beta_i = 0; H_1: \beta_i \neq 0, i = 0, 1.$$

检验统计量为

$$T \equiv \frac{\hat{\beta}_0}{S_{\hat{\beta}_0}} \sim t(n-2), \quad T \equiv \frac{\hat{\beta}_1}{S_{\hat{\beta}_1}} \sim t(n-2), \tag{11-2-9}$$

其中，参数的方差估计为

$$S_{\hat{\beta}_0}^2 = \frac{\sum e_i^2 \sum x_i^2}{n(n-2) \sum(x_i - \bar{x})^2}, \quad S_{\hat{\beta}_1}^2 = \frac{\sum e_i^2}{(n-2) \sum(x_i - \bar{x})^2}.$$

单个参数的显著性检验是双侧 t 检验．设由样本值计算得检验统计量 T 的值为 t，若 $p = P\{|t(n-2)| > |t|\} < \alpha$，则有充足理由拒绝 H_0，认为对应的解释变量对被解释变量有显著性影响．否则接受 H_0，认为对应的解释变量对被解释变量没有显著性影响．当 t 检验不太显著，但 F 检验显著时，模型也可用，因为 F 检验要优于 t 检验．

（五）模型拟合检验

如上所述，ESS 在 TSS 中占的比重越大，残差平方和 RSS 越小，模型的拟合效果越好．定义**可决系数**（也称拟合优度）R^2 为

$$R^2 \equiv \frac{ESS}{TSS} = 1 - \frac{RSS}{TSS}, \tag{11-2-10}$$

显然，$0 \leq R^2 \leq 1$，R^2 越接近于 1，模型的拟合效果越好.

由于样本的随机性以及其他原因，回归模型能同时通过各项检验往往是非常困难的. 模型检验不理想时可以考虑修正估计方法或模型（详见计量经济学参考书）.

五、预 测

如果模型经检验非常理想，则可以利用模型进行预测. 科学的预测需要计算变量的点估计和区间估计.

给定样本外的解释变量观察值 x_0，代入样本回归方程（11-2-3）有

$$\hat{y}_0 = \hat{\beta}_0 + \hat{\beta}_1 x_0, \tag{11-2-11}$$

$\hat{y}_0$ 是 y_0 的估计值. 可以证明，y_0 的 $1-\alpha$ 置信区间端点为

$$\hat{y}_0 \mp t_{1-\alpha/2}(n-2)\hat{\sigma}\sqrt{1+\frac{1}{n}+\frac{(x_0-\bar{x})^2}{\sum(\bar{x}_i-\bar{x})^2}}. \tag{11-2-12}$$

实际上 $\hat{y}_0$ 也可作为 $E(y_0)$ 的估计值. 事实上，$y_0 = \beta_0 + \beta_1 x + \varepsilon_0$，由假设 $E(\varepsilon_0) = 0$ 得 $E(y_0) = \beta_0 + \beta_1 x_0$，从而

$$\hat{E}(y_0) = \hat{\beta}_0 + \hat{\beta}_1 x_0 = \hat{y}_0, \tag{11-2-13}$$

$E(y_0)$ 的 $1-\alpha$ 置信区间端点为

$$\hat{y}_0 \mp t_{1-\alpha/2}(n-2)\hat{\sigma}\sqrt{\frac{1}{n}+\frac{(X_0-\bar{X})^2}{\sum(X_t-\bar{X})^2}}. \tag{11-2-14}$$

回归分析的过程如图 11-2-2 所示.

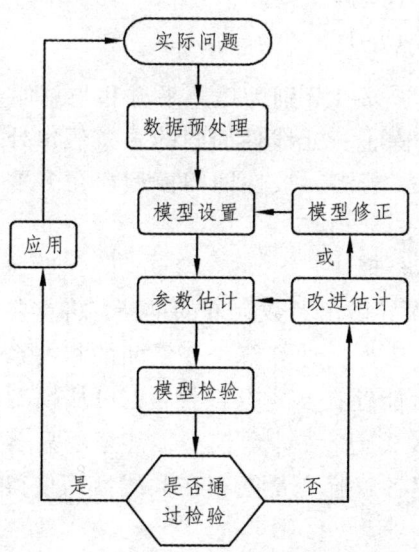

图 11-2-2 回归分析的过程

显然利用式（11-2-2）至式（11-2-14）进行回归分析，计算量非常大．现在一般都用统计软件进行回归分析．

第三节　多元回归分析

一、多元线性回归分析

多元线性回归模型的一般形式为：

$$y_i = \beta_1 + \beta_2 x_{2i} + \cdots + \beta_k x_{ki} + \varepsilon_i, \ i=1,2,\cdots,n, \tag{11-3-1}$$

其中，y_i 称为**被解释变量**或**因变量**；x_{ji} 称为**解释变量**或**自变量**；ε_i 为随机误差项；β_j 为未知待估参数；k 为解释变量（包含常数项）的数目；n 为样本容量．称模型右边部分 $\beta_1 + \beta_2 x_{2i} + \cdots + \beta_k x_{ki}$ 为**回归函数**或**回归**，系数 β_j 亦称为**回归系数**．

多元线性回归模型的估计和检验与一元线性回归模型类似，这里不再赘述，只介绍决定系数和多重共线性问题．

在应用过程中发现，如果在模型中增加一个解释变量，R^2 往往增大，这就给人一个错觉：要使得模型拟合得好，只要增加解释变量即可．但是，现实情况往往是，由增加解释变量个数引起的 R^2 增大与拟合好坏无关．

在样本容量一定的情况下，增加解释变量必定使得自由度减少，所以对 R^2 修正的思路是：将残差平方和与总偏差平方和分别除以各自的自由度，以剔除变量个数对拟合优度的影响．称

$$\bar{R}^2 = 1 - \frac{RSS/(n-k)}{TSS/(n-1)} \tag{11-3-2}$$

为**调整的决定系数**．其中 $n-k$，$n-1$ 分别为残差平方和与总偏差平方和的自由度．

多元线性回归模型的假定除了一元线性回归的 3 条假定外，还假定**无多重共线性**，即假定任何两个解释变量不相关．若多元线性回归模型存在多重共线性，则最小二乘估计会出现以下后果：

- 参数估计量经济含义不合理．
- 容易使 t 检验不显著，误导做出参数为 0 的推断，将重要的解释变量排除在模型之外．

检验多重共线性的简单方法是：计算解释变量间的相关系数，若相关系数的绝对值较大，则说明，解释变量之间可能存在多重共线性．也可从模型估计结果去推测多重共线性的存在．若 $\bar{R}^2$ 和 F 统计量较大，但 t 统计量较小，甚至不显著，则说明各解释变量对被解释变量的联合线性作用显著，但各解释变量间存在共线性而使得它们对被解释变量的独立作用不能分辨．

解决多重共线性的常用方法是逐步回归法．该方法是按照解释变量的重要程度逐步引入模型反复估计，直到找到最合理的模型．也可以反过来进行，即先建立一个一般模型，

然后逐步剔除不重要的解释变量，反复估计，直到找到最合理的模型.

【例 11-3-1】 试用回归分析例 11-1-1 中价格提高率或人口增加数对某种食品的销售额的影响. 若某城市的价格提高率为 3% 和人口增加数为 85 万人，试预测该城市的食品销售额.

解 本例用 SPSS 进行回归分析的步骤如下：

步骤 1　输入数据. 数据视图和变量视图分别如图 11-3-1 和图 11-3-2 所示.

城市	价格提高率	人口增加数	销售额
1	4	34	6
2	3	92	16
3	2	75	12
4	3	36	9
5	1	78	17
6	5	8	5
7	4	23	11
8	3	25	10
9	3	85	.

图 11-3-1　数据视图

	名称	类型	度量标准
1	城市	数值(N)	序号(O)
2	价格提高率	数值(N)	度量(S)
3	人口增加数	数值(N)	度量(S)
4	销售额	数值(N)	度量(S)

图 11-3-2　变量视图

步骤 2　相关性分析和检验. 方法见例 11-1-1.

步骤 3　做散点图. 方法见例 4-2-5.

步骤 4　点击'分析（A）>回归（R）>线性（L）'，'线性回归'对话框如图 11-3-3 所示. 将变量'销售额'选入'因变量（D）:'框，将变量'价格提高率'和'人口增加数'选入'自变量（I）:'框. '方法（M）:'选择'输入'. '个案标签（C）:'选入'城市'. '选择变量（E）:'选项用来对分组个案进行分别回归，保持默认.

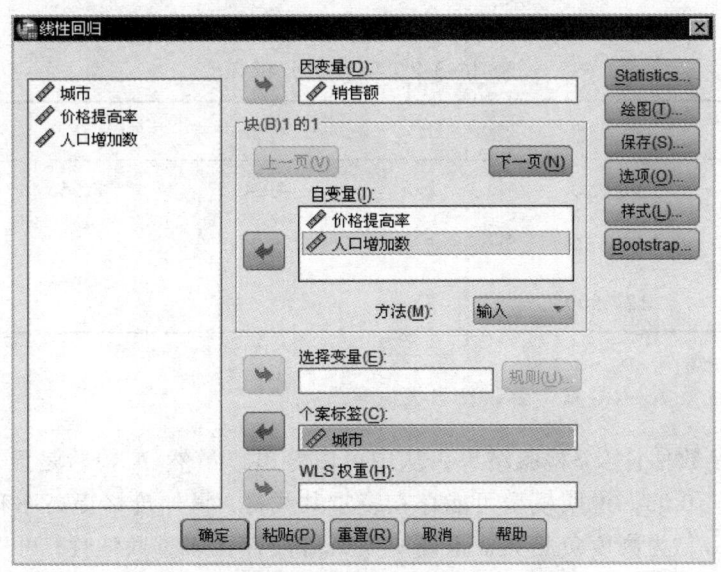

图 11-3-3　'输入线性回归'对话框

步骤 5 点击'确定'.

相关性分析和检验见表 11-1-2. 销售量与价格提高率和人口增加数的散点图如图 11-3-4 所示. 销售量与价格提高率和人口增加数都高度线性相关.

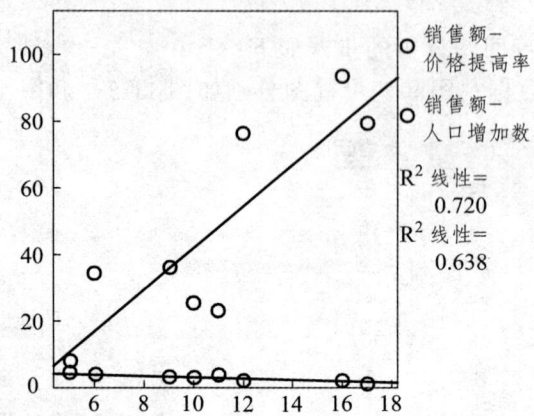

图 11-3-4 销售量与价格提高率和人口增加数的散点图

表 11-3-1 是拟合优度检验结果, 从中可以看出, 调整后 R 平方为 0.687, 拟合良好.

表 11-3-1 模型摘要

模 型	R	R 平方	调整后 R 平方	标准偏斜度错误
1	.881[a]	.776	.687	2.390

a. 预测值: (常数), 人口增加数, 价格提高率.

表 11-3-2 是 F 检验结果, 从中可以看出, F 检验的显著性 $p=0.024<0.05$, 说明回归函数是显著的.

表 11-3-2 变异数分析[a]

模 型		平方和	Df	平均值平方	F	显著性
1	回 归	98.950	2	49.475	8.665	.024[b]
	残 差	28.550	5	5.710		
	总 计	127.500	7			

a. 应变数: 销售额.
b. 预测值: (常数), 人口增加数, 价格提高率.

表 11-3-3 是参数估计及 t 检验结果, 从中可以看出, 虽然 F 检验是显著的, 但参数 t 检验显著性都大于 0.05, 说明模型可能存在多重共线性. 另外价格提高率和人口增加数的相关系数为 -0.761, 为高度负相关, 也说明模型可能存在多重共线性. 可以用逐步回归进行进一步分析.

表 11-3-3 系　数 a

模 型		非标准化系数		标准化系数	T	显著性
		B	标准错误	Beta		
1	（常数）	10.970	5.328		2.059	.095
	价格提高率	－1.246	1.116	－.364	－1.117	.315
	人口增加数	.079	.045	.572	1.754	.140

a. 应变数\：销售额.

步骤 6　重新点击'分析（A）＞回归（R）＞线性（L）'，'线性回归'对话框如图 11-3-5 所示. 从'方法（M）:'的下拉菜单中选择'逐步'.

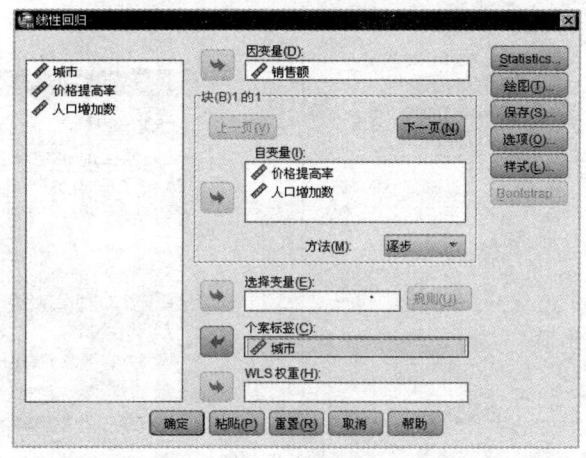

图 11-3-5　'逐步线性回归'对话框

步骤 7　点击'统计（S）...'，'线性回归：统计量'对话框如图 11-3-6 所示. 选择'估计（E）''模型拟合度（M）''R 方变化（S）''描述性''部分相关和偏相关性（P）'. 点击'继续'. 点击'绘制（T）...'，在'线性回归：图'对话框中。'标准化残差图'选择'直方图(H)'和'正态概率图(R)'点击'继续'.

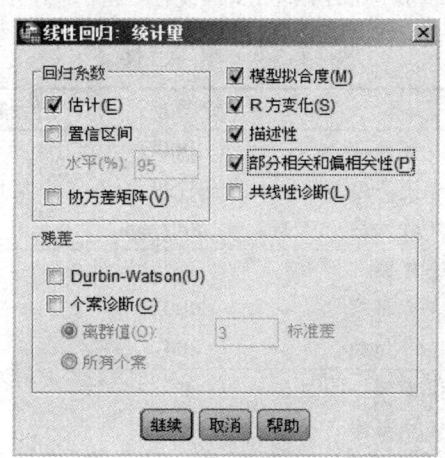

图 11-3-6　'线性回归：统计'对话框

步骤8 点击'保存（S）...'，'线性回归：保存'对话框如图11-3-7所示. '预测值'选择'未标准化（U）'，'残差'选择'未标准化残差（N）'，'预测区间'选择'均值（M）'，点击'继续'.

步骤9 点击'选项（O）...'，'线性回归：选项'对话框如图11-3-8所示. 选择'在等式中包含常量（I）'，点击'继续'.

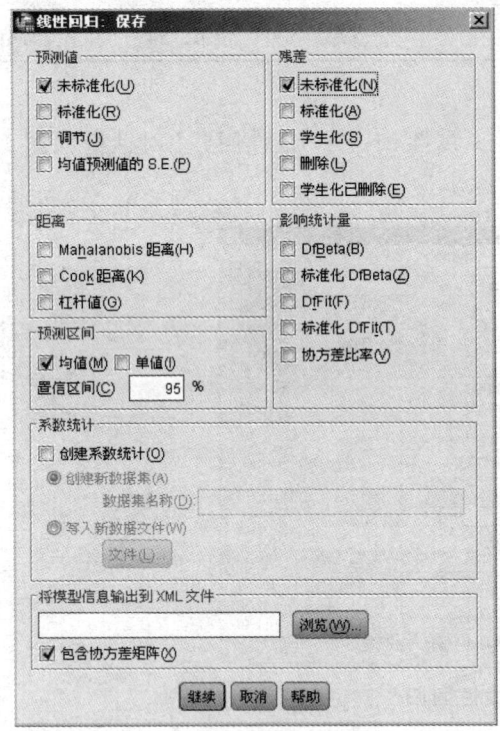
图 11-3-7 '线性回归：保存'对话框

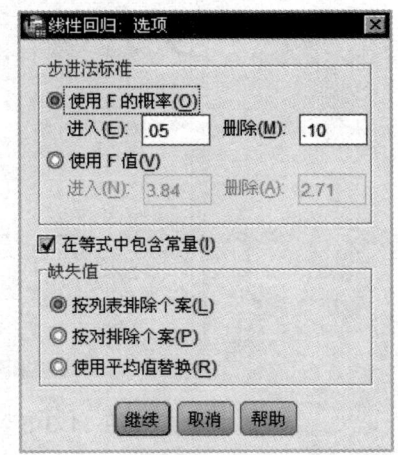
图 11-3-8 '线性回归：选项'对话框

步骤10 点击'确定'.

表11-3-4是变量的相关系数及其检验结果，从中可以看出，价格提高率和人口增加数的相关系数为 -0.761，显著性 $p=0.014<0.05$，说明二者是高度负相关的.

表 11-3-4 相 关 性

		销售额	价格提高率	人口增加数
皮尔森（Pearson）相关	销售额	1.000	-.799	.849
	价格提高率	-.799	1.000	-.761
	人口增加数	.849	-.761	1.000
显著性（单尾）	销售额	.	.009	.004
	价格提高率	.009	.	.014
	人口增加数	.004	.014	.
N	销售额	8	8	8
	价格提高率	8	8	8
	人口增加数	8	8	8

表 11-3-5 是逐步回归过程中输入和已经移除的变量概况,从中可以看出,解释变量价格提高率被移出了模型,只剩下人口增加数一个变量.

表 11-3-5 输入/移去的变量 [a]

模型	变量已输入	变数已移除	方法
1	人口增加数	.	逐步(准则: F-to-enter 的概率 < = .050, F-to-remove 的概率 > = .100).

a. 应变数:销售额.

表 11-3-6 是最终模型的拟合优度以及 F 检验变更情况. 从中可以看出,R 平方为 0.720,拟合良好(一元回归看 R 平方).

表 11-3-6 模型汇总 [b]

模型	R	R 平方	调整后 R 平方	标准偏斜度错误	变更统计资料				
					R 平方变更	F 值变更	df1	df2	显著性 F 值变更
1	.849[a]	.720	.674	2.438	.720	15.448	1	6	.008

a. 预测值:(常数),人口增加数.
b. 应变数:销售额.

表 11-3-7 是 F 检验结果. 从中可以看出,显著性 $p = 0.008 < 0.05$,说明回归函数是显著的.

表 11-3-7 Anova [a]

模型		平方和	df	平均值平方	F	显著性
1	回归	91.832	1	91.832	15.448	.008[b]
	残差	35.668	6	5.945		
	总计	127.500	7			

a. 应变数:销售额.
b. 预测值:(常数),人口增加数.

表 11-3-8 是参数估计及其 t 检验结果. 从中可以看出,显著性都小于 0.05,参数是显著的.

表 11-3-8 系 数 [a]

模型		非标准化系数		标准化系数	T	显著性	相关			共线性统计数据	
		B	标准错误	Beta			零阶	部分	部分	允差	VIF
1	(常数)	5.295	1.634		3.241	.018					
	人口增加数	.118	.030	.849	3.930	.008	.849	.849	.849	1.000	1.000

a. 应变数\:销售额.

模型估计结果为

$$\hat{y}_i = 5.295 + 0.118x_{2i}$$
$$(0.018)\ (0.008)$$
$$R^2 \approx 0.720,\ F \approx 15.448(0.008),\ \hat{\sigma}^2 \approx 5.945.$$

表 11-3-9 是关于已排除变量价格提高率的统计量. 其中 T 和显著性和表 11-3-3 相同. 允差（容忍度（Tolerance））是 1 减去以已排除变量为因变量,以剩余变量为自变量进行线性回归的 R 平方. 显然,容忍度越小,多重共线性越严重. 有学者提出,允差小于 0.1 时,存在严重的多重共线性. 本例允差为 0.421, 可以认为存在多重共线性. VIF 是方差膨胀因子（Variance inflation factor）,它等于允差的倒数. 显然,VIF 越大,多重共线性问题越大. 一般认为 VIF 不应大于 5.

表 11-3-9　已排除的变量 [a]

模　型		Beta 入	T	显著性	偏相关	共线性统计数据		
						允差	VIF	允差下限
1	价格提高率	−.364[b]	−1.117	.315	−.447	.421	2.373	.421

a. 应变数：销售额
b. 模型中的预测值：(常数), 人口增加数

图 11-3-9 是标准化残差的直方图, 图 11-3-10 是残差正态性检验的 P-P 图. 从图 11-3-10 看, 散点近似在一条直线上, 可以认为误差项服从正态分布.

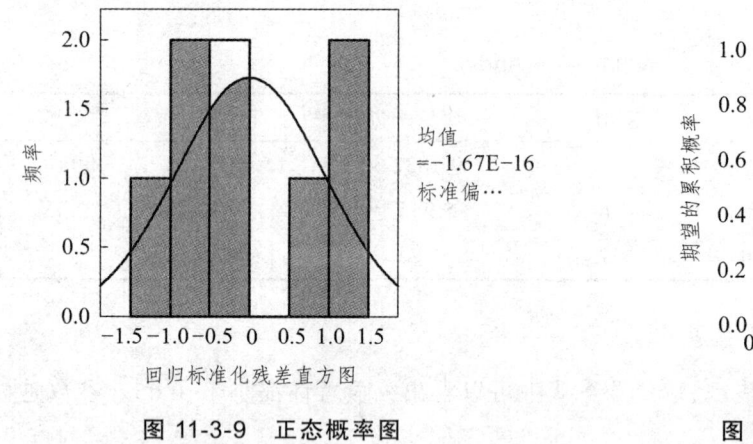

图 11-3-9　正态概率图

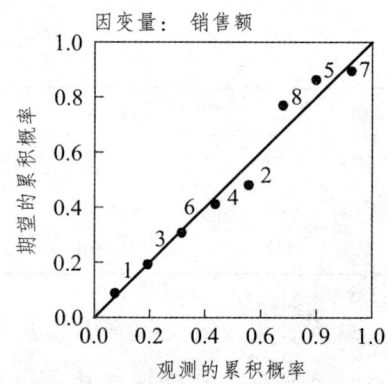

图 11-3-10　线性拟合图

步骤 11　查看预测结果. 打开数据编辑器查看数据视图和变量视图, 其中记录了预测值及其置信区间, 如图 11-3-11 和图 11-3-12 所示.

城市	价格提高率	人口增加数	销售额	PRE_1	RES_1	LMCI_1	UMCI_1
6	6	5	8	5	6.2363	−1.2363	2.7227	9.7499
7	7	4	23	11	8.0006	2.9994	5.2842	10.7170
8	8	3	25	10	8.2359	1.7641	5.6093	10.8625
9	9	3	85	.	15.2931	.	11.7648	18.8214

图 11-3-11　预测值

图 11-3-12 预测变量标签

图 11-3-11 和图 11-3-12 中的变量'PRE_1'是未标准化的预测值,'RES_1'是未标准化的残差,'LMCI_1'和'UMCI_1'分别是因变量的 95% 置信区间的下限和上限. 因此,第 9 个城市的销售额预测值为 15.29 万元,置信区间为 11.76 万元至 18.82 万元.

步骤 12 点击'图形（G）>图表构建程序（C）'. 分别做以城市为 X 轴,以销售额和 Unstandardized Predicted Value 为 Y 轴,和以城市为 X 轴,以 Unstandardized Residual 为 Y 轴的散点图.

图 11-3-13 是销售额与预测值的散点图,图 11-3-14 是残差图.

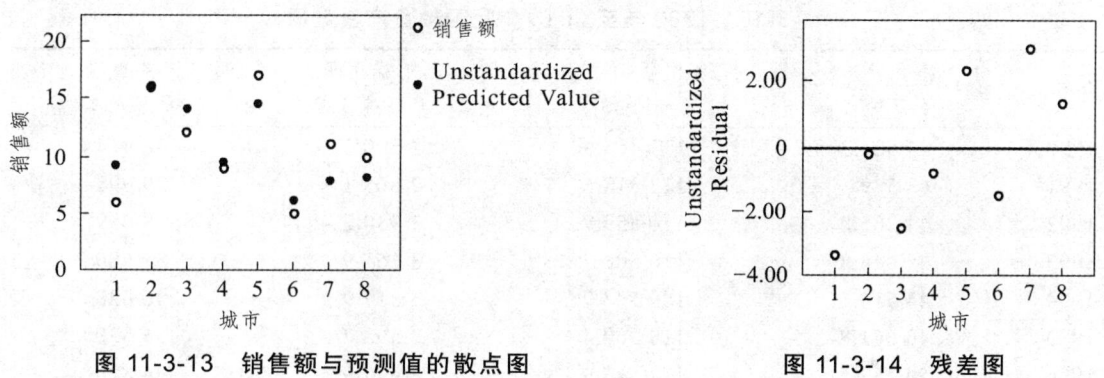

图 11-3-13 销售额与预测值的散点图　　　　图 11-3-14 残差图

二、多元非线性回归分析

经济变量之间的关系常常是非线性的. 例如,影响粮食产量 y 的因素有播种面积 x_1、化肥使用量 x_2、农业从业人员 x_3 等. 利用柯布道格拉斯生产函数,我们可以建立如下的非线性回归模型:

$$y_t = A x_{1t}^{\alpha} x_{2t}^{\beta} x_{3t}^{\gamma} \exp(\varepsilon_t), t = 1, 2, \cdots, n. \tag{11-3-3}$$

可以证明,α, β, γ 分别是粮食产量的播种面积弹性、化肥使用量弹性和从业人员弹性. 非线性模型如果能够线性化,最好是先线性化,再估计. 不能线性化的模型可以用非线性最小二乘法进行估计.

例如,模型（11-3-3）两边取自然对数有:

$$\ln y_t = \ln A + \alpha \ln x_{1t} + \beta \ln x_{2t} + \gamma \ln x_{3t} + \varepsilon_t, t = 1, 2, \cdots, n. \tag{11-3-4}$$

模型（11-3-4）是双对数模型,可以转化为线性回归模型,直接用普通最小二乘法进行估计. 事实上,令 $\alpha_0 = \ln A, Y_t = \ln y_t, X_{it} = \ln x_{it}, i = 1, 2, 3$,则有

$$Y_t = \alpha_0 + \alpha X_{1t} + \beta X_{2t} + \gamma X_{3t} + \varepsilon_t, t = 1, 2, \cdots, n,$$

此模型为线性模型.

非线性回归模型有多种多样的形式,需要根据研究问题的性质并结合相关理论做出适当的选择. 选择的原则是:

- 非线性回归模型应与有关理论模型相一致. 例如,生产函数可选择柯布道格拉函数,成本函数可选择三次函数,失业率与通胀率的关系可选择双曲函数,研究弹性应选择双对数.
- 如果非线性模型主要是用来预测,则应选择拟合优度高的模型.
- 在保证模型具有经济意义、显著性和拟合效果的前提下,应尽量选择简单模型. 因为模型越简单越实用.

【例 11-3-2】 1990 年至 2013 年,我国粮食产量(万吨)、粮食作物播种面积(千公顷)、化肥施用量(万吨)和按三次产业分就业人员数(年底数)中第一产业就业人员(万人)数据如下:

表 11-3-10　1990 年至 2013 年我国粮食产量数据

年份	粮食产量（万吨）	粮食作物播种面积（千公顷）	化肥施用量（万吨）	第一产业就业人员（万人）
1990	44 624.3	113 465.9	2 590.3	38 914
1991	43 529.3	112 313.6	2 805.1	39 098
1992	44 265.8	110 559.7	2 930.2	38 699
1993	45 648.8	110 508.7	3 151.9	37 680
1994	44 510.1	109 543.7	3 317.9	36 628
1995	46 661.8	110 060.4	3 593.7	35 530
1996	50 453.5	112 547.9	3 827.9	34 820
1997	49 417.1	112 912.1	3 980.7	34 840
1998	51 229.53	113 787.4	4 083.7	35 177
1999	50 838.58	113 161	4 124.32	35 768
2000	46 217.52	108 462.5	4 146.412	36 042.5
2001	45 263.67	106 080	4 253.763	36 398.5
2002	45 705.75	103 890.8	4 339.39	36 640
2003	43 069.53	99 410.37	4 411.56	36 204.38
2004	46 946.95	101 606	4 636.58	34 829.82
2005	48 402.19	104 278.4	47 66.218	33 441.86
2006	49 804.23	104 958	4 927.693	31 940.63
2007	50 160.28	105 638.4	5 107.832	30 730.97
2008	52 870.92	106 792.6	5 239.023	29 923.34
2009	53 082.08	108 985.7	5 404.4	28 890.47
2010	54 647.71	109 876.1	5 561.68	27 930.54
2011	57 120.85	110 573	5 704.236	26 594
2012	58 957.97	111 204.6	5 838.849	25 773
2013	60 193.84	111 955.6	5 911.864	24 171

数据来源:中国统计年鉴(2014).

试建立以粮食产量 y 为被解释变量，粮食播种面积 x_1、农业化肥使用量 x_2、第一产业人员 x_3 为解释变量的柯布道格拉斯生产函数回归模型.

解 方法 1：先线性化再估计的 SPSS 回归分析步骤如下：

步骤 1　定义 4 个变量——'粮食产量'，'播种面积'，'化肥用量'和'就业人数'，将数据输入数据编辑器.

步骤 2　利用'转换（T）> 计算变量（C）'计算 4 个新变量：
- ln 粮食产量 = ln（粮食产量）.
- ln 播种面积 = ln（播种面积）.
- ln 化肥用量 = ln（化肥用量）.
- ln 就业人数 = ln（就业人数）.

步骤 3　点击'分析（A）> 回归（R）> 线性（L）'，'线性回归'对话框如图 11-3-15 所示. 将变量'ln 粮食产量'选入'因变量（D）:'框，'ln 播种面积''ln 化肥用量'和'ln 就业人数'选入'自变量（I）:'框.

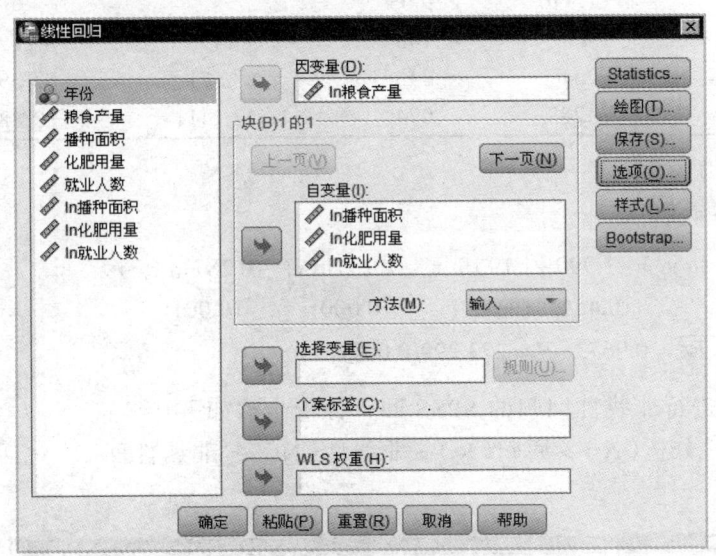

图 11-3-15　'线性回归'对话框

步骤 4　点击'确定'.

表 11-3-11 是模型拟合优度检验结果，从中可以看出，$\bar{R}^2 = 0.967$，模型拟合良好.

表 11-3-11　模型摘要[b]

模型	R	R 平方	调整后 R 平方	标准偏斜度错误
1	.985[a]	.971	.967	.01753

a. 预测值：（常数），ln 就业人数，ln 播种面积，ln 化肥用量.
b. 应变数：ln 粮食产量.

表 11-3-12 是方差分析，即 F 检验结果. 从中可以看出，显著性 $p = 0.000 < 0.05 = \alpha$，说明线性回归函数显著.

表 11-3-12 变异数分析[a]

模型		平方和	df	平均值平方	F	显著性
1	回归	.206	3	.069	223.299	.000[b]
	残差	.006	20	.000		
	总计	.212	23			

a. 应变数：ln 粮食产量.
b. 预测值：(常数), ln 就业人数, ln 播种面积, ln 化肥用量.

表 11-3-13 是参数估计及其 t 检验结果. 从显著性的大小可以看出, 常数项不显著, 其余变量都显著.

表 11-3-13 系 数[a]

模型		非标准化系数		标准化系数	T	显著性
		B	标准错误	Beta		
1	(常数)	-1.990	2.605		-.764	.454
	ln 播种面积	1.195	.145	.458	8.262	.000
	ln 化肥用量	.231	.045	.571	5.129	.000
	ln 就业人数	-.287	.074	-.411	-3.880	.001

a. 应变数\：ln 粮食产量.

模型的估计结果为

$$\ln y_t = -1.990 + 1.195\ln x_{1t} + 0.231\ln x_{2t} - 0.287\ln x_{3t} + \varepsilon_t$$
$$(0.454)\quad (0.000)\quad\quad (0.000)\quad\quad (0.001)$$
$$\bar{R}^2 \approx 0.967,,\ F \approx 223.299(0.000).$$

方法 2：直接进行非线性回归的 SPSS 回归分析步骤如下：

步骤 1 点击'分析(A) > 回归(R) > 非线性(N)', '非线性回归'对话框如图 11-3-16 所示.

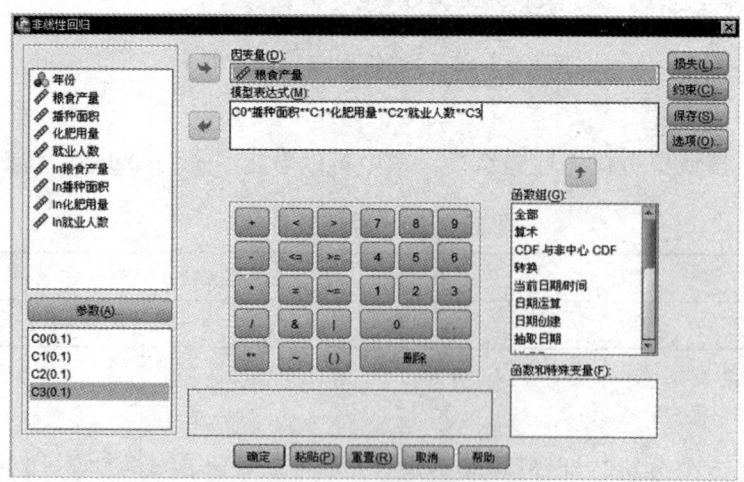

图 11-3-16 '非线性回归'对话框

步骤 2　点击'参数（A）','非线性回归：参数'对话框如图 11-3-17 所示. 添加 4 个参数'C0''C1''C2'和'C3'及其初始值. 点击'继续'.

步骤 3　将变量'粮食产量'选入'因变量（D）:'框,'模型表达式（M）:'输入'C0*播种面积**C1*化肥用量**C2*就业人数**C3', 点击'确定'.

步骤 4　重新点击'分析（A）> 回归（R）> 非线性（N）', 在弹出的'非线性回归'对话框中, 点击'参数（A）', 勾选'使用上一分析的起始值（U）', 如图 11-3-18 所示. 点击'继续'.

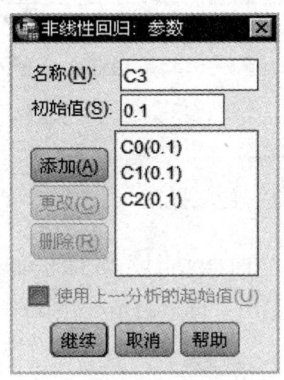 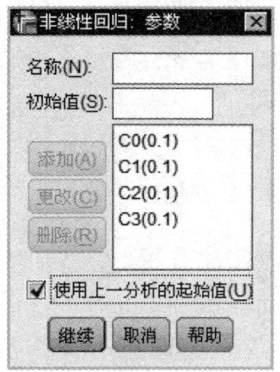

图 11-3-17　'非线性回归：参数'对话框 1　　图 11-3-18　'非线性回归：参数'对话框 2

步骤 5　点击'确定'.

表 11-3-14 是模型拟合优度检验结果, 从中可以看出, $R^2 = 0.974$, 模型拟合良好.

表 11-3-14　变异数分析 [a]

来　源	平方和	df	均　方
回　归	58903844941.189	4	14725961235.297
残　差	14368948.397	20	718447.420
未校正总数	58918213889.586	24	
校正后总数	544807678.865	23	

应变数：粮食产量.
a. R 平方 = 1 −（残差平方和）/（校正平方和）= .974.

表 11-3-15 是参数估计及其区间估计结果. 将参数估计代入模型（11-3-3）有

$$\hat{y}_t = 0.120 x_{1t}^{1.203} x_{2t}^{0.232} x_{3t}^{-0.284}.$$

表 11-3-15　参数评估

参数	估计	标准错误	95% 信赖区间	
			下　限	上　限
C0	.120	.309	−.525	.764
C1	1.203	.145	.900	1.505
C2	.232	.045	.137	.326
C3	−.284	.071	−.432	−.136

【例 11-3-3】 一个互联网服务提供商（ISP）要确定病毒对其网络的影响. 作为这项努力的一部分，他们已经跟踪了电子邮件流量随时间流逝的（大概）百分比，直到发现威胁被遏制. 数据见 SPSS 数据文件 virus.sav. 利用曲线估计去模仿感染的上升和下降，并预测 time = 43 时的 Proportion of infected messages 值和置信区间.

解 步骤 1 打开数据：'C：\Program Files\IBM\SPSS\Statistics\21\Samples\Simplified Chinese\virus.sav'. 数据视图与变量视图分别如图 11-3-19 和图 11-3-20 所示.

	time	infected
40	40	.14
41	41	.12
42	42	.13
43	43	.

	名称	标签	类型	度量标准
1	time	Hours since detection	数值(N)	度量(S)
2	infected	Proportion of infected messages	数值(N)	度量(S)
3				
4				

图 11-3-19 数据视图　　　　　　图 11-3-20 变量视图

步骤 2 点击'分析（A）> 回归（R）> 曲线估计（C）'，'曲线估计'对话框如图 11-3-21 所示. 将'Proportion of infected messages'选入'因变量（D）：'框，'Hours since detection'选入'变量（V）：'框.

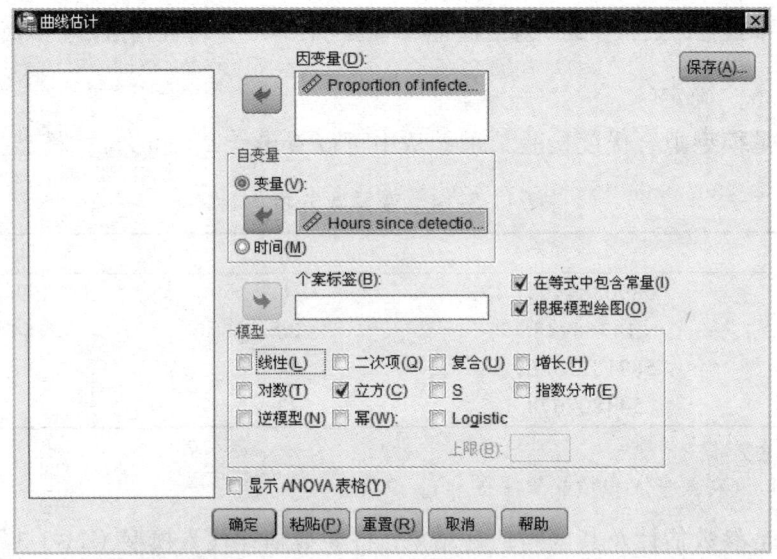

图 11-3-21 '曲线估计'对话框

SPSS 的曲线估计提供的模型见表 11-3-16. 本例选择'立方（C）'模型.

表 11-3-16 SPSS 曲线估计模型

模型名称	模型形式	用法
线性模型	Y = b0+(b1*t)	按时间的线性函数建模的序列值
对　数	Y = b0+(b1*ln(t))	
逆	Y = b0+(b1/t)	

续表

模型名称	模型形式	用法
二次	Y = b0+(b1*t)+(b2*t**2)	二次模型可用来对"减弱"的序列或阻尼衰减的序列进行建模
三次	Y = b0+(b1*t)+(b2*t**2)+(b3*t**3)	
幂	Y = b0*(t**b1) 或 ln(Y) = ln(b0)+(b1*ln(t))	
复合	Y = b0*(b1**t) 或 ln(Y) = ln(b0)+(ln(b1)*t)	
S 曲线	Y = e**(b0+(b1/t)) 或 ln(Y) = b0+(b1/t)	
Logistic	Y = 1/(1/u+(b0*(b1**t))) 或 ln(1/y-1/u) = ln(b0)+(ln(b1)*t)	其中 u 是上界值. 选择"逻辑"之后,请指定用在回归方程中使用的上界值. 该值必须是一个大于最大因变量值的正数
增 长	Y = e**(b0+(b1*t)) 或 ln(Y) = b0+(b1*t)	
指 数	Y = b0*(e**(b1*t)) 或 ln(Y) = ln(b0)+(b1*t)	

步骤 3 点击'保存(A)...'. '曲线估计:保存'对话框如图 11-3-22 所示. 选择'预测值(P)'和'预测区间(D)',点击'继续'.

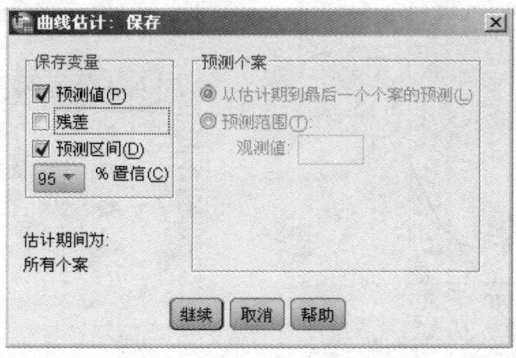

图 11-3-22 '曲线估计:保存'对话框

步骤 4 点击'确定'.

表 11-3-17 给出了曲线估计的模型信息.

表 11-3-17　型号说明

模型名称	MOD_1
因变数　　　　　　　　　　1	Proportion of infected messages
方程式　　　　　　　　　　1	三次曲线模型
自变数	Hours since detection
常数	已并入
其值卷标观察在图中的变量	未指定
在方程式中输入项目的容忍度	.0001

表 11-3-18 是模型检验和参数估计结果. 从中可以看出, $R^2 = 0.783$, F 检验的显著性 $p = 0.000$, 所以模型是显著的.

表 11-3-18　模型总计及参数评估

因变数：Proportion of infected messages

方程式	模型摘要					参数评估			
	R 平方	F	df1	df2	显著性	常数	b1	b2	b3
三次曲线模型	.783	45.736	3	38	.000	−.123	.088	−.004	4.399E-5

自变数为 Hours since detection.

模型估计结果为

$$\hat{Y} = -0.123 + 0.088*t - 0.004*t**2 + 4.399E-5*t**3.$$

曲线拟合图如图 11-3-23 所示.

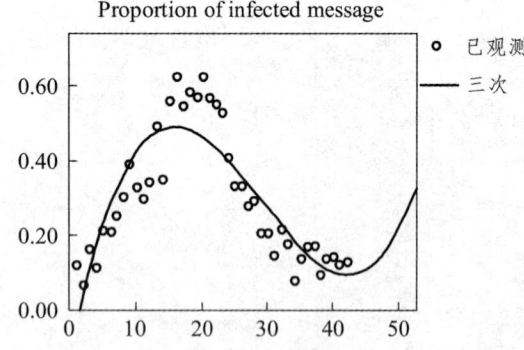

	time	infected	FIT_1	LCL_1	UCL_1
40	40	.14	.1021	−.079	.2832
41	41	.12	.0969	−.089	.2831
42	42	.13	.0948	−.099	.2883
43	43	.	.0962	−.107	.2995

图 11-3-23　曲线拟合图　　　　　　　图 11-3-24　预测值

步骤 5　查看预测结果. 打开数据编辑器查看数据视图和变量视图,其中记录了预测值及其置信区间,如图 11-3-24 和图 11-3-25 所示.

图 11-3-25 预测变量标签

图 11-3-24 和图 11-3-25 中的变量 'FIT_1' 是 '拟合值'，'LCL_1' 和 'UCL_1' 分别是 '95% 置信区间的下限和上限'. 因此，第 43 个个案的预测值为 0.0962，置信区间为 -0.107 至 0.2995.

思考与练习

1. 两位专家对 10 位歌手评定成绩的顺序如下：

歌手	A	B	C	D	E	F	G	H	I	J
评委甲的排序 X	1	3	5	4	2	7	6	8	10	9
评委乙的排序 Y	1	2	4	3	7	6	5	9	8	10

试以 0.05 的显著水平检验两位专家评定的成绩是否相关.

2. 回归分析有哪些应用？
3. 回归分析与相关分析有何区别与联系？
4. 回归模型的因变量是随机变量还是确定性变量，为什么？
5. 模型检验为什么要沿着经济意义检验→误差项 ε_i 的正态性检验→ F 检验→ t 检验→ R^2 检验的顺序进行.
6. 为研究个人的年薪与受教育时间之间的关系，研究人员搜集了不同行业有关在职人员的年薪和受教育年数数据如下：

受教育年数 X_i	年薪（万元）Y_i	受教育年数 X_i	年薪（万元）Y_i
8	3.00	7	3.12
6	2.00	10	6.40
3	0.34	13	8.54
5	1.64	4	1.21
9	4.30	4	0.94
3	0.51	11	4.64

试建立以年薪为因变量，受教育年数为自变量的一元线性回归模型，并预测受教育年

数为 15 年时的年薪（$\alpha = 0.05$）.

7. 我国 2013 年分地区城镇居民人均收入来源中可支配收入（元）和分地区城镇居民人均现金消费支出（元）数据如下：

地 区	可支配收入	现金消费支出	地 区	可支配收入	现金消费支出
北 京	40321.00	26274.89	湖 北	22906.42	15749.50
天 津	32293.57	21711.86	湖 南	23413.99	15887.11
河 北	22580.35	13640.58	广 东	33090.05	24133.26
山 西	22455.63	13166.19	广 西	23305.38	15417.62
内蒙古	25496.67	19249.06	海 南	22928.90	15593.04
辽 宁	25578.17	18029.65	重 庆	25216.13	17813.86
吉 林	22274.60	15932.31	四 川	22367.63	16343.45
黑龙江	19596.96	14161.71	贵 州	20667.07	13702.87
上 海	43851.36	28155	云 南	23235.53	15156.15
江 苏	32538.00	20371.48	西 藏	20023.35	12231.86
浙 江	37851.00	23257.19	陕 西	22858.37	16679.69
安 徽	23114.22	16285.17	甘 肃	18964.78	14020.72
福 建	30816.37	20092.72	青 海	19498.54	13539.50
江 西	21872.68	13850.51	宁 夏	21833.33	15321.10
山 东	28264.10	17112.24	新 疆	19873.77	15206.16
河 南	22398.03	14821.98	-	-	-

数据来源：中国统计年鉴（2014）.

试建立一元线性回归模型分析可支配收入（元）对现金消费支出（元）的影响.

8. 某公司销售额主要取决于销售人员数和销售成本，该公司 2003—2010 年的销售统计数据如下：

年 份	销售成本（万元）	销售人员数（人）	销售额（万元）
2003	192	147	266
2004	211	162	287
2005	167	128	238
2006	220	168	297
2007	204	156	279
2008	216	166	293
2009	198	151	272
2010	195	149	269

试建立销售额对销售人员数和销售成本的回归模型.

9. 假设有开发商正在考虑购买商业区里的一组小型办公楼. 设 y 为办公楼的评估值, x_1 为底层面积(平方米), x_2 为办公室的个数, x_3 为入口个数("半个入口"指的是运输专用入口), x_4 为办公楼的使用年数. 开发商从 1500 个可选的办公楼里随机选择了 11 个办公楼作为样本, 得到样本数据如下:

办公楼的评估值 y	底层面积 x_1	办公室的个数 x_2	入口个数 x_3	办公楼的使用年数 x_4
142 000	2310	2	2.0	20
144 000	2333	2	2.0	12
151 000	2356	3	1.5	33
150 000	2379	3	2.0	43
139 000	2402	2	3.0	53
169 000	2425	4	2.0	23
126 000	2448	2	1.5	99
142 900	2471	2	2.0	34
163 000	2494	3	3.0	23
169 000	2517	4	4.0	55
149 000	2540	2	3.0	22

试采用多元线性回归分析方法来估算给定地区内的办公楼的价值.

10. 利用表 11-2-1 中的数据研究我国最终消费支出(亿元)的支出法国内生产总值弹性.

第十二章 时间序列分析

用回归分析可以进行预测,但在实践中,要找到预测变量却并非易事. 时间序列分析是研究现象随时间变化而变化之规律的一种统计方法,可以实现利用自身的规律进行预测. 时间序列分析的方法非常多,详细的时间序列分析方法请参阅有关《时间序列分析》的书籍. 本章主要介绍:

- 时间序列的因素分解与趋势分析.
- 时间序列的季节调整.

第一节 时间序列的因素分解与趋势分析

一、时间序列的因素分解

时间序列的因素有趋势、季节波动和随机波动. **趋势**是时间序列内呈现出的某种随时间 t 变化的函数关系 $f(t)$. **季节波动**是时间序列呈现出的规律性的周期性波动. **随机波动**是除去趋势和季节波动以外的其他偶然因素引起的不规则波动.

根据含有的因素不同,时间序列可分为以下几种类型:

- 只含有趋势和随机波动的时间序列,如图 12-1-1 所示的 2003 至 2013 年中国私人汽车拥有量.
- 只含有季节波动和随机波动的时间序列,如图 12-1-2 所示的 2006 年 1 月至 2010 年 12 月北京市月平均气温图.

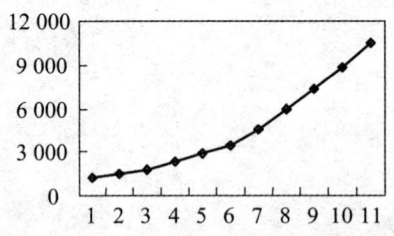

图 12-1-1 我国私人汽车拥有量图

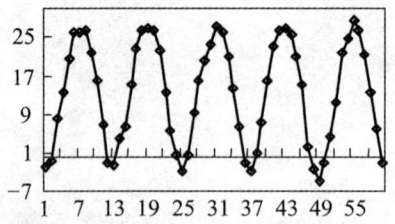

图 12-1-2 北京市月平均气温图

- 含有趋势、季节波动和随机波动的时间序列,如图 12-1-3 所示的 2009 年 1 月至 2011 年 12 月中国社会消费品零售总额图.

- 趋势和季节波动不明显，而又非纯随机波动的时间序列，如图 12-1-4 所示的 2013 年 8 月至 2014 年 7 月中国工业生产者出厂价格指数图.
- 纯随机波动的时间序列.

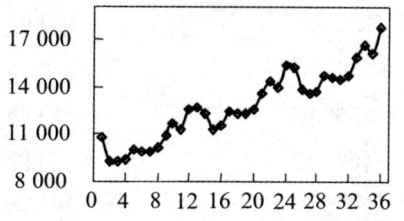
图 12-1-3　中国社会消费品零售总额图

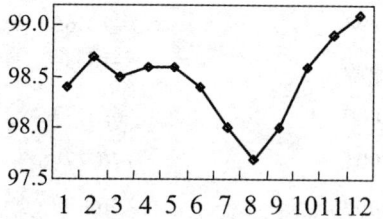
图 12-1-4　我国工业生产者出厂价格指数图

如果时间序列含有季节波动，通常要先将季节波动分离出来再进行分析，称为**季节调整**. 如果时间序列只含有趋势和随机波动，则可直接进行趋势拟合. 如果时间序列的趋势和季节波动不明显，而又非纯随机序列，则可以采用移动平均或指数平滑等方法进行修匀，使其趋势显现出来.

二、时间序列的趋势分析

（一）趋势拟合

如果时间序列具有明显的趋势，则可以利用自变量为时间 t 的回归模型对时间序列进行拟合，主要的趋势拟合模型见第十一章表 11-3-16. 趋势拟合的步骤：
- 先做出时间序列的时序图.
- 根据时序图拟定几种备选的曲线形式.
- 分别对备选的曲线形式进行拟合.
- 最后选择拟合精度最高的模型.
- 预测.

【例 12-1-1】　我国私人汽车拥有量呈上升趋势，1990—2013 年我国私人汽车拥有量数据见表 12-1-1.

表 12-1-1　私人汽车拥有量（万辆）

年　份	汽车总计	载客汽车	载货汽车
1990	81.62	24.07	57.48
1991	96.04	30.36	65.61
1992	118.2	41.78	76.15
1993	155.77	59.85	94
1994	205.42	78.62	123.29
1995	249.96	114.15	131.83
1996	289.67	143.04	142.78

续表

年　份	汽车总计	载客汽车	载货汽车
1997	358.36	191.27	163.19
1998	423.65	230.65	192.03
1999	533.88	304.09	228.68
2000	625.33	365.09	259.09
2001	770.7766	469.8539	298.95
2002	968.98	623.76	341.29
2003	1219.228	845.8739	367.3532
2004	1481.661	1069.691	402.8159
2005	1848.066	1383.925	452.106
2006	2333.317	1823.566	494.9119
2007	2876.216	2316.908	539.4481
2008	3501.392	2880.499	596.3917
2009	4574.911	3808.334	753.402
2010	5938.708	4989.504	931.5158
2011	7326.794	6237.463	1067.432
2012	8838.601	7637.874	1175.633
2013	10501.68	9198.235	1275.493
2014			

数据来源：中国统计年鉴（2014）.

试选择适当的趋势预测模型，预测 2014 年的汽车总计（万辆）.

解　本例用 SPSS 进行趋势拟合的步骤如下：

步骤 1　将数据输入数据编辑器，变量分别是‘年份’‘汽车总计’‘载客汽车’和‘载货汽车’. 数据视图和变量视图分别如图 12-1-5 和图 12-1-6 所示.

	年份	汽车总计	载客汽车	载货汽车
22	2011	7326.794	6237.463	1067.432
23	2012	8838.601	7637.874	1175.633
24	2013	10501.68	9198.235	1275.493
25	2014	.	.	.

图 12-1-5　数据视图

	名称	类型	度量标准
1	年份	数值(N)	序号(O)
2	汽车总计	数值(N)	度量(S)
3	载客汽车	数值(N)	度量(S)
4	载货汽车	数值(N)	度量(S)

图 12-1-6　变量视图

步骤 2　点击‘分析（A）> 回归（R）> 曲线估计（C）’. ‘曲线估计’对话框如图 12-1-7 所示. 将变量‘汽车总计’选入‘因变量（D）:’框，选择复选框‘时间（M）’，将变量‘年份’选入‘个案标签（B）:’框. ‘模型’选择‘增长（H）’‘立方（C）’和‘指数分布（E）’三种.

第十二章 时间序列分析

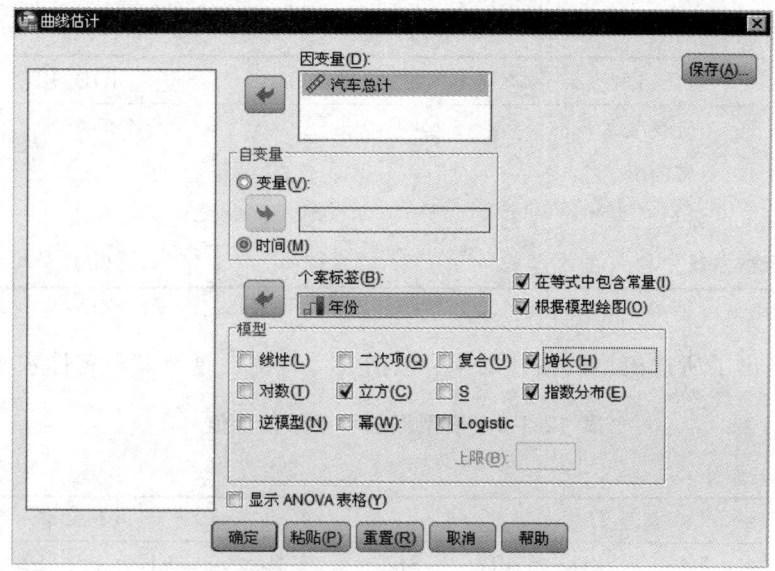

图 12-1-7 '曲线估计'对话框

步骤 3 点击'保存（A）...'，'曲线估计：保存'对话框如图 12-1-8 所示. 选择'预测值（P）'和'预测区间（D）'，点击'继续'.

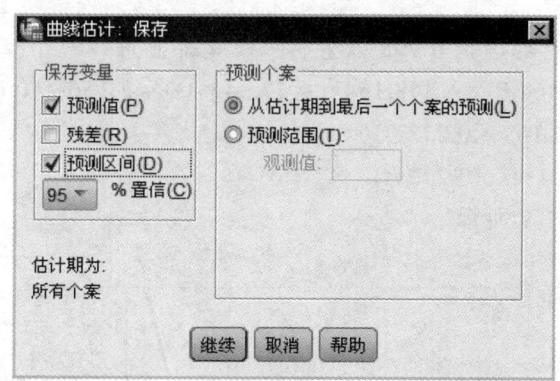

图 12-1-8 '曲线估计：保存'对话框

步骤 4 点击'确定'.

表 12-1-2 除了描述因变量和自变量外，主要描述了曲线估计的方法，本例是选择了三次、增长和指数三个模型.

表 12-1-2 模型描述

模型名称		MOD_1
因变量	1	汽车总计
方　程	1	三次
	2	增长 [a]
	3	指数 [a]

- 213 -

续表

模型名称	MOD_1
自变量	个案顺序
常 数	包含
其值在图中标记为观测值的变量	年份
用于在方程中输入项的容差	.0001

a. 该模型要求所有非缺失值为正数.

表 12-1-3 给出了所选模型的估计结果,包括 R^2、F 统计量及其显著性水平、参数估计.

表 12-1-3 模型汇总和参数估计值

因变量:汽车总计

方程	模型汇总					参数估计值			
	R 方	F	df1	df2	Sig.	常数	b1	b2	b3
三次	.998	2802.870	3	20	.000	−464.818	348.154	−47.345	2.156
增长	.999	23201.599	1	22	.000	4.169	.212		
指数	.999	23201.599	1	22	.000	64.624	.212		

本例中三个模型的 R^2 都达到 0.998 以上,F 检验都显著,三个模型的估计分别是

三次方模型:y = −464.818 + 348.154*t − 47.345*t*t + 2.156*t*t*t,

增长模型:y = exp(4.169 + 0.212*t),

指数模型:y = 64.624*exp(0.212*t).

模型拟合图如图 12-1-9 所示.

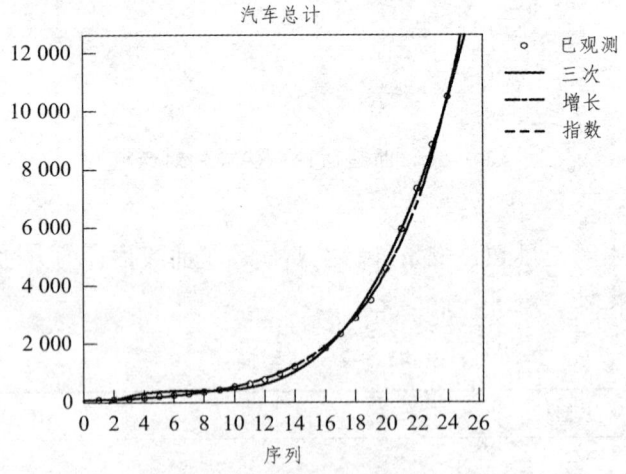

图 12-1-9 模型拟合图

步骤 5 查看数据编辑器,如图 12-1-10 所示,数据视图最后一个个案显示了预测的结果. 如图 12-1-11 所示,变量视图中的变量标签显示了预测变量的含义. 例如,'TIT_1'是用'三次方模型拟合的预测值','LCL_1'和'UCL_1'分别为'用三次方模型预测的置

信区间的下限和上限'.

年份	FIT_1	LCL_1	UCL_1	FIT_2	LCL_2	UCL_2	FIT_3	LCL_3	UCL_3
22 2011	7234.1	6882.1	7586.2	6854.6	6180.0	7602.8	6854.6	6180.0	7602.8
23 2012	8726.4	8358.8	9093.9	8473.3	7633.3	9405.8	8473.3	7633.3	9405.8
24 2013	10421.4	10022.1	10820.8	10474.3	9427.7	11637.1	10474.3	9427.7	11637.1
25 2014	12332.2	11878.9	12785.6	12947.9	11643.1	14398.9	12947.9	11643.1	14398.9

图 12-1-10　数据视图

	名称	标签
5	FIT_1	CURVEFIT、MOD_1、CUBIC、中的 汽车总计 拟合
6	LCL_1	CURVEFIT、MOD_1、CUBIC、中 汽车总计 的 95% LCL
7	UCL_1	CURVEFIT、MOD_1、CUBIC、中 汽车总计 的 95% UCL
8	FIT_2	CURVEFIT、MOD_1、GROWTH、中的 汽车总计 拟合
9	LCL_2	CURVEFIT、MOD_1、GROWTH、中 汽车总计 的 95% LCL
10	UCL_2	CURVEFIT、MOD_1、GROWTH、中 汽车总计 的 95% UCL
11	FIT_3	CURVEFIT、MOD_1、EXPONENTIAL、中的 汽车总计 拟合
12	LCL_3	CURVEFIT、MOD_1、EXPONENTIAL、中 汽车总计 的 95% LCL
13	UCL_3	CURVEFIT、MOD_1、EXPONENTIAL、中 汽车总计 的 95% UCL

图 12-1-11　变量视图

从图表 12-1-10 可知：用三次方模型预测时，2014 年的汽车总计为 12332.2 万辆，置信区间为[11878.9,12785.6]；用增长模型预测时，2014 年的汽车总计为 12947.9 万辆，置信区间为[1164.3,14398.9]；用指数模型预测时，2014 年的汽车总计为 12947.9 万辆，置信区间为[11643.1,14398.9].

（二）时间序列的修匀

1．简单移动平均法

简单移动平均是将连续 n 期的时间序列值进行简单算术平均，记作 $M_t(n)$.

$$M_t(n)=\frac{1}{n}(y_t+y_{t-1}+\cdots+y_{t-n+1}),\qquad(12\text{-}1\text{-}1)$$

将 $M_t(n)$ 作为 $t+1$ 期 y_{t+1} 的预测值，即

$$\hat{y}_{t+1}=M_t(n).\qquad(12\text{-}1\text{-}2)$$

【例 12-1-2】　表 12-1-4 是 2011 年 8 月至 2014 年 7 月我国工业生产者出厂价格指数（上年同月 = 100）时间序列，试对其进行三期简单移动平均.

表 12-1-4　我国工业生产者出厂价格指数

月　份	指　数	月　份	指　数	月　份	指　数
2011 年 8 月	107.3	2012 年 8 月	96.5	2013 年 8 月	98.4
2011 年 9 月	106.5	2012 年 9 月	96.4	2013 年 9 月	98.7
2011 年 10 月	105.0	2012 年 10 月	97.2	2013 年 10 月	98.5
2011 年 11 月	102.7	2012 年 11 月	97.8	2013 年 11 月	98.6

续表

月份	指数	月份	指数	月份	指数
2011年12月	101.7	2012年12月	98.1	2013年12月	98.6
2012年1月	100.7	2013年1月	98.4	2014年1月	98.4
2012年2月	100.0	2013年2月	98.4	2014年2月	98.0
2012年3月	99.7	2013年3月	98.1	2014年3月	97.7
2012年4月	99.3	2013年4月	97.4	2014年4月	98.0
2012年5月	98.6	2013年5月	97.1	2014年5月	98.6
2012年6月	97.9	2013年6月	97.3	2014年6月	98.9
2012年7月	97.1	2013年7月	97.7	2014年7月	99.1

解 本例用 SPSS 进行简单移动平均的步骤如下：

步骤1 将数据输入 SPSS 数据编辑器，添加一个变量'序号'，最后月份为 2014 年 8 月. 数据视图和变量视图分别如图 12-1-12 和图 12-1-13 所示.

图 12-1-12 数据视图　　　图 12-1-13 变量视图

步骤2 点击'转换（T）> 创建时间序列（M）'，'创建时间序列'对话框如图 12-1-14 所示.

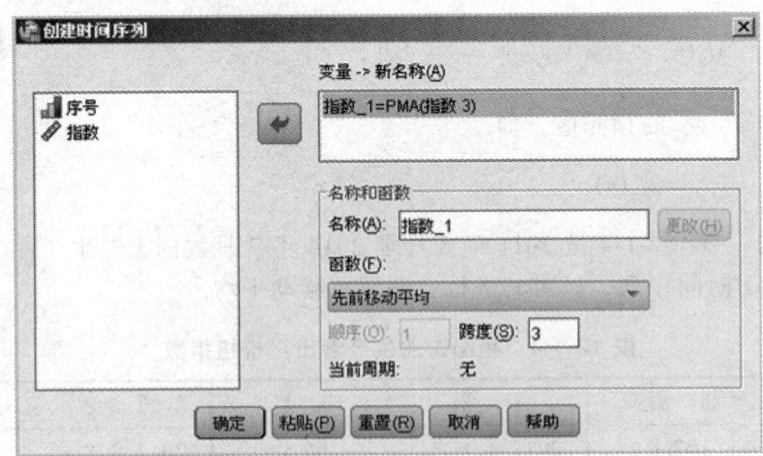

图 12-1-14 创建时间序列对话框

步骤3 将变量'指数'选入'变量_>新名称（A）'框. '函数（F）:'选择'先前移动平均'，'跨度（S）:'键入'3'. 点击'更改（H）'.

SPSS 的先前移动平均公式为

$$M_t(n) = \frac{1}{n}(y_{t-1} + y_{t-2} + \cdots + y_{t-n}),\qquad(12\text{-}1\text{-}3)$$

步骤 4　点击'确定'.

表 12-1-5 是创建序列的信息,创建的序列为'指数_1',创建函数为'PMA(指数,3)'(跨度为 3 的先前移动平均).

表 12-1-5　创建序列

	序列名	非缺失值的个案数		有效个案数	创建函数
		第一个	最后一个		
1	指数_1	4	37	34	PMA(指数,3)

步骤 5　做变量'指数'和'指数_1'的线性图,如图 12-1-15 所示.

步骤 6　查看数据编辑器. 如图 12-1-16 所示,'指数_1'为移动平均序列,2014 年 8 月的预测值为 98.87.

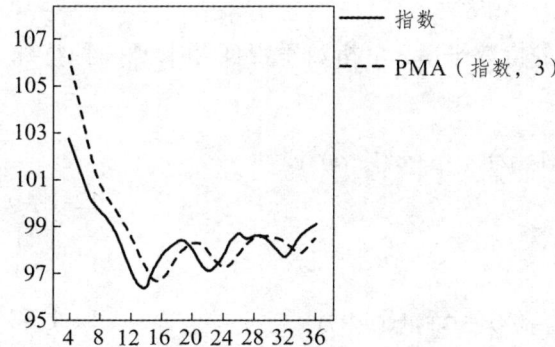

图 12-1-15　移动平均序列与原序列的线形图　　图 12-1-16　移动平均序列与原序列

【例 12-1-3】　简单移动平均和指数平滑在证券投资的技术分析中有重要应用.

如图 12-1-17 所示,MA5、MA10、MA20、MA60 分别是 5 日均线、10 日均线、20 日均线、60 日均线. 均线的用法是:

- 股价高于平均线,视为强势;股价低于平均线,视为弱势.
- 平均线向上涨升,具有助涨力道;平均线向下跌降,具有助跌力道.
- 两条以上平均线向上交叉时,买进.
- 两条以上平均线向下交叉时,卖出.

DIF 线是收盘价短期(12 天)、长期(26 天)指数平滑移动平均线间的差. DEA 线是 DIF 线的 9 日指数平滑移动平均线. MACD 线是 DIF 线与 DEA 线的差,用彩色柱状线显示. MACD 指标的用法是:

- DIF、DEA 均为正,DIF 向上突破 DEA,买入信号.
- DIF、DEA 均为负,DIF 向下跌破 DEA,卖出信号.

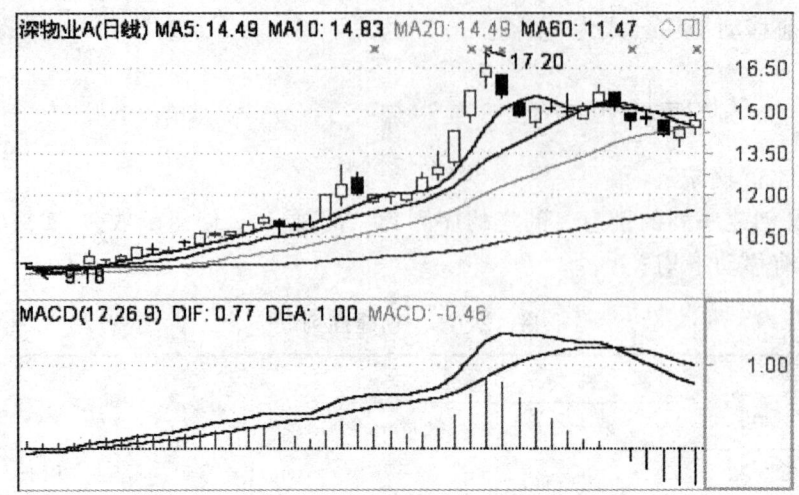

图 12-1-17　股票日 K 线均线

- DEA 线与 K 线发生背离，行情反转信号.
- 分析 MACD 柱状线，由红变绿（正变负），卖出信号；由绿变红，买入信号.

2．指数平滑法

指数平滑可分单指数平滑、双指数平滑、多指数平滑. 单指数平滑实际上是一种特殊的加权移动平均，记作 $EM_t(\alpha)$.

$$
\begin{aligned}
EM_t(\alpha) &= \alpha y_t + \alpha(1-\alpha)y_{t-1} + \alpha(1-\alpha)^2 y_{t-2} + \alpha(1-\alpha)^3 y_{t-3} + \cdots \\
&= \alpha y_t + (1-\alpha)EM_{t-1}(\alpha),
\end{aligned}
\tag{12-1-4}
$$

相应的预测公式为

$$
\hat{y}_{t+1} = EM_t(\alpha) = \alpha y_t + (1-\alpha)EM_{t-1}(\alpha) = \alpha y_t + (1-\alpha)\hat{y}_t,
\tag{12-1-5}
$$

其中，α 称为阻尼系数，一般取 0.2~0.3 之间的数，$EM_1(\alpha) = y_1$. α 越小平滑曲线越光滑.

【例 12-1-4】　对例 12-1-2 的数据进行指数平滑预测.

解　步骤 1　点击'分析（A）>预测（T）>创建模型（C）'，'时间序列建模器'对话框如图 12-1-18 所示.

步骤 2　将变量'指数'选入'因变量（D）：'框. 选择'方法（M）：'下拉菜单中的'指数平滑法'，并点击'条件（C）…'. '时间序列建模器：指数平滑条件'对话框如图 12-1-19 所示. 选择'简单（S）'，点击'继续'.

步骤 3　点击'图表'选项卡，'时间序列建模器 -> 图表'对话框如图 12-1-20 所示. 选择'序列（E）'，'观察值（O）'，'预测值（S）''拟合值（I）'，'预测值的置信区间（V）'，'拟合值的置信区间（L）'.

步骤 4　点击'保存'选项卡，'时间序列建模器 -> 保存'对话框如图 12-1-21 所示. '保存'勾选'预测值'，'置信区间下限'，'置信区间上限'，'预测值'的'变量名的前缀'改为'预测值'.

图 12-1-18 '时间序列建模器'对话框

图 12-1-19 '指数平滑条件'对话框

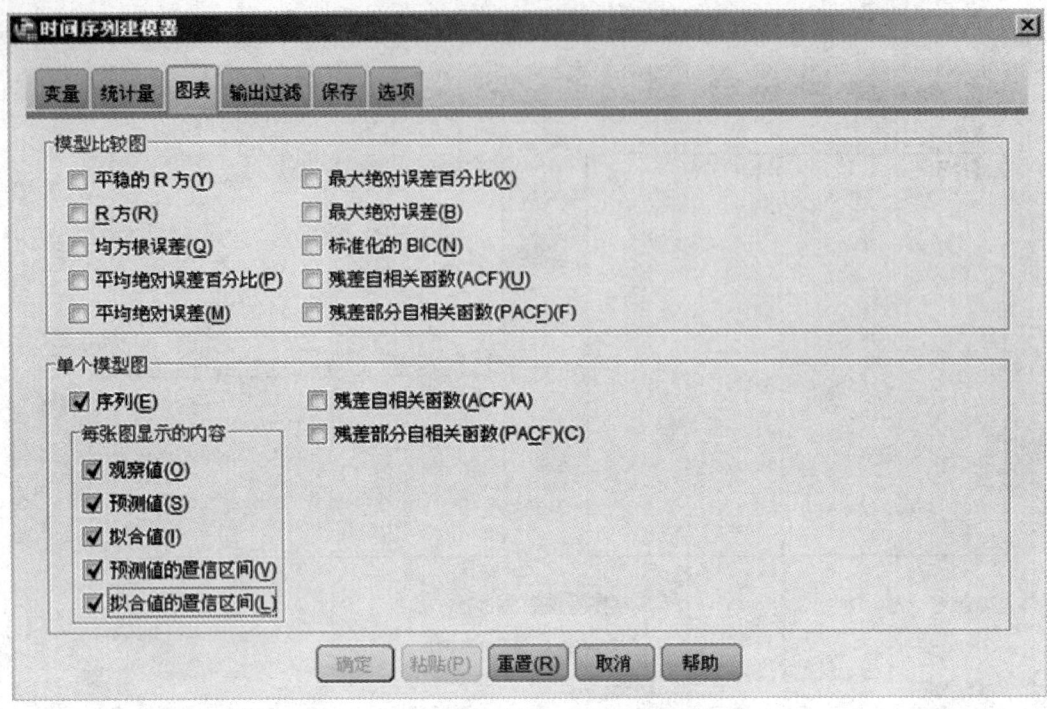

图 12-1-20　图选项卡对话框

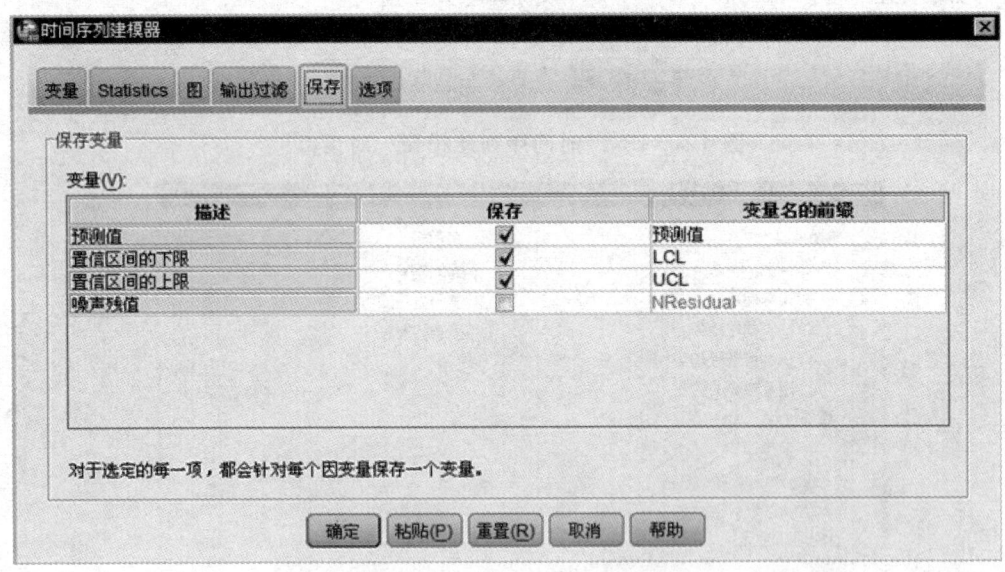

图 12-1-21　'保存选项卡'对话框

步骤 5　点击'确定'.
观测值、拟合值及其预测区间如图 12-1-22 所示.

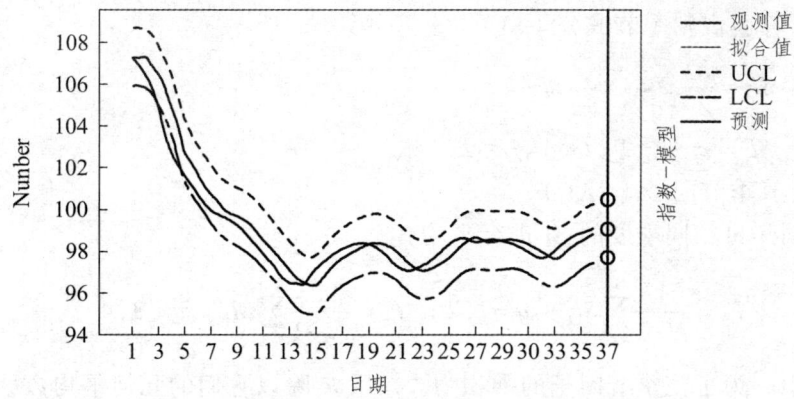

图 12-1-22 拟合值及其预测区间

步骤 6 打开数据编辑器，查看预测值及其置信区间，如图 12-1-23 所示. 2014 年 8 月的预测值为 99.10，置信区间为[97.71,100.49].

	月份	序号	指数	预测值_指数_模型_1	LCL_指数_模型_1	UCL_指数_模型_1
34	2014年5月	34	98.60	98.00	96.61	99.39
35	2014年6月	35	98.90	98.60	97.21	99.99
36	2014年7月	36	99.10	98.90	97.51	100.29
37	2014年8月	37	.	99.10	97.71	100.49

图 12-1-23 预测值及其置信区间

第二节 时间序列的季节调整

时间序列的季节调整就是将时间序列中的季节因素剥离出来. 季节调整的方法很多，这里只介绍乘法模型法和加法模型法.

乘法模型：

$$x_t = STC_t \cdot SAF_t \cdot ERR_t, t=1,2,\cdots,n, \quad (12\text{-}2\text{-}1)$$

加法模型：

$$x_t = STC_t + SAF_t + ERR_t, t=1,2,\cdots,n, \quad (12\text{-}2\text{-}2)$$

其中，STC_t 是平滑趋势循环，SAF_t 是季节成分，ERR_t 是不规则或随机成分.

下面以季度时间序列为例介绍季节调整的过程.

设 $\{x_t\}$ 是容量为 $4\times N$ 的含季度效应的时间序列. x_t 按 t 所在的年份和季度重新记作 $x_{k,q}$，其中 $k=1,2,\cdots,N$ 表示年份，$q=1,2,3,4$ 表示季度.

步骤 1 加权中心移动平均.

$$Z_t = \frac{1}{4}(0.5x_{t+2}+x_{t+1}+x_t+x_{t-1}+0.5x_{t-2}), 2<t<4\times N-2. \quad (12\text{-}2\text{-}3)$$

步骤 2　计算不规则季节成分（SI）.

乘法模型：$SI_t = \dfrac{x_t}{Z_t}, 2 < t < 4 \times N - 2$.　　　　　　　　　　　　　　　（12-2-4）

加法模型：$SI_t = x_t - Z_t, 2 < t < 4 \times N - 2$.　　　　　　　　　　　　　　　（12-2-5）

步骤 3　计算季节因子（SAF）.

首先将不同年份相同季度的 SI 进行平均：

$$F_q = \dfrac{1}{N-1} \sum_{k=2}^{N} SI_{k,q}, q = 1, 2 ; \quad F_q = \dfrac{1}{N-1} \sum_{k=1}^{N-1} SI_{k,q}, q = 3, 4.$$

乘法模型中，为了使季节因子的乘积为 1，用 F_q 除以它们的几何平均数，作为季节因子. 加法模型中，为了使季节因子的和为 0，用 F_q 减去它们的算术平均数，作为季节因子.

乘法模型：$SAF_q = F_q /(F_1 \cdot F_2 \cdot F_3 \cdot F_4)^{1/4}$.　　　　　　　　　　　　　　（12-2-6）

加法模型：$SAF_q = F_q - \dfrac{1}{4} \sum_{q=1}^{4} F_q$.　　　　　　　　　　　　　　　　（12-2-7）

步骤 4　计算季节调整序列（SAS）.

乘法模型：$SAS_{k,q} = \dfrac{x_{k,q}}{SAF_q}$.　　　　　　　　　　　　　　　　　　　（12-2-8）

加法模型：$SAS_{k,q} = x_{k,q} - SAF_q$.　　　　　　　　　　　　　　　　　（12-2-9）

步骤 5　计算平滑趋势循环序列（STC）.

平滑趋势循环序列（STC）由季节调整序列（SAS）的一个 3×3 移动平均得到，即

$$STC_t = \dfrac{1}{9}(SAS_{t-2} + 2SAS_{t-1} + 3SAS_t + 2SAS_{t+1} + SAS_{t+2}), t = 3, \cdots, 4 \times N - 2. \quad (12\text{-}2\text{-}10)$$

序列开始和结束的各两个点：

$$STC_2 = \dfrac{1}{3}(SAS_1 + SAS_2 + SAS_3)$$

$$STC_1 = STC_2 + \dfrac{1}{2}(STC_2 + STC_3),$$

$$STC_{4 \times N - 1} = \dfrac{1}{3}(SAS_{4 \times N - 2} + SAS_{4 \times N - 1} + SAS_{4 \times N}),$$

$$STC_{4 \times N} = STC_{4 \times N - 1} + \dfrac{1}{2}(STC_{4 \times N - 1} + STC_{4 \times N - 2}).$$

步骤 6　计算不规则成分（ERR）.

对于 $t = 1, 2, \cdots, 4 \times N$，

乘法模型：$ERR_t = \dfrac{SAS_t}{STC_t}$；　　　　　　　　　　　　　　　　　（12-2-11）

加法模型：$ERR_t = SAS_t - STC_t$.　　　　　　　　　　　　　　　　　（12-2-12）

【例 12-2-1】　表 12-2-1 是中国 2007 年 11 月至 2011 年 12 月的社会消费品零售总额

（亿元）时间序列，试对其进行季节调整，并预测 2012 年 1 月至 2 月的社会消费品零售总额（亿元）.

表 12-2-1 2007 年 11 月至 2011 年 12 月中国社会消费品零售总额（亿元）

日期	社会消费品零售总额	日期	社会消费品零售总额	日期	社会消费品零售总额	日期	社会消费品零售总额
2007 年 11 月	8 104.7	2008 年 12 月	10 728.5	2010 年 1 月	12 718.1	2011 年 2 月	13 769.1
2007 年 12 月	9 015.3	2009 年 1 月	10 756.6	2010 年 2 月	12 334.2	2011 年 3 月	13 588
2008 年 1 月	9 077.3	2009 年 2 月	9 323.8	2010 年 3 月	11 321.7	2011 年 4 月	13 649
2008 年 2 月	8 354.7	2009 年 3 月	9 317.6	2010 年 4 月	11 510.4	2011 年 5 月	14 696.8
2008 年 3 月	8 123.2	2009 年 4 月	9 343.2	2010 年 5 月	12 455.1	2011 年 6 月	14 565.1
2008 年 4 月	8142	2009 年 5 月	10 028.6	2010 年 6 月	12 329.9	2011 年 7 月	14 408
2008 年 5 月	8 703.5	2009 年 6 月	9 941.6	2010 年 7 月	12 252.8	2011 年 8 月	14 705
2008 年 6 月	8642	2009 年 7 月	9 936.5	2010 年 8 月	12 569.8	2011 年 9 月	15 865.1
2008 年 7 月	8 628.8	2009 年 8 月	10 115.6	2010 年 9 月	13 536.5	2011 年 10 月	16 546.4
2008 年 8 月	8 767.7	2009 年 9 月	10 912.8	2010 年 10 月	14 284.8	2011 年 11 月	17 739.7
2008 年 9 月	9 446.5	2009 年 10 月	11 717.6	2010 年 11 月	13 910.9	2011 年 12 月	16 128.9
2008 年 10 月	10 082.7	2009 年 11 月	11 339	2010 年 12 月	15 329.5	2012 年 1 月	
2008 年 11 月	9 790.8	2009 年 12 月	12 610	2011 年 1 月	15 249	2012 年 2 月	

解 本例用 SPSS 进行季节调整的步骤如下：

步骤 1 将数据输入 SPSS 数据编辑器，添加一个变量 '月数'.

步骤 2 单击 '数据（D）> 定义日期（E）'，'定义日期' 对话框如图 12-2-1 所示. '个案为（C）:' 选择 '年份、月份'，'第一个个案为（F）:' 的 '年:' 键入 '2007'，'月:' 键入 '11'，点击 '确定'.

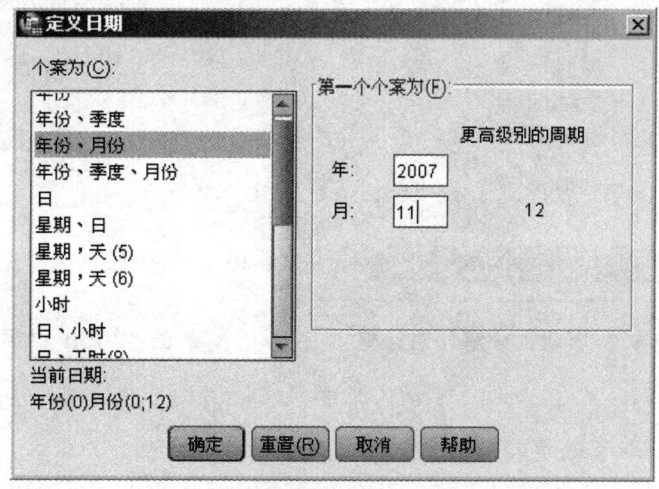

图 12-2-1 '定义日期' 对话框

数据视图和变量视图分别如图 12-2-2 和图 12-2-3 所示.

	日期	社会消费品零售总额	月数	YEAR_	MONTH_	DATE_
47	2011年9月	15865.1	47	2011	9	SEP 2011
48	2011年10月	16546.4	48	2011	10	OCT 2011
49	2011年11月	17739.7	49	2011	11	NOV 2011
50	2011年12月	16128.9	50	2011	12	DEC 2011

图 12-2-2　数据视图

	名称	标签	类型	度量标准
4	YEAR_	YEAR, not periodic	数值(N)	序号(O)
5	MONTH_	MONTH, period 12	数值(N)	序号(O)
6	DATE_	Date. Format "MMM YYYY"	字符串	名义(N)

图 12-2-3　变量视图

步骤 3　点击'分析（A）>预测（T）>周期性分解'. '周期性分解'对话框如图 12-2-4 所示.

步骤 4　将变量'社会消费品零售总额'选入'变量：'框. '模型类型：'选择'乘法', '移动平均权重'选择'结束点按 0.5 加权'.

步骤 5　点击'保存…', '周期：保存'对话框如图 12-2-5 所示. 选择'添加至文件', 点击'继续'.

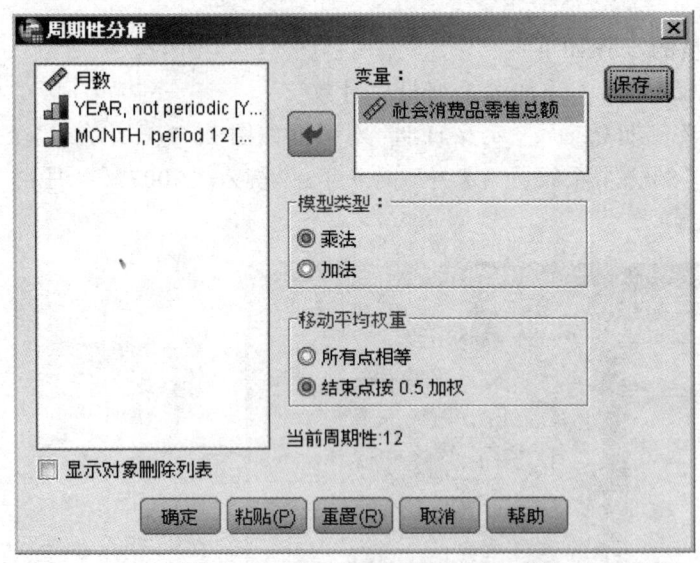

图 12-2-4　'周期性分解'对话框

图 12-2-5　'周期：保存'对话框

步骤 6　点击'确定'.

表 12-2-2 给出了季节调整的方法.

表 12-2-2　模型描述

模型名称	MOD_4
模型类型	可乘
序列名称　　1	社会消费品零售总额
季节性期间的长度	12
移动平均数的计算方法	跨度等于周期加 1，端点权重为 0.5

正在应用来自 MOD_4 的模型指定.

表 12-2-3 中的季节性因素就是季节因子，季节因子在不同年份相同月份是一样的.

表 12-2-3　季节性因素

序列名称：社会消费品零售总额

期间	季节性因素（%）
1	102.0
2	110.9
3	108.9
4	97.1
5	93.8
6	93.6
7	99.0
8	96.7
9	94.6
10	95.3
11	101.7
12	106.2

步骤 7　查看数据编辑器中的季节调整结果，数据视图和变量视图分别如图 12-2-6 和图 12-2-7 所示.'ERR_1''SAS_1''SAF_1'和'STC_1'分别是误差、季节性调整序列、季节因子和趋势循环.

	日期	社会消费品零售总额	月数	ERR_1	SAS_1	SAF_1	STC_1
47	2011年9月	15865.1	47	.99	15597	1.02	15713
48	2011年10月	16546.4	48	.98	15582	1.06	15853
49	2011年11月	17739.7	49	1.10	17387	1.02	15837
50	2011年12月	16128.9	50	.92	14541	1.11	15829

图 12-2-6　数据视图显示的季节调整结果

名称	标签
4 ERR_1	SEASON、MOD_1、MUL、CEN、12 中 社会消费品零售总额 的误差
5 SAS_1	SEASON、MOD_1、MUL、CEN、12 中 社会消费品零售总额 的季节性调整序列
6 SAF_1	SEASON、MOD_1、MUL、CEN、12 中 社会消费品零售总额 的季节性因子
7 STC_1	SEASON、MOD_1、MUL、CEN、12 中 社会消费品零售总额 的趋势循环

图 12-2-7 变量视图显示的季节调整结果

步骤 8 做社会消费品零售总额、STC_1 和 SAS_1 的线性图，如图 12-2-8 所示.

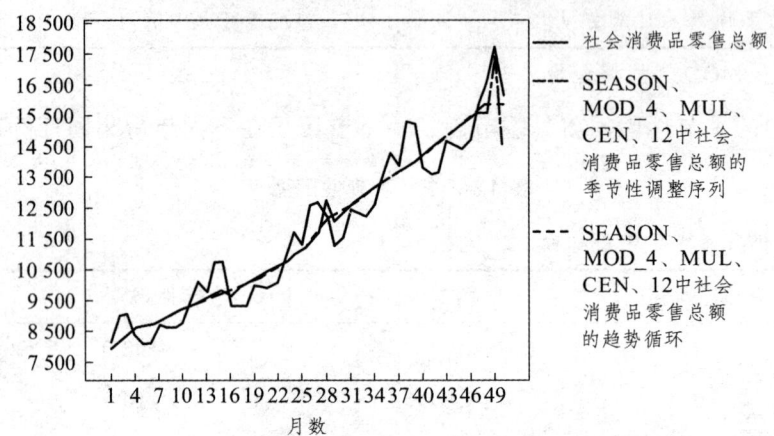

图 12-2-8 男装销售、STC_1 和 SAS_1 的线性图

步骤 9 对 STC_1 进行趋势拟合并预测 2012 年 1 月和 2 月的值.

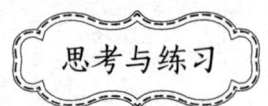

1. 2011 年 8 月至 2014 年 7 月我国工业生产者购进价格指数（上年同月 = 100）时间序列如下：

月份	指数	月份	指数	月份	指数
2011 年 8 月	110.6	2012 年 8 月	95.9	2013 年 8 月	98.4
2011 年 9 月	110	2012 年 9 月	95.9	2013 年 9 月	98.4
2011 年 10 月	108	2012 年 10 月	96.7	2013 年 10 月	98.4
2011 年 11 月	105.1	2012 年 11 月	97.2	2013 年 11 月	98.5
2011 年 12 月	103.5	2012 年 12 月	97.6	2013 年 12 月	98.6
2012 年 1 月	102	2013 年 1 月	98.1	2014 年 1 月	98.3
2012 年 2 月	101	2013 年 2 月	98.1	2014 年 2 月	97.9
2012 年 3 月	100.1	2013 年 3 月	98	2014 年 3 月	97.5
2012 年 4 月	99.2	2013 年 4 月	97.3	2014 年 4 月	97.7
2012 年 5 月	98.4	2013 年 5 月	97	2014 年 5 月	98.2
2012 年 6 月	97.5	2013 年 6 月	97.4	2014 年 6 月	98.5
2012 年 7 月	96.6	2013 年 7 月	97.8	2014 年 7 月	98.9

试对其进行三期简单移动平均和指数平滑.

2. 对表 12-1-2 中的载客汽车进行趋势拟合.

3. 2000 年 1 季度至 2005 年 4 季度的啤酒销量（万吨）时间序列数据如下：

日 期	啤酒销量	日 期	啤酒销量	日 期	啤酒销量	日 期	啤酒销量
Jan-00	25	Mar-01	42	Jan-03	30	Mar-04	55
Feb-00	32	Apr-01	30	Feb-03	39	Apr-04	38
Mar-00	37	Jan-02	29	Mar-03	51	Jan-05	31
Apr-00	26	Feb-02	39	Apr-03	37	Feb-05	43
Jan-01	30	Mar-02	50	Jan-04	29	Mar-05	54
Feb-01	38	Apr-02	35	Feb-04	42	Apr-05	41

试对啤酒销量（万吨）时间序列进行季节调整.

第十三章　回归分析的扩展

在实践中，特别是市场调查中，变量多是分类变量或顺序变量，采用标准的回归分析不太适合，需要特殊的回归分析来处理。本章主要介绍：
- 分类回归分析。
- 多项 Logistic 回归分析。
- Probit 回归分析。
- 序数回归分析。

第一节　分类回归分析

一、分类回归

标准回归分析的自变量通常是数值型变量。但是在经济中也存在许多定性变量，如职业、性别、战争、自然灾害、季节等，它们对某些经济变量也有显著影响，那么如何将这些定性变量引入模型呢？

定性变量一般量化都比较困难，但大多定性变量都可区分为不同的状态。例如：学生可区分为小学生、中学生、本科生、硕士、博士；战争可区分为发生与不发生；季节可区分为春、夏、秋、冬等。

最简单的区分就是将定性变量区分为两种状态，如发生战争与不发生战争、男与女、学生与非学生等。我们分别用"1"或"0"来表示定性变量的"是"和"非"两种状态，通过这种"量化"而得到的变量称为**虚拟变量**。

例如，学生可区分为小学生、中学生、本科生、硕士、博士，可引入 4 个虚拟变量反映文程度：

$$D_1 = \begin{cases} 1, & \text{小学,} \\ 0, & \text{非小学,} \end{cases} D_2 = \begin{cases} 1, & \text{中学,} \\ 0, & \text{非中学,} \end{cases} D_3 = \begin{cases} 1, & \text{本科,} \\ 0, & \text{非本科,} \end{cases} D_4 = \begin{cases} 1, & \text{硕士,} \\ 0, & \text{非硕士,} \end{cases}$$

当 D_1, D_2, D_3, D_4 都取 0 时，表示是博士。

含有虚拟变量的模型称为**虚拟变量模型**。

和虚拟变量模型不同的是，**分类回归**直接将量化的分类变量或顺序变量引入回归模型，扩展了标准回归方法。

二、数据要求

分类回归的因变量和自变量可以是量化的分类变量或顺序变量，也可以是数值型变量.

三、分类回归模型

分类回归模型的形式和一般线性回归模型类似：

$$y_i = \sum_{j=1}^{k} \beta_j x_{ji} + \varepsilon_i, \ i=1,2,\cdots,n, \qquad (13\text{-}1\text{-}1)$$

其中，y_i 为因变量；x_{ji} 为自变量，可以是数值型变量，也可以是量化的分类变量或顺序变量；β_j 为回归系数.

分类回归模型的检验也与一般线性回归模型类似.

四、案例分析

【例 13-1-1】 在一个流行的例子（Green and Wind, 1973）中，有兴趣营销一种新型地毯清洁剂的公司希望检验五种因素对消费者偏好的影响，这五个因素分别是包装设计、品牌、价格、优秀家用品标志和退款保证. 包装设计有三种，分别是 A*、B*、C*，每种的涂抹刷位置不同；品牌有三个，分别是 K2R、Glory 和 Bissell；价格有三档，分别是 $1.19、$1.39 和 $1.59；优秀家用品标志和退款保证都有两个级别，分别是有或否. 表 13-1-1 是地毯清洁剂研究中使用的变量，以及它们的变量标签和值.

表 13-1-1 地毯清洁剂研究中的解释变量

变量名称	变量标签	变量值
包装	包装设计	1 = A*, 2 = B*, 3 = C*
品牌	品牌名称	1 = K2R, 2 = Glory, 3 = Bissell
价格	价格	1 = $1.19, 2 = $1.39, 3 = $1.59
奖章	优秀家用品标志	1 = 否，2 = 有
退款	退款保证	1 = 否，2 = 有

十名消费者依据 5 个因素的特征对 22 件地毯清洁剂进行了排序. 变量'优选'为地毯清洁剂的排序位次，低排序对应于高优先级. 现在用分类回归探索五种因素对消费者偏好的影响. 数据见 SPSS 数据文件 carpet.sav.

解 本例用 SPSS 进行分析的步骤如下：

步骤 1 打开数据文件：'C:\Program Files\IBM\SPSS\Statistics\21\Samples\Simplified Chinese\carpet.sav'.

步骤 2 点击'分析（A）> 回归（R）> 最佳刻度（CATREG）（O）…'. '分类回归'对话框如图 13-1-1 所示. 将变量'优选'选入'因变量（D）:'框. 选中'因变量（D）:'

框中的变量'优选',点击'定义度量(E)...','分类回归:定义度量'对话框如图 13-1-2 所示,'最佳度量水平'选择'数字(U)',点击'继续'.

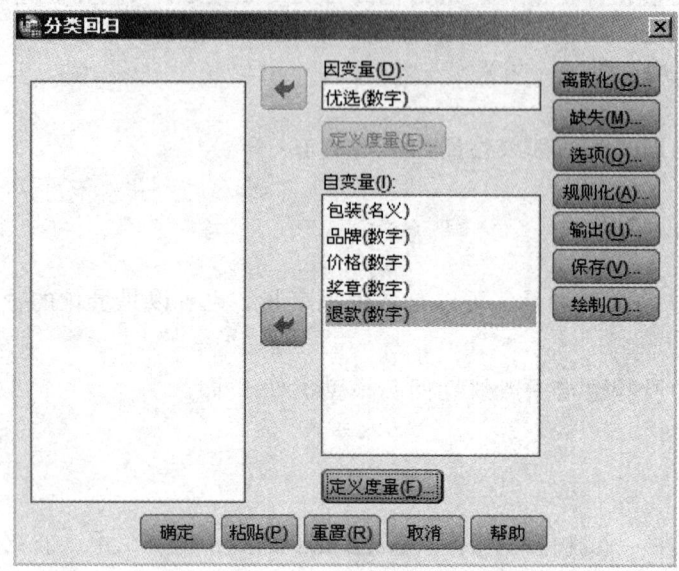

图 13-1-1 '分类回归'对话框

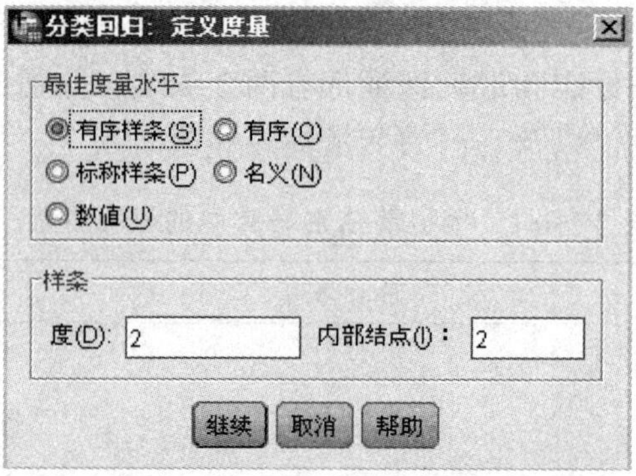

图 13-1-2 '分类回归:定义度量'对话框

步骤 3 将变量'包装','品牌','价格','奖章'和'退款'都选入'自变量(I):'框. 变量'包装'的度量定义为'名义(N)',其余变量的度量定义为'数字(U)'.

步骤 4 点击'保存(V)...',在'分类回归:保存'对话框中,选择'将预测值保存到活动数据集(P)',点击'继续'.

步骤 5 点击'确定'.

表 13-1-2 给出了模型的拟合优度 R^2. 分类回归的过程是:首先对原始变量进行变换,将各变量转换为适当的量化评分,然后使用量化评分代替原变量进行回归分析. 因此,结果输出基本上都是变换后评分的分析结果. 本例分类回归的调整 $\bar{R}^2$ 为 0.927,说明模型拟合良好.

表 13-1-2 模型汇总

	多 R	R 方	调整 R 方	明显预测误差
标准数据	.974	.948	.927	.052

因变量：优选.

预测变量：包装设计、品牌名称、价格、优秀家用品奖章、退款保证.

表 13-1-3 是方差分析表. 从中可知, F 统计量的显著性 $p = 0.000 < 0.05$, 说明回归函数显著.

表 13-1-3 ANOVA

	平方和	df	均方	F	Sig.
回归	20.858	6	3.476	45.670	.000
残差	1.142	15	.076		
总计	22.000	21			

因变量：优选.

预测变量：包装设计、品牌名称、价格、优秀家用品奖章、退款保证.

表 13-1-4 是参数估计、标准误差的 Bootstrap（1000）估计及其检验结果. 由于在变换中实际上也进行了评分的标准化，因此这里只给出标准化系数及其检验结果，参数检验为 F 检验. 从显著性是否大于 0.05 判断，品牌名称和退款保证在显著水平 0.05 下是不显著的. 由于标准误差估计使用了 Bootstrap（1000）方法，每次估计的标准误差会发生变化.

表 13-1-4 系 数

	标准系数		df	F	Sig.
	Beta	标准误差的 Bootstrap（1000）估计			
包装设计	.748	.091	2	68.391	.000
品牌名称	.045	.070	1	.424	.525
价格	.371	.082	1	20.598	.000
优秀家用品奖章	−.350	.086	1	16.488	.001
退款保证	−.159	.076	1	4.373	.054

因变量：优选.

本例最后建立了如下模型：

优选 = 0.748 × 包装设计 + 0.045 × 品牌名称 + 0.371 × 价格 − 0.350 优秀家用品奖章 − 159 × 退款保证.

用上述模型进行预测时，计算的也是标准化预测值.

步骤 6　查看数据视图和变量视图，如图 13-1-3 和图 13-1-4 所示，数据集中新增加了一个变量 'PRE_1'，它是预测值.

	包装	品牌	价格	奖章	退款	优选	PRE_1
19	1	3	3	2	1	21	1
20	3	1	1	2	1	3	-1
21	1	2	3	1	1	22	2
22	1	3	1	1	1	18	1

图 13-1-3　数据视图

	名称	标签	类型	值	度量标准
5	退款	退款保证	数值(N)	{1, 否}...	名义(N)
6	优选	优选	数值(N)	无	度量(S)
7	PRE_1	Predicted Value	数值(N)	无	度量(S)

图 13-1-4　变量视图

第二节　多项 Logistic 回归分析

一、多项 Logistic 回归

多项 Logistic 回归与二元 Logistic 回归类似，但更具一般性，因为因变量不限定为两个类别. 例如，为更有效地宣传影片，电影厂希望预测影迷们喜欢看何种类型的电影. 通过多项 Logistic 回归，电影厂可确定个人的年龄、性别以及恋爱状况对影片类型偏好的影响程度. 然后，电影厂可以面向可能观看影片的人群有侧重点地开展特定影片的宣传活动.

二、数据要求

多项 Logistic 回归模型的因变量必须是量化的分类变量. 自变量可以是因子或协变量，因子应为量化的分类变量，协变量应为数值型变量.

三、多项 Logistic 回归模型

对于多项 Logistic 回归模型，首先会定义因变量的某个类别为参照类别（SPSS 默认为取值类别大的为参照类别），其他类别均与其相比. 假如因变量的取值有 K 个类别，类别编码为 $1,2,\cdots,K$，对应类别出现的概率为 $\pi_1,\pi_2,\cdots,\pi_K$，自变量有 J 个，则以第 K 类别为参考的多项 Logistic 回归模型是拟合以下 $K-1$ 个模型：

$$\ln\frac{\pi_k}{\pi_K}=\alpha_k+\beta_{k1}x_1+\cdots+\beta_{kJ}x_J, k=1,2,\cdots,K-1, \tag{13-2-1}$$

$$\pi_1+\pi_2+\cdots+\pi_K=1. \tag{13-2-2}$$

由式（13-2-1）和式（13-2-2）可得

$$\pi_k = \frac{\exp\{\alpha_k + \beta_{k1}x_1 + \cdots + \beta_{KJ}x_J\}}{1+\sum_{k=1}^{K-1}\exp\{\alpha_k + \beta_{k1}x_1 + \cdots + \beta_{KJ}x_J\}}, k=1,2,\cdots,K-1, \quad (13\text{-}2\text{-}3)$$

$$\pi_1 + \pi_2 + \cdots + \pi_K = 1.$$

SPSS 是将因子变量转化为虚拟变量来拟合模型. 如果某一因子变量分为 m 个类, 则引入 $m-1$ 个虚拟变量.

四、模型检验

1. 回归方程的整体显著性检验

（1）对数似然检验

假设没有引入任何自变量（方程仅包含常数项）的回归方程似然函数值为 L_0，引入自变量后回归方程的似然函数值为 L_1，则似然比为 L_0/L_1. 似然比在 0~1 之间，越接近于 0，说明引入的自变量对因变量的解释能力越强. 构造如下的似然比卡方统计量

$$-\ln\left(\frac{L_0}{L_1}\right)^2 = -2\ln\left(\frac{L_0}{L_1}\right), \quad (13\text{-}2\text{-}4)$$

可以证明，在原假设（回归系数同时为 0）成立时，该统计量服从自由度为 k 的卡方分布，k 为引入解释变量的个数. 对数似然检验是卡方右检验.

（2）Hosmer-Lemeshow 检验

如果模型整体显著，则实际值为 1 的样本对应的概率应该相对较高，而实际值为 0 的样本对应的概率应该相对较低，根据预测概率的大小将样本分为 m 组，同时得到列联表. Hosmer-Lemeshow 检验统计量就是列联表检验的卡方统计量. Hosmer-Lemeshow 检验是卡方右检验.

2. 回归系数的 Wald 检验

Wald 检验统计量为

$$\text{Wald}_j = \left(\frac{\hat{\beta}_j}{S_{\hat{\beta}_j}}\right)^2, \quad (13\text{-}2\text{-}5)$$

可以证明，在原假设（回归系数为 0）成立时，$\text{Wald}_j \sim \chi^2(1)$，Wald 检验为卡方右检验.

3. 模型拟合优度检验

Cox-Snell R^2 统计量为

$$\text{Cox-Snell } R^2 = 1 - \left(\frac{L_0}{L_1}\right)^{2/n}, \quad (13\text{-}2\text{-}6)$$

Nagelkerke R^2 统计量为

$$\text{Nagelkerke } R^2 = \frac{\text{Cox-Snell } R^2}{1-L_0^{2/n}}, \tag{13-2-7}$$

其中，n 为样本容量，Cox-Snell R^2 和 Nagelkerke R^2 取值都在 0～1 之间，越接近于 1，说明模型拟合越好．

五、案例分析

【例 13-2-1】 Fisher 在 1940 年收集了苏格兰北部 Caithness 郡 5387 名小学生眼睛与头发颜色的数据，见表 13-2-1．其中眼睛有深、棕、蓝、浅 4 种颜色，头发有金、红、棕、深、黑 5 种颜色．研究者希望知道头发和眼睛的颜色间存在何种关联，即某种头发颜色的人眼睛更倾向于何种颜色？假如苏格兰北部 Caithness 郡某小学生的头发是深色的，您能判断他的眼睛是什么颜色吗？

表 13-2-1 头发颜色与眼睛颜色的交叉表

		头发颜色					合计
		金色	红色	棕色	深色	黑色	
眼睛颜色	深色	98	48	403	681	85	1315
	棕色	343	84	909	412	26	1774
	蓝色	326	38	241	110	3	718
	浅色	688	116	584	188	4	1580
合计		1455	286	2137	1391	118	5387

解 本例用 SPSS 进行分析的步骤如下：

步骤 1 对数据进行编码．'眼睛颜色'：1 = 深色，2 = 棕色，3 = 蓝色，4 = 浅色；'头发颜色'：1 = 金色，2 = 红色，3 = 棕色，4 = 深色，5 = 黑色．编码后的数据见表 13-3-2．

表 13-2-2 数据编码表

眼睛颜色	头发颜色	频数
1	1	98
1	2	48
1	3	403
1	4	681
1	5	85
2	1	343
2	2	84
2	3	909
2	4	412

续表

眼睛颜色	头发颜色	频　数
2	5	26
3	1	326
3	2	38
3	3	241
3	4	110
3	5	3
4	1	688
4	2	116
4	3	584
4	4	188
4	5	4
	4	1

步骤 2　将数据输入数据编辑器. 在变量视图中，分别给变量‘眼睛颜色’和‘头发颜色’添加值标签. 数据视图和变量视图如图 13-2-1 和图 13-2-2 所示.

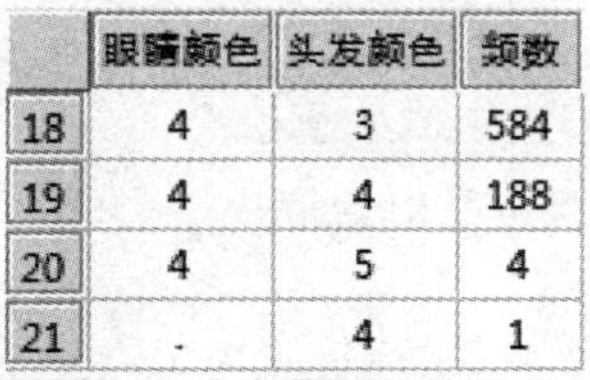

	眼睛颜色	头发颜色	频数
18	4	3	584
19	4	4	188
20	4	5	4
21	.	4	1

图 13-2-1　数据视图

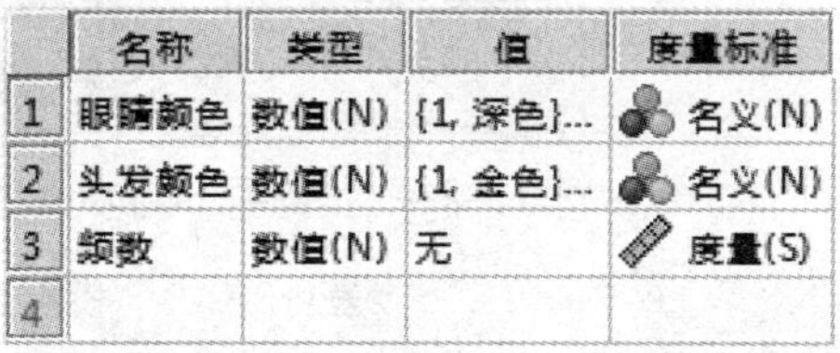

	名称	类型	值	度量标准
1	眼睛颜色	数值(N)	{1, 深色}...	名义(N)
2	头发颜色	数值(N)	{1, 金色}...	名义(N)
3	频数	数值(N)	无	度量(S)
4				

图 13-2-2　变量视图

步骤 3　点击‘数据（D）> 加权个案（W）’. 在‘加权个案’对话框中，选择‘加权个案（W）’，将‘频数’选入‘频数变量（F）:’框. 点击‘确定’.

步骤 4　点击‘分析（A）> 回归（R）——多项 Logistic（M）…’.‘多项 Logistic 回归’对话框如图 13-2-3 所示. 将变量‘眼睛颜色’选入‘因变量（D）:’框，‘头发颜色’选入‘因子（F）:’框.

步骤 5　点击‘保存（A）…’，‘多项 Logistic 回归：保存’对话框如图 13-2-4 所示. 选择‘估计响应概率（E）’，‘预测类别’，‘预测类别概率（P）’和‘实际类别概率（A）’，点击‘继续’.

步骤 6　点击‘确定’.

表 13-2-3 是最终模型与仅含截距模型的比较. 卡方是最终模型和仅含截距模型的 − 2 倍对数似然值的差. 从中可知，似然比检验的显著性 $p = 0.000 < 0.05$，最终模型显著性优于仅包含截距项的模型.

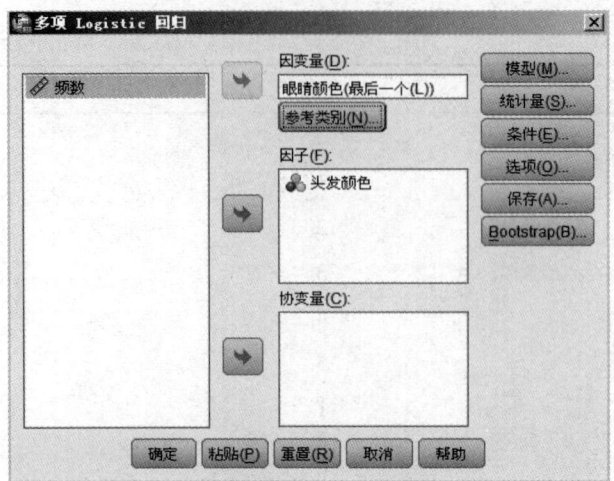

图 13-2-3 '多项 Logistic 回归'对话框

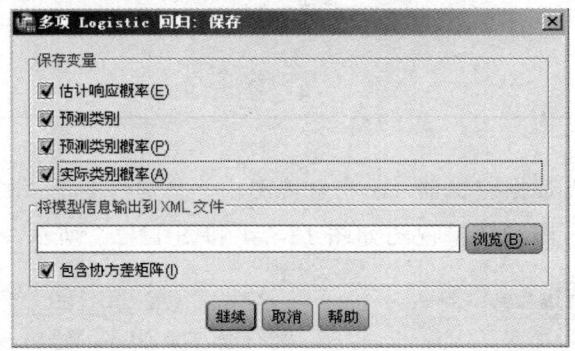

图 13-2-4 '多项 Logistic 回归:保存'对话框

表 13-2-3 模型拟合信息

模 型	模型拟合标准	似然比检验		
	−2 倍对数似然值	卡方	df	显著水平
仅截距	1310.159			
最 终	91.845	1218.314	12	.000

表 13-2-4 是模型参数的似然比检验结果. 从中可知, 似然比检验的显著性 $p = 0.000 < 0.05$, 说明参数显著不为 0, 即头发颜色对眼睛颜色有显著性影响.

表 13-2-4 似然比检验

效 应	模型拟合标准	似然比检验		
	简化后的模型的 −2 倍对数似然值	卡方	df	显著水平
截 距	91.845[a]	.000	0	.
头发颜色	1310.159	1218.314	12	.000

卡方统计量是最终模型与简化后模型之间在 −2 倍对数似然值中的差值. 通过从最终模型中省略效应而形成简化后的模型. 零假设就是该效应的所有参数均为 0.

a. 因为省略效应不会增加自由度, 所以此简化后的模型等同于最终模型.

表 13-2-5 是 Cox 和 Snell、Nagelkerke 以及 McFadden R2 的值. 伪 R 方类似于线性回归模型的决定系数 R^2, 在多项 Logistic 回归中, 通常都很小.

表 13-2-5 伪 R 方

Cox 和 Snell	.202
Nagelkerke	.217
McFadden	.084

表 13-2-6 是参数估计及其 Wald 检验结果. 从 Wald 检验的显著性可知, 头发颜色对蓝色眼睛影响不显著.

表 13-2-6 参数估计

眼睛颜色 [a]		B	标准误	Wald	df	显著性	Exp（B）
深色	截距	3.056	.512	35.686	1	.000	
	[头发颜色 = 1]	−5.005	.523	91.623	1	.000	.007
	[头发颜色 = 2]	−3.939	.540	53.272	1	.000	.019
	[头发颜色 = 3]	−3.427	.516	44.167	1	.000	.032
	[头发颜色 = 4]	−1.769	.518	11.656	1	.001	.170
	[头发颜色 = 5]	0[b]	.	.	0	.	.
棕色	截距	1.872	.537	12.146	1	.000	
	[头发颜色 = 1]	−2.568	.541	22.518	1	.000	.077
	[头发颜色 = 2]	−2.195	.556	15.587	1	.000	.111
	[头发颜色 = 3]	−1.429	.540	7.014	1	.008	.239
	[头发颜色 = 4]	−1.087	.544	3.991	1	.046	.337
	[头发颜色 = 5]	0[b]	.	.	0	.	.
蓝色	截距	−.288	.764	.142	1	.706	
	[头发颜色 = 1]	−.459	.767	.359	1	.549	.632
	[头发颜色 = 2]	−.828	.786	1.110	1	.292	.437
	[头发颜色 = 3]	−.597	.768	.606	1	.436	.550
	[头发颜色 = 4]	−.248	.773	.103	1	.748	.780
	[头发颜色 = 5]	0[b]	.	.	0	.	.

a. 参考类别是: 浅色.
b. 因为此参数冗余, 所以将其设为零.

步骤 7 打开数据编辑器, 数据视图和变量视图分别如图 13-2-5 和图 13-2-6 所示. 数据集中新增加 7 个变量, 'EST1_1' 'EST2_1' 'EST3_1' 和 'EST4_1' 分别是 4 个响应类别的估计单元概率, 'PRE_1' 是预测响应类别, 'PCP_1' 是预测类别的估计分类概率, 'ACP_1' 是实际范畴的估计分类概率.

	眼睛颜色	头发颜色	频数	EST1_1	EST2_1	EST3_1	EST4_1	PRE_1	PCP_1	ACP_1
19	4	4	188	.4896	.2962	.0791	.1352	1	.4896	.1352
20	4	5	4	.7203	.2203	.0254	.0339	1	.7203	.0339
21	.	4	1	.4896	.2962	.0791	.1352	1	.4896	.0000

图 13-2-5 数据视图

	名称	标签	值	度量标准
4	EST1_1	响应类别的估计单元概率:1	无	度量(S)
5	EST2_1	响应类别的估计单元概率:2	无	度量(S)
6	EST3_1	响应类别的估计单元概率:3	无	度量(S)
7	EST4_1	响应类别的估计单元概率:4	无	度量(S)
8	PRE_1	预测响应类别	{1,深色}...	名义(N)
9	PCP_1	预测类别的估计分类概率	无	度量(S)
10	ACP_1	实际范畴的估计分类概率	无	度量(S)

图 13-2-6 变量视图

从图 13-2-5 可知，假如苏格兰北部 Caithness 郡某小学生的头发是深色的，您可以判断出他的眼睛是深色（=1）的概率为 0.4896，是棕色（=2）的概率为 0.2962，是蓝色（=3）的概率为 0.0791，是浅色（=4）的概率为 0.1352，因此眼睛颜色是深色可能性最大. 这和用回归函数手工计算的结果是一致的. 事实上，由于头发颜色是分类变量，SPSS 将其转化为 4 个虚拟变量来拟合模型.

$$D_1 = \begin{cases} 1, & 金色, \\ 0, & 非金色, \end{cases} D_2 = \begin{cases} 1, & 红色, \\ 0, & 非红色, \end{cases} D_3 = \begin{cases} 1, & 棕色, \\ 0, & 非棕色, \end{cases} D_4 = \begin{cases} 1, & 深色, \\ 0, & 非深色, \end{cases}$$

当 D_1, D_2, D_3, D_4 都取 0 时，表示是黑色.

若头发是深色的，根据表 13-2-6 可得

$$\pi_1 = \frac{\exp\{3.056 - 1.769\}}{1 + \exp\{3.056 - 1.769\} + \exp\{1.872 - 1.087\} + \exp\{-0.288 - 0.248\}} \approx 0.4896,$$

$$\pi_2 = \frac{\exp\{1.872 - 1.087\}}{1 + \exp\{3.056 - 1.769\} + \exp\{1.872 - 1.087\} + \exp\{-0.288 - 0.248\}} \approx 0.2962,$$

$$\pi_3 = \frac{\exp\{-0.288 - 0.248\}}{1 + \exp\{3.056 - 1.769\} + \exp\{1.872 - 1.087\} + \exp\{-0.288 - 0.248\}} \approx 0.0791,$$

$$\pi_4 = 1 - \pi_1 - \pi_2 - \pi_3 = 0.1352.$$

第三节 Probit 回归分析

一、Probit 回归

在多重伯努利试验中，受许多因素的影响，试验次数不同，试验"成功"的次数也不一样，具有随机性，"成功"次数占总试验次数的比例称为成数. Probit 回归用于分析试验

"成功"的因素与试验成功的成数之间的关系.

Probit 回归与 Logistic 回归的联系与区别：Probit 回归时，如果选择 Logit 转换，则此过程最终计算的是 Logistic 回归. 总的来说，Probit 分析适用于设计的试验，而 Logistic 回归更适用于观察研究. Probit 分析过程报告不同响应频率下有效值的估计值，而 Logistic 回归过程报告自变量概率比的估计值.

二、数据要求

SPSS 拟合 Probit 回归时，因变量是试验"成功"的次数，自变量除影响"成功"与否的因子变量和协变量外，必须包含试验总次数. 因子变量应是以整数编码的分类变量，协变量是数值型变量.

三、Probit 回归模型

设因子变量有 m 个类别，Probit 回归模型的一般形式为

$$\Phi^{-1}(\pi_i) = \alpha_i + \beta_1 x_1 + \cdots + \beta_k x_k, i = 1, 2, \cdots, m \quad (13\text{-}3\text{-}1)$$

或

$$\pi_i = \Phi(\alpha_i + \beta_1 x_1 + \cdots + \beta_k x_k), i = 1, 2, \cdots, m \quad (13\text{-}3\text{-}2)$$

其中，π_i 为"成功"成数，$x_1, \cdots, x_k$ 为协变量，α_i 为因子变量的类别参数，$\beta_1, \cdots, \beta_k$ 为协变量的参数，Φ 为累积标准正态分布函数，Φ^{-1} 为其反函数即概率密度函数. 也就是说，Probit 回归是在正态分布的理论基础上进行的，而 Logistic 回归是建立在二项分布的基础上的.

四、案例分析

【例 13-3-1】 新型杀虫剂对于杀灭蚂蚁的有效性如何，适用浓度多大？可以执行一项试验，对蚂蚁样本施用不同浓度的杀虫剂，然后记录杀灭的蚂蚁数量以及被施用杀虫剂的蚂蚁数量. 通过对这些数据应用 Probit 分析，可以确定浓度和杀灭效力之间的关系紧密度，并且可以确定在希望确保杀灭一定比例（如 95%）的蚂蚁时杀虫剂的适当浓度.

实验数据见 SPSS 数据文件 offer.sav. 其中 Stratum 为试验序号、Site 为试验地点、Value 为杀虫剂浓度值、nsubj 为蚂蚁数量、response 为杀灭蚂蚁数量. Site 为试验地点有 3 个：1 = Online，2 = Catalog，3 = In-Store. 编码数据见表 13-3-1.

表 13-3-1　新型杀虫剂试验数据

stratum	site	value	nsubj	response
1	1	15	36	2
2	1	20	37	2
3	1	25	39	7
4	1	33	36	9
5	1	50	33	19

续表

stratum	site	value	nsubj	response
6	1	66	45	34
7	1	75	48	41
8	2	15	45	1
9	2	20	37	3
10	2	25	38	2
11	2	33	40	10
12	2	50	44	20
13	2	66	33	16
14	2	75	37	27
15	3	15	43	2
16	3	20	37	2
17	3	25	48	5
18	3	33	45	5
19	3	50	33	10
20	3	66	51	22

解 本例用 SPSS 进行分析的步骤如下：

步骤 1 打开数据文件：'C：\Program Files\IBM\SPSS\Statistics\21\Samples\Simplified Chinese\offer.sav'.

步骤 2 点击'分析（A）> 回归（R）> Probit…'.'Probit 分析'对话框如图 13-3-1 所示.

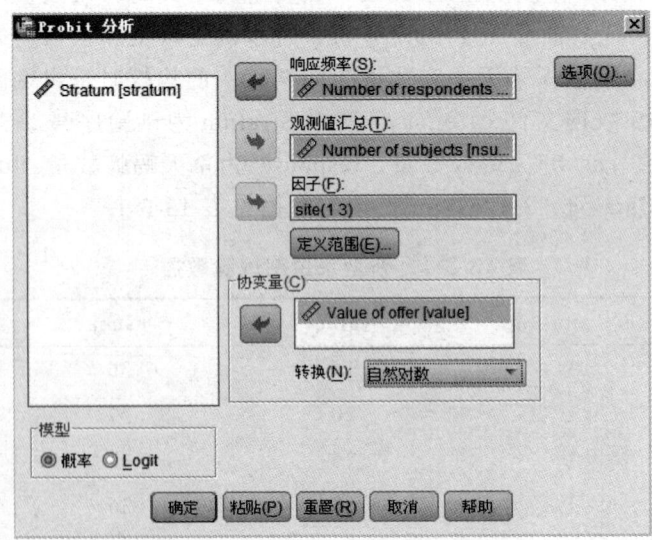

图 13-3-1 'Probit 分析'对话框

步骤 3　将'Number of respondents'选入'响应频率（S）：'框，'Number of subjects'选入'观测值汇总（T）：'框，'Site of offer'选入'因子（F）：'框，'Value of offer'选入'协变量（C）：'框. 点击'转换（N）：'下拉列表，选择'自然对数'. 点击'因子（F）：'的'定义范围（E）...'，'Probit 分析：定义范围'对话框如图 13-3-2 所示，'最小值：'键入'1'，'最大值'键入'3'. 点击'继续'.

步骤 4　点击'选项（O）...'，'Probit 分析：选项'对话框如图 13-3-3 所示. 选择所有统计量，'自然响应频率'选择'从数据中计算（C）'，'最大迭代（M）：'键入'100'. 点击'继续'.

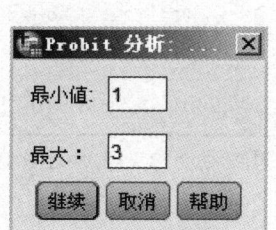

图 13-3-2　'因子范围定义'对话框

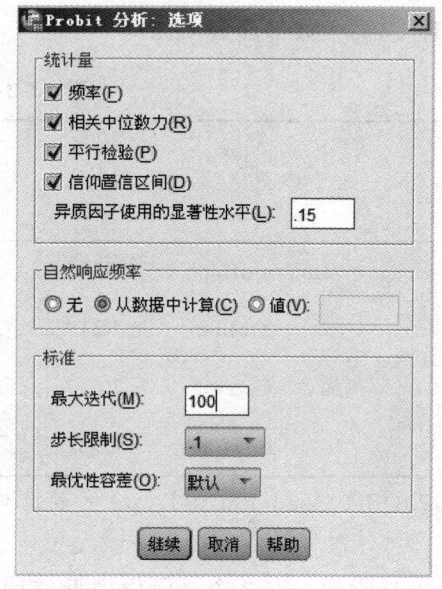

图 13-3-3　'Probit 分析：选项'对话框

- 自然响应频率：允许您指定自然响应频率（成数）. 在 SPSS 中，可通过选项"无""从数据中计算"和"值"进行设定.
- 从数据中计算（Calculate from Data）. 根据样本数据估计自然响应频率. 数据应包含代表控制级别的个案，而该级别的协变量值为 0. Probit 使用该控制级别的响应比例来估计自然响应率以作为初始值.
- 值（Value）：在模型中设置自然响应率（当您预先知道自然响应率时，选择此项）. 输入自然响应比例（该比例必须小于 1）. 例如，如果当激励为 0 时响应在 10% 的时间里发生，那么输入 0.10.

步骤 5　点击'确定'.

表 13-3-2 是模型卡方检验结果. 从中可知，Pearson 拟合度检验的显著性 $p = 0.916$，拟合良好. 平行检验（Parallelism Test）是对所有因子级别具有共同的斜率这一假设的检验，本例平行检验的卡方值为 2.060，显著性 $p = 0.357$，可以认为所有因子级别具有共同的斜率.

表 13-3-2　卡方检验

		卡方	df[b]	Sig.
PROBIT	Pearson 拟合度检验	8.934	16	.916[a]
	平行检验	2.060	2	.357

a. 由于显著性水平大于.150，因此在置信限度的计算中未使用异质因子.
b. 基于单个个案的统计量与基于分类汇总个案的统计量不同.

表 13-3-3 是参数估计与检验结果. 从中可知, 所有参数的 z 检验显著性都为 0.000, 小于 0.05, 说明参数都显著不为零.

表 13-3-3　参数估计值

参数		估计	标准误	z	Sig.	95% 置信区间	
						下限	上限
PROBIT[a]	Value of offer	1.880	.216	8.719	.000	1.457	2.303
	截距[b]　Online	-7.219	.861	-8.384	.000	-8.081	-6.358
	Catalog	-7.631	.888	-8.590	.000	-8.520	-6.743
	In-Store	-7.982	.928	-8.601	.000	-8.910	-7.054

a. PROBIT 模型：PROBIT（p）= 截距 + BX（协变量 X 使用底数为 2.718 的对数来转换）.
b. 对应于分组变量 site.

由于试验地点有 3 个, 所以模型估计结果为

$$\pi_1 = \Phi(-7.219 + 1.880 \times Value),$$

$$\pi_2 = \Phi(-7.631 + 1.880 \times Value),$$

$$\pi_3 = \Phi(-7.982 + 1.880 \times Value),$$

其中, π_1, π_2, π_3 分别为 Online、Catalog、In-Store 三地的杀灭蚂蚁比例.

表 13-3-4 是自然响应率估计值. 从中可知, 成功的比例为 4.1%.

表 13-3-4　自然响应率估计值[a]

	估计	标准误
PROBIT	.041	.019

a. 未提供控制组.

图 13-3-4 是以剂量对数值为自变量 X、以概率单位为应变量 Y 的回归直线散点图, 从图中各点的分布状态亦可看出, 回归直线的拟合程度是很好的.

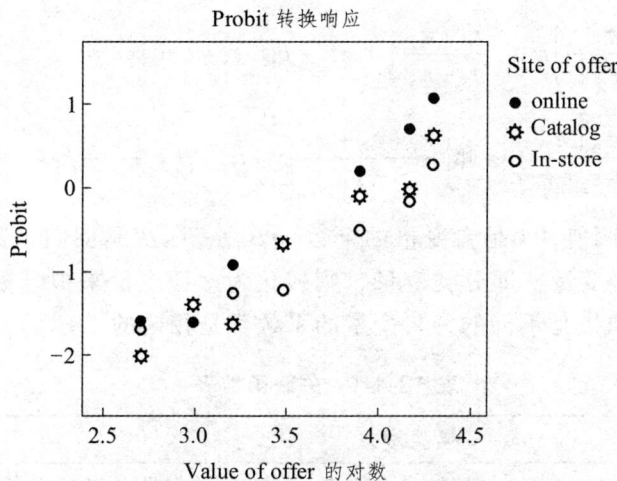

图 13-3-4　剂量-效应关系回归直线散点图

第四节　序数回归分析

一、序数回归

序数回归（Ordinal 回归）是一种利用分类变量或数值型变量对顺序变量的回归方法，由 Mc Cullagh 创立．例如，可以使用序数回归研究患者对药物剂量的反应（无、轻微、适度或剧烈）．

二、数据要求

序数回归要求因变量是顺序变量，可以是数值或字符串．通过对因变量的值进行升序排序来确定排列顺序，最低值定义第一个类别．自变量可以是因子变量和协变量，因子变量是分类变量，协变量是数值型变量．请注意：使用多个连续协变量很容易使创建的单元格概率非常大．

三、序数回归模型

和 Logistic 回归类似，序数回归也是通过概率转换来拟合模型．累积概率的转换函数称为链接函数也称关联函数．常用的 5 个关联函数见表 13-4-1．

假如因变量的取值有 4 个类别，类别编码为 1、2、3、4，对应类别出现的概率为 π_1,π_2,π_3,π_4．使用 Logit 函数作为链接函数，则序数回归模型是拟合以下三个模型：

$$\ln\left(\frac{\pi_1}{1-\pi_1}\right)=\ln\left(\frac{\pi_1}{\pi_2+\pi_3+\pi_4}\right)=-\alpha_1+\beta_1 x_1+\cdots+\beta_k x_k, \quad (13\text{-}4\text{-}1)$$

$$\ln\left(\frac{\pi_1+\pi_2}{1-(\pi_1+\pi_2)}\right)=\ln\left(\frac{\pi_1+\pi_2}{\pi_3+\pi_4}\right)=-\alpha_2+\beta_1 x_1+\cdots+\beta_k x_k, \quad (13\text{-}4\text{-}2)$$

$$\ln\left(\frac{\pi_1+\pi_2+\pi_3}{1-(\pi_1+\pi_2+\pi_3)}\right)=\ln\left(\frac{\pi_1+\pi_2+\pi_3}{\pi_4}\right)=-\alpha_3+\beta_1 x_1+\cdots+\beta_k x_k. \quad (13\text{-}4\text{-}3)$$

其中，$-\alpha_i$ 是第 i 类的阈值，k 是自变量的个数，$\beta_1,\beta_2,\cdots,\beta_k$ 是回归系数，$x_1,x_2,\cdots,x_k$ 是自变量. 若自变量是因子变量，即分类变量，则转化为虚拟变量来拟合模型. 三个模型中只有常数项（也称为阀值）是不同的，自变量的系数都是相同的.

表 13-4-1 关联函数表

模型名称	模型形式	模型应用
Logit	$f(x)=\ln(x/(1-x))$	通常用于均匀分布的类别
互补双对数	$f(x)=\ln(-\log(1-x))$	通常在可能存在更多较高类别时使用
负双对数	$f(x)=-\ln(-\ln(x))$	通常在可能存在更多较低类别时使用
Probit	$f(x)=\Phi^{-1}(x)$	通常在潜变量正态分布时使用
Cauchit（逆 Cauchy）	$f(x)=\tan(\pi(x-0.5))$	通常在潜变量有许多个极值时使用

根据式（13-4-1）、式（13-4-2）和式（13-4-3）以及 $\pi_1+\pi_2+\pi_3+\pi_4=1$，可以分别求出 π_1,π_2,π_3 和 π_4.

$$\pi_1=\frac{\exp\{-\alpha_1+\beta_1 x_1+\cdots+\beta_k x_k\}}{1+\exp\{-\alpha_1+\beta_1 x_1+\cdots+\beta_p x_p\}}, \quad (13\text{-}4\text{-}4)$$

$$\pi_2=\frac{\exp\{-\alpha_2+\beta_1 x_1+\cdots+\beta_k x_k\}}{1+\exp\{-\alpha_2+\beta_1 x_1+\cdots+\beta_p x_p\}}-\pi_1, \quad (13\text{-}4\text{-}5)$$

$$\pi_3=\frac{\exp\{-\alpha_3+\beta_1 x_1+\cdots+\beta_k x_k\}}{1+\exp\{-\alpha_3+\beta_1 x_1+\cdots+\beta_k x_k\}}-\pi_1-\pi_2, \quad (13\text{-}4\text{-}6)$$

$$\pi_4=1-(\pi_1+\pi_2+\pi_3). \quad (13\text{-}4\text{-}7)$$

SPSS 是对因子变量的类别分别拟合的.

四、案例分析

【例 13-4-1】 债权人希望鉴于各种金融和个人特征能够了解一个申请人是否有良好的信用风险，用序回归建立评分模型. 因变量是 Account status（账户状态），有五个类别：No debt history（没有债务历史），No current debt（当前没有债务），Payments current（付款），Payments delayed（延迟）和 Critical account（关键账户）. 预测因素（自变量）包括申请者的各种财务和个人特征，它们是# of existing credits（在银行的信贷额度），other installment debts（其他分期贷款），housing（住房类型），age in years（年龄），duration in months（贷款期限）. 其中# of existing credits（分为 4 个等级）、other installment debts（分

为 3 类：BANK、STORES、NONE）和 housing（分为 3 类：RENT、OWN、FREE）是因子变量,是分类变量;age in years 和 duration in months 是协变量,是连续变量. 数据见 SPSS 数据文件 german_credit.sav.

解　本例用 SPSS 进行序数回归的步骤如下.

步骤 1　打开数据文件：'C：\Program Files\IBM\SPSS\Statistics\21\Samples\Simplified Chinese\german_credit.sav'.

步骤 2　如图 13-4-1 所示,Account status 的条形图显示其类别分布比重较大的类别是 'payments current', 'critical account' 和 'payments delayed'. 由于上述原因,您可使用互补双对数关联函数（$f(x) = \log(-\log(1-x))$）,因为它通常在可能存在更多较高类别时使用.

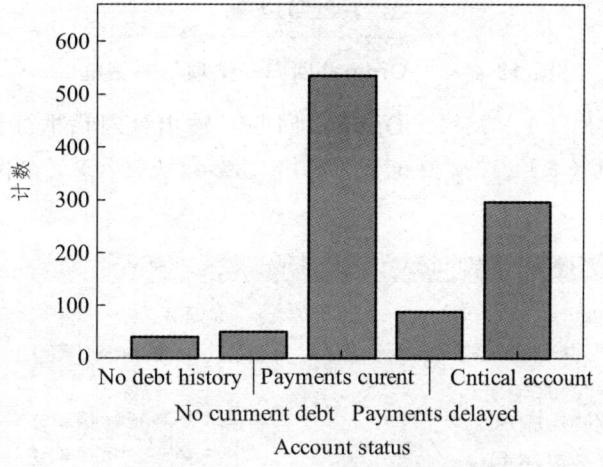

图 13-4-1　Account status 条形图

步骤 3　点击 '分析（A）> 回归（R）> 有序（D）…'. 'Ordinal 回归' 对话框如图 13-4-2 所示. 将 'Account status' 选入 '因变量（D）:' 框, '# of existing credits', 'Other installment debts' 和 'Housing' 选入 '因子（F）:' 框, 'Age in years' 和 'Duration in months' 选入 '协变量（C）:' 框.

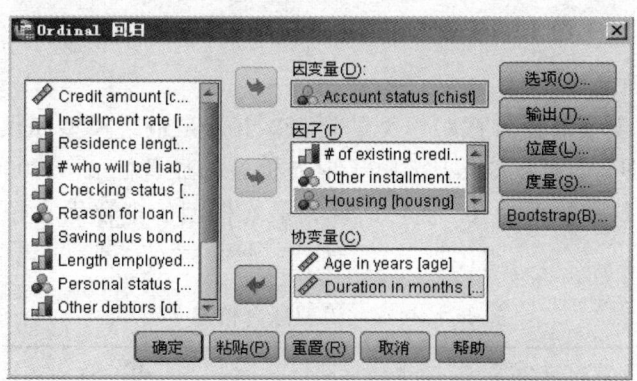

图 13-4-2　'Ordinal 回归' 对话框

步骤 4　点击 '选项（O）…', 'Ordinal 回归：选项' 对话框如图 13-4-3 所示. 选择 '链接（K）:' 下拉菜单中的 '补充对数-对数'（Complementary Log-Log）,点击 '继续'.

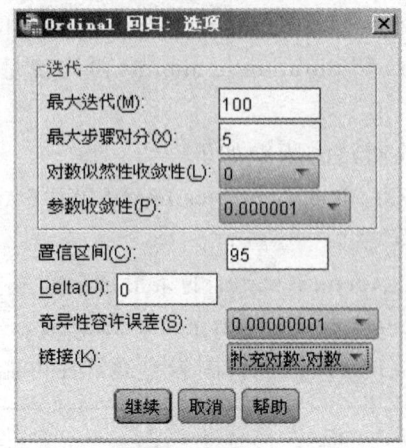

图 13-4-3 'Ordinal 回归：选项'对话框

步骤 5　点击'输出（T）...'，'Ordinal 回归：输出'对话框如图 13-4-4 所示．'输出'选择'拟合度统计（F）'，'摘要统计（S）'，'参数统计（P）''保存变量'全选．点击'继续'．

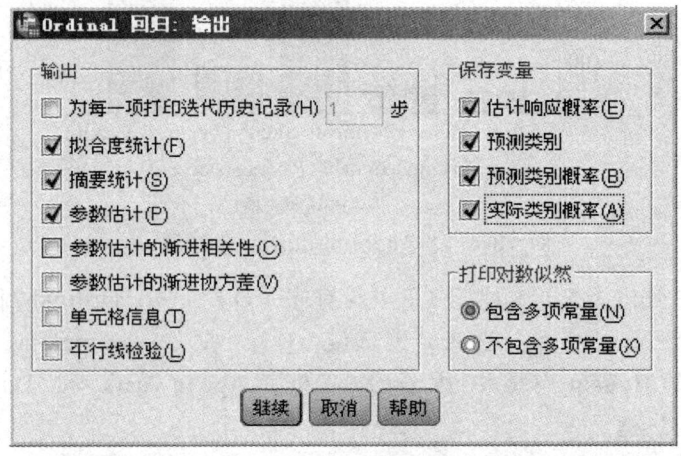

图 13-4-4 'Ordinal 回归：输出'对话框

步骤 6　点击'确定'．

表 13-4-2 是最终模型与仅含截距模型的比较．卡方是最终模型和仅含截距模型的 -2 倍对数似然值的差，即 -2 对数似然比．由于卡方检验的显著性 $p = 0.000 < 0.05$，说明至少有一个自变量的偏回归系数不为 0．换句话说，最终模型的拟合优度好于仅包含截距项的模型．

表 13-4-2　模型拟合信息

模　型	-2 对数似然值	卡方	df	显著性
仅截距	2249.888			
最　终	1896.552	353.336	9	.000

联接函数：辅助对数-对数．

表 13-4-3 是 Logit 链接的 Cox 和 Snell、Nagelkerke 以及 McFadden R2 的值. 伪 R 方类似于线性回归模型的决定系数 R^2，在 Ordinal 回归中，通常都很小.

表 13-4-3　伪 R 方

Cox 和 Snell	.298
Nagelkerke	.328
McFadden	.149

联接函数：辅助对数-对数.

表 13-4-4 是参数估计及其 Wald 检验结果. 从 Wald 检验的显著性可以推断，阈值和参数都是显著的（$p<0.05$）.

表 13-4-4　参数估计值

		估计	标准误	Wald	df	显著性	95% 置信区间	
							下限	上限
阈值	[chist = 1]	−3.549	.667	28.323	1	.000	−4.856	−2.242
	[chist = 2]	−2.720	.656	17.167	1	.000	−4.006	−1.433
	[chist = 3]	−.137	.649	.044	1	.833	−1.408	1.135
	[chist = 4]	.199	.649	.094	1	.759	−1.072	1.471
位置	age	.015	.004	15.128	1	.000	.007	.023
	duration	−.002	.003	.379	1	.538	−.009	.005
	[numcred = 1]	−1.134	.594	3.645	1	.056	−2.298	.030
	[numcred = 2]	.367	.598	.376	1	.540	−.805	1.538
	[numcred = 3]	.981	.711	1.902	1	.168	−.413	2.374
	[numcred = 4]	0[a]	.	.	0	.	.	.
	[othnstal = 1]	−.397	.118	11.389	1	.001	-.627	−.166
	[othnstal = 2]	−.469	.193	5.913	1	.015	−.848	−.091
	[othnstal = 3]	0[a]	.	.	0	.	.	.
	[housng = 1]	−.082	.165	.249	1	.617	−.406	.241
	[housng = 2]	.132	.139	.897	1	.344	−.141	.404
	[housng = 3]	0[a]	.	.	0	.	.	.

联接函数：辅助对数-对数.
a. 因为该参数为冗余的，所以将其置为零.

由于例 13-4-1 的因变量有 5 个类别，因此建立了 4 个回归函数，故有 4 个阈值. 序数回归的前提假设之一是各自变量对于因变量的影响只是阈值不同，回归系数是相同的. 因此，4 个回归函数只有一组偏回归系数. 因子变量'numcredd（分为 4 个等级）''othnstal（分为 3 类：BANK、STORES、NONE）'和'housng（分为 3 类：RENT、OWN、FREE）'是分类变量，是以虚拟变量的形式引入模型的. 本例最后建立了如下模型：

$$\pi_1 = \frac{\exp\{3.549 + 0.015 \times age - 0.002 \times duration + \beta_1 + \beta_2 + \beta_3\}}{1 + \exp\{3.549 + 0.015 \times age - 0.002 \times duration + \beta_1 + \beta_2 + \beta_3\}},$$

$$\pi_2 = \frac{\exp\{2,720 + 0.015 \times age - 0.002 \times duration + \beta_1 + \beta_2 + \beta_3\}}{1 + \exp\{2.720 + 0.015 \times age - 0.002 \times duration + \beta_1 + \beta_2 + \beta_3\}} - \pi_1,$$

$$\pi_3 = \frac{\exp\{0.137 + 0.015 \times age - 0.002 \times duration + \beta_1 + \beta_2 + \beta_3\}}{1 + \exp\{0.137 + 0.015 \times age - 0.002 \times duration + \beta_1 + \beta_2 + \beta_3\}} - \pi_1 - \pi_2,$$

$$\pi_4 = \frac{\exp\{-0.199 + 0.015 \times age - 0.002 \times duration + \beta_1 + \beta_2 + \beta_3\}}{1 + \exp\{-0.199 + 0.015 \times age - 0.002 \times duration + \beta_1 + \beta_2 + \beta_3\}} - \pi_1 - \pi_2 - \pi_3,$$

$$\pi_5 = 1 - (\pi_1 + \pi_2 + \pi_3 + \pi_4),$$

其中,

$$\beta_1 = \begin{cases} -1.134, [numcred = 1], \\ 0.367, [numcred = 2], \\ 0.981, [numcred = 3], \\ 0, [numcred = 4], \end{cases} \quad \beta_2 = \begin{cases} -0.397, [othnstal = 1] = BANK, \\ -0.469, [othnstal = 2] = STORES, \\ 0, [othnstal = 3] = NONE, \end{cases}$$

$$\beta_2 = \begin{cases} -0.082, [housng = 1] = RENT, \\ 0.132, [housng = 2] = OWN, \\ 0, [housng = 3] = FREE. \end{cases}$$

步骤 7 查看数据集,数据视图和变量视图分别如图 13-4-5 和图 13-4-6 所示. 数据集中新增加 7 个变量,'EST1_1''EST2_1''EST3_1'和'EST4_1'分别是 4 个响应类别的估计单元概率,'PRE_1'是预测响应类别,'PCP_1'是预测类别的估计分类概率,'ACP_1'是实际范畴的估计分类概率. 从数据视图可以看出预测结果.

	EST1_1	EST2_1	EST3_1	EST4_1	EST5_1	PRE_1	PCP_1	ACP_1
997	.04	.05	.65	.11	.14	3	.65	.65
998	.04	.05	.65	.11	.15	3	.65	.65
999	.07	.08	.73	.07	.05	3	.73	.73
1000	.06	.07	.70	.09	.09	3	.70	.09

图 13-4-5　数据视图

	名称	标签	值	度量标准	类型
21	EST1_1	响应类别的估计单元概率: 1	无	度量(S)	数值(N)
22	EST2_1	响应类别的估计单元概率: 2	无	度量(S)	数值(N)
23	EST3_1	响应类别的估计单元概率: 3	无	度量(S)	数值(N)
24	EST4_1	响应类别的估计单元概率: 4	无	度量(S)	数值(N)
25	EST5_1	响应类别的估计单元概率: 5	无	度量(S)	数值(N)
26	PRE_1	预测响应类别	{1, No debt history}...	序号(O)	数值(N)
27	PCP_1	预测类别的估计分类概率	无	度量(S)	数值(N)
28	ACP_1	实际类别的估计分类概率	无	度量(S)	数值(N)

图 13-4-6　变量视图

思考与练习

1. 分类回归与虚拟变量模型有何不同？
2. 重复练习例 13-1-1.
3. 现收集了一批妇女生育子女的数量、年龄、居住地类别（1：城市，2：农村）、受教育程度（1~5分别代表文盲半文盲、小学、初中、高中、大学及以上）如下：

子女数	地区	文化程度	年龄	是否小学	是否初中	是否高中	是否大学	是否城市
1	1	5	27	0	0	0	1	1
3	2	2	32	1	0	0	0	0
1	2	4	28	0	0	1	0	1
1	1	5	24	0	0	0	1	1
1	1	4	26	0	0	1	0	1
1	2	4	27	0	0	1	0	1
1	1	3	28	0	1	0	0	1
3	2	2	30	1	0	0	0	0
4	2	1	34	0	0	0	0	0
3	2	1	32	0	0	0	0	0
3	2	2	35	1	0	0	0	0
1	1	4	25	0	0	1	0	1
3	2	2	29	1	0	0	0	0
2	1	3	30	0	1	0	0	1
4	2	1	34	0	0	0	0	0
3	2	2	33	1	0	0	0	0
1	2	2	28	1	0	0	0	0
4	2	1	32	0	0	0	0	0
1	1	5	26	0	0	0	1	1
1	1	5	25	0	0	0	1	1

试分别建立年龄、居住地和受教育程度对曾生子女数的分类回归模型和虚拟变量模型，并比较其结果.

4. 某大学申请研究生的 GRE 考试学生的性别、数量分析成绩和词汇能力成绩与研究生录取结果的统计数据如下：

Y（1＝录取，0＝未录取）	Q（数量分析成绩）	V（词汇能力成绩）	X（1＝男，2＝女）
1	760	550	1
0	600	350	2
0	720	320	1
1	710	630	1
0	530	430	2
1	650	570	2
1	800	500	1
1	650	680	2
0	520	660	2
0	800	250	1
0	670	480	2
0	670	520	2
1	780	710	1
	750	650	1

试用多项 Logistic 回归分析性别、数量分析成绩和词汇能力成绩对录取结果的影响. 假如某申请者的成绩为分别为 750 和 650，试问该申请者能否被录取.

5. 重复练习例 13-2-1.

6. 为了研究野生鳄鱼对于食物（鱼、无脊椎动物、爬行动物、鸟、其他）的选择是否与鳄鱼生活环境、鳄鱼身长有关，有人收集了 4 个湖泊中生活的 219 条鳄鱼身长和腹内食物的有关资料，数据如下.

Lack（湖泊）	Size（身长（m））	Choice（主要选择的食物）				
		鱼	无脊椎动物	爬行动物	鸟	其他
Hancock	≤2.3	23	4	2	2	8
	>2.3	7	0	1	3	5
Oklawaha	≤2.3	5	11	1	0	3
	>2.3	13	8	6	1	0
Trafford	≤2.3	5	11	2	1	5
	>2.3	8	7	6	3	5
George	≤2.3	16	19	1	2	3
	>2.3	17	1	0	1	3

如果将湖泊 Hancock、Oklawaha、Trafford、George 分别编码为 1、2、3、4；身长 ≤2.3 m 编码为 1，身长 >2.3 m 编码为 0；食物鱼、无脊椎动物、爬行动物、鸟、其他分别编码为 1、2、3、4、5. 试以 Lack（湖泊）和 Size（身长（m））为自变量，Choice（主要选择的

食物）为因变量进行多项 Logistic 回归分析.

7. 重复练习例 13-3-1.

8. Probit 回归与 Logistic 回归有何区别？

9. 研究抗疟药环氯胍对小白鼠的毒性，试验结果如下：

剂量（mg/kg）	动物数	死亡数
12	5	5
9	7	6
7	19	11
6	34	17
5	38	12
4	12	2
3	5	0

试用 Probit 回归分析计算环氯胍的半数致死剂量.（提示：死亡数为响应变量，动物数为观察值汇总，剂量为协变量）

10. 试述序数回归与 Logistic 回归的联系与区别.

11. 重复练习例 13-4-1.

12. 在调查执政者的支持率的民调中，由于执政者为了对某一收入阶层有利的政策而使得不同收入的选民对其支持不同，所以收入成为决定选民是否支持的因素. 通过调查取得选民收入与支持与否的数据如下：

选民态度	选民收入	选民态度	选民收入
支持	550	中立	1150
支持	600	中立	1200
支持	650	中立	1300
支持	700	中立	1400
支持	750	不支持	1250
支持	800	不支持	1350
支持	900	不支持	1450
支持	1000	不支持	1500
中立	850	不支持	1550
中立	950	不支持	1600
中立	1050	不支持	1650
中立	1100	不支持	1700

试用序数回归分析选民收入对选民态度的影响.

第十四章 多元统计分析

社会经济领域存在大量分类问题. 例如, 市场营销中的市场细分和客户细分问题, 或判断潜在客户属于哪种类型, 或研究客户类型与其属性的相关关系. 多元统计分析是研究多个个案或多个变量统计规律的一门学科. 多元统计分析的方法很多, 限于篇幅, 本章简要介绍:

- 系统聚类分析.
- 两步聚类分析.
- 判别分析.
- 因子分析.
- 对应分析.

第一节 系统聚类分析

聚类分析是按照类的定义标准, 对所研究的个案或变量进行归类. 聚类分析方法有两步聚类、快速聚类、系统聚类等.

一、系统聚类

系统聚类也称为层次聚类, 是先根据距离对个案(或变量)进行基本分类, 再在基本分类的基础上根据类之间的距离进一步合并成较大的类, 一层一层合并下去的聚类方法.

系统聚类分析有两种形式, 一是对个案(样本)进行聚类, 称为 Q 型聚类; 二是对变量(个案的观察指标)进行聚类, 称为 R 型聚类.

在 Q 型聚类基础上, 可进一步进行判别分析, 以扩展系统聚类的应用.

二、数据要求

系统聚类变量可以是数值型变量、二分类变量或计数变量. 因为系统聚类要求所用的距离或相似性测量应适合所有的变量(数据), 因此所有变量的类型应该是一样的.

三、距离和聚类方法

系统聚类首先要定义变量或个案之间的距离。定距型变量常用的距离有欧氏距离（Euclidean distance）、欧氏距离的平方（Squared Euclidean distance）、曼哈顿距离（Block）、切比雪夫距离（Chebychev distance）、闽科夫斯基距离（Minkowski）、夹角余弦距离（Cosine）、自定义距离（Customized）。定序型变量常用的距离有卡方距离（Chi-Square measure）、Phi 距离（Phi-Square measure）。二分类变量常用的距离有简单相关系数、雅克比系数。

系统聚类还要定义类之间的距离。计算两个类别之间距离的不同，具体的层次聚类方法也就不同。常用的方法有如下几种：

- 最短距离法（Nearest Neighbor）：用两个类别中各个数据点之间最短的那个距离来表示两个类别之间的距离。
- 最长距离法（Furthest Neighbor）：用两个类别中各个数据点之间最长的那个距离来表示两个类别之间的距离。
- 重心法（Centroid Clustering）：用两个类别的重心之间的距离来表示两个类别之间的距离。
- 组间平均距离法（Between-Groups Linkage）：又被称为类平均法，是用两个类别间各个数据点两两之间的距离的平均来表示两个类别之间的距离，这是 SPSS 默认的方法。
- 离差平方和法（Ward's Method）：这一方法的思想直接来自方差分析，是使得各类别中的离差平方和较小，而不同类别之间的离差平方和较大。使用该方法，将倾向于使得各个类别间的样本量尽可能相近。

四、案例分析

【例 14-1-1】 一个电讯供应商想更好地了解客户使用的服务模式。通过对服务模式进行系统聚类，该公司可以给客户提供更具吸引力的服务。数据见 SPSS 数据文件 telco.sav。

解 本例用 SPSS 进行系统聚类的步骤如下：

步骤 1 打开数据：'C:\Program Files\IBM\SPSS\Statistics\21\Samples\Simplified Chinese\telco.sav'。

步骤 2 点击'分析（A）> 分类（F）> 系统聚类（H）…'，'系统聚类'对话框如图 14-1-1 所示。

步骤 3 点击'重置（R）'恢复缺省设置。假如变量列表未按文件顺序排列变量标签，右键点击变量列表的任何地方，从下拉菜单中选择按文件顺序排序。

步骤 4 将'Toll free service'至'Wireless service'和'Multiple lines'至'Electronic billing'的所有变量都选入'变量（V）:'框。'聚类'选择'变量'。

步骤 5 点击'绘制（T）…'。'系统聚类分析：图'对话框如图 14-1-2 所示。选择'树状图（D）'。'冰柱'选择'无（N）'。点击'继续'。

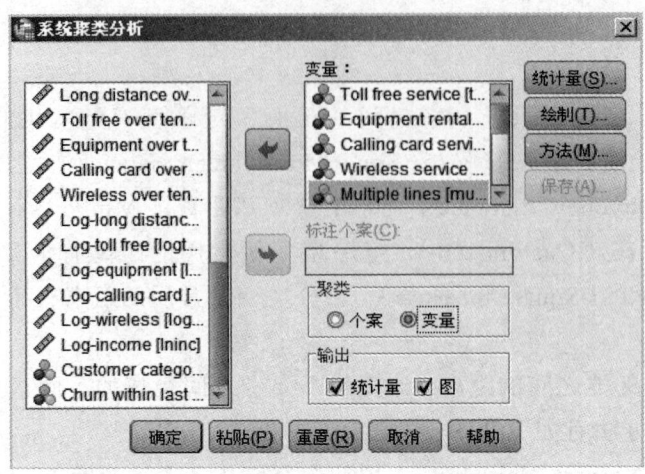

图 14-1-1 '系统聚类分析'对话框

步骤 6 点击'方法（M）…'.'系统聚类分析：方法'对话框如图 14-1-3 所示. 本例是二分数据，所以'度量标准'选择'二分类（B）:'，在下拉菜单中选择'Jaccard'. 点击'继续'.

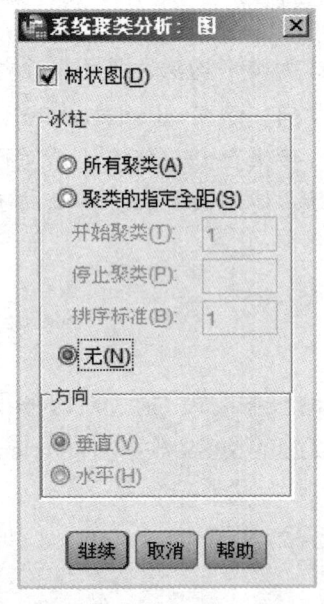
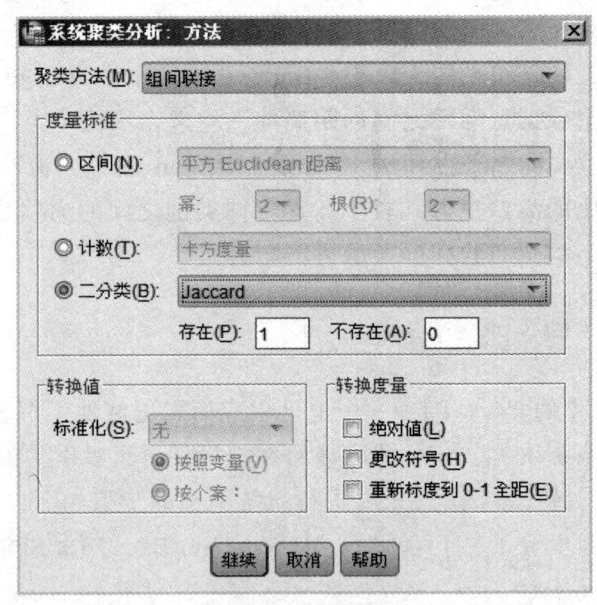

图 14-1-2 '系统聚类分析：图'对话框　　图 14-1-3 '系统聚类分析：方法'对话框

步骤 7 点击'统计量（S）…'.'系统聚类分析：统计量'对话框如图 14-1-4 所示. '聚类成员'选择'单一方案（S）'，'聚类数（S）:'键入'4'，点击'继续'.

步骤 8 点击'保存（A）…'.'系统聚类分析：保存'对话框如图 14-1-5 所示. '聚类成员'选择'单一方案（S）'，'聚类数（S）:'键入'4'，点击'继续'.（如果是个案聚类，则会在数据集中增加一个类别变量'CLU…_…'，表明各个个案所属的类别. 变量聚类则不会增加此变量.）

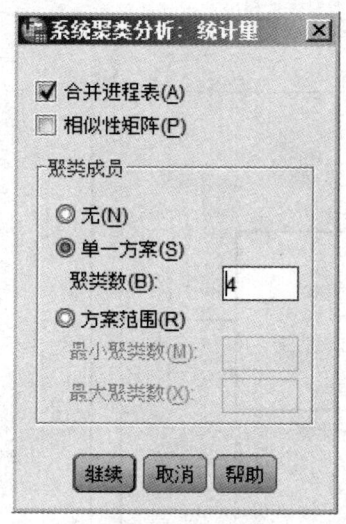 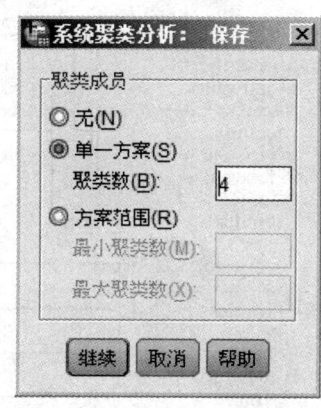

图 14-1-4 '系统聚类分析：图'对话框　　图 14-1-5 '系统聚类分析：方法'对话框

步骤 9　点击'确定'.

表 14-1-1 是各变量被聚类的类别结果,'4 集群'是类别号.

表 14-1-1　群集成员

案　例	4 群集
Toll free service	1
Equipment rental	2
Calling card service	1
Wireless service	3
Multiple lines	4
Voice mail	3
Paging service	3
Internet	2
Caller ID	1
Call waiting	1
Call forwarding	1
3-way calling	1
Electronic billing	2

图 14-1-6 是系统聚类结果. 从中可以看出, 初始聚类结果是 tollfree 和 callwait 为一类, callid 和 forward 为一类, Wireless 和 pager 为一类, equip 和 internet 为一类, 其余变量单独为一类.

❖ 应用统计学

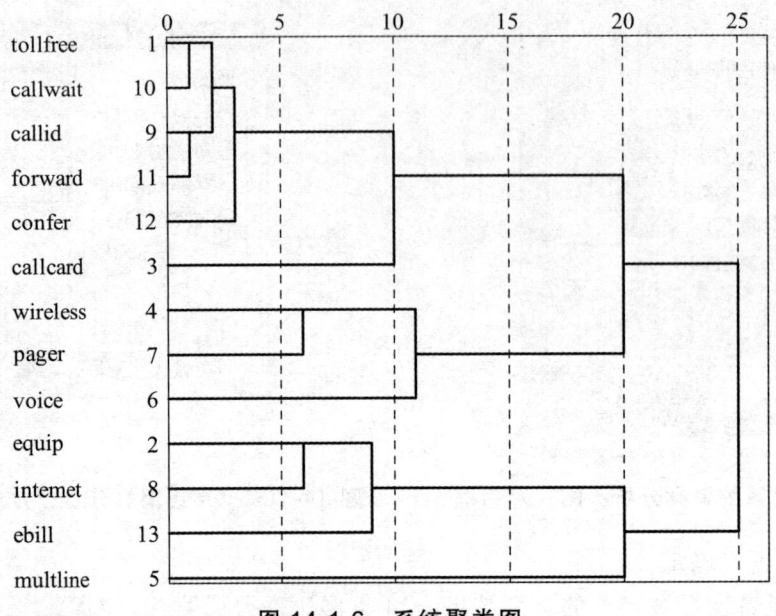

图 14-1-6 系统聚类图

值得指出的是，SPSS 不会给出系统聚类所聚类别的特征．要想知道各类别的特征，需要用户自己进行分析．变量聚类的各类别特征，可通过分析各类中变量的经济意义，归纳出其特征，这类似于因子分析中给因子命名．个案聚类的各类别特征，可通过各类别中所有个案的描述统计，如均值，归纳出其特征（可用'数据（D）>分类汇总（A）…'过程进行）．

第二节 两步聚类分析

一、两步聚类法

两步聚类法也称二阶聚类法，其鲜明特点是：首先，两步聚类法不要求数据类型都一致；其次，两步聚类法占用内存资源少，对于大数据量，运算速度较快；最后，两步聚类法是真正利用统计量作为距离指标进行的聚类，同时又可以根据一定的统计标准来"自动地"建议甚至确定最佳的类别数，结果的正确性更有保障．

可用 SPSS 中的'数据（D）>分类汇总（A）…'过程对各类进一步进行描述性统计．在两步聚类基础上，也可进一步进行判别分析，以扩展两步聚类的应用．

二、数据要求

两步聚类法不要求数据类型都一致，可同时处理数值型变量、分类变量或顺序变量．但应注意的是，聚类特征树和最终解可能取决于个案顺序．要使顺序的影响降至最低程度，可对个案等级进行随机排序．

三、两步聚类法的过程

两步聚类的步骤是：第一步是预聚类，对个案进行初步的归类（允许的最大类别数由使用者自己指定）；第二步是正式聚类，对第一步中完成的初步聚类进行再聚类并确定最终的聚类方案，并且会根据一定的统计标准确定聚类的类别数量．

四、案例分析

【例 14-2-1】 对例 5-1-1 中的消费者进行两步聚类分析．

解 本例用 SPSS 进行两步聚类分析的步骤如下，数据视图和变量视图分别如图 5-1-1 和图 5-1-2 所示．

步骤 1 点击'分析（A）>分类（F）>两步聚类（T）…'．'二阶聚类分析'对话框如图 14-2-1 所示．将变量'性别'、'家庭所在地区'和'买衣物首选因素'选入'分类变量（V）:'框，'平均月生活费'和'月平均衣物支出'选入'连续变量（C）:'框．选择'制定固定值（E）'，'数量（M）:'键入'3'．

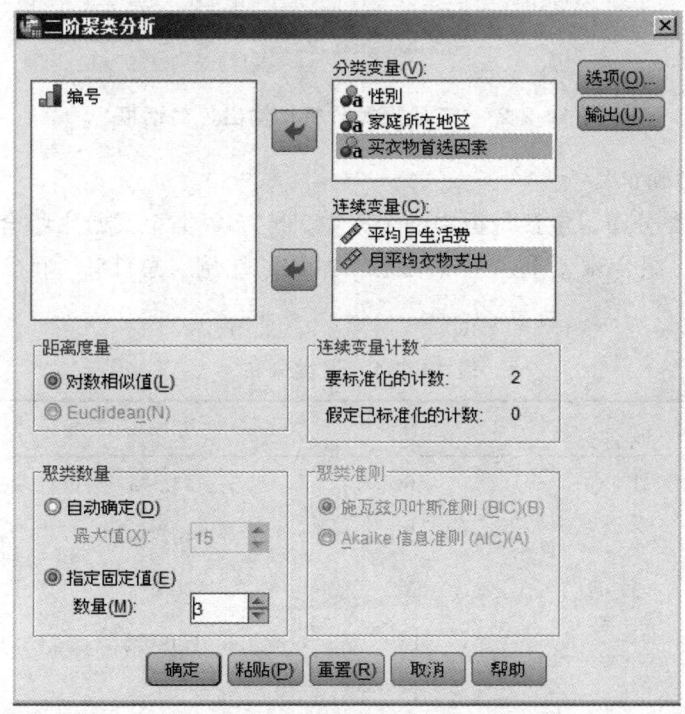

图 14-2-1 '二阶聚类分析'对话框

步骤 2 点击'输出（U）…'．'二阶聚类分析：输出'对话框如图 14-2-2 所示．选择'枢轴表（P）'和'图表和表格（H）'，将变量'编号'选入'评估字段：'框．'工作数据文件'选择'创建聚类成员变量（C）'．点击'继续'．

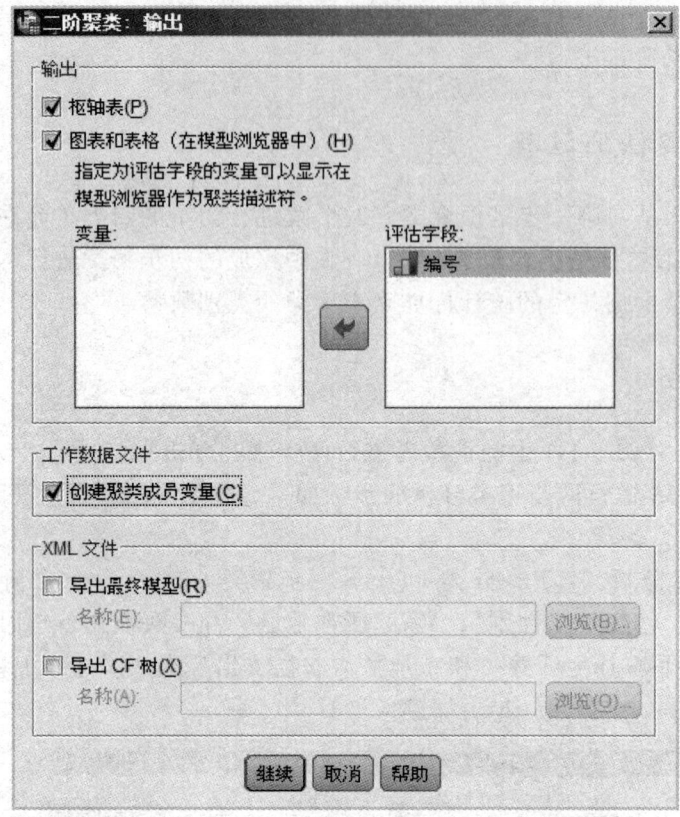

图 14-2-2 '二阶聚类分析：输出'对话框

步骤 3　点击'确定'.

表 14-2-1 是聚类分布，包括每类中的个案数'N'，每类个案数占组合个案数（未排除的个案数）的比例'组合%'，每类个案占总个案数的比例'总计%'和已排的个案数及其比例.

表 14-2-1　聚类分布

		N	组合%	总计%
聚类	1	5	33.3%	33.3%
	2	7	46.7%	46.7%
	3	3	20.0%	20.0%
	组合	15	100.0%	100.0%
总计		15		100.0%

表 14-2-2 是连续变量在每类中的均值和标准差.

表 14-2-2 质 心

		平均月生活费		月平均衣物支出	
		均值	标准差	均值	标准差
聚类	1	880.00	178.885	256.00	60.663
	2	457.14	171.825	72.14	46.713
	3	566.67	57.735	170.00	17.321
	组合	620.00	245.531	153.00	95.652

表 14-2-3 是性别在每类中的频数和频率.

表 14-2-3 性 别

		男		女	
		频率	百分比	频率	百分比
聚类	1	5	62.5%	0	0.0%
	2	3	37.5%	4	57.1%
	3	0	0.0%	3	42.9%
	组合	8	100.0%	7	100.0%

表 14-2-4 是家庭所在地区在每类中的频数和频率.

表 14-2-4 家庭所在地区

		大型城市		中小城市		乡镇地区	
		频率	百分比	频率	百分比	频率	百分比
聚类	1	2	66.7%	3	37.5%	0	0.0%
	2	0	0.0%	3	37.5%	4	100.0%
	3	1	33.3%	2	25.0%	0	0.0%
	组合	3	100.0%	8	100.0%	4	100.0%

表 14-2-5 是买衣物首选因素在每类中的频数和频率.

表 14-2-5 买衣物首选因素

		品牌		款式		价格	
		频率	百分比	频率	百分比	频率	百分比
聚类	1	2	66.7%	2	40.0%	1	14.3%
	2	1	33.3%	0	0.0%	6	85.7%
	3	0	0.0%	3	60.0%	0	0.0%
	组合	3	100.0%	5	100.0%	7	100.0%

在输出-查看器中, 会显示如图 14-2-3 的模型概要.

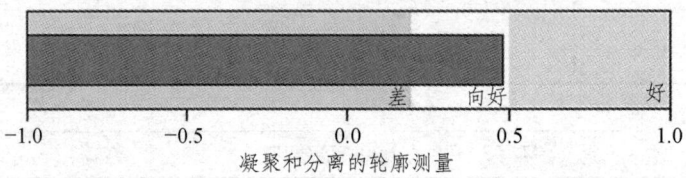

图 14-2-3　模型概要

步骤 4　双击模型概要, 您可以打开该模型的浏览器. 模型的浏览器左侧是主视图, 右侧是辅助试图. 主视图可以浏览模型概要和聚类结果, 如图 14-2-4 所示. 辅助视图可以浏览预测变量重要性、聚类大小、单元分布和聚类比较, 如图 14-2-5 所示.

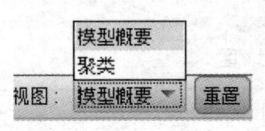

图 14-2-4　主视图选项卡　　　　图 14-2-5　辅助视图选项卡

步骤 5　点击主视图'聚类'选项卡, 模型的浏览器的左下方会出现聚类主视图的工具栏, 如图 14-2-6 所示. 同时主视图会显示各类中各个变量的均值（连续变量）或频数比率（离散变量）, 以及重要性（颜色越深越重要）, 如图 14-2-7 所示.

图 14-2-6　主视图聚类选项卡工具栏

输入（预测变量）重要性
■1.0 ■0.8 ■0.6 □0.4 □0.2 □0.0

聚类	2	1	3
标签	低消费群体	高消费群体	中等消费群体
说明	主要月平均衣物支出和平均月生活费细分。该类消费者考虑价格居多，女性居多，家庭在乡镇居多	主要月平均衣物支出和平均月生活费细分。该类消费者考虑款式居多，男性居多，家庭在中小城市	主要月平均衣物支出和平均月生活费细分。该类消费者考虑款式居多，女性居多，家庭在中小城市居多
大小	46.7%(7)	33.3%(5)	20.0%(3)
输入	月平均衣物支出 72.14	月平均衣物支出 256.00	月平均衣物支出 170.00
	平均月生活费 457.14	性别 重要性=0.45 最频繁的类别：女（100.0%）	
	买衣服首选因素 价格（85.7%）	买衣服首选因素 款式（40.0%）	买衣服首选因素 款式（100.0%）
	性别 女（57.1%）	性别 男（100.0%）	性别 女（100.0%）
	家庭所在地区 乡镇地区（57.1%）	家庭所在地区 中小城市（60.0%）	家庭所在地区 中小城市（66.7%）

图 14-2-7　聚类主视图

聚类主视图给出了聚成的 3 类中，5 个变量各自的特征．用户可以根据这些特征给每一类添加标签和说明．在图 14-2-7 中，各类的'标签'和'说明'都是可以激活的文本框．用户可以将其激活添加类别标签和说明．

步骤 6　点击图 14-2-7 中的某个（输入）单元格，会显示其重要性大小，如图 14-2-8 所示．点击辅助视图的预测变量重要性选项卡，会显示预测变量的重要性的大小排序图，如图 14-2-9 所示．

买衣物首选因素
重要性=0.52
最频繁的类别：款式（62.5%）

图 14-2-8　输入模块的重要性

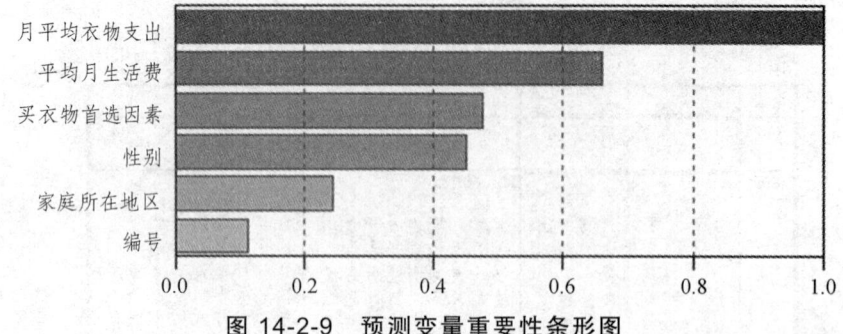

图 14-2-9　预测变量重要性条形图

步骤 7　点击聚类主视图工具栏上的'单元格显示绝对分布'选项卡 ![icon]，主视图会出现绝对分布图（以聚的类为总体），如图 14-2-10. 此时若点击主视图中的某单元格，辅助视图会显示该单元格的详细分布，如图 14-2-11 所示.

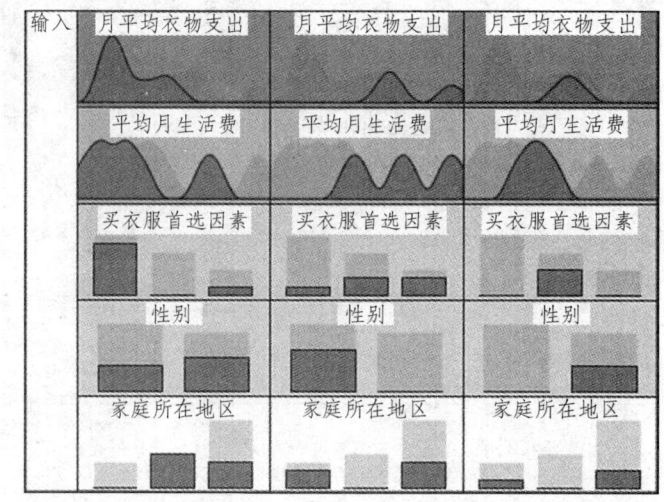

图 14-2-10　主视图——元格绝对分布

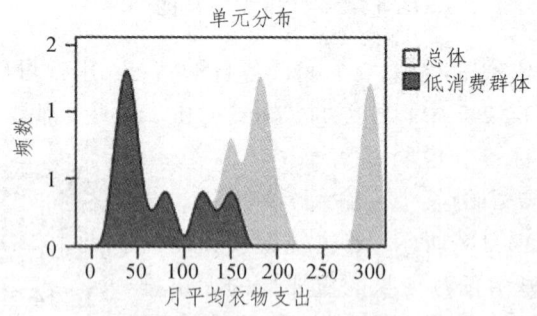

图 14-2-11　辅助视图——单元格详细绝对分布

步骤 8　点击聚类主视图工具栏上的'单元格显示相对分布'选项卡 ![icon]，则会显示相对分布（以未聚类为总体），如图 14-2-12. 此时若点击主视图中的某单元格，辅助视图会显示该单元格的详细分布，如图 14-2-13 所示.

步骤 9　点击聚类主视图的工具栏上 显示(D) 选项卡，显示对话框如图 14-2-14 所示. 选择评估字段（E），点击确定，结果如图 14-2-15 所示.

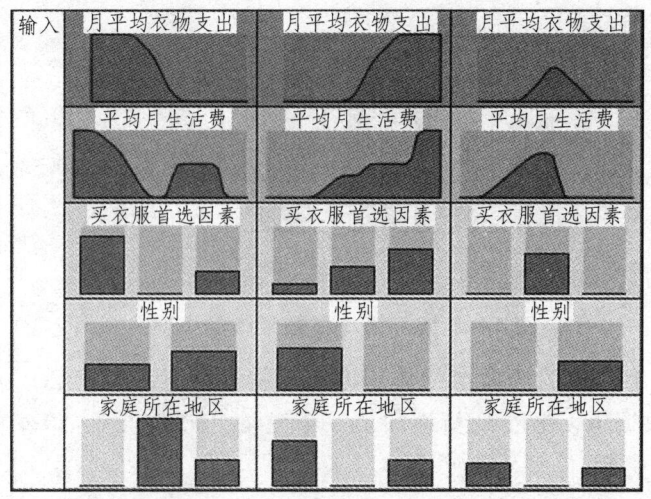

图 14-2-12　主视图——单元格相对分布

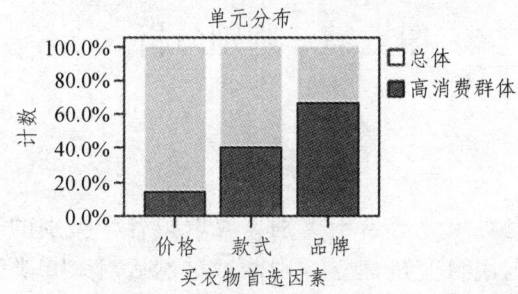

图 14-2-13　辅助视图——单元格详细相对分布

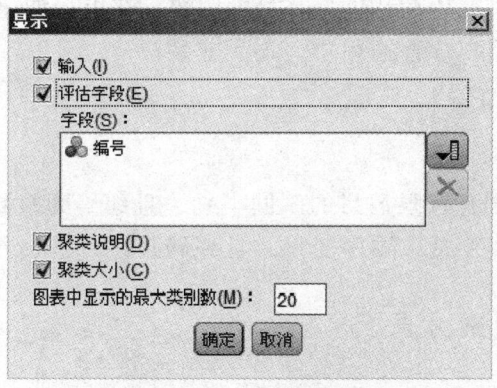

图 14-2-14　显示对话框

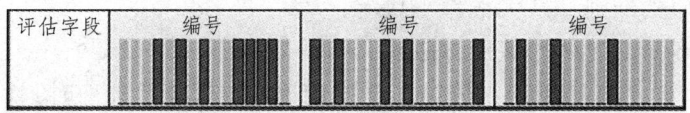

图 14-2-15　评估字段视图

步骤 10　双击评估字段编号单元格，在辅助视图中会显示被评估的个案号，即每类包含的个案编号，如图 14-2-16 所示．第一个个案标记为 0，浅色背景条是总体，深色条为个案．

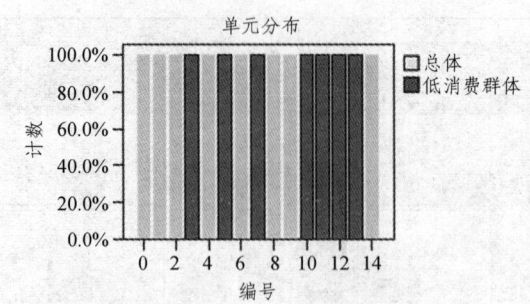

图 14-2-16　第 1 类被评估的个案

主视图的工具栏上其他的选项卡的作用读者可自行探索.

步骤 11　打开数据集,会看到新增加了一个变量'TSC_...',该变量是聚类的类别变量,表明个案所属的类别.

第三节　判别分析

一、判别分析

判别分析是在已知研究对象分成若干类别,并取得各个类别的一批已知样本品的观察数据基础上,根据某些准则用自变量建立判别函数,然后对未知类别的样品进行判别分类的多元统计方法.

判别分析在社会经济研究中应用非常广泛.例如,在市场调研中,可以利用判别分析判别产品潜在用户是主要用户、普通用户,还是非用户.

二、数据要求

分类(组)变量必须含有有限数目的不同类别,且编码为整数.自变量可以是数值型变量,也可以是量化的分类变量或顺序变量,且编码必须为整数.

三、判别准则与判别方法

判别分析所用的判别准则有马氏距离最小准则、Fisher 准则、平均损失最小准则、最小平方准则、最大似然准则、最大概率准则等.

按判别准则的不同,常用的判别方法有:

- 最大似然法. 用于自变量均为分类变量的情况. 当新样品进入时,计算它被分到每一类中去的条件概率(似然值),概率最大的那一类就是最终评定的归类.
- 距离判别. 其基本思想是由训练样品得出每个分类的重心坐标,然后对新样品求出它们离各个类别重心的距离远近,从而归入离得最近的类.
- Fisher 判别. 亦称典则判别,是根据线性 Fisher 函数值进行判别,使用此准则要求各组变量的均值有显著性差异. Fisher 判别的优势在于对分布、方差等都没有任何限制, 应用范围比较广. 另外, 用该判别方法建立的判别函数可以直接用手工计算的方法进行新样品的判别, 这在许多时候是非常方便的.

- Bayes 判别. 许多时候用户对各类别的比例分布情况有一定的先验信息, 比如客户对投递广告的反应绝大多数都是无回音, 如果进行判别, 自然也应当是无回音的居多. 此时, Bayes 判别恰好适用. Bayes 判别是根据总体的先验概率和分布计算出后验概率, 然后利用后验概率进行判别分析.

设分组变量有 k 个类别, 它们的先验概率分别为 $p_1, p_2, \cdots, p_k$, k 个类别的密度函数 (离散情形是概率函数) 分别为 $f_1(x), f_2(x), \cdots, f_k(x)$. 在观察到一个个案 X 的情况下, 用 Bayes 公式计算它来自第 g 类的后验概率:

$$P\{g|x\} = \frac{p_g f_g(x)}{\sum_{i=1}^{k} p_i f_i(x)}, g = 1, 2, \cdots, k,$$

并且当 $P\{h|x\} = \max_{1 \leq g \leq h} P\{g|x\}$ 时, 则判别 X 来自第 h 类.

Bayes 判别的最大优势是可以用于多类别的判别问题. 但是使用此方法必须满足三个假设条件, 即各种变量必须服从多元正态分布、各类协方差矩阵必须相等、各类变量均值均有显著性差异.

除最大似然法外, 其余几种均适用于数值型变量.

四、判别函数

判别函数主要有两种, 即线性判别函数 (Linear Discriminant Function) 和典则判别函数 (Canonical Discriminate Function). 建立判别函数有两种基本方法:

- 全模型法. 将用户指定的全部变量作为判别函数的自变量, 而不管该变量是否对研究对象显著或对判别函数的贡献大小. 当认为所有自变量都能对观测量特征提供丰富信息时, 使用该方法.

- 逐步选择法. 从模型中没有任何变量开始, 逐步将判别贡献最大的变量引入模型, 同时检查在模型中是否存在 "由于新变量的引入而对判别贡献变得不太显著" 的变量, 如果有, 则将其从模型中剔除, 直到模型中的所有变量都符合引入模型的条件, 而模型外所有变量都不符合引入模型的条件为止, 则整个过程结束. 当不是所有自变量都能对观测量特征提供丰富信息时, 使用该方法.

五、案例分析

【例 14-3-1】 对例 5-1-1 中买衣物首选因素进行判别分析. 假如第 16 位潜在消费者的资料是女性、家住中小城市、平均月生活费 2000、月平均衣物支出为 200 元, 试判别她的买衣物首选因素.

解 本例用 SPSS 进行判别分析的步骤如下, 变量视图如图 5-1-2 所示. 数据视图如图

14-3-1 所示。

编号	性别	家庭所在地区	平均月生活费	月平均衣物支出	买衣物首选因素
14	14	2	2	300	35	3
15	15	1	2	1000	300	2
16	16	2	2	2000	200	.

图 14-3-1 数据视图

步骤 1 点击'分析（A）>分类（F）>判别（D）…'.'判别分析'对话框如图 14-3-2 所示.

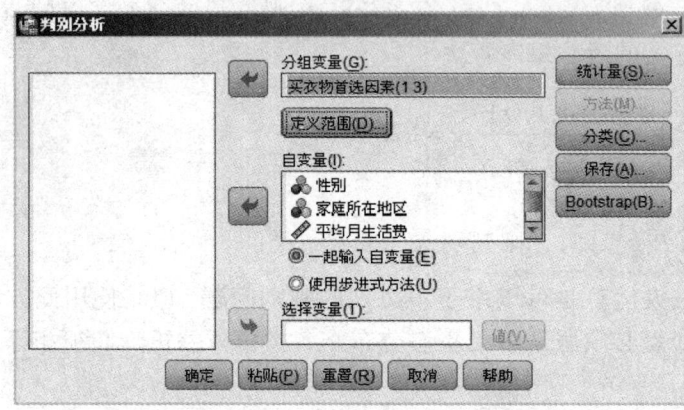

图 14-3-2 '判别分析'对话框

步骤 2 将变量'买衣物首选因素'选入'分组变量（G）:'框. 点击'分组变量（G）:'框中的'买衣物首选因素'，点击'定义范围（D）…'，'判别分析：定义'对话框如图 14-3-3 所示.'最小值:'键入'1'，'最大值:'键入'3'，点击'继续'.

步骤 3 将变量'性别'，'家庭所在地区'，'平均月生活费'，'月平均买衣物支出'选入'自变量（I）:'框.

步骤 4 点击'统计量（S）…'.'判别分析：统计量'对话框如图 14-3-4 所示.'函数系数'选择'Fisher（F）'和'未标准化（U）'，点击'继续'.

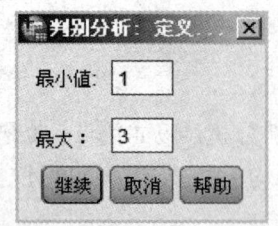

图 14-3-3 '定义'对话框

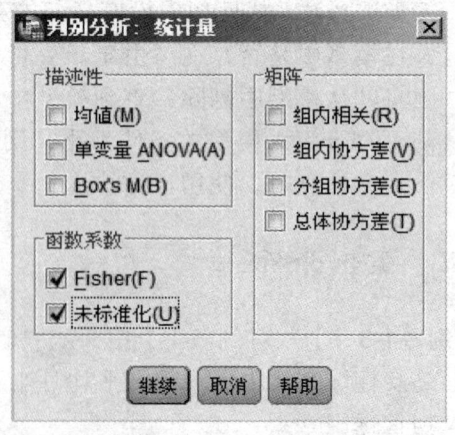

图 14-3-4 '判别分析：统计量'对话框

步骤 5 点击'分类（C）.'，'判别分析：分类'对话框如图 14-3-5 所示. 选择'摘要表（U）'，点击'继续'.

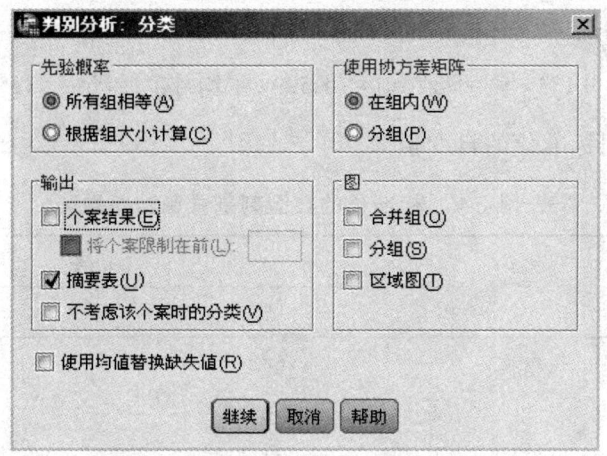

图 14-3-5 '判别分析：分类'对话框

步骤 6 点击'保存（A）…'，'判别分析：保存'对话框如图 14-3-6 所示. 选择'预测组成员（P）'、'判别得分（D）'和'组成员概率（R）'，点击'继续'.

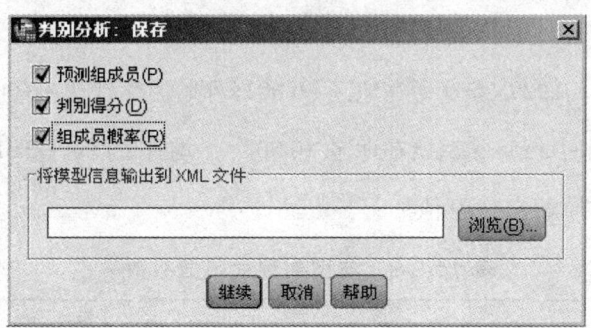

图 14-3-6 '判别分析：保存'对话框

步骤 7 点击'确定'.

表 14-3-1 是分析个案处理摘要. 因为第 16 个个案的'买衣物首选因素'未知，所以有效个案为 15 个，有缺失值的个案为 1 个，共计 16 个.

表 14-3-1 分析案例处理摘要

	未加权案例	N	百分比
	有　效	15	93.8
排除的	缺失或越界组代码	1	6.3
	至少一个缺失判别变量	0	.0
	缺失或越界组代码还有至少一个缺失判别变量	0	.0
	合　计	1	6.3
	合　计	16	100.0

表 14-3-2 是两个标准化的典型判别式函数的系数,即两个标准化的典型判别式函数分别为

$y_1 = 0.682 \times 性别 + 0.165 \times 家庭所在地区 + 0.555 \times 平均月生活费 + 0.733 \times 月平均衣物支出,$

$y_1 = 0.181 \times 性别 + 0.133 \times 家庭所在地区 - 1.599 \times 平均月生活费 + 1.515 \times 月平均衣物支出.$

在使用时,必须用标准化的自变量.

表 14-3-2　标准化的典型判别式函数系数

	函数	
	1	2
性　别	.682	.181
家庭所在地区	.165	.133
平均月生活费	.555	-1.599
月平均衣物支出	.733	1.515

表 14-3-3 是两个非标准化的典型判别式函数的系数. 从中可知,两个非标准化的典型判别式函数分别为

$y_1 = -5.451 + 1.248 \times 性别 + 0.229 \times 家庭所在地区 + 0.003 \times 平均月生活费 + 0.009 \times 月平均衣物支出,$

$y_1 = 1.060 + 0.332 \times 性别 + 0.185 \times 家庭所在地区 - 0.008 \times 平均月生活费 + 0.019 \times 月平均衣物支出.$

在使用时,必须用原始自变量值.

表 14-3-3　典型判别式函数系数

	函数	
	1	2
性　别	1.248	.332
家庭所在地区	.229	.185
平均月生活费	.003	-.008
月平均衣物支出	.009	.019
(常量)	-5.451	1.060

非标准化系数.

表 14-3-4 是 Fisher 的线性判别式函数. 把每个观测点带入三个函数,即可得到品牌、款式和价格的 3 个值,哪个值最大,该点就属于相应的那一类.

表 14-3-5 是分类结果,从中可以看出,品牌 3 个个案,其中有 1 个误判为款式,有 1 个误判为价格;款式 5 个个案都判别正确;价格有 7 个个案,其中有 1 个误判为品牌,2 个误判为款式. 总的判别准确率为 66.7%.

表 14-3-4　分类函数系数

	买衣物首选因素		
	品　牌	款　式	价　格
性别	11.680	12.651	9.887
家庭所在地区	7.411	7.740	7.194
平均月生活费	.036	.028	.024
月平均衣物支出	.028	.056	.030
（常量）	−33.365	−34.683	−23.281

Fisher 的线性判别式函数.

表 14-3-5　分类结果[a]

		买衣物首选因素	预测组成员			合计
			品牌	款式	价格	
初始	计数	品牌	1	1	1	3
		款式	0	5	0	5
		价格	1	2	4	7
		未分组的案例	1	0	0	1
	%	品牌	33.3	33.3	33.3	100.0
		款式	.0	100.0	.0	100.0
		价格	14.3	28.6	57.1	100.0
		未分组的案例	100%	0	0	100.0

a. 已对初始分组案例中的 66.7% 个进行了正确分类.

步骤 8　打开数据集，变量视图和数据视图分别如图 14-3-7 和图 14-3-8 所示. 数据集中增添了 5 个新变量，'Dis_1' 表示用于分析 1（第 1 次分析）的预测组.

	名称	标签	类型	度量标准
7	Dis_1	用于分析 1 的预测组	数值(N)	名义(N)
8	Dis1_1	用于分析 1 的来自函数 1 的判别得分	数值(N)	度量(S)
9	Dis2_1	用于分析 1 的来自函数 2 的判别得分	数值(N)	度量(S)
10	Dis1_2	用于分析 1 的组 1 的成员概率	数值(N)	度量(S)
11	Dis2_2	用于分析 1 的组 2 的成员概率	数值(N)	度量(S)
12	Dis3_2	用于分析 1 的组 3 的成员概率	数值(N)	度量(S)

图 14-3-7　变量视图

'Dis1_1' 和 'Dis2_1' 的值是用两个非标准化的典型判别式函数计算的得分. 'Dis1_2' 'Dis2_2' 和 'Dis3_2' 的值是观测点落在 3 个组的后验概率，同一观测点，落在那一组的后验概率大，该点就属于相应的那一组（类）. 第 16 个个案（消费者）的买衣物首选因素属于 1（= 品牌）类.

编号	Dis_1	Dis1_1	Dis2_1	Dis1_2	Dis2_2	Dis3_2
13	3	-1.67	-1.04	.13	.02	.85
14	3	-1.34	.40	.07	.05	.88
15	2	1.83	-.31	.41	.57	.01
16	1	4.89	-9.85	1.00	.00	.00

图 14-3-8 数据视图

第四节 因子分析

一、因子分析

因子分析是主成分分析的推广和发展,它将众多变量综合为少数几个因子,以再现原始变量(样品)与因子之间的相互关系,同时根据不同因子还可以对变量进行分类.

具体的因子分析方法有重心法、影像分析法、最大似然解、最小平方法、阿尔法抽因法、拉奥典型抽因法等. 这些方法本质上都类似,都是以相关系数矩阵为基础,不同的是相关系数矩阵对角线上的值有所不同.

二、数据要求

因子分析要求变量都是数值型变量,分类变量(例如:宗教或原产国家/地区)不适合因子分析.

三、因子分析过程

步骤 1 将原始数据标准化.

步骤 2 建立变量的相关系数矩阵 $R = (r_{ij})_{p \times p}$(相似矩阵 $Q = (Q_{ij})_{n \times n}$).

步骤 3 求 R 的特征根及其相应的单位特征向量,分别记作 $\lambda_1 \geq \lambda_2 \geq \cdots \geq \lambda_p$ 和 $u_1, u_2, \cdots, u_p$. 记

$$U = (u_1, u_2, \cdots, u_p) = \begin{bmatrix} u_{11} & u_{12} & \cdots & u_{1p} \\ u_{21} & u_{22} & \cdots & u_{2p} \\ \vdots & \vdots & \vdots & \vdots \\ u_{p1} & u_{p2} & \cdots & u_{pp} \end{bmatrix}.$$

根据累计贡献率的要求,比如 $\sum_{i=1}^{m} \lambda_i / \sum_{i=1}^{p} \lambda_i \geq 85\%$,取前 m 个特征值及相应的特征向量写出因子载荷矩阵:

$$A = \begin{bmatrix} a_{11} & a_{12} & \cdots & a_{1m} \\ a_{21} & a_{22} & \cdots & a_{2m} \\ \vdots & \vdots & & \vdots \\ a_{p1} & u_{p2} & \cdots & a_{pm} \end{bmatrix} = \begin{bmatrix} u_{11}\sqrt{\lambda_1} & u_{12}\sqrt{\lambda_2} & \cdots & u_{1p}\sqrt{\lambda_m} \\ u_{21}\sqrt{\lambda_1} & u_{22}\sqrt{\lambda_2} & \cdots & u_{2p}\sqrt{\lambda_m} \\ \vdots & \vdots & & \vdots \\ u_{p1}\sqrt{\lambda_1} & u_{p2}\sqrt{\lambda_2} & \cdots & u_{pp}\sqrt{\lambda_m} \end{bmatrix}$$

步骤 4　对 A 实施（如方差最大化）正交旋转.

步骤 5　因子的解释与命名.

步骤 6　计算因子得分.

$$F_j = \beta_{j1}X_1 + \beta_{j2}X_2 + \cdots + \beta_{jp}X_p, j = 1,2,\cdots,m.$$

四、案例分析

【例 14-4-1】　一位行业分析师想预测一组汽车的销售情况. 然而, 许多的预测是相关的, 且分析师担心, 这可能会对他的分析结果产生不利影响. 数据见 SPSS 数据文件 car_sales.sav. 用主成分提取的因子分析法, 将重点放在一个易于管理的预测子集的预测.

解　本例用 SPSS 进行因子分析步骤如下：

步骤 1　打开数据文件：'C:\Program Files\IBM\SPSS\Statistics\21\Samples\Simplified Chinese\car_sales.sav'.

步骤 2　点击'分析（A）> 降维（D）> 因子分析（F）...','因子分析'对话框如图 14-4-1 所示.

图 14-4-1　'因子分析'对话框

步骤 3　右键点击变量列表的任何地方, 在随后出现的菜单中选择按文件顺序排列.

步骤 4　将'Price in thousand'至'Fuel efficiency'的所有变量都选入'变量（V）:'框.

步骤 5　点击'描述（D）...','因子分析：描述统计'对话框如图 14-4-2 所示. 选择'原始分析结果（I）','逆模型（N）','反映象（A）'和'KMO 和 Bartlett 的球形度检验（K）'. 点击'继续'.

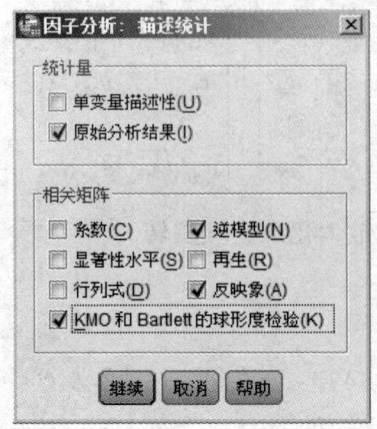

图 14-4-2 '因子分析：描述统计'对话框

步骤6　点击'抽取（E）…'，'因子分析：抽取'对话框如图14-4-3所示．选择'碎石图（S）'，'特征值大于（A）：'框键入0.6，点击'继续'．

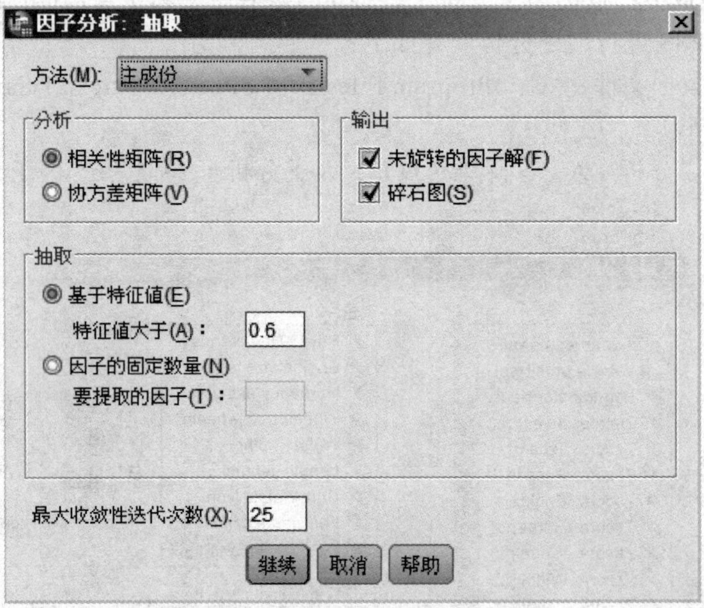

图 14-4-3 '因子分析：抽取'对话框

步骤7　点击'旋转（T）…'，'因子分析：旋转'对话框如图14-4-4所示．'方法'选择'最大方差法（V）'，点击'继续'．

步骤8　点击'得分（S）…'，'因子分析：因子得分'对话框如图14-4-5所示．选择'显示因子得分系数矩阵（D）'．点击'继续'．

步骤9　点击'确定'．

表14-4-1是KMO和Bartlett球形度检验．从中可知，取样足够度的Kaiser-Meyer-Olkin度量为 0.843 > 0.7．Bartlett的球检验显著性为 0.000 < 0.05，说明取样适合因子分析．

图 14-4-4 '因子分析：旋转'对话框

图 14-4-5 '因子分析：因子得分'对话框

表 14-4-1　KMO 和 Bartlett 的检验

取样足够度的 Kaiser-Meyer-Olkin 度量.		.843
Bartlett 的球形度检验	近似卡方	1407.020
	df	36
	Sig.	.000

表 14-4-2 是解释方差表. 表中成分列表示因子序号；合计列为特征值，其大小反映公因子的方差贡献；方差的 % 列为特征值占方差的百分比数；累积 % 列为特征值占方差的百分比数的累积值. 提取平方和载入列为根据特征根大于 0.6 的原则提取的 3 个因子的特征值、占方差的百分比数和累积数. 这 3 个因子解释的方差占总方差的 88.267%，能比较好地全面反映所有信息.

表 14-4-2　解释的总方差

成分	初始特征值			提取平方和载入			旋转平方和载入		
	合计	方差的%	累积%	合计	方差的%	累积%	合计	方差的%	累积%
1	5.804	64.490	64.490	5.804	64.490	64.490	2.784	30.933	30.933
2	1.517	16.860	81.349	1.517	16.860	81.349	2.633	29.252	60.185
3	.623	6.918	88.267	.623	6.918	88.267	2.527	28.082	88.267
4	.338	3.757	92.025						
5	.247	2.747	94.772						
6	.155	1.719	96.491						
7	.139	1.547	98.038						
8	.114	1.266	99.305						
9	.063	.695	100.000						

提取方法：主成分分析.

图 14-4-6 中,横轴为因子序号,纵轴为因子对应的特征值. 因子序号和对应特征值的点线图即为碎石土. 从点线图的陡缓程度可以清楚地看出因子的重要程度. 从图中可以看出,因子 1、因子 2 和因子 3 是主要因子. 图 14-4-7 是因子载荷图,每个因子包含的变量挨得比较近.

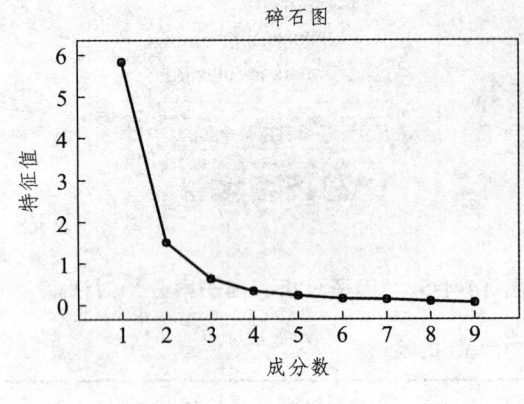

图 14-4-6 碎石图

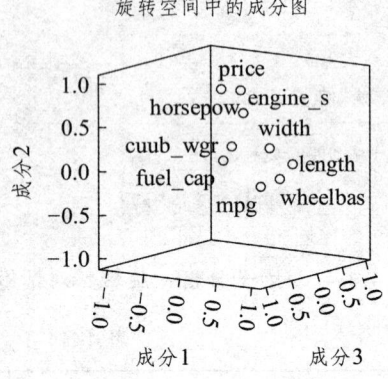

图 14-4-7 旋转空间中的成分图

表 14-4-3 是因子载荷矩阵(成分矩阵). 表中的每一列代表一个主成分,作为原变量线性组合的系数,因此 3 个主成分可表示为

$$y_1 = 0.610x_1 + 0.882x_2 + 0.771x_3 + 0.722x_4 + 0.829x_5 + 0.732x_6 + 0.923x_7 + 0.865x_8 - 0.845x_9,$$

$$y_2 = -0.694x_1 - 0.243x_2 - 0.533x_3 + 0.588x_4 + 0.241x_5 + 0.512x_6 + 0.039x_7 + 0.119x_8 + 0.106x_9,$$

$$y_3 = 0.145x_1 + 0.114x_2 + 0.271x_3 + 0.114x_4 + 0.176x_5 + 0.339x_6 - 0.220x_7 - 0.377x_8 + 0.407x_9.$$

表 14-4-3 成分矩阵 [a]

	成 分		
	1	2	3
Price in thousands	.610	−.694	.145
Engine size	.882	−.243	.114
Horsepower	.771	−.533	.271
Wheelbase	.722	.588	.114
Width	.829	.241	.176
Length	.732	.512	.339
Curb weight	.923	.039	−.220
Fuel capacity	.865	.119	−.377
Fuel efficiency	−.845	.106	.407

提取方法:主成分.

a. 已提取了 3 个成分.

表 14-4-4 是因子旋转载荷矩阵（旋转成分矩阵）. 对每一个变量来讲，3 个成分中哪个成分的绝对值最大，则该变量就属于那个因子. 因此，第 1 因子主要和 Wheelbase、Width、Length 3 个变量有关，第 2 因子主要和 Price in thousands、Engine size、Horsepower 3 个变量有关，第 3 因子主要和 Curb weight、Fuel capacity、Fuel efficiency 3 个变量有关. 9 个变量与因子的关系为：

$$x_1 = -0.036f_1 + 0.904f_2 + 0.236f_3,\ x_2 = 0.408f_1 + 0.702f_2 + 0.438f_3,$$

$$x_3 = 0.223f_1 + 0.919f_2 + 0.237f_3,\ x_4 = 0.865f_1 - 0.006f_2 + 0.363f_3,$$

$$x_5 = 0.726f_1 + 0.335f_2 + 0.370f_3,\ x_6 = 0.926f_1 + 0.143f_2 + 0.188f_3,$$

$$x_7 = 0.462f_1 + 0.384f_2 + 0.735f_3,\ x_8 = 0.408f_1 + 0.232f_2 + 0.827f_3,$$

$$x_9 = -0.233f_1 - 0.378f_2 - 0.833f_3.$$

表 14-4-4 旋转成分矩阵 [a]

	成分		
	1	2	3
Price in thousands	−.036	.904	.236
Engine size	.408	.702	.438
Horsepower	.223	.919	.237
Wheelbase	.865	−.006	.363
Width	.726	.335	.370
Length	.926	.143	.188
Curb weight	.462	.384	.735
Fuel capacity	.408	.232	.827
Fuel efficiency	−.233	−.378	−.833

提取方法：主成分.
旋转法：具有 Kaiser 标准化的正交旋转法.
a. 旋转在 5 次迭代后收敛.

表 14-4-5 是成分得分系数矩阵. 由此可以计算 3 个因子的得分：

$$y_1 = -0.133x_1 + 0.068x_2 + 0.048x_3 + 0.415x_4 + 0.321x_5 + 0.552x_6 - 0.056x_7 - 0.144x_8 + 0.267x_9,$$

$$y_2 = 0.488x_1 + 0.272x_2 + 0.503x_3 - 0.152x_4 + 0.067x_5 + 0.026x_6 - 0.070x_7 - 0.212x_8 + 0.122x_9,$$

$$y_3 = -0.134x_1 - 0.057x_2 - 0.275x_3 - 0.059x_4 - 0.133x_5 - 0.348x_6 + 0.378x_7 + 0.574x_8 - 0.607x_9.$$

表 14-4-5　成分得分系数矩阵

	成分		
	1	2	3
Price in thousands	−.133	.488	−.134
Engine size	.068	.272	−.057
Horsepower	.048	.503	−.275
Wheelbase	.415	−.152	−.059
Width	.321	.067	−.133
Length	.552	.026	−.348
Curb weight	−.056	−.070	.378
Fuel capacity	−.144	−.212	.574
Fuel efficiency	.267	.122	−.607

提取方法：主成分.
旋转法：具有 Kaiser 标准化的正交旋转法.
构成得分.

步骤 10　打开数据集，数据视图和变量视图分别如图 14-4-8 和 14-4-9 所示. 数据集中新增 3 个变量‘FAC1_1’‘FAC2_1’和‘FAC3_1’分别是 3 个因子的得分.

	FAC1_1	FAC2_1	FAC3_1
154	-.3176	-.2444	-.0383
155	-.3217	-.2053	-.0279
156	-.4173	.8514	-.0056
157	.1392	.1849	.2889

图 14-4-8　数据视图中的因子得分

	名称	标签	类型	度量标准
27	FAC1_1	REGR factor score 1 for analysis 1	数值(N)	度量(S)
28	FAC2_1	REGR factor score 2 for analysis 1	数值(N)	度量(S)
29	FAC3_1	REGR factor score 3 for analysis 1	数值(N)	度量(S)

图 14-4-9　变量视图中的因子得分变量

第五节　对应分析

一、对应分析

列联表独立性检验实质上是将行和列看作两个随机变量，检验的是两个随机变量是否独立，但不能深刻地解释行的类别与列的类别之间有多大的相关性. 对应分析也称关联分析、R-Q 型因子分析，通过分析列联表来揭示变量间的联系，揭示同一变量的各个类别之间的差异，以及不同变量各个类别之间的对应关系.

对应分析的最大特点是能将个案（当作类别点）及变量的类别在图上直观而又明了地表示出来. 而且能够指示分类的主要参数（主因子）以及分类的依据，是一种直观、简单、方便的多元统计方法.

简单对应分析只针对两个分类变量进行分析，而多重对应分析可以针对多个分类变量进行分析. 利用多重对应分析可以对个案进行分类, 并找出各类别的变量特征.

二、数据要求

对列联表数据进行简单对分析时, 应先对行列进行编码并进行个案加权. 对应分析的变量应为分类变量, 用户若使用了数值型变量, 缺省情况下, 计算过程会将变量视为单项式分组数据. 为此, 用户可将数值型变量进行分箱化处理, 转换为分类变量. 多重对应分析基于正整数数据, 要求数据必须至少包含三个有效个案, 所有变量都有多名义刻度级别. 字符串变量值需要按升序字母数值顺序转换为正整数. 缺失值需要插补, 值小于 1 的变量, 需要重新编码转化为正整数.

在 SPSS 中, '分析（A）> 降维 > 对应分析（C）…'过程是简单对应分析. 用'分析（A）> 降维 > 最优尺度（O）…'过程可以进行多重对应分析, 此过程分析两个变量时, 就是简单对应分析.

三、案例分析

【例 14-5-1】 对例 5-1-1 中的 5 个变量进行多重对应分析.

解 本例用 SPSS 进行多重对应分析的步骤如下, 数据视图和变量视图分别如图 5-1-1 和图 5-1-2 所示.

步骤 1 点击'分析(A) > 降维 > 最优尺度(O)…'. '最佳尺度'定义对话框如图 14-5-1 所示. '最佳度量水平'选择'所有变量均为多重标称', '变量集数目'选择'一个集合(O)', 点击'定义'. '多重对应分析'对话框如图 14-5-2 所示.

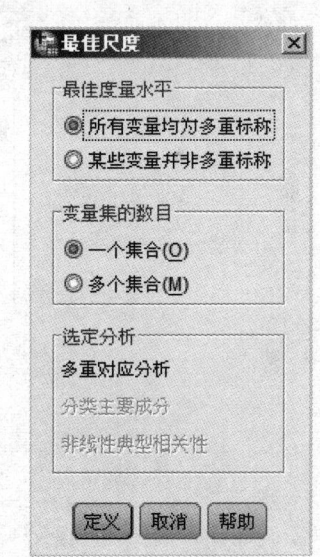

图 14-5-1 '最佳尺度定义'对话框

步骤 2 将变量'编号'至'买衣物首选因素'的 6 个变量都选入'分析变量（D）:'框.

多重对应分析原则上使用的是分类变量, 连续变量需要分组, 字符串变量需要编码. SPSS 的'分箱化'对话框可以选择对变量分组或重新编码的方法, 分箱化对话框如图 14-5-3 所示. 除非另有指定, 否则小数值变量分组成具有近似正态分布的 7 个类别（如果变量的相异值的数目小于 7, 则按此数目划分类别）. 通过按照升序字母数值顺序分配类别指示符, 字符串变量总是转换为正整数. 缺省情况下, 其他变量保留原样. 随后, 分析中将使用离散化变量.

方法（T）: 分组、等级和乘.

● 分组. 重新编码为指定数量的类别或者按区间重新编码. 类别数（M）: 指定一定数量的类别, 并指定变量的值是否应该遵循在这些类别间的近似正态分布或均匀分布. 同等间隔: 变量重新编码到由这些等大小的间隔所定义的类别中, 必须指定间隔的长度.

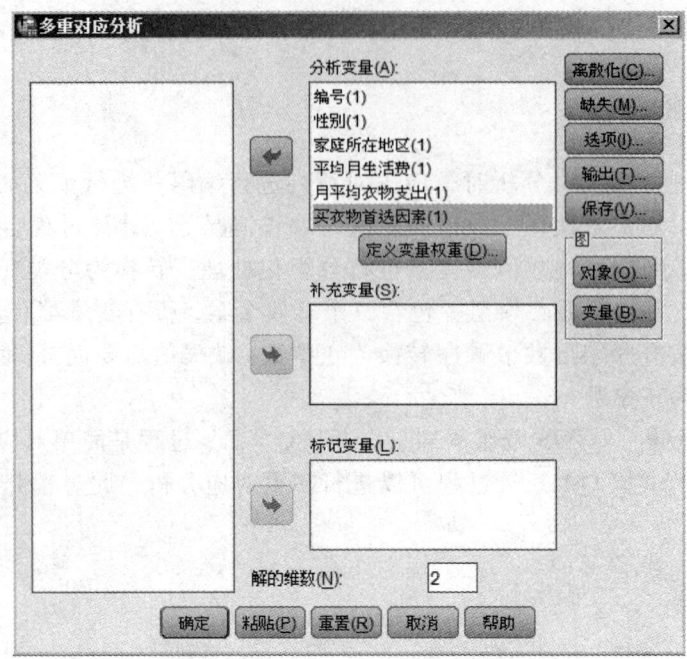

图 14-5-2　多重对应分析对话框

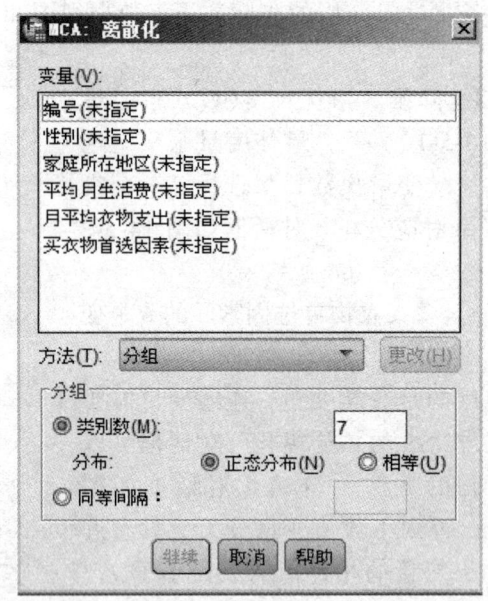

图 14-5-3　'多重对应分析：分箱化'对话框

- 等级．通过对个案等级排序来对变量进行离散化．
- 乘．变量的当前值是乘以 10 且经过四舍五入的离散化值，并且加上了一个常数以使最低离散值为 1．

本例分类变量的类别都很少，定量变量取值是有限个数，故不做分箱化处理．

步骤 3　点击'变量（B）…'．'MCA：变量图'对话框如图 14-5-4 所示．将变量'编号'至'买衣物首选因素'的 6 变量都选入'联合类别图（J）：'框．点击'继续'．

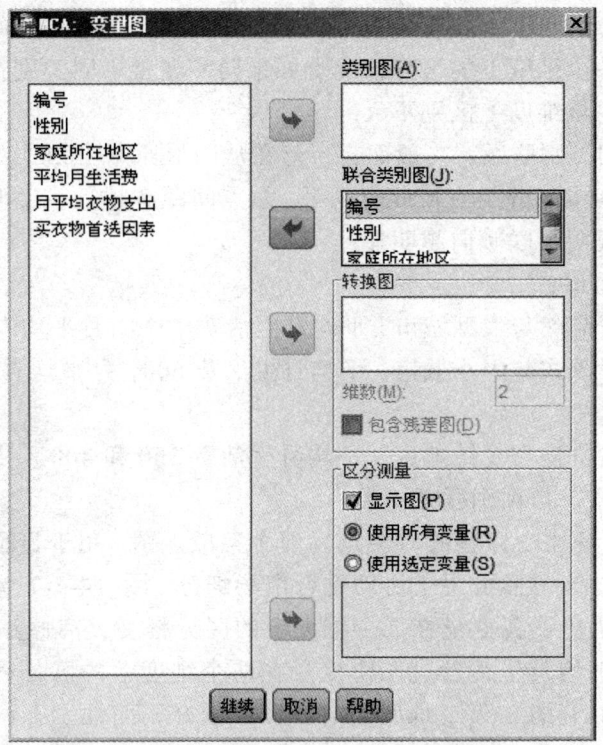

图 14-5-4 'MCA：变量图'对话框

步骤4 点击'确定'.

图 14-5-5 是多重对应的类别点联合图. 阅读该图形可以了解同一变量各类别的区分程度，以及不同变量各类别间的关联程度，对应分析图的阅读可按如下顺序进行：

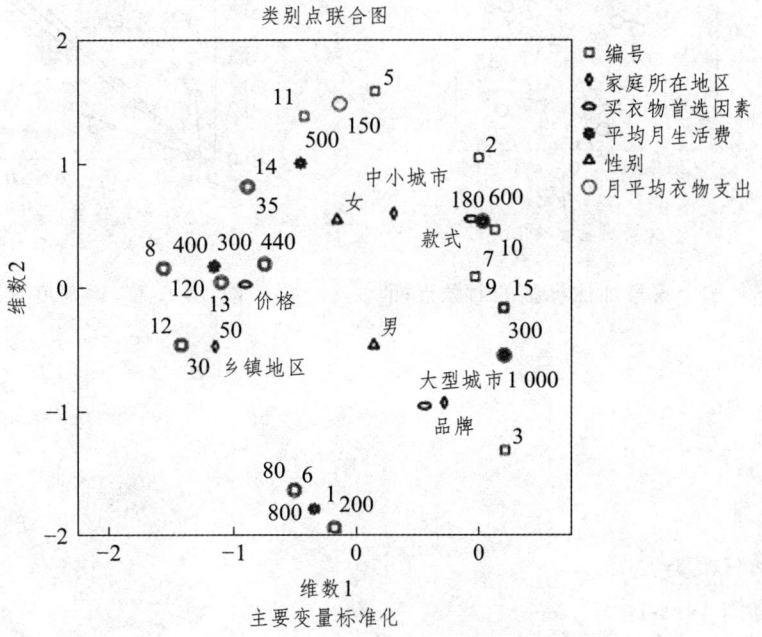

图 14-5-5 类别点联合图

- 考察同一变量的区分度：首先分别考察行变量、列变量各类别间是否被清晰地分开了，可以分别检查在各个维度上的区分情况，如果同一变量不同类别在某个方向上靠得较近，则说明这些类别在该维度上区别不大.
- 考察不同变量的类别联系：一般而言，落在从图形原点（0,0）处出发相同方位上大致相同区域内的不同变量的分类点彼此有联系. 散点间距离越近，说明关联倾向越明显；散点离原点越远，也说明关联倾向越明显.

从图 14-5-5 可以看出：
- 买衣物首选因素品牌与大型城市，平均月生活费 1000，月平均衣物支出 300 有联系.
- 买衣物首选因素款式与中小城市，平均月生活费 600，月平均衣物支出 180，女士有联系.
- 买衣物首选因素价格与乡镇地区，平均月生活费 300 和 400，月平均衣物支出 120、50、40、35、30 有联系，与性别联系不大.

图 14-5-6 为按个案加注标签的对象点，即个案散点图. 用于显示所有观测在相应解释空间中的分布情况，该图形可用于协助进行市场细分. 图 14-5-7 为辨别度量图，图中用散点坐标的形式显示出了各变量在二个维度上的区分程度，离原点越远，区分度越好. 可见平均月生活费和平均月生活费这两个变量在两个维度上的区分程度都相当好，其余变量有的在第一维度、有的在第二维度上的区分度较好，而性别在两个维度上的区分程度均较差.

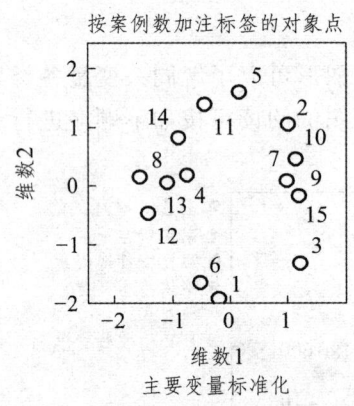

图 14-5-6 按个案号加注标签的对象点图

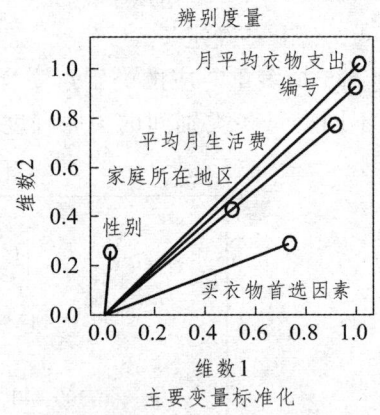

图 14-5-7 辨别度量图

1. 什么是系统聚类？
2. 重复练习例 14-1-1.
3. 2008 年至 2012 年中国 31 个省市生产总值（亿元）如下：

地区	2008年	2009年	2010年	2011年	2012年
北京	11115.00	12153.03	14113.58	16251.93	17879.40
天津	6719.01	7521.85	9224.46	11307.28	12893.88
河北	16011.97	17235.48	20394.26	24515.76	26575.01
山西	7315.40	7358.31	9200.86	11237.55	12112.83
内蒙古	8496.20	9740.25	11672.00	14359.88	15880.58
辽宁	13668.58	15212.49	18457.27	22226.70	24846.43
吉林	6426.10	7278.75	8667.58	10568.83	11939.24
黑龙江	8314.37	8587.00	10368.60	12582.00	13691.58
上海	14069.87	15046.45	17165.98	19195.69	20181.72
江苏	30981.98	34457.30	41425.48	49110.27	54058.22
浙江	21462.69	22990.35	27722.31	32318.85	34665.33
安徽	8851.66	10062.82	12359.33	15300.65	17212.05
福建	10823.01	12236.53	14737.12	17560.18	19701.78
江西	6971.05	7655.18	9451.26	11702.82	12948.88
山东	30933.28	33896.65	39169.92	45361.85	50013.24
河南	18018.53	19480.46	23092.36	26931.03	29599.31
湖北	11328.92	12961.10	15967.61	19632.26	22250.45
湖南	11555.00	13059.69	16037.96	19669.56	22154.23
广东	36796.71	39482.56	46013.06	53210.28	57067.92
广西	7021.00	7759.16	9569.85	11720.87	13035.10
海南	1503.06	1654.21	2064.50	2522.66	2855.54
重庆	5793.66	6530.01	7925.58	10011.37	11409.60
四川	12601.23	14151.28	17185.48	21026.68	23872.80
贵州	3561.56	3912.68	4602.16	5701.84	6852.20
云南	5692.12	6169.75	7224.18	8893.12	10309.47
西藏	394.85	441.36	507.46	605.83	701.03
陕西	7314.58	8169.80	10123.48	12512.30	14453.68
甘肃	3166.82	3387.56	4120.75	5020.37	5650.20
青海	1018.62	1081.27	1350.43	1670.44	1893.54
宁夏	1203.92	1353.31	1689.65	2102.21	2341.29
新疆	4183.21	4277.05	5437.47	6610.05	7505.31

试对31个省市进行系统聚类分析.

4. 什么是两步聚类法?

5. 重复练习例14-2-1.

6. 30名职工的薪水资料如下：

编 号	性 别	年 龄	薪水（元）
1	女	35-55	6823
2	男	55-	7105
3	男	35-55	6219
4	女	55-	7463
5	男	55-	7897
6	男	35-55	6252
7	女	55-	7864
8	男	35-55	6337
9	男	35-55	6605
10	男	55-	7714
11	女	-35	5188
12	女	55-	7304
13	男	55-	7330
14	女	55-	7054
15	男	35-55	5678
16	男	55-	7380
17	女	35-55	6463
18	男	55-	7782
19	男	35-55	6624
20	女	-35	5021
21	男	35-55	6124
22	女	55-	7419
23	男	55-	8073
24	男	35-55	6507
25	男	35-55	6572
26	女	35-55	6794
27	男	35-55	5916
28	女	35-55	6807
29	男	35-55	6569
30	男	55-	7757

试对该资料进行两步聚类分析.

7. 什么是判别分析？

8. 重复练习例 14-3-1.

9. 为研究舒张期血压和血浆胆固醇对冠心病的作用，某医师测定了 50～59 岁冠心病人 15 例和正常人 16 例的舒张压和胆固醇指标，结果如下，试作判别分析，建立判别函数以便在临床中用于筛选冠心病人．

编号	正常人组		编号	冠心病人组	
	舒张压 kPa	胆固醇 mmol/L		舒张压 kPa	胆固醇 mmol/L
1	10.66	2.07	1	9.86	5.18
2	12.53	4.45	2	13.33	3.73
3	13.33	3.06	3	14.66	3.89
4	9.33	3.94	4	9.33	7.1
5	10.66	4.45	5	12.8	5.49
6	10.66	4.92	6	10.66	4.09
7	9.33	3.68	7	10.66	4.45
8	10.66	2.77	8	13.33	3.63
9	10.66	3.21	9	13.33	5.96
10	10.66	5.02	10	13.33	5.7
11	10.4	3.94	11	12	6.19
12	9.33	4.92	12	14.66	4.01
13	10.66	2.69	13	13.33	4.01
14	10.66	2.43	14	12.8	3.63
15	11.2	3.42	15	13.33	5.96
16	9.33	3.63			

10. 什么是因子分析？

11. 重复练习例 14-4-1．

12. 对我国 30 个省（市、自治区）的农业生产情况作因子分析．从农业生产条件和生产结果及效益出发，选取六项指标分别为：$X1$ 代表乡村劳动力人口（万人）、$X2$ 代表人均经营耕地面积（亩，1 亩 = 667 平方米）、$X3$ 代表户均生产性固定资产原值（元）、$X4$ 代表家庭基本纯收入（元）、$X5$ 代表人均农业总产值（千元/人）、$X6$ 代表增加值占总产值比重（%），原始资料数据如下：

序号	地区	X1	X2	X3	X4	X5	X6
1	北京	66.9	0.93	2972.41	3290.73	2.525	49.7
2	天津	80.2	1.64	4803.54	2871.62	1.774	49.6
3	河北	1621.8	2.03	4803.54	2871.81	0.8004	54
4	山西	635.4	2.76	2257.66	1499.14	0.555	56.2
5	内蒙古	514.1	10.17	5834.94	1550.15	0.9051	66.4
6	辽宁	605.1	2.96	3108.86	2059.35	1.4752	53.1

续表

序号	地区	X1	X2	X3	X4	X5	X6
7	吉林	534.2	4.73	4767.51	1940.46	1.1154	63.1
8	黑龙江	494.8	8.24	5573.02	2075.42	1.6283	57.8
9	上海	66	1.02	1660.03	4571.81	3.0448	35.6
10	江苏	1530.2	1.26	2826.86	2868.33	1.1921	50.6
11	浙江	1123.1	0.94	5494.23	3289.07	0.8565	63.3
12	安徽	1953.6	1.44	3573.62	1508.24	0.5756	59.2
13	福建	775.8	0.82	2410.05	2295.19	1.1496	62.8
14	江西	1103.2	1.3	2310.98	1804.93	0.6649	59.9
15	山东	2475.1	1.44	3109.11	1989.53	0.8809	55
16	河南	2815.8	1.5	3782.26	1508.36	0.5823	58.5
17	湖北	1296.5	1.6	2291.6	1754.13	0.8799	62.8
18	湖南	2089.3	1.42	2348.72	1719.18	0.587	64.7
19	广东	1439.8	0.88	3249.61	2928.24	1.096	59.7
20	广西	1579.9	1.43	3090.17	1590.9	0.5694	64.5
21	海南	165.9	1.35	4454.77	1575.49	0.3535	65.2
22	四川	3903.7	1.08	2870.45	1340.61	0.4443	64.1
23	贵州	1376.6	1.18	2282.27	1206.25	0.2892	65.4
24	云南	1642.2	2.42	4025.06	1096.73	0.3456	64.2
25	西藏	88.6	2.51	11559.83	1257.71	0.4349	70.4
26	陕西	1046.1	2.6	2228.55	1091.96	0.4383	59.7
27	甘肃	672	5.86	2879.36	1037.12	0.4883	57.2
28	青海	137.1	2.62	6725.11	1133.06	0.4096	70.3
29	宁夏	139.1	4.01	5607.97	1346.89	0.4973	62.5
30	新疆	288.5	3.96	7438.13	1161.71	1.4939	57.8

13. 什么是对应分析？

14. 重复练习例 14-5-1.

15. 某化妆品公司为对新开发的某种护肤品进行满意度调查，请随机抽取的 162 位消费者进行免费试用，试用后的满意情况统计数据如下：

对产品的态度	满意	中立	不满意
男士	58	11	10
女士	35	25	23

试对性别与产品的态度进行对应分析.

16. 19位顾客的个人信息资料如下：

顾客编号	收入状况	性别	婚姻状况	有无房产	受教育程度	银行卡类别
1	低收入	男	是	是	初等教育	普通卡
2	高收入	女	是	否	中等教育	银卡
3	低收入	男	否	否	中等教育	普通卡
4	中等收入	男	否	否	初等教育	金卡
5	中等收入	女	是	否	初等教育	银卡
6	中等收入	男	是	否	中等教育	普通卡
7	高收入	男	是	是	中等教育	普通卡
8	低收入	女	否	否	高等教育	银卡
9	中等收入	男	是	否	中等教育	银卡
10	高收入	男	否	否	中等教育	银卡
11	低收入	女	否	是	中等教育	普通卡
12	高收入	男	是	是	高等教育	金卡
13	高收入	男	否	是	初等教育	银卡
14	高收入	女	是	是	中等教育	金卡
15	低收入	男	是	是	初等教育	金卡
16	高收入	男	否	是	高等教育	普通卡
17	低收入	男	否	否	初等教育	普通卡
18	低收入	女	否	否	高等教育	银卡
19	低收入	男	是	是	初等教育	普通卡

试对19位顾客的个人信息进行多重对应分析.

第十五章 结构方程模型

结构方程模型（SEM），又称协方差结构分析，是应用线性方程表示观测变量与潜变量之间，以及潜在变量之间关系的一种多元统计方法，其实质是一种广义的一般线性模型．本章简要介绍：
- 结构方程模型基本原理．
- AMOS 操作与案例分析．

第一节 结构方程模型基本原理

一、模型构成

1. 变量

结构方程模型研究的变量分为潜在变量和观测变量两种，这两种变量既可以是内生变量也可以是外生变量．
- 观测变量是能够观测到的变量．
- 潜在变量也称结构变量，是难以直接观测到的抽象变量，只能通过观测变量间接地推估的变量．
- 内生变量是受模型中其他变量影响的变量．
- 外生变量是不受模型中其他变量影响，但影响模型中其他变量的变量．

【例 15-1-1】 Warren, White 和 Fuller（1974）研究了 98 个农产品合作社经理的管理能力和表现．管理能力和表现（performance），从三个方面考察：相关知识（knowledge）、价值取向（value）和满意度（satisfaction）．现在的问题是这几个变量能否度量呢？回答既是肯定的又是否定的．定性的成分太多，定量的成分较少．或者说定量的成分太多，无从下手．

Warren, White 和 Fuller（1974）将 performance、knowledge、value、satisfaction 设置为结构变量．对这 4 个结构变量进行观测的变量见表 15-1-1．

表 15-1-1　测量变量

Variable name	Description	
1performance	12-item subtest of Role Performance 1	管理能力和表现的 12 项分测验 1
2performance	12-item subtest of Role Performance 2	管理能力和表现的 12 项分测验 2
1knowledge	13-item subtest of Knowledge 1	知识的 13 项分测验 1
2knowledge	13-item subtest of Knowledge 2	知识的 13 项分测验 2
1value	15-item subtest of Value Orientation 1	价值取向的 15 项分测验 1
2value	15-item subtest of Value Orientation 2	价值取向的 15 项分测验 2
1satisfaction	5-item subtest of Role Satisfaction 1	满意度的 5 项分测验 1
2satisfaction	6-item subtest of Role Satisfaction 2	满意度的 5 项分测验 2

2．路径图

路径图是表示变量之间结构关系的图形.

（1）路径图中的常用记号

- 矩形框表示观测变量.
- 圆或椭圆表示潜在变量.
- 小圆或小椭圆，或无任何框，表示方程或测量的误差.
- 单向箭头表示连接的两个变量有因果关系，箭头由原因变量指向结果变量.
- 弧形双箭头表示连接的两个变量没有结构关系，但有相关关系.
- 变量之间没有任何连接线，表示假定它们之间没有直接联系.

（2）路径系数

路径系数用来衡量变量之间影响程度或变量的效应大小(标准化系数、非标准化系数).

（3）效应分解

- 直接效应是原因变量对结果变量的直接影响，大小等于原因变量到结果变量的路径系数.
- 间接效应是原因变量通过一个或多个中介变量对结果变量所产生的影响，大小为所有从原因变量出发，通过所有中介变量结束于结果变量的路径系数乘积.
- 总效应是原因变量对结果变量的效应总和，即总效应 = 直接效应+间接效应.

【例 15-1-2】　在 Warren，White 和 Fuller（1974）的案例中，模型的完整路径图如图 15-1-1 所示．共有 21 个变量，其中结构变量 4 个、观测变量 8 个、不可观测的变量有 13 个，内生观测变量 9 个，外生观测变 12 个．performance 是内生结构变量；satisfaction、value 和 knowledge 是外生结构变量；1knowledge、2knowledge、1value、2value、1satisfaction、2satisfaction、1performance 和 2performance 是内生观测变量；error1、error2、error3、error4、error5、error6、error7、error8 和 error9 是外生误差项．

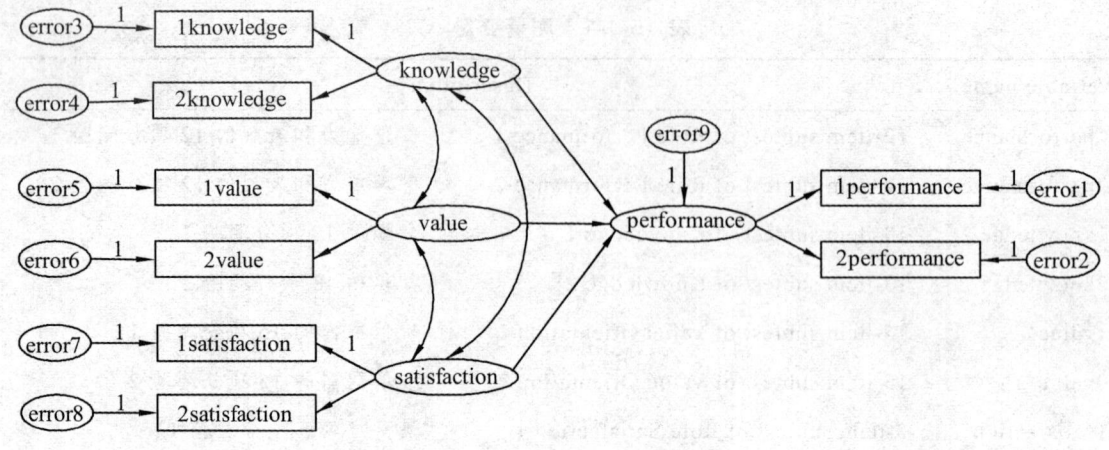

图 15-1-1 模型的完整路径图

3. 参　数

结构方程模型涉及的参数有：
- 变量自身的均值与方差.
- 变量之间关系的因素载荷、路径系数、协方差.

结构方程模型涉及的参数类型有：
- 自由参数是大小需要估计的参数.
- 固定参数是事先设定或已知其值，无须估计的参数. 例如，误差项的均值设置为 0；又如，将潜在变量对观测变量的因子负荷固定为 1. 再如，为提高模型识别度人为设定的参数.

【例 15-1-3】 在 Warren，White 和 Fuller（1974）的案例中，参数包括 13 个固定路径系数（权重）、7 个待估计路径系数（权重）、3 个协方差、12 个方差（3 个外生结构变量和 9 个误差项的方差），共计 35 个. 参数的具体类型见表 15-1-2.

表 15-1-2　Parameter summary (Group number 1)

	Weights	Covariances	Variances	Means	Intercepts	Total
Fixed	13	0	0	0	0	13
Labeled	0	0	0	0	0	0
Unlabeled	7	3	12	0	0	22
Total	20	3	12	0	0	35

样本矩包括方差和协方差. 当估计均值和截距时，样本矩也包括样本均值.

二、数学表示

结构方程模型包含结构模型和测量模型两部分. 结构模型反映潜变量之间的关系，测量模型反映潜变量与可测变量之间的关系.

结构模型的形式为

$$\underset{m\times 1}{\boldsymbol{\eta}} = \underset{(m\times m)(m\times 1)}{\boldsymbol{B}\boldsymbol{\eta}} + \underset{(m\times n)(n\times 1)}{\boldsymbol{\Gamma}\boldsymbol{\xi}} + \underset{m\times 1}{\boldsymbol{\varsigma}},\qquad(15\text{-}1\text{-}1)$$

其中，$\boldsymbol{\eta}$ 为内生结构变量向量，$\boldsymbol{\xi}$ 为外生结构变量向量，$\boldsymbol{\varsigma}$ 为随机干扰项，$\boldsymbol{B}$ 为内生结构变量系数矩阵，$\boldsymbol{\Gamma}$ 为外生结构变量系数矩阵，m 为内生结构变量数目，n 为外生结构变量数目。外生变量 $\boldsymbol{\xi}$ 的协方差矩阵为 $E(\boldsymbol{\xi}\boldsymbol{\xi}') = \underset{n\times n}{\boldsymbol{\Phi}}$，随机干扰项 $\boldsymbol{\varsigma}$ 的协方差矩阵为 $E(\boldsymbol{\varsigma}\boldsymbol{\varsigma}') = \underset{m\times n}{\boldsymbol{\Psi}}$。

结构模型的假定条件为
- $E(\boldsymbol{\eta}) = 0, E(\boldsymbol{\xi}) = 0, E(\boldsymbol{\varsigma}) = 0$.
- $\boldsymbol{\xi}$ 与 $\boldsymbol{\varsigma}$ 不相关.
- $\boldsymbol{I} - \boldsymbol{B}$ 非奇异.
- $\boldsymbol{B}$ 为下三角矩阵.

测量模型的形式为

$$\underset{q\times 1}{\boldsymbol{X}} = \underset{(q\times n)(n\times 1)}{\boldsymbol{\Lambda}_x \boldsymbol{\xi}} + \underset{q\times 1}{\boldsymbol{\delta}},\qquad(15\text{-}1\text{-}2)$$

$$\underset{p\times 1}{\boldsymbol{Y}} = \underset{(p\times m)(m\times 1)}{\boldsymbol{\Lambda}_y \boldsymbol{\eta}} + \underset{p\times 1}{\boldsymbol{\varepsilon}},\qquad(15\text{-}1\text{-}3)$$

其中，$\boldsymbol{X}$ 为 $\boldsymbol{\xi}$ 的观测变量向量，$\boldsymbol{Y}$ 为 $\boldsymbol{\eta}$ 的观测变量向量，$\boldsymbol{\delta}$ 为 $\boldsymbol{X}$ 的测量误差向量，$\boldsymbol{\varepsilon}$ 为 $\boldsymbol{Y}$ 的测量误差向量，$\boldsymbol{\Lambda}_x$ 和 $\boldsymbol{\Lambda}_y$ 为系数矩阵，q 为外生结构变量的观测变量数目，p 为内生结构变量的观测变量数目。

$\boldsymbol{\varepsilon}$ 的协方差矩阵为 $E(\boldsymbol{\varepsilon}\boldsymbol{\varepsilon}') = \underset{p\times p}{\boldsymbol{\Theta}_\varepsilon}$。$\boldsymbol{\delta}$ 的协方差矩阵为 $E(\boldsymbol{\delta}\boldsymbol{\delta}') = \underset{q\times q}{\boldsymbol{\Theta}_\delta}$。

测量模型的假定条件为
- $E(\boldsymbol{\eta}) = 0, E(\boldsymbol{\xi}) = 0, E(\boldsymbol{\delta}) = 0, E(\boldsymbol{\varepsilon}) = 0$.
- $\boldsymbol{\varepsilon}$ 与 $\boldsymbol{\eta}$ 不相关.
- $\boldsymbol{\delta}$ 与 $\boldsymbol{\xi}$ 不相关.

【例 15-1-4】 在 Warren，White 和 Fuller（1974）的案例中，结构模型的形式为

$$performance = (\gamma_1, \gamma_2, \gamma_3) \begin{bmatrix} knowledge \\ value \\ satisfaction \end{bmatrix} + error9 = \underset{(1\times 1)(1\times 1)}{\boldsymbol{B}\boldsymbol{\eta}} + \underset{(1\times 3)(3\times 1)}{\boldsymbol{\Gamma}\boldsymbol{\xi}} + \underset{1\times 1}{\boldsymbol{\varsigma}},$$

其中 $B = 0$。

测量模型的形式为

$$\begin{bmatrix} 1knowledge \\ 2knowledge \\ 1value \\ 1value \\ 1satisfaction \\ 2satisfaction \end{bmatrix} = \begin{bmatrix} \alpha_{1,1} & 0 & 0 \\ \alpha_{1,2} & 0 & 0 \\ 0 & \alpha_{2,1} & 0 \\ 0 & \alpha_{2,1} & 0 \\ 0 & 0 & \alpha_{3,1} \\ 0 & 0 & \alpha_{3,1} \end{bmatrix} \begin{bmatrix} knowledge \\ value \\ satisfaction \end{bmatrix} + \begin{bmatrix} error3 \\ error4 \\ error5 \\ error6 \\ error7 \\ error8 \end{bmatrix} = \underset{(6\times 3)(3\times 1)}{\boldsymbol{\Lambda}_x \boldsymbol{\xi}} + \underset{6\times 1}{\boldsymbol{\delta}},$$

$$\begin{bmatrix} 1performance \\ 2performance \end{bmatrix} = \begin{bmatrix} \beta_{4,1} \\ \beta_{4,2} \end{bmatrix} performance + \begin{bmatrix} error1 \\ error2 \end{bmatrix} = \underset{(2\times1)(1\times1)}{\Lambda_y \eta} + \underset{2\times1}{\varepsilon}.$$

三、模型识别

因果模型的识别一般分为三种：不可识别、恰好识别和过度识别.

1．对模型整体识别

（1）t 规则（必要条件）

$$t \leqslant 0.5(p+q)(p+q+1), \tag{15-1-4}$$

其中，t 为待估参数个数，p 为内生变量个数，q 为外生变量个数.

（2）零 B 规则（充分条件）：$B=0$，即没有内生变量作为自变量.

（3）递归规则（充分条件）：递归模型（recursive）都是可识别的. 递归模型是指模型中变量之间只有单向的因果关系，没有直接或间接的反馈，并且所有误差项彼此不相关.

【例 15-1-5】 在 Warren，White 和 Fuller（1974）的案例中，$t=22$，$q=6$，$p=2$. 由于 $t \leqslant 0.5(p+q)(p+q+1)$，$B=0$，模型为递归模型，因此模型可以识别.

2．对于单个方程的识别

（1）阶条件（必要条件）：对于每个方程，不在此方程的内生变量和外生变量的数目和大于或等于 $p-1$，则该方程就可能被识别.

（2）秩条件（充分条件）：将矩阵 $(I-B, -\Gamma)$ 中第 i 行不为零的元素所在的列划掉，剩下矩阵的秩等于 $p-1$，则该方程可识别.

阶条件和秩条件适用于矩阵 $I-B$ 为可逆矩阵，且 Ψ 不加任何约束的非递归模型.

四、模型参数估计

（一）最大似然估计

设 Σ 是被观测总体的方差-协方差矩阵，S 是样本观测值的方差-协方差矩阵. 最大似然估计的拟合函数为

$$F_{ML} = \log|\Sigma| + \text{tr}[S\Sigma^{-1}] - \log|S| - (p+q), \tag{15-1-5}$$

其中，$\text{tr}[S\Sigma^{-1}]$ 是矩阵 $S\Sigma^{-1}$ 的迹，$\log|\Sigma|$ 表示矩阵 Σ 的行列式的对数，$\log|S|$ 表示矩阵 S 的行列式的对数.

（二）未加权最小二乘估计

未加权最小二乘估计的拟合函数为

$$F_{ULS} = \frac{1}{2}\text{tr}[(S-\Sigma)^2], \tag{15-1-6}$$

其中，$S-\Sigma$ 是残差矩阵.

（三）加权最小二乘估计

加权最小二乘估计的拟合函数为

$$F_{GLS} = \frac{1}{2}\text{tr}\{[(S-\Sigma)W^{-1}]^2\}, \quad (15\text{-}1\text{-}7)$$

其中，W 是一个正定矩阵或以概率收敛于一个正定矩阵的随机矩阵，是加权矩阵. 通常 W 取 S.

（四）样本量要求

在变量服从正态分布、无缺失值及例外值（Bentler & Chou, 1987）下，样本量最小为估计参数个数的 5 倍、10 倍则更为适当. 当变量不服从正态分布时，样本量应提升为估计参数个数的 15 倍. 以 ML 法估计时，Loehlin（1992）建议样本量至少为 100~200 较为适当. 当样本量为 400~500 时，ML 法会变得过于敏感，而使得模式不适合.

五、模型拟合评价

（一）参数检验

参数检验包括合理性检验和显著性检验. 参数的合理性检验主要是检验：
- 参数估计值是否有合理的实际意义.
- 参数的符号是否符合理论假设.
- 参数的取值范围是否合理.

参数的显著性检验是利用 C.R.（critical ratio）统计量检验参数. C.R. 是一个 Z 统计量，若其显著性 $p<\alpha$，则表明路径系数或载荷系数在显著水平 α 下显著不为 0.

（二）模型整体评价

结构方程模型的拟合评价指标见表 15-1-3.

表 15-1-3

指标名称	指标含义	接受标准	适用情形
残差分析			
未标准化残差 RMR	未标准化假设模型整体残差	越小越好	了解残差特性
标准化残差 SRMR	标准化模型整体残差	<.08	了解残差特性
绝对拟合效果指标			
卡方值	导出矩阵与观测矩阵的整体相似程度	$P>.05$	
卡方自由度比	卡方值/自由度	<2	不受模型复杂程度影响

续表

指标名称	指标含义	接受标准	适用情形
拟合指数 GFI	模型可解释观测数据的方差与协方差比	>.90	说明模型解释力
调整拟合指数 AGFI	用模型自由度和参数数目调整的 GFI	>.90	不受模型复杂程度影响
简效拟合指数 PGFI	用模型自由度和参数数目调整的 GFI	>.50	说明模型的简单程度
相对拟合效果指标			
正规拟合指数 NFI	假设模型与独立模型的卡方差异	>.90	说明模型较虚无模型的改善程度
非正规拟合指数 NNFI	用模型自由度和参数数目调整的 NFI	>.90	不受模型复杂程度的影响
替代性指标			
非集中性参数 NCP	假设模型的卡方值距离中央卡方值分布的离散程度	越小越好	说明假设模型矩阵中央卡方值的程度
相对拟合指数 CFI	假设模型与独立模型的非中央性差异	>.95	说明模型较虚无模型的改善程度,特别适合小样本
指标名称	指标含义	接受标准	适用情形
平均概似平均误根系数 RMSEA	比较理论模型与饱和模型的差距	<.05	不受样本数与模型复杂度影响
讯息指数 AIC	经过减效调整的模型拟合度的波动性	越小越好	适用效度复核非嵌套模型比较
一致信息指数 CAIC	从样本量方面对 AIC 进行调整	越小越好	适用效度复核非嵌套模型比较
关键样本指数 CN	接受假设模型所需的样本数目	>200	反映样本规模的适切性

六、模型修正

1. 修正原则

- 两个模型拟合度差别不大的情况下,应取两个模型中较简单的模型.
- 拟合度差别很大,应采取拟合更好的模型,暂不考虑模型的简洁性.
- 模型应是用较少参数但符合实际意义,且能较好拟合数据的模型.

2. 模型修正方向

(1) 模型扩展方面(放松一些路径系数,提高拟合度)

模型扩展方面的修正可参考修正指数,修正指数为

$$MI = \chi_I^2 - \chi_M^2,$$ (15-1-8)

其中，χ_I^2 是初始模型的 χ^2 值，χ_M^2 是扩展模型的 χ^2 值．MI 反映的是一个固定或限制参数被恢复自由时，卡方值可能减少的最小的量．如果 MI 变化很小，则修正没有意义；通常认为 $MI>4$（显著水平为 0.05 时，MI 的临界值为 3.84），模型修正才有意义．

模型扩展方面的方法是，增加路径系数或相关性，寻找 MI 最大值．若增加某一路径或相关性的实际意义不明确，可以删除．删除后重新建模，利用拟合指数评价，若效果不错，表明删除合理．当多个路径系数或相关系数的 MI 都大于 4 时，一般选择 MI 值最大的先释放，如果该约束放松，实际不合理时，可选择次之的路径或相关系数．实际应用时需要考虑放松此参数是否有理论基础．

（2）模型简约方面（删除或限制一些路径系数，使模型变简洁）

模型简约方面的修正可参考临界比率，临界比率为

$$CR = \chi^2 / \mathrm{df}. \tag{15-1-9}$$

CR 通过自由度调整卡方值，以供选择参数不是过多，又能满足一定拟合度的模型．

模型简约方面的修正方法是，若删除或限制一些路径系数，CR 不显著，表明参数限定合适，可取简单模型．修正时，寻找 CR 比率最小者，如该比率小于 1，若是对单个参数进行调整，修正时可考虑将其设为 0；若对两个变量进行调整，修正时可设为参数相等．

3．模型修正内容

（1）测量模型修正

- 添加或删除因子载荷．
- 添加或删除因子之间的协方差．
- 添加或删除测量误差的协方差．

（2）结构模型修正

- 增加或减少潜在变量数目．
- 添加或删减路径系数．
- 添加或删除残差项的协方差．

第二节　AMOS 操作与案例分析

AMOS 是一个易于使用的可视化软件．利用 AMOS，您可以快速指定、查看、修正您的结构方程模型．图形化使用了简单的绘图工具，可以评估模型的拟合，进行任何修正，并打印出您的最终模型的高质量的图形．只需指定图形模型，AMOS 可以迅速进行估计和显示结果．本节以第一节中的例 15-1-1 为例（该案例为 AMOS17.02 中的案例 Ex05-a.amw）介绍 AMOS 的操作过程和模型分析过程．

一、绘制路径图

步骤 1　启动 AMOS 图形，会出现如图 15-2-1 所示的 AMOS 界面.

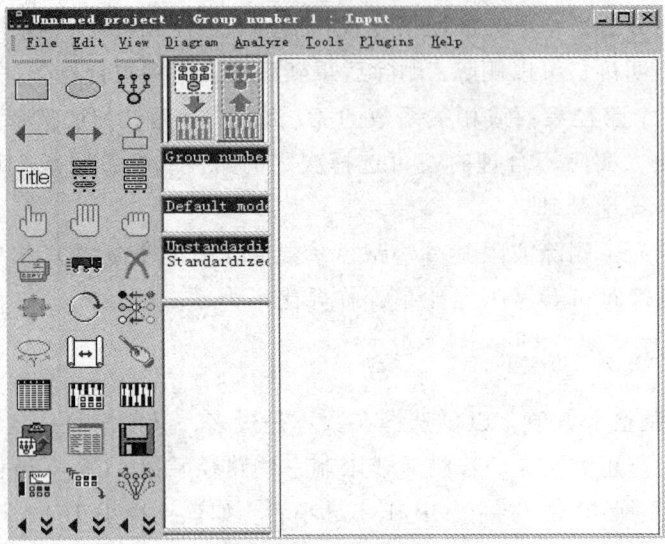

图 15-2-1　Amos 界面

对于大多数操作，您可以使用工具栏或菜单命令. 左边的工具栏提供一键式访问最常用的按钮，右边的空白区域是您画路径图的区域.

步骤 2　点击快捷按钮○，在绘图区域画出一个椭圆来. 点击快捷按钮，拖动刚才画出的椭圆，复制出大小相同的六个椭圆. 点击快捷按钮✗可以清除某个图形.

步骤 3　点击快捷按钮，然后拖动画出的六个椭圆调整其布局位置.

步骤 4　点击快捷按钮，在椭圆上添加表示观测变量的矩形和表示误差项的小圆. 连续点击可在同一个椭圆上添加多个矩形和小圆.

步骤 5　点击快捷按钮←，画出变量的路径，或点击快捷按钮↔表示两个变量相关.

步骤 6　点击快捷按钮，给内生结构变量添加表示误差项的小圆.

步骤 7　给变量命名和设置参数. 右键点击绘图区域中的椭圆，或小矩形，或小圆，在下拉列表中选择 Object Properties，会出现如图 15-2-2 的对象属性对话框.

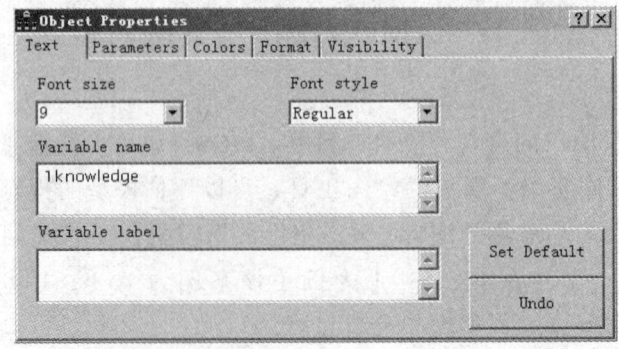

图 15-2-2　'对象属性'对话框

步骤 8 点击图 15-2-2 中的 Text 选项卡，添加变量名称和变量标签，设置字号和字体。对于外生变量，选择 Parameter 选项卡，可以设置参数。

步骤 9 点击快捷按钮 Title，点一下绘图区域的空白处，出现图标题对话框，如图 15-2-3 所示，输入 "Chi-square = \cmin（\df df）" 和 "p = \p" 文本宏，点击 OK。到此如图 15-1-1 的完整路径图就做好了。

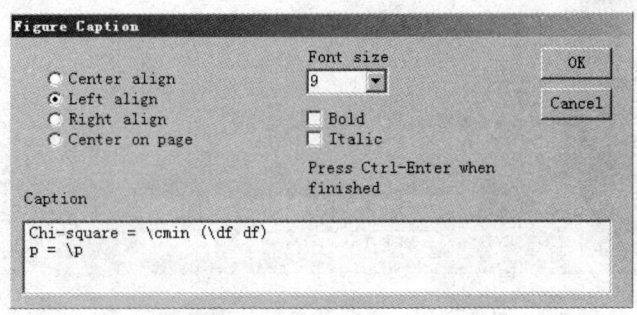

图 15-2-3 '图标题'对话框

步骤 10 点击快捷按钮 ，并给图形命名，将图像保存在自己想保存的文件夹中。

步骤 11 点击快捷按钮 ，将做好的图形粘贴到 Word 文档。

二、指定数据文件

步骤 12 点击工具栏中的 ，出现如图 15-2-4 的 'Data Files' 对话框。

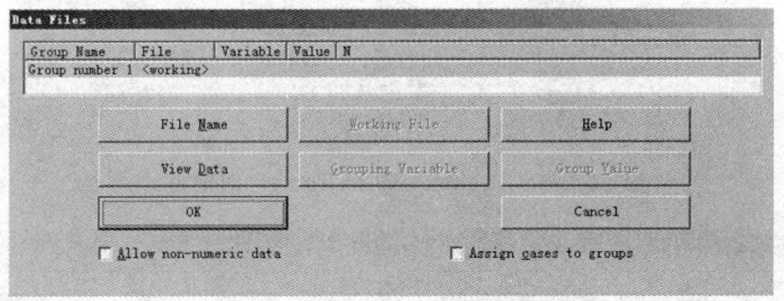

图 15-2-4 'Data File'对话框

步骤 13 点击 File Name 按钮，'打开'对话框如图 15-2-5 所示，查找到 C：\Program Files\SPSSInc\Amos 17.0\Examples。'文件类型（T）：'选择'Excel8.0（*.xls）'，选择文件名为'UserGuide.xls'，点击'打开'。'Select a Data Table'对话框如图 15-2-6 所示。

步骤 14 在如图 15-2-6 的对话框中，选择'Warren9v'，点击'OK'。'Data Files'对话框变为如图 15-2-7 的情形。

步骤 15 点击'Data Files'对话框中的'OK'。

图 15-2-5 '打开数据'对话框

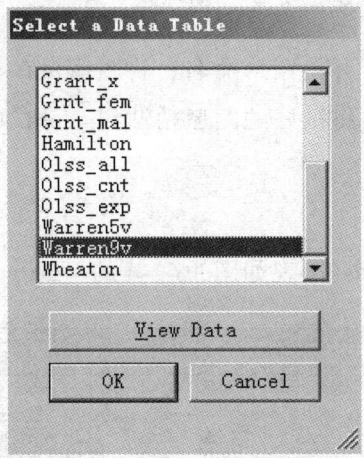

图 15-2-6 'Select a Data Table'对话框

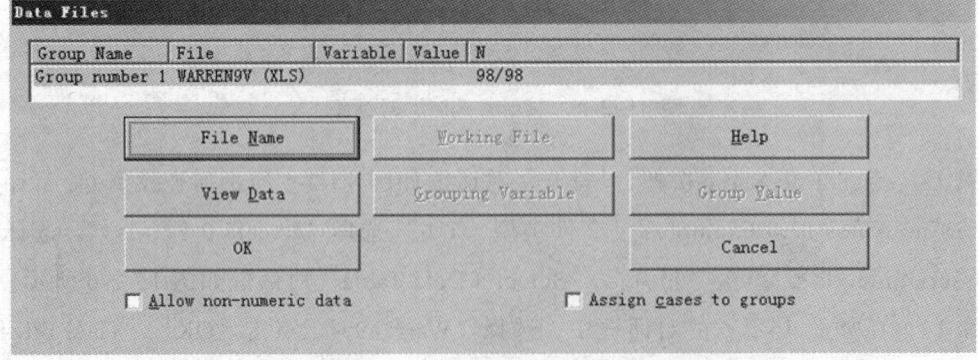

图 15-2-7 'Data File'对话框

三、模型参数估计

步骤 16 点击快捷按钮▥，出现'Analusis Properties'（分析属性）对话框，点击'Estimation'选项卡，如图 15-2-8 所示.

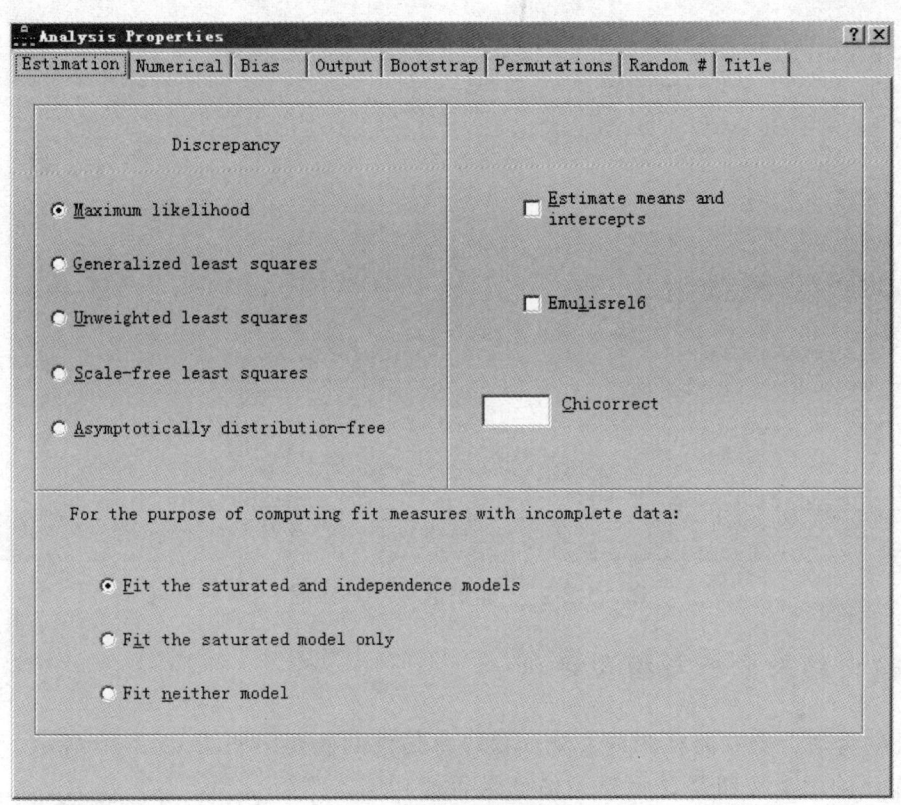

图 15-2-8 分析属性对话框

默认情况下，采用'Maximum Likelihood'（最大似然）估计，此时只估计路径系数和方差协方差. 若选择'Estimation mean and intercepts'，则除了估计路径系数和方差协方差，还估计观测变量的均值.

步骤 17 点击图 15-2-8 中的'Output'（输出）选项卡，出现如图 15-2-9 的对话框. 用户可以根据分析需要选择输出选项. 本例选择'Minimization history'（历史上的最小化）和'Standardized Estimates'（标准化估计）两项.

非标准化系数依赖于有关变量的尺度单位，所以在比较路径系数（或载荷系数）时无法直接使用. 标准化系数是将各变量原始分数转换为 Z 分数后得到的估计结果，用以度量变量间的相对变化水平. 因此不同变量间的标准化路径系数（或标准化载荷系数）可以直接比较.

步骤 18 关闭分析属性对话框.

步骤 19 点击快捷按钮▥，执行模型估计.

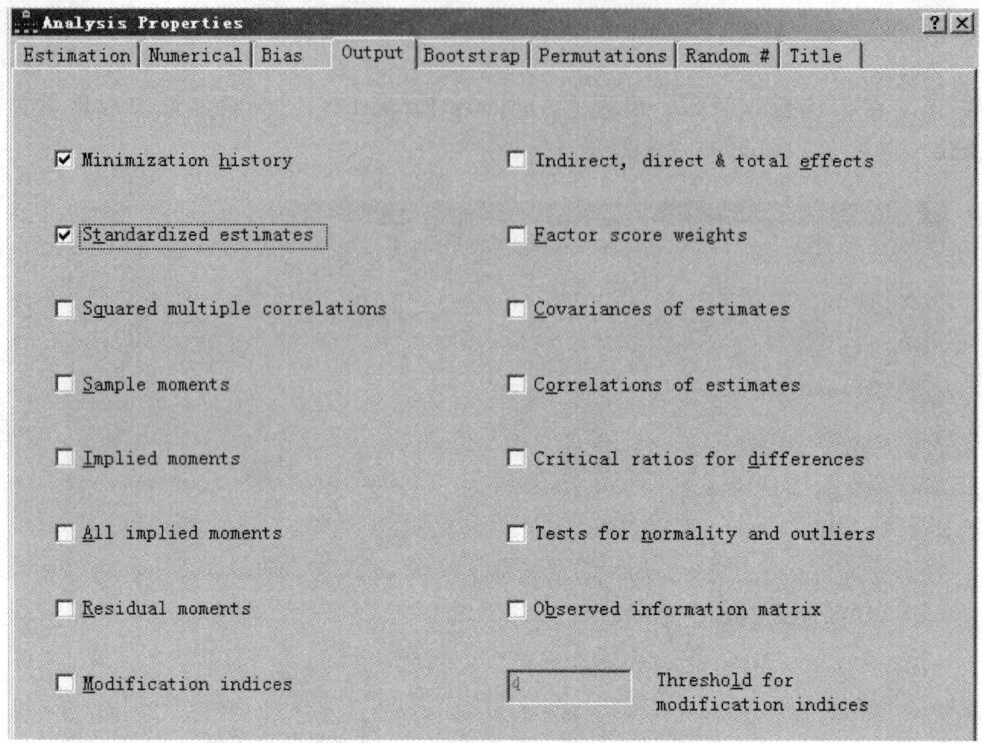

图 15-2-9 '输出选项'对话框

四、输出结果分析与模型评价

模型被估计后,会在路径图的左侧面板显示估计的摘要,如图 15-2-10 所示.

第一部分的两个按钮是显示模型估计是否成功的,当右边的按钮由灰色箭头变为红色箭头表示模型估计成功.若模型估计成功,点击红色箭头按钮,会在路径图上显示路径系数、方差、协方差等估计值.第二部分的'Group number 1'是模型名称.第三部分若显示'OK: Default model',则表明模型可以识别,估计成功;若显示'XX: Default model',则表明模型不可以识别,估计不成功.第四部分的'Unstandardized estimates'和'Standardized estimates'分别是非标准化估计和标准化估计选项卡,点击其中之一,会将其相应的估计结果显示在路径图上.第五部分模型估计概要,包括数据名称、迭代次数、最小化是否成功、卡方统计量值及其自由度等.

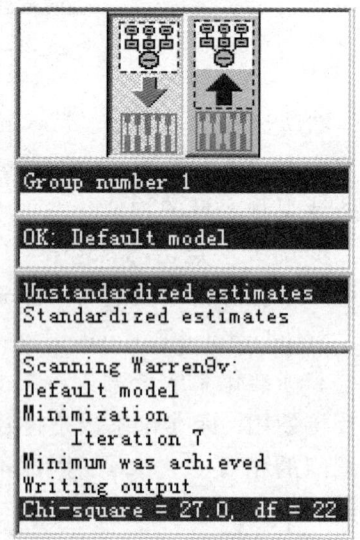

图 15-2-10 估计概要

如图 15-2-11 所示,非标准化估计显示的是外生变量的方差估计、变量间的协方差估计、非标准化的路径系数(回归权重),如 error3 的方差为 0.04、knowledge 和 value 的协方差为 0.04、performance 对 2performance 回归权重为 0.87 等.

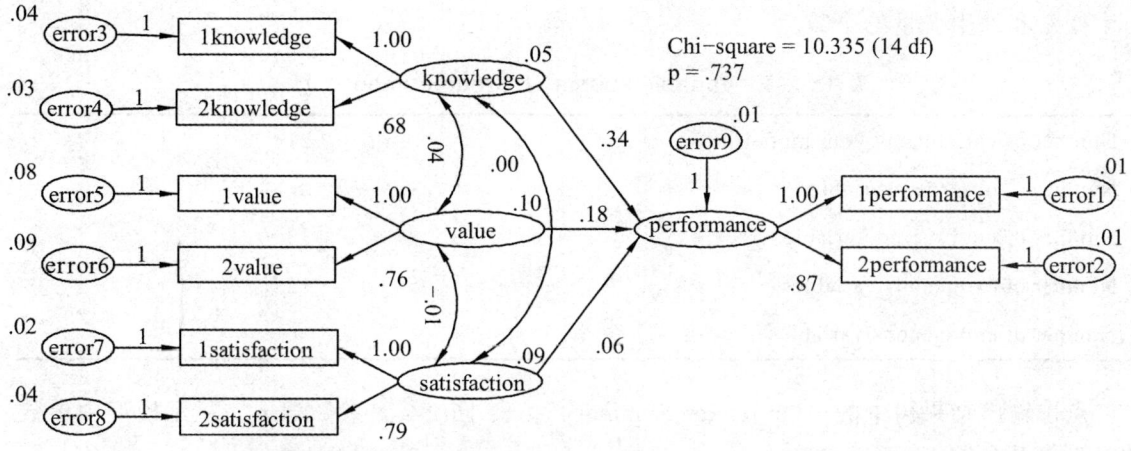

图 15-2-11 Unstandardized estimates 估计结果

如图 15-2-12 所示，标准化估计显示的是标准化的路径系数（标准化回归权重）、回归的 R^2（Squared Multiple Correlations）、变量间的相关系数. 如 performance 对 2performance 标准化回归权重为 0.82，回归的 $R^2 = 0.67$，knowledge 和 value 的相关系数为 0.54 等.

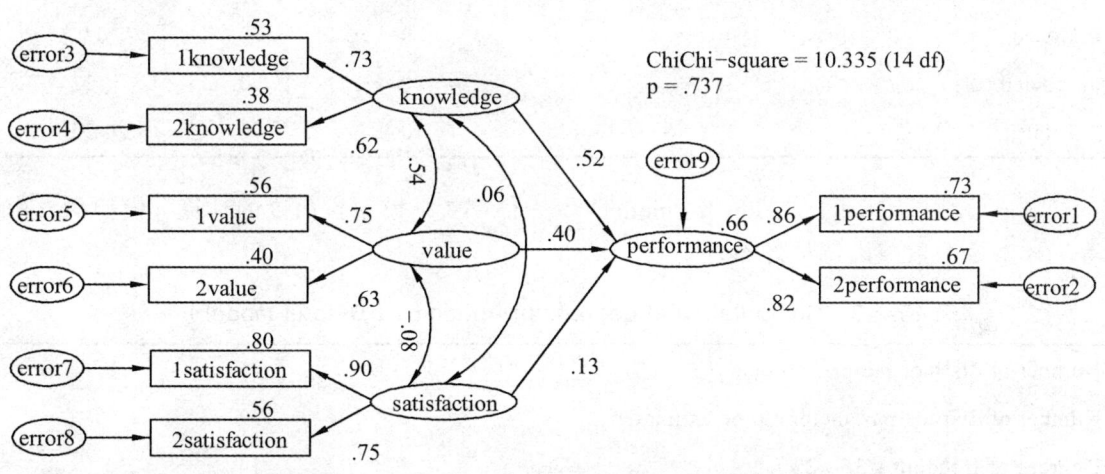

图 15-2-12 Standardized estimates 估计结果

点击快捷按钮 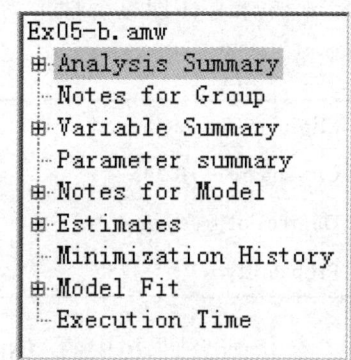，AMOS 还提供了表格形式的模型估计输出结果. 在输出结果窗口左上角显示的输出结果树，如图 15-2-13 所示. 输出结果树包括 'Analysis Summary'（分析概要）、'Variable Summary'（变量概要）、'Notes for Model'（模型注释）、'Estimates'（估计结果）、'Modification Indices'（修正指数）和 'Model Fit'（模型拟合指数）六部分，点击其中某一项，会在右边显示相应的输出结果. 在分析过程中，一般通过前三部分了解模型，在模型评价时使用估计结果和模型拟合部分，在模型修正时使用修正指数部分.

点击输出结果树中的 'Variable Summary'，表 15-2-1 是变量概要，显示模型中观测变量、不可观测变量（结构变量）、

图 15-2-13 输出结果树

内生变量和外生变量的个数.

表 15-2-1　Variable counts（Group number 1）

Number of variables in your model：	21
Number of observed variables：	8
Number of unobserved variables：	13
Number of exogenous variables：	12
Number of endogenous variables：	9

点击输出结果树中的'Parameter Summary'，表 15-2-2 是参数概要，显示模型中参数的类型及其个数.

表 15-2-2　Parameter summary（Group number 1）

	Weights	Covariances	Variances	Means	Intercepts	Total
Fixed	13	0	0	0	0	13
Labeled	0	0	0	0	0	0
Unlabeled	7	3	12	0	0	22
Total	20	3	12	0	0	35

点击输出结果树中的'Notes for model'，表 15-2-3 是模型自由度的计算，模型的自由度等于样本矩个数减去待估计参数个数.

表 15-2-3　Computation of degrees of freedom（Default model）

Number of distinct sample moments：	36
Number of distinct parameters to be estimated：	22
Degrees of freedom（36 - 22）：	14

表 15-2-4 是模型整体拟合的检验结果. 模型拟合的卡方统计量值为 10.335，自由度为 14，概率水平（即显著性）为 0.737 > 0.05，在显著水平 0.05 下，模型拟合良好.

表 15-2-4　Result（Default model）

Minimum was achieved
Chi-square = 10.335
Degrees of freedom = 14
Probability level = .737

点击输出结果树中的'Estimates'，可以看到权重估计及其检验、协方差估计及其检验、方差估计及其检验、标准化估计以及相关系数估计结果.

表 15-2-5 是回归权重估计及其检验结果,其中 Estimate 列是权重估计值,S. E.列是标准差,C. R.列是检验统计量值,P 列是 C. R.的显著性,Label 列是参数限制标签.权重检验的原假设为权重为 0,备择假设为不为 0,因此是双侧检验.AMOS 提供了一种简单便捷的检验统计量 C. R.(Critical Ratio),该统计量由参数估计值与其标准差之比构成,相当于 Z 统计量. 从表 15-2-5 可以看出,P 值都小于 0.05,故在 0.05 显著水平下,回归权重都显著不为 0,即各个回归都是显著的.

表 15-2-5　Regression Weights:(Group number 1 - Default model)

结果变量	方向	原因变量	Estimate	S. E.	C. R.	P	Label
performance	<---	knowledge	0.337	0.125	2.697	0.007	
performance	<---	satisfaction	0.061	0.054	1.127	0.26	
performance	<---	value	0.176	0.079	2.225	0.026	
2satisfaction	<---	satisfaction	0.792	0.438	1.806	0.071	
1satisfaction	<---	satisfaction	1.000				
2value	<---	value	0.763	0.185	4.128	***	
1value	<---	value	1.000				
2knowledge	<---	knowledge	0.683	0.161	4.252	***	
1knowledge	<---	knowledge	1.000				
1performance	<---	performance	1.000				
2performance	<---	performance	0.867	0.116	7.45	***	

表 15-2-6 是协方差估计及其检验结果.从中可以看出,value 与 knowledge 的协方差为 0.037,C. R. 检验的显著性为 0.002,说明 value 与 knowledge 是显著相关的.satisfaction 与 value 的协方差为 −0.008,C. R. 检验的显著性 0.542,说明 Satisfaction 与 value 相关性不显著.satisfaction 与 knowledge 的协方差为 0.004,C. R. 检验的显著性为 0.644,说明 satisfaction 与 knowledge 相关性不显著.

表 15-2-6　Covariances:(Group number 1 - Default model)

变量	相关性	变量	Estimate	S.E.	C.R.	P	Label
value	<-->	knowledge	0.037	0.012	3.036	0.002	
satisfaction	<-->	value	−0.008	0.013	−0.61	0.542	
satisfaction	<-->	knowledge	0.004	0.009	0.462	0.644	

表 15-2-7 是 3 个外生结构变量和 9 个误差项的方差估计及其检验结果.从伴随概率来看,satisfaction、error7 和 error8 的方差的显著性不强.

表 15-2-7　Variances：(Group number 1 - Default model)

变量	Estimate	S.E.	C.R.	P	Label
satisfaction	0.09	0.052	1.745	0.081	
value	0.1	0.032	3.147	0.002	
knowledge	0.046	0.015	3.138	0.002	
error9	0.007	0.003	2.577	0.01	
error3	0.041	0.011	3.611	***	
error4	0.035	0.007	5.167	***	
error5	0.08	0.025	3.249	0.001	
error6	0.087	0.018	4.891	***	
error7	0.022	0.049	0.451	0.652	
error8	0.045	0.032	1.42	0.156	
error1	0.007	0.002	3.11	0.002	
error2	0.007	0.002	3.871	***	

表 15-2-8 是标准化回归权重估计及其检验结果，其中的参数是否显著性与非标准化回归的表 15-2-5 相同，这里主要给出了标准化权重. 从中可以看出：

表 15-2-8　Standardized Regression Weights：(Group number 1 - Default model)

结果变量	方向	原因变量	Estimate
performance	<---	knowledge	0.516
performance	<---	satisfaction	0.13
performance	<---	value	0.398
2satisfaction	<---	satisfaction	0.747
1satisfaction	<---	satisfaction	0.896
2value	<---	value	0.633
1value	<---	value	0.745
2knowledge	<---	knowledge	0.618
1knowledge	<---	knowledge	0.728
1performance	<---	performance	0.856
2performance	<---	performance	0.819

- knowledge、satisfaction 和 value 三个变量中，knowledge 对 performance 的影响最大，satisfaction 对 performance 的影响最小.
- satisfaction 对 1 satisfaction 的影响要大于对 2 satisfaction 影响.
- value 对 1 value 的影响要大于对 2 value 的影响.
- knowledge 对 1 knowledge 的影响要大于对 2 knowledge 的影响.

- performance 对 1 performance 的影响要大于 2performance 的影响.

表 15-2-9 是相关系数估计结果，显著性与协方差检验相同没有列出. 从中可以看出，value 与 knowledge 的相关系数为 0.542，satisfaction 与 value 的相关系数为-0.084，satisfaction 与 knowledge 的相关系数为 0.064.

表 15-2-9　Correlations：(Group number 1 - Default model)

变量	相关性	变量	Estimate
Value	<-->	knowledge	0.542
satisfaction	<-->	value	-0.084
satisfaction	<-->	knowledge	0.064

点击输出结果树中的'Model Fit'，会看到模型的拟合检验指标. 表 15-2-10 是几个主要拟合检验指标. 可以看出，CMIN 的 p 值 = 0.737 > 0.05，未标准化残差 RMR = 0.003 < 0.05，拟合指数 GFI、调整拟合指数 ACFI、正规拟合指数 NFI 都大于 0.93，说明模型拟合良好.

表 15-2-10　几个重要拟合检验指标

拟合指数	CMIN 的 p 值	GFI	RMR	ACFI	NFI
结　果	0.737	.975	0.003	0.935	0.958

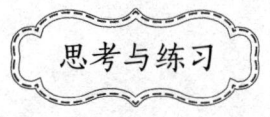

思考与练习

1. 根据以下结构模型的路径图回答问题.（1）有几个潜在变量，几个观测变量，几个内生变量，几个外生变量？（2）有几个固定路径系数（权重），几个待估计路径系数（权重），几个协方差，几个方差，共计几个？（3）写出构模型的形式和测量模型的形式.（4）判断模型是否可识别.

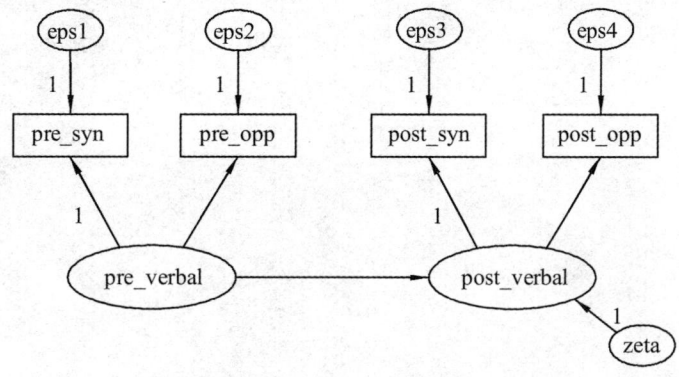

2. 根据以下结构模型的路径图回答问题. （1）有几个潜在变量，几个观测变量，几个内生变量，几个外生变量？（2）有几个固定路径系数（权重），几个待估计路径系数（权重），几个协方差，几个方差，共计几个？（3）写出构模型的形式和测量模型的形式.（4）判断模型是否可识别.

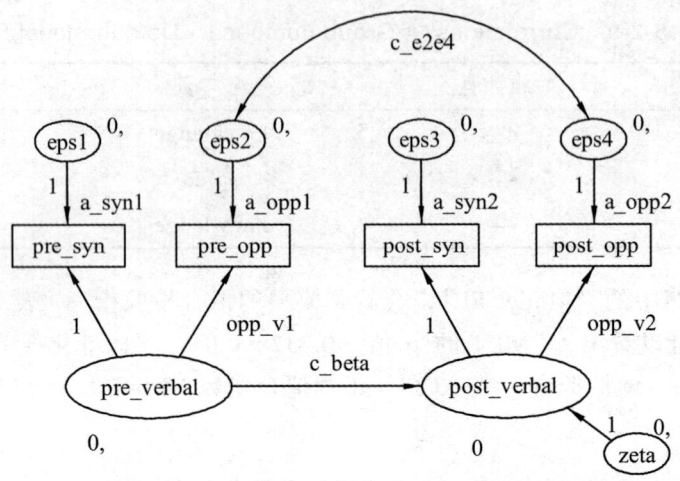

3. 重复练习例 15-1-1.

4. 练习 1 题与 2 题中的结构模型是 AMOS17.02 中的案例 Ex16-a.amw 和 Ex16-a2e.amw，重复练习这两个案例.

第十六章 调查报告写作

调查报告是运用大量统计数据来反映、研究和分析社会经济活动的现状、成因、本质和规律，并做出结论，提出解决问题办法的一种统计应用文体.

本章主要介绍：
- 调查报告概述.
- 调查报告写作方法.

第一节 调查报告概述

一、调查报告的作用

- 调查报告是表现统计成果最理想的形式之一. 调查报告把问题、背景、数据、结论、建议等融为一体，能够更系统、更客观地反映经济社会的现状和问题解决的途径，是表现统计成果理想的形式之一.
- 调查报告是传播统计信息的有效工具. 调查报告便于人们阅读、理解和利用统计信息，是统计信息传播的重要载体，也是人们获取统计信息的工具.
- 调查报告是经济决策的重要依据. 调查报告能够用数字揭示社会经济现象的现状、规律、趋势、存在的问题，可以为科学决策提供准确真实的统计数据和依据.

二、调查报告的特点

调查报告是对某一专门问题调查研究结果的书面报告，具有以下特点：

- 用数字说话. 调查报告通过确凿、翔实的数字（包括运用统计表和统计图）来描述和分析社会经济现象的发展情况.
- 准确性强. 调查报告的准确性除了数字准确、情况真实之外，还要求论述观点正确，建议可行，不能脱离实际.
- 时效性强. 调查报告是用数据说话，时间推移了、改变了，数据就会发生相应的变化，用原来的数据得出的结论就会不符合当前的情况，所以调查报告具有很强的时效性.
- 实用性强. 调查报告不仅能够反映社会经济现象现状，还能对未来做出预测，能指出现象存在的问题，能提出有益于今后工作的措施和建议. 因此，调查报告在了解形势、制定政策、编制计划、经营管理、检查监督等方面都有很强的实用性.

三、调查报告写作的原则

调查报告写作要主题突出,结构严谨,观点和材料要统一,语言力求准确、简洁、通俗易懂.

(一)主题突出

调查报告应围绕主题展开,对问题的确定,对背景资料的调查,对调查方法的选择,对数据的处理与分析,以及到的结论与建议等,都要为主题服务,都要以紧扣主题为原则.

(二)结构严谨

调查报告的结构是行文叙述在逻辑和次序上的安排.结构严谨的三个方面:
- 在整体结构上为主题服务的内容要完整,要逻辑清楚、层次分明.
- 段落层次的划分要体现问题分解的逻辑,即同一层次各部分之间、每部分各段落之间呈现统一的结构形式.每个段落应保证内容的"单一性"和"完整性".
- 结构安排应服从主题的需要.

(三)观点和材料统一

调查报告中的观点是作者对问题的看法及结论,它表明作者对问题的一种基本理解、基本立场.调查报告中的材料是与主题有关的各种统计数据和背景资料.观点和材料要统一,是指从论据(材料)到论点(观点)的论证要合乎逻辑,要合乎统计学及有关学科的学科规范.基本观点的形成要以一定的背景事实为基础,这些事实提供了对基本观点的起码的存在性证明.再从基本事实出发,借助于科学的分析方法,揭示出更多的事实,论证出更进一步的结论.而每一个新的事实和结论又总是对基本观点的进一步强化.分析步步深入的过程,就是呈现的材料不断丰富、论述的观点逐步清晰的过程.

(四)语言力求准确、简洁、通俗易懂

语言准确是指调查报告写作要尽可能使用学科规范术语,避免引起歧义.在调查报告中,经常要根据发展变化的程度使用恰当的形容词,如形容经济增长,有"迅速增长""显著增长""大幅度增长""较快增长""快速增长""有所增长""基本持平""稳定增长"等,究竟用什么词合适,要同有关数字联系起来,不能相互矛盾.尽量避免使用含糊词语,如"可能""也许""大约""大概"等,更不宜使用"空前""首创""非常""十分""极其"等这类有渲染色彩的词.最好是用统计数据来说话,来反映实际的内容.

语言简洁是指调查报告写作要言简意赅,朴素自然,使分析的逻辑更加清楚.把事实高度浓缩,加大信息的密集度,以较少的文字表达清楚较多的内容,让读者在最短的时间内获得较多的有价值的信息.对于需要使用大量统计数字的分析或说明,应借助相应的统计图或统计表等更简明、更直观的形式.

语言通俗易懂是指调查报告的语言运用应充分考虑到读者的阅读习惯和理解能力，这样才易于为读者接受，对于生僻的专业术语，应作必要的说明与解释．

第二节 调查报告写作方法

一、调查报告的内容

在调查报告中分析型报告具有典型性，大致内容包括调查报告的标题、署名（姓名或单位）、目录、表格和插图清单、概要（摘要）、引言、文献综述、数据处理与分析、结论与建议、参考文献、附录等．其中报告的概要（摘要）、引言、文献综述、数据处理与分析和结论与建议是核心．

（一）调查报告的题目

常见的调查报告的题目形式有四种：
- 提示主题．例如，《2004年我市劳动就业和社会保障体系建设取得新进展》，题目概括出调查报告的主题思想．
- 明确表明作者的观点．例如，《减负道路仍漫长》《要刹住小学择校风》等．这类题目概括出作者的观点．
- 采用提问的形式．例如，《流动人口何处流》《房价缘何居高不下》等．这类题目以提问的形式引起读者的注意和思考．
- 采用正副题形式．正题（也叫主题或大标题）指出报告的中心思想．副题（也叫次题或提要题）是正题的辅助标题，用于进一步补充和说明正题，使正题的意思更完整．

题目要贴切、简洁、醒目．贴切就是题目要能准确地揭示调查报告的内容，做到题文相符．不要文不对题，也不要大题小做或者小题大做．简洁就是题目要言简意赅，高度地概括，以最少的文字来揭示全文的内容．醒目就是题目要力求新颖、生动，具有较强的吸引力，使读者产生阅读的欲望．

题目是点睛之笔，好的题目会使报告增色不少．要使题目新颖醒目，扣人心弦，增加吸引力，引起人们的重视，可以采取以下一些方法：
- 多用"论点题"和"事实题"，少用"对象题"．试比较以下两题《乡镇工业大有作为》和《关于乡镇工业的调查》．
- 适当采用"设问题"．试比较以下两题《商品库存为什么升高》和《商品库存情况的分析》．
- 用具体或突出的事实做标题．试比较以下两题《我区工业总产值突破一千亿大关》和《我区工业生产大幅度增长》．
- 加重语气，或适当运用提示语和有强调作用的语句．试比较以下两题《我区耕地面积大量减少差距惊人》和《我区耕地面积大量减少》．再比较以下两题《我市蔬菜价格猛涨 26%》和《我市蔬菜价格上涨 26%》.
- 运用对比手法. 试比较以下两题《改革前长期亏损共达八万七,改革后一年盈利足有十万八》和《改革后我厂扭亏为盈,全年盈利十万八》.
- 适当运用比喻. 试比较以下两题《××地区大力营造"绿色宝库"》和《××地区开展植树造林情况》.
- 适当运用正副题,正题适当运用诗词、成语、古语、警句. 例如,《安得广厦千万间,黎民百姓尽开颜——我区房地产情况调查》,再如,《××县葡萄生产情况——今年全县葡萄产量可达 25 万吨,比上年增长 24%》.

（二）概要（摘要）

概要主要供决策者和读者快速了解调查结果使用,因此主要阐述调查的重要结论或建议. 概要的内容以条目的形式列出更能增加其清晰度和层次性.

（三）引　言

引言部分提供调查问题的背景信息,如问题来历、调查目的与意义等.

（四）文献综述

文献综述主要是与本次调查相关的文案调查结果,主要说明与本次调查主题的有关现状和对本次调查的启示. 引用参考文献时,应标注参考文献的序号.

（五）对调查的说明

对调查的说明主要说明调查的目标、调查总体、调查的时间和期限、抽样方法与调查方法、样本量的确定、调查的组织实施、质量控制等. 对调查的说明主要的目的让决策者或读者了解大概的调查过程,它不同于调查方案,调查方案的使用者是调查组织者和实施者,是调查的实施方案和计划.

（六）数据处理与分析

数据处理与分析部分是调查报告的核心. 调查报告中常用统计分析方法见第二章第一节的内容. 内容的安排可依据调查目标结合调查问卷的题目进行. 用统计模型处理与分析时,应按照模型分析的步骤进行. 切不可按照调查题目简单地一一进行分析,应注重问题的综合分析,如群集条形图分析、假设检验与方差分析、交叉列联表分析与检验、聚类分析、对应分析等,以便挖掘深层次的统计信息.

（七）结论与建议

结论与建议是调查报告的结束语. 好的结论与建议,或帮助读者明确题旨加深认识,或引起读者的联想和思考；或给读者提供决策信息,指明行动方向. 调查报告的结论与建议大致有以下几种写法：
- 总结全文深化主题.

- 表明态度,提出建议.
- 展望前景,提出看法.
- 强调问题引起重视.
- 水到渠成得出结论.
- 呼应开头首尾圆合.
- 事物未来做出预测.

有些调查报告,从形式上看没有结论与建议,这些调查报告往往把结论与建议分别穿插到各个问题的分析之中了.需要指出的是,无论以哪种方式写结论和建议都不能脱离调查目标,都要以调查数据和数据的分析结果为依据.结论最忌脱离调查目标和数据的分析结果泛泛而谈,建议最忌没有针对性和不切合实际.

(八)参考文献

参考文献主要包括调查背景引用的文献、文案调查引用的文献、数据处理和分析说明引用的文献等.参考文献应按照出现的先后顺序列出来,并且将其序号标注在引用的位置上.

(九)附 录

附录是调查报告主体部分包含不了或与报告有关,必须附加说明的部分.通常有调查问卷、调查方案、一些统计分析和计算的细节、一些技术性问题的讨论、数据汇总、原始材料、背景材料等.

二、调查报告的规范性要求

(一)标题格式的要求

一级标题用"一、"标号,二级标题用"(一)"标号,三级标题用"1."标号,四级标题用"(1)"标号.段落内序号宜用①、②、③表示.不同级别的标题宜用不同的字号区分.

(二)公式和算式的要求

公式和算式要求另起一行,前空两格或四格排列,或居中.文中引用某一公式时,公式序号应为"式(1)",而不应为"一式""1 式"或"(1)式"等其他公式序号.公式中变量无论大小写均用斜体(正文中引用公式中变量应与公式中保持一致),数学符号和数字用正体.公式编辑器打出的公式要保持原貌,不要故意拖大或拖小.可对公式编辑器的字号进行设置,以便与文本字号匹配.

(三)正文中数字的要求

- 公元纪年数字等用阿拉伯数字,勿用中文表示,即用"19 世纪""20 世纪",勿用"十九世纪""二十世纪";年代最好用"1980 年代""1990 年代",亦可用"上世纪 80 年代""上世纪 90 年代",勿用"80 年代""90 年代";年份须用"1999 年""2003 年",勿用"99 年"、"03 年".

- 时间段表示方法为:"1991—1995 年""1991 年至 1995 年""1991 年 10 月至 12 月""1991 年 10 月至 1995 年 12 月""1991 年 10 月 6 日至 1995 年 12 月 5 日",勿用"1991 年—1995 年""1991 至 1995 年""1991 年 10—12 月""1991 年 10 月—1995 年 12 月".
- 百分数表示方法为:"1%""1%～5%""提高 1 个百分点",勿用"百分之一""1～5%""提高一个百分点",小数位后最多为两位,并做到全文统一.
- 倍数和分数的表示方法为:"1 倍""1/3",勿用"一倍""$\frac{1}{3}$"或"三分之一".
- 文中数字的整数位最多为 5 位,如有 6 位数字时,应将其改写为 2 位数,并调整相应的计量单位,如将"123456 元"改写为"12.35 万元";文中除个别数字外,数字的小数位不必太多.

(四)文中缩写的要求

可以在中文全称或英文全称出现后加括号表明缩写,以后即可连续使用缩写名称,如"国内生产总值(GDP)""研究与试验发展(R&D)""《国民经济与社会发展十一五规划纲要》(以下简称《纲要》)". 切忌文中第一次出现即为缩写.

(五)统计表与统计图的要求

统计表与统计图的要求参见第四章的内容.

(六)参考文献的要求

- 参考文献要精选,著录主要的且与文章直接相关的文献.
- 正文中参考文献标引一律用右上标形式的方括号内数字表示,例如 "[3]".
- 参考文献著录按以下顺序排列:

[序号]主要责任者. 文献名[文献标识]. 版本(初版免注). 出版事项(包括出版地:出版者,出版年). 文献出处(或电子文献可获得地址). 参考文献起止页码.

注:缺少以上某一项时,可将该项连同相关的标点符号一起略去.

- 参考文献中的序号表示文献在文中出现的顺序.
- 如有 3 位以上作者,则只能列前 3 位,其后加",等"或",et al";如"宋红,马良,杜芳,等";其中,主要责任者只列姓名,其后不加"著""编""合编"等责任说明文字.
- 文献名不加书名号"《 》".
- 学位论文后要注明学位的类型.
- 出版地指出版者的城市名,在出版者中包含了地名时,出版地也不能省略,如,"北京:北京大学出版社",不能写成"北京大学出版社".
- 期刊要在文献出处后注明刊期,如《统计研究》1990 年第 2 期表示为"统计研究,1990(2).".
- 报纸文献要注明出版日期和版面,格式为:"2005-09-15(版面)".
- 参考文献中所有年份、页码均用阿拉伯数字,后面不加"年"和"页"字.

- 文献标识类型（表 16-2-1 和表 16-2-2）。

表 16-2-1　纸质文献标识

期刊类型	期刊文章	专著	论文集	学位论文	报纸文章	析出文献
文献标识	[J]	[M]	[C]	[D]	[N]	[A]

表 16-2-2　电子文献标识

电子文献类型	联机网上数据库	网上期刊	网上电子公告	磁带数据库	光盘图书	磁盘软件
文献标识	[DB/OL]	[J/OL]	[EB/OL]	[DB/MT]	[M/CD]	[CP/DK]

【例示】：

参考文献

[1]　李宁辉. 我国农村农业投资问题分析[J]. 统计研究，2006（6）：58-61.

[2]　Chen S. Practical identification of models[J]. Int J Control，1990（6）：1327-1350.

[3]　刘厚俊. 现代西方经济学原理[M]. 3 版. 南京：南京大学出版社，2002：17.

[4]　J Bain. Industrial Organization[M]. New York：John Willy&Sons Inc，1959：10-20.

[5]　约翰斯顿. 计量经济学方法[M]. 4 版. 唐齐名，译. 北京：中国经济出版社，2002：37-40.

[6]　李德水. 国民经济指标和经济形势分析方法[A]//中国统计学会. 第十二次全国科学统计讨论会文集[C]. 北京：中国统计出版社，2005：1-13.

[7]　B Dupont. Bone marrow transplantation in severe combined inmunodeficiency[A]//H White，R Smith. Proc. of the 3rd Annual Meeting[C]. Houston：ISEH，1974：44-46.

[8]　乔晓春. 中国人口普查研究[D]. 北京：中国人民大学统计学院，1994.

[9]　谢希德. 创新学习的新思路[N]. 人民日报，1998-12-25（10）.

[10]　秦宛顺. 中国经济周期与国际经济周期相关性分析[J/OL]. http://www.china.org.cn/ch-jjxc/14.html，1998-08-16.

附录1 第三次国家卫生服务调查设计方案[①]

一、前　言

卫生部于1993年和1998年在全国范围内开展的两次国家卫生服务调查,对于各级卫生行政部门提升科学管理水平,合理配置卫生资源,有效调控卫生服务供求关系,提高卫生服务的社会效益和经济效益产生了重要影响.

十年来,我国社会经济迅速发展,卫生服务供给、利用、服务费用以及卫生管理体制也发生了很大的变化.为进一步深化卫生改革,全面贯彻落实党的十六大提出的提高全民族健康素质,全面建设小康社会的奋斗目标,了解我国居民健康状况及卫生服务需求,特开展第三次国家卫生服务调查,以求将准确而丰富的信息提供给各级管理部门及全社会.第三次国家卫生服务调查将在认真总结1993年和1998年两次国家卫生服务调查经验,注意保持前两次调查核心内容的连续性和可比性的基础上,围绕当前卫生改革与发展目标及工作重点,注意引入新的调查方法和调查工具,通过家庭居民健康询问调查和小规模定性调查,对全国城乡及不同类型地区居民健康水平、卫生服务需要和需求量、医疗保障制度改革、医疗保健费用、居民对卫生服务的反应性以及城乡不同阶层居民对我国城镇和农村卫生改革的认识和想法等内容进行深入了解和系统分析,探讨在当前形势下卫生服务供需之间的特点及其影响因素,预测今后卫生服务供需变化的趋势,为推进城镇和农村卫生改革和发展、合理制定我国卫生发展政策和战略提供客观依据.

二、调查目的

第三次国家卫生服务调查基本目的是提供人群健康状况、卫生服务需求量、卫生服务费用、居民对卫生服务的反应性等信息,为制定政策和开展评价提供客观依据.具体目的如下:

1. 通过对样本地区居民各类疾病患病率、伤残率、疾病严重程度及其丧失劳动能力程度等健康状况的调查,掌握我国不同类型地区居民和特殊人群卫生服务需要量以及存在的主要健康问题,分析居民卫生服务需要的变化及其影响因素;

2. 通过对样本地区居民卫生服务利用的调查,探讨居民卫生服务需要向需求转化的程度、卫生服务需求与供给之间的关系及其影响因素,为合理制定卫生发展计划和战略提供客观依据;

[①] 资料来源:http://www.nhfpc.gov.cn/mohwsbwstjxxzx/s8211/list.shtml.

3. 通过对样本地区居民医疗保障制度和医疗保健费用的调查，了解城乡和不同类型地区医疗保障制度改革进展、各种医疗保障制度覆盖范围、居民医疗保健负担能力和负担水平，以及医疗保障制度改革对居民卫生服务需求和利用的影响等，为我国建立健全城乡居民的医疗保障制度，完善国家卫生筹资政策提供有关信息。

三、调查对象和调查时间

第三次国家卫生服务调查包括两部分调查，即家庭健康询问调查和小规模定性调查，家庭健康询问调查的对象为全国抽中样本住户的实际人口（凡居住并生活在一起的家庭成员和其他人，或单身居住、生活的，均作为一个住户）。小规模定性调查的对象包括所抽中样本地区及卫生服务相关的主要人群，包括城镇和农村居民、各级卫生服务提供者包括个体和民营卫生服务提供人员、卫生管理人员、相关弱势人群（包括贫困人口和流动人口等）。

第三次国家卫生服务调查住户健康询问调查的现场时间从 2003 年 9 月 18 日开始至 10 月 20 日结束。

四、抽样设计

国家卫生服务调查遵循经济而有效的原则，采用多阶段分层整群随机抽样的方法，通过样本估计总体。通过前两次国家卫生服务调查的实践证明，调查所抽取的样本对全国及不同类型地区有较好的代表性。本次调查设计过程中利用 2000 年人口普查资料对前两次所采用的抽样框架进行了代表性检验，检验结果表明：原有抽样框架仍对国家整体经济、教育等多方面具有较好的代表性。同时，考虑调查资料的可比性，第三次国家卫生服务调查仍沿用前两次调查的样本，除部分地区由于行政区划变化进行调整，以及住户在样本村重新随机抽取外，样本县（市、区）、样本乡镇（街道）和样本村（居委会）原则不变。

本次调查的全国样本地区为：95 个县（市、区）、475 个乡镇（街道）、950 个村（居委会）。家庭健康询问调查最终的抽样单位是户，在每个样本村（居委会）中随机抽取 60 户，全国共抽取 57 000 户（约 21 万人口）。全国平均每户被抽取的概率为 1：5800。西部省、自治区、直辖市扩大调查：每省抽取 30 个乡镇和 30 个街道、每个乡镇和街道分别抽 2 个行政村和 2 个居委会、每个村和居委会随机抽 33 户。

五、调查内容

（一）家庭健康询问调查的内容

1. 调查家庭成员的社会人口学特征，如性别、年龄、婚姻、教育、就业等；
2. 家庭经济状况、居住条件、生活环境和生活方式、卫生服务可得性及家庭成员的医疗保健制度等；
3. 调查前两周内患病、调查前半年慢性病患病名称、频次、持续时间，因病伤活动受限及丧失劳动能力情况（残疾和失能）；

4. 调查前两周内因病伤就诊人次数、就诊费用、就诊机构种类，患者未就诊原因、采取自我医疗的方法和药品来源；

5. 调查前一年因病伤住院的人次数、住院日数、住院机构种类、住院费用、需要住院未能住院的原因等情况；

6. 居民对卫生服务的反应性：包括居民对利用卫生服务时所需要的时间、服务提供者是否对病人给予尊重、病人的隐私是否得到适宜的保护等情况；

7. 已婚育龄妇女及5岁以下儿童保健情况，包括生育史、最后一次妊娠的结局、分娩的地点、接生方式及接生者、产前检查和产后访视、婴儿出生体重、母乳喂养、健康状况、接受系统保健等情况.

（二）小规模定性调查内容

1. 城镇居民对我国城镇卫生改革所关注的重点和看法；
2. 农村居民对我国农村卫生改革所关注的重点和看法；
3. 卫生管理人员、卫生服务提供人员、基层卫生工作人员、个体和私营卫生机构人员对我国卫生体制改革和城镇、农村卫生改革的认识和看法；
4. 弱势人口如贫困人口、城市流动人口等的卫生服务需求、利用、费用以及保障状况，及其所关注的卫生问题.

六、调查方法和技术路线

（一）资料收集的方法

家庭健康询问调查采用入户询问的方法收集数据. 经培训合格的调查员在对调查户进行摸底调查后深入样本户按调查表的项目对该户所有成员逐一进行询问调查.

小规模定性调查将采用访谈、专题小组讨论、快速评估等社会学评估方法. 有经验的研究人员（将组织相关大学和中央级研究机构开展）将根据研究内容和调查对象采取不同的研究方法，了解不同社会群体对我国城镇和农村卫生改革的关注重点和要求，以及社会弱势人群的卫生服务需求和问题. 小规模定性研究将在2003年下半年展开，主要发现将与住户健康询问调查结果相结合，使国家卫生服务调查信息收集内容更加全面. 各样本县（市或市区）卫生局、被调查卫生机构的人员将配合定性调查的开展.

（二）收集资料的人员

家庭健康询问调查设调查员和调查指导员. 调查员负责入户调查. 调查员以选当地的医务人员承担为宜，在农村挑选乡镇卫生院的医生及部分乡村医生，在城市挑选地段医院医生. 非医务人员由于他们在疾病诊断方面存在困难，一般不予考虑. 一般一个样本乡镇（街道）组织两个调查组，一个调查组应有2名调查员（建议男性和女性各一人），具体负责一个村.

调查指导员负责调查的组织、指导、检查及验收工作. 调查指导员应是乡镇卫生院及以上卫生机构的医生，由县（市、区）卫生局指定.

小规模定性调查的调查人员将主要由所确定的大学和中央研究机构经过良好培训和定性调查实践经验的人员开展，调查时需要与有关业务部门的同志配合与协助。

（三）资料收集的工具

家庭健康询问调查采用家庭健康询问调查表。包括家庭一般情况调查表、家庭成员健康询问调查表、卫生服务利用调查表（包括两周病伤调查表、调查前一年住院调查表）。

小规模定性调查将根据所调查内容和调查对象的不同，由主要调查负责人有针对性地制定相应的访谈提纲、专题小组讨论提纲、快速评估调查问卷等特定的调查工具。

七、调查实施和质量控制

为了保证调查的顺利展开和调查的质量，必须对调查的每一个环节实行严格的质量控制。现场调查质量控制的目的，是要通过采取一系列的措施，使调查获得的数据与真实情况之间的差距（偏差）控制到最小的程度。质量控制应贯穿于现场调查的全过程，包括设计阶段（含调查表的设计）的质量控制、调查员的质量控制、现场调查阶段的质量控制和资料整理阶段的质量控制，其中，抓好家庭健康询问的现场调查阶段的质量控制尤为重要。

（一）调查方案设计、论证和试调查

调查方案的设计必须要科学可行，指标筛选要慎重，指标解释要清楚，各项标准要统一；在正式确定调查方案前必须经过反复的论证和试调查，其目的是检验调查设计的科学合理性及可行性；正式调查前，国家卫生服务调查中央领导小组办公室要组织试调查，目的是进一步修改完善调查表，并积累现场调查组织实施的经验；样本地区通过试调查使调查员熟悉调查内容，做到准确、完整地填写调查表格。

（二）调查人员的选择与培训

调查人员的严格挑选和培训是取得准确、可靠资料的不可缺少的前提。由于本次调查内容涉及不少健康、疾病与卫生服务问题，故应选择愿意从事调查工作、有责任心、工作认真负责、耐心细致、有一定社会交往能力的医务人员为调查员。每位调查员都要经过正规培训。培训的要求是：明确调查的目的和意义，了解调查设计的原则和方法，统一指标的含义及填写要求，了解调查员可能导致什么样的调查质量问题，掌握访问的程序，明确现场调查工作纪律，以保证调查工作的质量和进程。人员培训按统一的培训计划、统一培训内容和教材分两级培训。卫生部负责培训省级调查管理人员和师资人员，省级管理人员负责组织和培训样本县（市或市区）负责人及师资人员，并负责督促各样本县（市或市区）培训乡镇（街道）调查指导员和调查员。培训结束后，应对培训效果进行考查，考查合格后才能参加正式调查。

（三）明确调查人员工作职责，建立调查质量核查制度

明确调查人员任务与职责分工是保证调查质量的重要因素之一，提高调查人员的责任

心和积极性,防止由于分工不清和责任不明造成的扯皮现象.调查指导员和调查员必须按照"国家卫生服务调查调查人员职责及现场工作准则"的要求进行工作.

(四)调查质量的核查制度

1. 现场调查中,在每户询问并记录完毕后,调查员都要对填写的内容进行全面的检查,如有疑问应重新询问核实,如有错误要及时改正,有遗漏项目要及时补填.

2. 每个乡镇(街道)的调查指导员要对每户的调查表逐项进行审核,从正式调查开始后的当晚就应逐日检查每份调查表的准确性和完整性,发现错漏项时,要求调查员应在第二天重新询问予以补充更正,认真核实无误后,方可签字验收.

3. 每个县(市、区)设立质量考核小组,在调查过程中抽查调查质量,调查完成后进行复查考核,家庭健康询问调查的复查考核应在已完成户数中随机抽取5%,通过电话或再入户的方式对复核调查表的内容进行询问,复核调查结果录入计算机后,观察复核调查与原调查结果的符合率;在现场调查过程中,各省(区、市)要组织专人进行现场督导.

4. 卫生部将组织国家卫生服务调查质量督导组,分赴各地进行质量考核.

5. 定性调查将通过专家组共同对不同调查内容和调查对象的调查方法和工具,采用有经验的定性研究人员,由各定性调查负责人总体负责不同调查的调查进度和质量监督,共同对不同调查开展过程和调查结果进行评价等过程控制各调查的质量.

(五)质量要求

1. 调查员、调查技术一致性考核的百分比:用来衡量调查人员调查技术的一致性.要求经过培训后,调查人员调查技术的一致性达到95%以上.

2. 调查完成率:在三次上门未调查成功而放弃该户时,应从候选户中按顺序递补.调查完成率应控制在98%以上.

3. 本人回答率:回答应以本人为主,本人不在场时可由熟悉其情况的人代替回答;婴幼儿一般应由直接抚养者回答,育龄妇女应由本人回答;要求成年的本人回答率不低于70%.

4. 复查的符合率:复查考核中,同户复查项目与原调查结果的符合率要求在97%以上.

八、数据处理及上报方式

采取分省录入,集中汇总的方式.为了保证数据录入质量,采取调查数据2次录入的方式.各调查县(市、区)如期将调查表收齐审核无误后,在规定的时间内上报给各省(区、市)卫生厅(局),各省(区、市)卫生厅(局)验收合格后按卫生部统一编制的程序组织人员按要求集中录入,经检查数据无错误、无遗漏后,在2003年11月15日之前将软盘报至卫生部卫生统计信息中心.

九、组织领导

国家卫生服务调查由卫生部统一组织,卫生部成立国家卫生服务调查领导小组,部长任领导小组组长,办公厅、规划财务司、统计信息中心领导为副组长,有关业务司局领导为领导小组成员.领导小组下设办公室,以规划财务司和统计信息中心人员为主,人事司、医政司、疾病控制司、卫生法制与监督司、基层卫生妇幼保健司等业务司局派人员参加.具体负责国家卫生服务调查的方案设计和论证、组织全国省和县级师资培训、组织调查实施、质量控制、技术指导和咨询等项工作.

各省、自治区、直辖市卫生厅局相应成立领导小组,负责本省样本地区的卫生服务调查的领导、组织调查实施、质量控制和资料验收、技术指导和咨询等项工作,有条件的地区可根据需要扩大省的样本量.

样本地区的卫生局应成立相应领导小组,负责领导、组织调查指导员和调查员的培训、组织实施本地区卫生服务的调查和调查表的质量控制工作.

全国范围内开展综合性的卫生服务抽样调查的任务是艰巨的,但也是一次意义重大的工作.各地卫生行政部门要给予高度重视,精心组织、认真实施,做好群众的宣传和发动工作,以取得群众的理解和密切的配合,以及当地政府及各界人士的支持.

卫生部
二〇〇三年七月十四日

附录2　第三次国家卫生服务调查表[①]

第一部分：家庭一般情况调查表

表1　家庭一般情况调查

1	您家共有几口人？	
2	调查前半年内，常住在家里的人数（包括没有户籍但在您家居住半年以上的人，如亲戚、保姆等）：	
3	您家实际生活用房建筑面积约多少平方米？	
4	您家中有无电视机：（1）无　（2）一台黑白电视　（3）一台彩色电视　（4）两台及以上	
5	您家饮水主要类型：（1）自来水　（2）手压机井水　（3）初级形式（井台加高、加井盖、定期投药）　（4）雨水收集　（5）其他	
6	您家厕所类型：（1）完整下水道水冲式　（2）粪尿分集式　（3）三联沼气　（4）双瓮漏斗式　（5）三格化粪池　（6）其他	
7	您家离最近医疗点的距离：（1）不足1千米　（2）1~2　（3）2~3　（4）3~4　（5）4~5　（6）5千米及以上	
8	以容易获得的最快方式去最近医疗点所需时间为多少分钟？（步行或乘交通工具）	
9	调查前一年，您家是否有需要叫救护车的情况？（1）是　（2）否（跳问12题）	
10	若是，有几次？	
11	拨打急救电话后，医护人员在多少分钟以后到达（分钟）（如果多于一次，填时间最长的那一次）？	
12	如果您是城市住户，您家目前平均每月的实际收入是多少元？（包括政府补助）	
13	如果您是农村住户，您家前一年的纯收入是多少元？（包括政府补助）	
14	城市家庭平均每月、农村家庭前一年全家用于生活的消费性支出共为多少元？	
15	其中：食品支出多少元？	
16	衣着及日用品支出多少元？	
17	交通、通信支出多少元？	
18	住房、水电及燃料支出多少元？	

[①] 资料来源：http://www.nhfpc.gov.cn/mohwsbwstjxxzx/s8211/list.shtml.

续表

19	文化、教育及娱乐支出多少元？	
20	药品、医疗服务及用品支出多少元？	
21	其他支出多少元？	
22	您家是否被列为本地的贫困户或低保户？（1）是 （2）否（跳问24题）	
23	若是，您认为主要致贫原因：（1）劳动力少 （2）自然条件差或灾害 （3）因疾病损伤原因 （4）人为因素 （5）其他	
24	调查前一年您家是否享受国家或集体的任何形式的补助？（1）是 （2）否（跳问26题）	
25	如是，各种补助折合成人民币总共是多少元？	
26	（询问农村居民）如果建立新型合作医疗制度，政府每年人均至少补助20元，个人每人每年最低交10元，主要补助农民的大额医疗费用或住院医疗费用，您是否愿意参加？（1）愿意 （2）不愿意 （3）说不好	

第二部分　住户成员健康询问调查表

表2A　住户成员个人基本情况调查

住户成员编码（01为户主，其他按调查顺序）	01	02	03	04	05	06
1	住户成员姓名：（01填写户主的姓名）						
2	与户主关系：（1）户主 （2）配偶 （3）子女 （4）孙子女 （5）父母 （6）祖父母 （7）兄弟姐妹 （8）其他						
3	询问的问题是否将由本人回答：（1）自己回答 （2）由他人代答						
4	性别：（1）男 （2）女						
5	出生年月：（　年/　月）	—	—	—	—	—	—
6	民族：（1）汉族 （2）其他						
7	婚姻状况（15岁及以上）：（1）未婚 （2）已婚 （3）离婚 （4）丧偶						
8	文化程度（15岁及以上）：（1）文盲半文盲 （2）小学 （3）初中 （4）高中技校 （5）中专 （6）大专 （7）大学及以上						
9	主要从事的职业（询问15岁及以上人员）：（1）机关、事业单位管理者 （2）大中型企业高中层管理人员（非业主身份） （3）私营企业主 （4）专业技术人员 （5）办事人员 （6）个体工商户 （7）商业服务业员工 （8）非农业户口的产业工人 （9）城市农民工 （10）农村农民工 （11）农业劳动者（农林牧渔） （12）学生 （13）离退休 （14）城乡无业、失业、半失业者						

续表

10	您目前参加的社会（非商业）医疗保险是：（1）没有（跳问12题）（2）城镇基本医疗保险（3）大病医疗保险（4）公费医疗（5）劳保医疗（6）合作医疗（7）其他社会医疗保险						
11	如果上一问题，您选择了合作医疗，请问您每年需要支付多少元？						
12	您有没有购买商业医疗保险？（1）有（2）没有（99）不详						
13	若有，每年支付多少钱购买商业医疗保险（元）？						

表 2B　住户成员两周患病、慢性病患病情况调查

1	调查前14天内，是否觉得有身体不适？（1）是（转问两周病伤情况调查表）（2）否						
2	调查前半年内，您是否患有经医生诊断的慢性疾病？（1）是（2）否（跳问15题）						
	如果有多种慢性病，按就医的经常性依次回答3题至14题						
3	（1）第一种疾病（疾病名称）						
4	查填第一种疾病编码						
5	哪里诊断？（1）各类门诊/部所/卫生室或卫生服务站（2）乡镇街道卫生院/卫生服务中心（3）县市区医院（4）市/地医院（5）省级医院（6）县及县以上中医医院（7）部队医院（8）其他						
住户成员编码		01	02	03	04	05	06
6	是否进行了治疗？（1）是（2）否						
7	（2）第二种疾病（疾病名称）						
8	查填第二种疾病编码						
9	哪里诊断？（1）各类门诊/部所/卫生室或卫生服务站（2）乡镇街道卫生院/卫生服务中心（3）县市区医院（4）市/地医院（5）省级医院（6）县及县以上中医医院（7）部队医院（8）其他						
10	是否进行了治疗？（1）是（2）否						
11	（3）第三种疾病（疾病名称）						
12	填查第三种疾病编码						
13	哪里诊断？（1）各类门诊/部所/卫生室或卫生服务站（2）乡镇街道卫生院/卫生服务中心（3）县市区医院（4）市/地医院（5）省级医院（6）县及县以上中医医院（7）部队医院（8）其他						

续表

14	是否进行了治疗？（1）是 （2）否						
15	过去12个月，您是否有连续3周或以上的咳嗽经历？（1）是 （2）否（跳问26题）						
16	若是，在您咳出的痰中是否带血或咳出血？ （1）是 （2）否						
17	您是否因上述状况就诊过？（1）是 （2）否（跳问26题）						
18	过去12个月，您是否做过痰检？（1）是 （2）否						
19	过去12个月，您是否做过X光检查？（1）是 （2）否						
	（对痰检和X光检查都未做过者，跳问26题）						
20	如果有检查（痰检或X光检查），是否被诊断为结核？（1）是 （2）否（跳问26题）						
21	如果被诊断为结核，是否接受了治疗？（1）是 （2）否（跳问26题）						
22	如果接受了治疗，谁负责给您提供治疗？（1）县防疫站 （2）县及县以上结核病防治院（所） （3）县及县以上医院 （4）乡镇或街道卫生院 （5）其他						
23	当您药物治疗时，有人监督您吃药吗？（1）有 （2）无（跳问25题）						
24	如果有，是谁？（1）乡镇街道卫生院或更高医疗机构的医生 （2）村医 （3）其他卫生人员 （4）家庭成员 （5）其他						
25	结核治疗花了多长时间？（1）小于1月 （2）1~3月 （3）4~6月 （4）6月以上 （99）不知道						
26	调查前一年内，您因病伤、体检、分娩等原因住过几次医院：（未住过填0，回答一次及以上者，转问住院调查表）						
27	在调查前一年内，有医生诊断您需要住院，而您未能住院的次数：（没有填0）						
28	未能住院主要原因：（1）没必要 （2）无时间 （3）经济困难 （4）医院服务差 （5）无床位 （6）其他						

表2C 15岁及以上住户成员失能和残障调查

住户成员编码	01	02	03	04	05	06
1	过去30天您在生活起居方面如刷牙、洗脸、梳头、穿衣等的困难程度？（1）无 （2）轻度 （3）中度 （4）重度 （5）极度						

续表

2	过去30天您工作或做家务的困难程度？（1）无 （2）轻度 （3）中度 （4）重度 （5）极度						
3	过去30天您的身体疼痛或不适程度?(1)无 （2)轻度 （3）中度 （4）重度 （5）极度						
4	过去30天您在集中精力或者记忆方面的困难程度？（1）无 （2）轻度 （3）中度 （4）重度 （5）极度						
5	您辨认出20米外熟人的困难程度？（戴眼镜者，回答戴眼镜时的情况）(1)无 （2）轻度 （3）中度 （4）重度 （5）极度						
6	过去30天您感到没有休息好而精神不好的程度？（1）无 （2）轻度 （3）中度 （4）重度 （5）极度						
7	过去30天您感到悲伤、烦恼、情绪低落或抑郁的程度？（1）无 （2）轻度 （3）中度 （4）重度 （5）极度						
8	总的来说您认为您目前的健康状况如何？（1）很好 （2）好 （3）一般 （4）差 （5）很差						

表2D 15岁及以上住户成员健康影响因素调查

1	您是否吸烟？（1）不吸烟（跳问13题） （2）吸烟 （3）已戒烟（跳问11题）						
2	您开始吸烟的年龄（岁）？						
3	您是否有过连续6个月或累计达6个月及以上每天至少吸一支烟的情况？（1）是 （2）否 （99）记不清了						
4	最近一年您平均每天吸多少支烟（支）？						
5	与两年前相比，您目前的抽烟量：（1）增加了 （2）没有变 （3）减少了						
6	过去12个月中，您是否曾戒过烟？（1）是 （2）否						
7	您曾经有过多少次尝试着戒烟的经历（次）：（没有填0，并跳问10题）						
8	您过去最长一次戒烟坚持了多长时间（月）？（不足一个月填0）						
9	您最近一次戒烟后，又开始抽烟最主要原因是什么？（1）控制不住烟瘾 （2）健康状况下降 （3）健康状况上升 （4）社交需要 （5）受朋友/环境影响 （6）时髦 （7）解乏 （8）其他						

续表

10	您是否打算在2年内戒烟？（如果您以前戒过，是否打算再次戒烟）（1）是（跳问13题）（2）否（跳问13题）（99）不确定（跳问13题）						
11	从您最后一次戒烟到现在，多长时间了（月）？（不足一个月填0）						
12	您戒烟的最主要原因是：（1）已患病（2）预防疾病（3）经济原因（4）家人反对（5）环境限制（6）树立形象（7）经宣传教育（8）经医生劝告（9）其他_____（99）不知道						
住户成员编码		01	02	03	04	05	06
13	您办公场所对抽烟是否有规定？（1）无任何规定（2）某些地区禁止抽烟（3）所有区域禁止抽烟（99）本人无办公场所						
14	您常去的公共场所（如：商店、饭馆、学习和娱乐活动场所）对抽烟是否有如下规定？（1）无任何规定（2）某些地区禁止抽烟（3）所有区域禁止抽烟						
15	您家里对抽烟是否有如下规定？（1）无任何规定（2）某些地区禁止抽烟（3）所有区域禁止抽烟						
16	您平时饮酒吗？（1）不饮或很少饮（跳问18）（2）偶尔饮（跳问18）（3）经常饮						
17	请问您饮酒多少年了（年）？						
18	半年来，您业余时间最经常的体育锻炼或健身活动是什么？（1）都不参加（跳问21）（2）走、慢跑、太极拳类（3）健美操、舞蹈类（4）器械运动（5）球类运动（6）体育比赛						
19	请问您平均每周锻炼几次（次）？						
20	平均每次锻炼多少分钟（分钟）？						
21	您是否经常主动地获取一些保健知识？（1）是（2）否						
22	有关卫生保健方面的知识您主要从哪里获得？（可选3项）（1）医生（2）电视（3）广播（4）报刊书籍（5）学校（6）家人（7）同事或朋友（8）墙报（9）其他（99）不知道，说不好						
23	您听说过"艾滋病"吗？（1）是（2）否（跳问25）						
24	您知道哪些途径可以感染上艾滋病？（可以选择3项）（1）血液传播（2）母婴传播（3）性传播（4）握手等正常交往（5）空气传播（6）其他（99）不知道						
25	您听说过"全国亿万农民健康促进行动"或"全国九亿农民健康教育行动"吗？（1）是（2）否						

（下面只对 15～49 岁已婚育龄妇女调查，对其他人员结束询问，回到开始，继续调查下一个人）

表 2E　15～49 岁已婚育龄妇女情况调查

1	您结婚多少年了？（结婚多次的，从第一次结婚算起）						
2	过去一年中，您是否做过妇科检查？（乳腺癌、子宫癌）（1）是　（2）否						
3	您曾经生了几个活产儿？（包括现在已经去世的）						
4	您在 1998 年 1 月 1 日以来是否有活产（1）是　（2）否（结束调查）						
5	您最后一个孩子的出生日期：(_____年/_____月)	—	—	—	—	—	—
住户成员编码		01	02	03	04	05	06
6	性别：（1）男　（2）女						
7	他/她现在是否存活？（1）是　（2）否　（99）不知道						
8	如果否，他/她去世的日期：(_____年/_____月)	—	—	—	—	—	—
9	倒数第二个孩子的出生日期：(_____年/_____月)						
10	性别：（1）男　（2）女						
11	他/她现在是否存活？（1）是　（2）否　（99）不知道						
12	如果否，他/她去世的日期：(_____年/_____月)						
13	倒数第三个孩子的出生日期：(_____年/_____月)						
14	性别：（1）男　（2）女						
15	他/她现在是否存活？（1）是　（2）否　（99）不知道						
16	如果否，他/她去世的日期：(_____年/_____月)	—	—	—	—	—	—
17	您最近一次活产是您的第几次怀孕？						
18	您在产前做过几次产前检查（次）？（从未做过，填 0，跳问 23 题）						
19	第一次产前检查是在怀孕第几周做的（周）？						
20	最近一次活产，您经常在哪里做产前检查？（1）县/区级以上医院　（2）妇幼保健机构　（3）乡镇/街道卫生院　（4）社区卫生服务站　（5）卫生室/所/站　（6）其他						
21	产前检查时，是否有医生诊断您是高危孕产妇？（1）是（2）否（跳问 23 题）						
22	您是否被动员进行住院分娩？（1）是　（2）否						
23	孩子出生是在您怀孕第几周？						
24	出生方式：（1）顺产　（2）难产　（3）剖腹产						
25	分娩地点：（1）县/区级以上医院　（2）妇幼保健机构　（3）乡镇/街道卫生院　（4）社区卫生服务站　（5）卫生室/所/站　（6）家中　（7）途中　（8）其他（非家中分娩者）						

续表

26	如在家中分娩,未去医院的最主要原因:(1)没有必要去医院 (2)来不及(急产) (3)经济困难 (4)交通不便 (5)其他						
27	如在家中分娩,接生者是谁?(1)乡及以上医生 (2)村医生 (3)专职接生员 (4)非专职接生者 (5)家人自接 (6)其他						
28	小孩子出生时体重为多少克(克)?(不详填99)						
29	为分娩付给医院或接生员的费用(元)						
30	产后42天内,您接受产后访视的次数(次)(没有填写0)						
住户成员编码		01	02	03	04	05	06
31	您第一次给孩子母乳的时间:(1)出生后半小时内 (2)出生后24小时内 (3)出生24小时以后 (4)从未开奶(跳问35)						
32	您单靠您的乳汁(纯母乳)喂养持续的时间(月)?						
33	您在孩子出生后第几个月开始给他添加副食(月)?						
34	您这孩子现在是否还继续在母乳喂养?(1)是 (2)否						
35	您的孩子有计划免疫接种卡或手册吗?(1)有 (2)没有(跳问47) (99)不知道(跳问47)						
36	是否接种了卡介苗:(1)是 (2)否						
37	是否接种了白百破1:(1)是 (2)否						
38	是否接种了白百破2:(1)是 (2)否						
39	是否接种了白百破3:(1)是 (2)否						
40	是否服了小儿麻痹糖丸1:(1)是 (2)否						
41	是否服了小儿麻痹糖丸2:(1)是 (2)否						
42	是否服了小儿麻痹糖丸3:(1)是 (2)否						
43	是否接种了麻疹疫苗:(1)是 (2)否						
44	是否接种了乙肝疫苗1:(1)是 (2)否						
45	是否接种了乙肝疫苗2:(1)是 (2)否						
46	是否接种了乙肝疫苗3:(1)是 (2)否						
47-55询问没有卡或不知道是否有卡的人							
47	您的孩子在肩上接种过防结核的卡介苗吗?(检查伤疤)(1)有 (2)无 (99)不知道						
48	您的孩子在臀部接种过防破伤风、百日咳和白喉的疫苗吗?(1)有 (2)无 (99)不知道						
49	如有,共几次?(不清楚,不知道填99)						

续表

50	您的孩子服过防脊髓灰质炎的糖丸疫苗吗？（1）有（2）无 （99）不知道						
51	如有，共几次？（不清楚，不知道填99）						
52	您的孩子在手臂上接种过预防麻疹的疫苗吗？（1）有（2）无 （99）不知道						
53	如有，共几次？（不清楚，不知道填99）						
54	您的孩子接种过预防乙肝的疫苗吗？（1）有 （2）无 （99）不知道						
55	如有，共几次？（不清楚，不知道填99）						

第三部分　卫生服务利用调查表

表3A　两周病伤情况调查（如两周内同一患者患有多种病伤，则每种疾病各填一列）

住户成员编号	01	02	03	04	05	06
1	在调查前的2周内主要有哪些不适：（1）胸痛 （2）腹痛（3）腹泻 （4）头痛 （5）外伤痛（6）发烧 （7）咳嗽 （8）心慌/心悸 （9）其他						
2	您自己感觉所患病伤的严重程度：（1）不严重 （2）一般 （3）严重 （99）说不好						
3	您患的是什么病或伤？（填疾病名称）						
4	（填疾病编码）						
5	您患的病是：（1）急性病两周内发生 （2）急性病两周前发生延续到两周内 （3）慢性病持续到两周内						
6	您本次病伤在调查前2周内持续了多少天（天）？						
7	（如您在工作）调查前2周内，您因本次病伤，休工了多少天数（天）？						
8	（如您是学生）调查前2周内，您因本次病伤，休学了多少天数（天）？						
9	调查前2周内，因此病伤卧床休息了多少天（天）？						
10	您患病后，是否进行了治疗（包括自我医疗）？（1）是（跳问12题） （2）否						
11	未治疗的最主要的原因：（1）自感病轻 （2）经济困难（3）无时间 （4）交通不便 （5）服务差 （6）无有效措施 （7）其他						

续表

（下面问题询问有治疗的人员，回答未治疗者，结束本疾病的调查）						
12	如您进行了治疗，采用什么方式： （1）纯自我医疗 （2）找医生看病治疗（跳问14） （3）自我医疗和看医生					
13	自我医疗或处置花了多少钱？（没有填0）					
（下面问题询问因病伤就诊的人员，回答纯自我医疗者，结束本疾病的调查）						
14	如您看医生，在14天内为该病看过几次？（填写具体次数）					
15	您在哪儿看病？（如在不同的医疗卫生单位看过病，选择级别最高的一个）（1）各类门诊、部所、卫生室或卫生服务站 （2）乡镇街道卫生院或卫生服务中心 （3）县市区医院 （4）市/地医院 （5）省级医院 （6）县及县以上中医医院 （7）部队医院 （8）其他					
16	选择上述单位主要原因：（1）距离近 （2）价格低 （3）质量好 （4）定点单位 （5）有熟人 （6）有信赖医生 （7）服务态度好 （8）其他					
17	您看的是：（1）西医 （2）中医 （3）中西医结合					
18	看病后，是否有根据医生的处方在非就诊医院药店（房）配药的情况？ （1）是 （2）否					
19	您14天内为治疗该病看医生，总共花费了多少医药费用（元）？					
20	这些医药费用中，约能报销多少元？（不能报填0）					
21	您为看病，在14天内花费多少交通及其他费用（元）？					
22	本次就诊时，医护人员是否告诉您相关疾病的保健知识？（1）是 （2）否					
23	本次去就诊，您认为在路上所花的时间长短如何？ （1）很长 （2）较长 （3）一般 （4）较短 （5）很短					
24	本次就诊，您感觉在医院候诊所花时间长短如何？ （1）很长 （2）较长 （3）一般 （4）较短 （5）很短					
25	本次就诊，您觉得在被接待或交谈时得到尊重的情况如何？（1）很差 （2）差 （3）一般 （4）好 （5）很好					
26	本次就诊，您认为在体检和治疗时个人隐私得到尊重的情况如何？（1）很差 （2）差 （3）一般 （4）好 （5）很好					
27	本次就诊，您认为医疗保健服务人员对您解释的清晰程度如何？（1）很差或没有解释 （2）差 （3）一般 （4）好 （5）很好					

续表

28	本次就诊,医生在制定医疗保健或治疗方案时,在征求您的意见方面做得怎么样?(1)很差或没有 (2)差 (3)一般 (4)好 (5)很好					
29	本次就诊,您认为就诊的设施和环境(包括厕所)如何?(1)很差 (2)差 (3)一般 (4)好 (5)很好					
30	就诊期间,您认为查询医药费用账单的方便程度如何?(1)很差 (2)差 (3)一般 (4)好 (5)很好					
31	就诊期间,您认为对医疗服务不满意进行投诉的方便程度如何?(1)很差 (2)差 (3)一般 (4)好 (5)很好					
32	您对就诊医院最不满意的是什么?(1)无 (2)服务态度差 (3)技术水平低 (4)设备环境差 (5)提供不必要服务(包括药品和检查) (6)收费不合理 (7)医疗费用高 (8)不能赊账 (9)看病手续烦琐 (10)等候时间过长 (11)到医院不方便 (12)其他					

表 3B 前一年出院病人住院情况调查(如因不同的疾病原因住院,则每种疾病住院情况各填一列)

住户成员编号		01	02	03	04	05	06
1	您住院原因:(1)疾病 (2)损伤中毒 (3)康复 (4)计划生育 (5)分娩 (6)其他						
2	您因疾病或损伤中毒等住院的疾病名称?						
3	查填疾病编码						
4	调查前一年内,因这种病伤住过几次医院(次) (填具体次数)						
(若4题回答的住院次数超过1次,下面问题填写最近一次出院的住院情况)							
5	本次住院的入院时间:(年/ 月)	—	—	—	—	—	—
6	本次住院的医院类型:(1)乡镇街道卫生院或卫生服务中心 (2)县市区医院 (3)市/地医院 (4)省级医院 (5)县及县以上中医医院 (6)部队医院 (7)其他						
7	本次住院,从医生决定住院到住进医院,您共等待多长时间(天)?						
8	本次住院的治疗方式:(1)西医 (2)中医 (3)中西医结合						
9	本次住院,您是否做过手术?(1)是 (2)否						
10	如做手术,请问是在住院后第几天做的(天)?						
11	本次住院的住院天数(天):						
12	您本次出院是由于:(1)病愈医生要求 (2)病未愈医生要求 (3)自己要求 (4)其他原因						

续表

13	如您自己要求出院，原因：（1）久病不愈 （2）经济困难 （3）医院条件所限 （4）服务态度不好 （5）其他					
14	本次住院，住院、药品及材料等医疗费用总共是多少元（元）？					
15	这些医药费用中，约能报销多少元（元）？（不能报销填0）					
16	本次住院，您所花费的车旅费、营养伙食费、陪护费是多少元（元）？（没有填0）					
17	本次住院是否有过向医生送礼或递红包？（1）没有 （2）递红包 （3）送礼品 （4）递过红包也送过礼品					
18	本次住院期间，有多少人与您同住一间病房（人）？					
19	本次住院期间，您认为在接待和交谈时被尊重的程度如何？（1）很差 （2）差 （3）一般 （4）好 （5）很好					
20	本次住院期间，您认为在体检和治疗时您的个人隐私得到的尊重如何？（1）很差 （2）差 （3）一般 （4）好 （5）很好					
21	本次住院期间，您认为医疗保健服务人员对您解释的清晰程度如何？（1）很差或没有解释 （2）差 （3）一般 （4）好 （5）很好					
22	本次住院期间，医生在制定医疗保健或治疗方案征求您的意见方面做得怎样？（1）很差 （2）差 （3）一般 （4）好 （5）很好					
23	本次住院期间，您认为房间设施的舒适程度如何（如气味、光线、装饰及厕所的清洁程度等）？（1）很差 （2）差 （3）一般 （4）好 （5）很好					
24	本次住院期间，您认为家人和朋友来探访您方便程度怎么样？（1）很差 （2）差 （3）一般 （4）好 （5）很好					
25	本次住院期间，您认为与外界联系的方便程度怎么样？（1）很差 （2）差 （3）一般 （4）好 （5）很好					
26	本次住院期间，您认为查询医药费用账单的方便程度如何？（1）很差 （2）差 （3）一般 （4）好 （5）很好					
27	本次住院期间，您认为对医疗服务不满意进行投诉的方便程度如何？（1）很差 （2）差 （3）一般 （4）好 （5）很好					
28	您对医院最不满意的是什么？（1）无 （2）服务态度差 （3）技术水平低 （4）设备环境差 （5）提供不必要服务（包括药品和检查） （6）收费不合理 （7）医疗费用高（8）不能赊账 （9）看病手续烦琐 （10）等候时间过长（11）到医院不方便 （12）其他					

参考文献

[1] 汪朋. 统计学：原理、方法及应用[M]. 西安：西安交通大学出版社，2016.
[2] 田海霞. 统计学：原理与 EXCEL 应用[M]. 北京：机械工业出版社，2016.
[3] 陈方樱. 数据分析方法及 SPSS 应用[M]. 北京：科学出版社，2016.
[4] 杨世莹. SPSS 22 统计分析案例教程：适用 SPSS 17-22[M]. 北京：中国水利水电出版社，2016.
[5] 吴和成. 应用统计学[M]. 北京：科学出版社，2015.
[6] 贾俊平. 统计学[M]. 6 版. 北京：中国人民大学出版社，2015.
[7] 李继根. 统计学[M]. 上海：华东师范大学出版社，2015.
[8] 申德拉. SPSS 回归分析[M]. 北京：电子工业出版社，2015.
[9] 张荣艳. SPSS 软件应用[M]. 北京：清华大学出版社，2015.
[10] 李合龙. SPSS 统计学实验教程[M]. 北京：清华大学出版社，2015.
[11] 李志辉. SPSS 常用统计分析教程（SPSS 22.0 中英文版）[M]. 4 版. 北京：电子工业出版社，2015.
[12] 王晓红. 统计学[M]. 北京：经济科学出版社，2015.
[13] 滕冲. SPSS 统计分析[M]. 武汉：武汉大学出版社，2014.
[14] 刘猛. SPSS 19.0 统计分析综合案例详解[M]. 北京：清华大学出版社，2014.
[15] 刘瑾. 统计学[M]. 北京：财政经济出版社，2014.
[16] 赵煜. 统计学原理[M]. 北京：中国统计出版社，2014.
[17] 陈芬. 社会经济统计学[M]. 武汉：华中理工大学出版社，2014.
[18] 张灿鹏，郭砚常. 市场调查与分析预测[M]. 2 版. 北京：清华大学出版社，北京交通大学出版社，2013.
[19] 程建华，洪文. 统计学原理与应用[M]. 北京：人民邮电出版社，2013.
[20] 李卉妍. 统计学：原理与 SPSS 应用[M]. 北京：机械工业出版社，2013.
[21] 韩兆洲. 统计学原理[M]. 广州：暨南大学出版社，2013.
[22] 陈珍珍. 统计学[M]. 5 版. 厦门：厦门大学出版社，2013.
[23] 简明，金勇进，蒋妍. 市场调查方法与技术[M]. 3 版. 北京：中国人民大学出版社，2012.
[24] 李子奈. 经济计量分析[M]. 北京：高等教育出版社，2013.
[25] 曾五一. 统计学简明教程[M]. 北京：中国人民大学出版社，2012.
[26] 吕洁华. 统计学[M]. 北京：科学出版社，2012.

[27] 张旭. 统计学[M]. 北京：北京师范大学出版社，2012.
[28] 单薇，万茂中，陶爱元. 统计学[M]. 北京：中国统计出版社，2012.
[29] 王苹香，危磊. 统计学原理[M]. 北京：人民邮电出版社，2012.
[30] 史书良. 统计学原理[M]. 北京：清华大学出版社，北京交通大学出版社，2012.
[31] 茆诗松，程依明，濮晓龙. 概率论与数理统计[M]. 北京：高等教育出版社，2011.
[32] 陈正伟. 统计学原理[M]. 北京：科学出版社，2011.
[33] 朱帮助. 统计学：原理、方法与SPSS应用[M]. 北京：科学出版社，2010.